美国 英国 苏联 德国 日本 意大利 法国 捷克斯洛伐克 瑞典 澳大利亚 加拿大 比利时 荷兰 匈牙利 罗马尼亚

U0617480

Kyushu J7w Shinden

Boeing B-17 Flying Fortress

Vickers Wellington

Northrop P-61B Black Widow

Hawker Sea Fury

de Havilland DH.98 Mosquito

Focke-Wulf TA-152 Dora

IAR-80

Yokosuka D4Y Suisei Judy

Polikarpov Po-2

Fiat CR.32

Avia B534

Carro Veloce L3/35

CANT Z.501 Gabbiano

Hotchkiss 105cm leFH16(Sf) auf Gesch39H(f)

Henschel hs-129B-3

fueller

T13 B3

Vickers Valentine Archer

Schneider AMC P16 RC

Half Track Car M3

SdKfz-234 Puma

Semovente 75/34

Ram Kangaroo

M20 Utility car

T-34/76

T-28A

203mm M1931 B-4

Dodge WC54

Motor Torpedo Boat PT-109

装甲车辆 装甲车/ 中型/ 坦克歼击车 榴弹炮 高射炮 火炮 导弹/火箭 铁路 战斗机 夜间战斗机 战斗轰炸机 轰炸机 鱼雷 舰艇
轻型坦克 重型坦克

DIRIGÉ PAR | JEAN LOPEZ / VINCENT BERNARD / NICOLAS AUBIN   **DATA DESIGN** | NICOLAS GUILLERAT   U N R E A D

二战信息图

数据化全景透视第二次世界大战

[法]让·洛佩兹 [法]樊尚·贝尔纳 [法]尼古拉·奥宾——著   [法]尼古拉·吉耶拉——绘   黄广凌——译

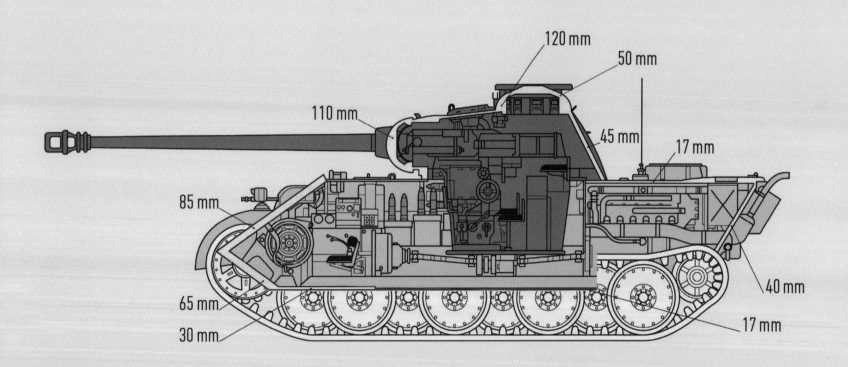

INFOGRAPHIE DE LA
SECONDE GUERRE MONDIALE

北京联合出版公司
Beijing United Publishing Co.,Ltd.

二战信息图：
数据化全景透视第二次世界大战

[法]让·洛佩兹 [法]樊尚·贝尔纳 [法]尼古拉·奥宾 著
[法]尼古拉·吉耶拉 绘

黄广凌 译

图书在版编目（CIP）数据

二战信息图 : 数据化全景透视第二次世界大战 / （法）让·洛佩兹，（法）樊尚·贝尔纳，（法）尼古拉·奥宾著；（法）尼古拉·吉耶拉绘；黄广凌译 . -- 北京：北京联合出版公司，2022.5（2025.6 重印）
ISBN 978-7-5596-5866-1

Ⅰ . ①二… Ⅱ . ①让… ②樊… ③尼… ④尼… ⑤黄… Ⅲ . ①第二次世界大战—战争史 Ⅳ . ① K152

中国版本图书馆 CIP 数据核字 (2022) 第 011278 号

INFOGRAPHIE DE LA SECONDE GUERRE MONDIALE

by Jean Lopez, Nicolas Aubin,
Vincent Bernard, and Nicolas Guillerat

Infographie de la seconde guerre mondiale
© Perrin, un département de Place des Editeurs, 2018, 2020, 2021.
Simplified Chinese language edition published by arrangement with Editions Perrin, through The Grayhawk Agency.
Simplified Chinese translation copyright
© 2022 United Sky (Beijing) New Media Co., Ltd.
All rights reserved.

北京市版权局著作权合同登记号 图字：01-2021-5081 号
审图号：GS（2021）6334 号

出 品 人	赵红仕
选题策划	联合天际
责任编辑	牛炜征
特约编辑	庞梦莎
美术编辑	梁全新
装帧设计	木 春

出 版　北京联合出版公司
　　　　北京市西城区德外大街 83 号楼 9 层　100088
发 行　未读（天津）文化传媒有限公司
印 刷　北京雅图新世纪印刷科技有限公司
经 销　新华书店
字 数　188 千字
开 本　787 毫米 × 1092 毫米 1/12　15.5 印张
版 次　2022 年 5 月第 1 版　2025 年 6 月第 11 次印刷
I S B N　978-7-5596-5866-1
定 价　268.00 元

关注未读好书

客服咨询

目　录

序　言··· 1

第一部分　人力、物力与战争动员···················· 5

第二部分　军队与武器······························· 33

第三部分　战斗与战役······························· 67

第四部分　战争总结与战后的裂痕················· 135

序　言

　　从第二次世界大战结束那天算起，平均一个小时左右便有一本有关"二战"的图书面世。不过，出版物掀起的滔天巨浪，放在交战双方各类机构（军队、内阁、政府、使馆、委员会、事务所、办公室、使团、企业、智囊团……）几十年来产生的数据海洋面前简直不值一提。战争带来了死难、废墟和痛苦，更带来了无穷无尽的数据。仅1940—1945年石油工业的一个条目，相关信息的篇幅就超过了您手中这本书。战后，这座由数据堆积而成的高山，成了学者们研究那场人类浩劫各个领域问题的基础材料；而这些研究，丰富了我们的知识，并被无限扩充和推进。

　　本书编者致力于帮助读者更好地理解第二次世界大战。我们投身这场探险之旅，就像深入取之不竭的数据矿藏的地质学家，力争将微小却有益的矿石小样带给大家。这些小样经过分割、检测和分类，便成为本书所涉及的50多个主题的原始材料。我们必须承认：这一结果，是由众多题材精选而来的。我们搁置了这场战争的许多方面，刻意选择忽略了一些地区和一些重要的军事行动。例如，书中没有大篇幅描写亚洲、非洲和中东的战场，而妇女、工人、中立国、情报界和某些战役等问题也未得到重视。这份缺憾的清单很长，但是我们不得不忍痛割爱，以保证由三位编者筛选的数据总量在可控范围之内——本书只有一位负责处理数据的计算机工程师，他的全部工作耗时长达三年。

　　根据当初的设想，当编者收集的庞大数据呈现在读者面前时，在形式上应具有很强的综合性，引人入胜，别开生面。这一切应归功于尼古拉·吉耶拉先生的数据设计工作（信息制图、地图绘制等）。在这里，我再次向他致敬。在他的处理下，经济、人口和军事的数据，神奇地转化为各种图形，不再枯燥而抽象。正是他的专业素养，赋予了数据生命；但这并不是一本图画书，你可以从一页随便跳到另一页，而是一本真正的历史书——只不过用了一种新颖的呈现方式。书中有300多幅地图和图表，汇集了海量的信息。面对书中提供的不同程度的理解和分析，读者可自行选择。例如，在有关航空业的图表中，读者可以满足于发现美国、英国、苏联相对轴心国的总体优势；也可以通过更为深入的观察，发现各同盟国在飞机类型、生产效率、技术使用和材料转让等领域的各自特点。我们希望同时满足入门读者和专业的资深历史迷的需求。此外，为了满足读者的需求，每一主题之后我们都附有精心筛选的参考资料，并且都是国际通用的。在这方面，我要向我的两位合作伙伴尼古拉·奥宾和樊尚·贝尔纳，以及他们的数据"挖掘"工作致敬。历史上堆积如山的数据常常会有缺漏或自相矛盾之处，我认为他们能在这片汪洋大海中保持清晰的方向，本身就是一种了不起的成就。

本书不仅仅是一本速记手册或一座数据库，它还能使每个读者去深入了解，去探索发现，去赞叹甚至质疑关于20世纪这场人类浩劫的认知。当人们在本书的图表中看到英、美、苏巨大的生产能力，或者英吉利海峡和大西洋战场上交战双方的损失时，恐怕会重新思考一些问题……新的解读工具一定会发出新的光芒，指引我们完整地重新解读人类历史上的这一重大事件。

本书主编　让·洛佩兹

第一部分　人力、物力与战争动员

西方政治制度在欧洲的失败

在两次世界大战之间，西方政治制度在欧洲面临新的挑战。经过一个世纪的全球性殖民扩张之后，已经初步确立了资产阶级民主制度的欧洲各国，此时却需要面对朝气蓬勃的共产主义浪潮。1919年，匈牙利率先推翻了资产阶级政体，意大利、保加利亚、波兰、立陶宛、葡萄牙和南斯拉夫的左翼政党也走上历史舞台。1930年开始的全球经济危机，使大量欧洲中产阶级对西方政治制度失去信心，左翼思潮更加汹涌澎湃。同时，1914年以前就始露端倪的军国主义、狭隘民族主义、极权主义等极右思想，沉渣泛起，结合了由历史原因导致的民族仇恨和少数民族的不满，愈演愈烈。欧洲各国的资产阶级民主制度，都有摇摇欲坠之势。

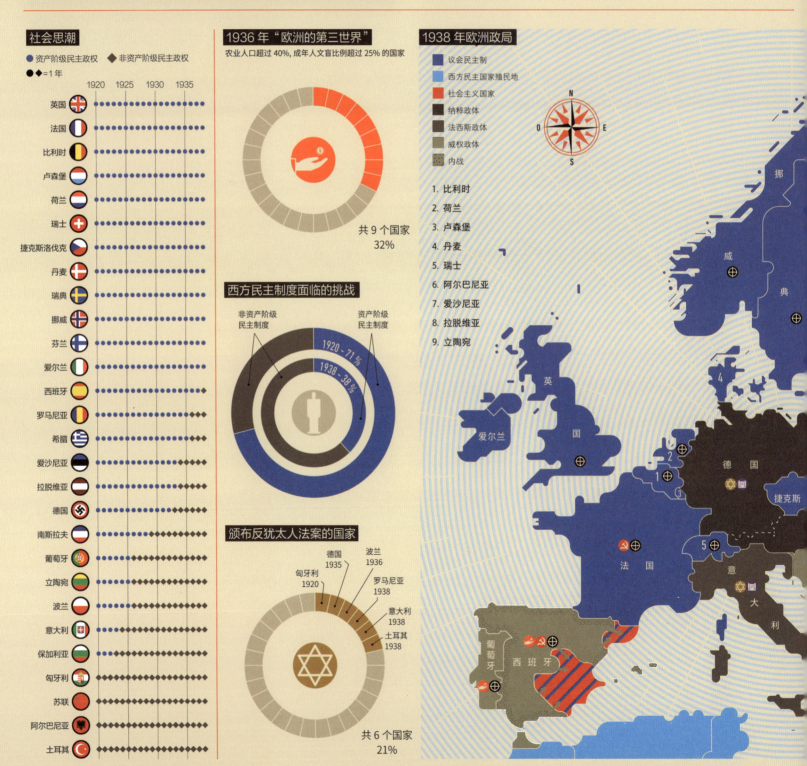

社会思潮

● 资产阶级民主政权　◆ 非资产阶级民主政权

●◆ = 1年

	1920	1925	1930	1935
英国				
法国				
比利时				
卢森堡				
荷兰				
瑞士				
捷克斯洛伐克				
丹麦				
瑞典				
挪威				
芬兰				
爱尔兰				
西班牙				
罗马尼亚				
希腊				
爱沙尼亚				
拉脱维亚				
德国				
南斯拉夫				
葡萄牙				
立陶宛				
波兰				
意大利				
保加利亚				
匈牙利				
苏联				
阿尔巴尼亚				
土耳其				

1936年"欧洲的第三世界"

农业人口超过40%，成年人文盲比例超过25%的国家

共9个国家
32%

西方民主制度面临的挑战

非资产阶级民主制度　　资产阶级民主制度

1920 - 71%
1938 - 38%

颁布反犹太人法案的国家

匈牙利 1920
德国 1935
波兰 1936
罗马尼亚 1938
意大利 1938
土耳其 1938

共6个国家
21%

1938年欧洲政局

■ 议会民主制
■ 西方民主国家殖民地
■ 社会主义国家
■ 纳粹政体
■ 法西斯政体
■ 威权政体
■ 内战

1. 比利时
2. 荷兰
3. 卢森堡
4. 丹麦
5. 瑞士
6. 阿尔巴尼亚
7. 爱沙尼亚
8. 拉脱维亚
9. 立陶宛

挪威
威典
英国
爱尔兰
德国
捷克斯
法国
意大利
葡萄牙
西班牙

此时，法西斯意大利和纳粹德国都获得了一定的成功。在这些"新型国家"中，政治、语言及肢体暴力，均成为家常便饭；迫害犹太人的法令纷纷出台；政治领袖肆无忌惮地提出对昔日领土的诉求，并不惜以军事手段达到目的。政治谋杀案多达数百起：奥地利总理陶尔斐斯、德国政治家埃茨贝格尔、德国魏玛共和国外长拉特瑙、意大利左翼领袖马泰奥蒂、波兰政治家佩哈吉、南斯拉夫国王亚历山大一世、葡萄牙总理格兰若、罗马尼亚总理杜卡、保加利亚首相斯塔姆博利伊斯基……遇害者的名单触目惊心。1920 年前后，欧洲有 24 个资产阶级民主国家，只有一些袖珍小国和阿尔巴尼亚等国没有施行选举制度。到了 1938 年，资产阶级民主国家只剩 11 个，包括捷克斯洛伐克、芬

兰、比利时、法国、英国、爱尔兰、荷兰、挪威、瑞典、丹麦、瑞士。

然而，在 1938 年的慕尼黑会议上，英、法两个最大的"民主国家"，却伙同纳粹德国出卖了捷克斯洛伐克。这种对盟友的背叛，是不可原谅的历史倒退。让人略感欣慰的是，1939 年 9 月战争爆发时，英、法两国知耻而后勇，为自由而战。他们所面对的敌人，是持对立意识形态的纳粹德国与法西斯意大利。中欧、巴尔干半岛和东欧诸国慑于法西斯势力的威胁，先后放弃了选举权、新闻自由、法制和公民平等权。但这还没到最糟糕的时候。到了 1942 年，纳粹德国几乎占领了整个欧洲大陆。1938 年仅存的 11 个民主国家中，又有 6 个沉沦。那才是 20 世纪中最黑暗的时刻。

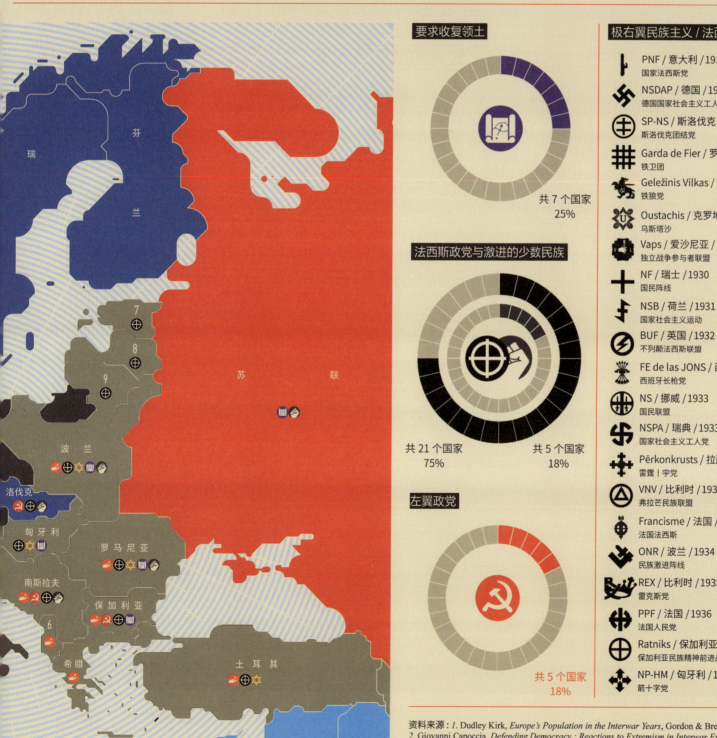

要求收复领土

共 7 个国家
25%

法西斯政党与激进的少数民族

共 21 个国家
75%

共 5 个国家
18%

左翼政党

共 5 个国家
18%

极右翼民族主义 / 法西斯主义政党

PNF / 意大利 / 1919
国家法西斯党

NSDAP / 德国 / 1920
德国国家社会主义工人党

SP-NS / 斯洛伐克 / 1923
斯洛伐克团结党

Garda de Fier / 罗马尼亚 / 1927
铁卫团

Geležinis Vilkas / 立陶宛 / 1927
铁狼党

Oustachis / 克罗地亚 / 1929
乌斯塔沙

Vaps / 爱沙尼亚 / 1929
独立战争参与者联盟

NF / 瑞士 / 1930
国民阵线

NSB / 荷兰 / 1931
国家社会主义运动

BUF / 英国 / 1932
不列颠法西斯联盟

FE de las JONS / 西班牙 / 1933
西班牙长枪党

NS / 挪威 / 1933
国民联盟

NSPA / 瑞典 / 1933
国家社会主义工人党

Pērkonkrusts / 拉脱维亚 / 1933
雷霆十字党

VNV / 比利时 / 1933
弗拉芒民族联盟

Francisme / 法国 / 1933
法国法西斯

ONR / 波兰 / 1934
民族激进阵线

REX / 比利时 / 1935
雷克斯党

PPF / 法国 / 1936
法国人民党

Ratniks / 保加利亚 / 1936
保加利亚民族精神前进战士党

NP-HM / 匈牙利 / 1939
箭十字党

资料来源：1. Dudley Kirk, *Europe's Population in the Interwar Years*, Gordon & Breach, 1969.
2. Giovanni Capoccia, *Defending Democracy : Reactions to Extremism in Interwar Europe*, Johns Hopkins University Press, 2005.

*本书地图系原书插附地图

经济实力

经济实力是决定战场胜负的关键要素吗？"二战"第一阶段（1939—1942年中期），军事是主导性因素。突袭、推进速度、训练、战术、主动性和战前积累的军备，都保证了轴心国在战场上的优势与胜利。当然，这并不意味着经济因素无足轻重：轴心三国的国内生产总值占了所有对手总和的四分之三。1940年末，德国占领了西欧，而法国战败出局之后，德、意两国可以调度的国内生产总值，理论上比英国高出了四分之一。然而，德国发动战争两年之后，还是感到取胜无望，发现自己深陷消耗战的泥潭。而日本只用了半年时间就意识到这一点。

战争第二阶段，同盟国获得了处理军事软肋的必要时间，经济因素在战争中又开始发挥主导作用。美国、苏联和英国集中资源，而拉丁美洲和中东国家也慷慨解囊。同盟国的经济，无论从总量、质量，还是多元化方面，都已全面碾轧对手。1942年，同盟国国内生产总值的总和，已是轴心国的两倍；1944年达三倍；1945年初更达五倍之多。同盟国的可动员人口更多，掌控的主要战略物资（能源和有色金属）和产能储备也更丰富，扩大了经济方面的差距。在这三方面，右图主要以1938年的数据为参考，所以可能会给人某种错觉。这一年，美国"罗斯福新政"对经济的正面影响正在消失，在新一轮经济危机中，美国的国内生产总值又跌到8000亿美元；农业、工业和矿业，都面临严重失业问题，失业人口高达1030万人。相反，日本、德国和意大利，各经济部门正开足马力生产。1945年，美国国内生产总值比1938年飙升84%，很大程度上正是利用战前危机留下的生产潜能；而轴心国方面，尽管大肆劫掠，奴役民众，增长空间还是非常有限：德国增长24%，日本仅增长11%。

1. 发展水平

我们可以通过几项指标来了解各参战国的发展水平。在轴心国阵营，从经济产值和研发成果方面，只有德国可以与英美相提并论。德国能够弥补自己在雷达方面的缺陷，并在喷气式飞机和导弹方面领先世界，就足以体现它的科研水平之高。意大利、日本和苏联，当时只能算发展中国家：农业人口多，产出低，科技也不发达。各国高科技武器的占有比例，可以如实反映这一问题：英美和德国将四分之一左右的军费投入航空领域；而苏联、意大利和日本，只能倚赖数量庞大的步兵。

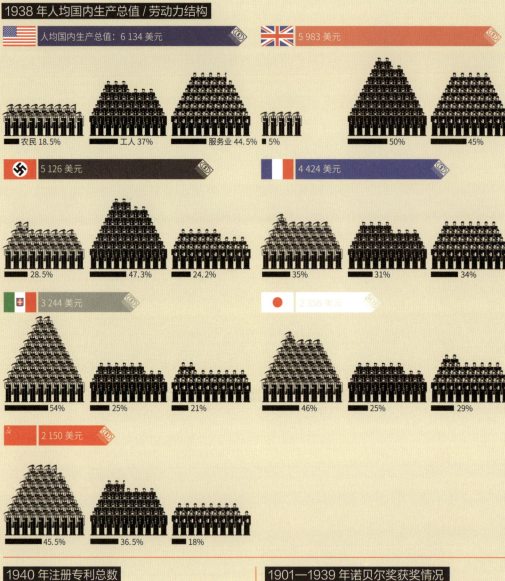

1938年人均国内生产总值 / 劳动力结构

2. 1938 年国内生产总值、面积、人口

　　如果我们把"二战"看作一场资源竞争，从数据上，似乎可以得出一个结论：轴心国只用了不到三年的时间，就部分弥补了自己的缺陷。然而，这不过是假象而已。事实上，由于各被占领国民众的反抗，轴心国很难实现真正的"为己所用"；而由于封锁禁运，被占领国的经济受到影响，对轴心国的帮助也很有限。希特勒认

为：只有彻底控制苏联的资源，德国才有取胜的希望。但是，他的假想最终还是落了空。同时，他也看到：唯有占领苏联，才能掌控足够广阔的领土，获得相关的战略优势。日本也深知这一点。然而，这两大轴心国为何没有合力东西夹击苏联，以期在地缘上融为一体，实在令人困惑。

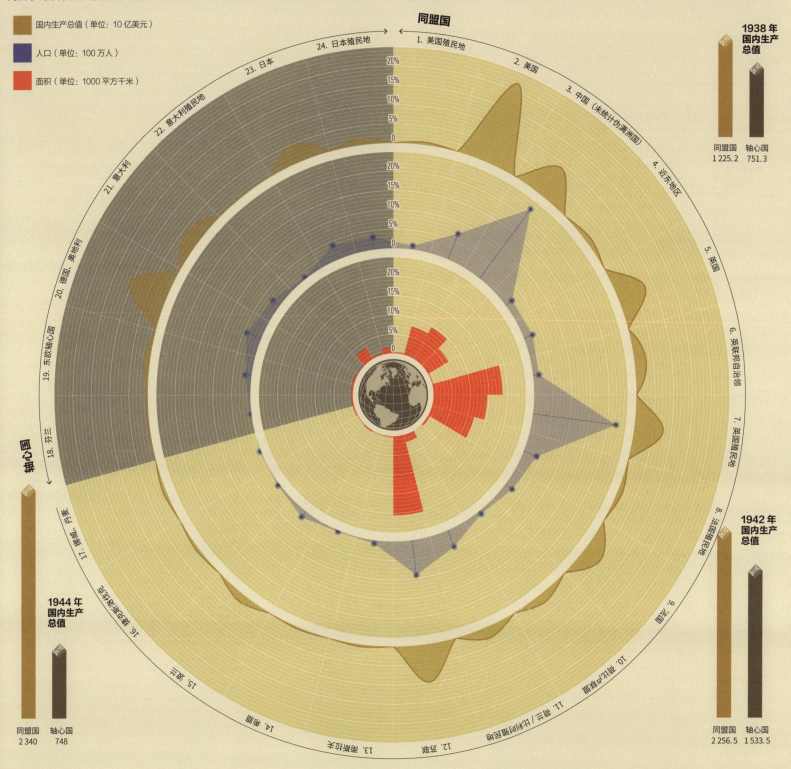

1938 年国内生产总值
同盟国 1 225.2　轴心国 751.3

1942 年国内生产总值
同盟国 2 256.5　轴心国 1 533.5

1944 年国内生产总值
同盟国 2 340　轴心国 748

国内生产总值（单位：10 亿美元）
人口（单位：100 万人）
面积（单位：1000 平方千米）

同盟国

轴心国

1. 美国 26.5 $ / 17.8 h / 324 km² #2. 美国：800.3 $ / 130.5 h / 7 856 km² #3. 中国（未统计伪满洲国）：320.5 $ / 411.7 h / 9 800 km² #4. 近东地区：52.1 $ / 38.6 h / 6 430 km² #5. 英国：284.2 $ / 47.8 h / 245 km² #
6. 英联邦自治领：114.6 $ / 30 h / 19 185 km² #7. 英国殖民地：284.5 $ / 406 h / 14 995 km² #8. 法国殖民地：48.5 $ / 70.9 h / 12 099 km² #9. 法国：185.6 $ / 42 h / 551 km² #10. 荷比卢联盟：85.5 $ / 17.4 h / 64 km² #
11. 荷兰/比利时殖民地：5.5 $ / 77.4 h / 1 904 km² #12. 苏联：359 $ / 167 h / 21 176 km² #13. 南斯拉夫：21.9 $ / 16.1 h / 248 km² #14. 希腊：19.3 $ / 7.1 h / 130 km² #15. 波兰：76.6 $ / 35.1 h / 389 km² #
16. 捷克斯洛伐克：30.3 $ / 10.5 h / 140 km² #17. 挪威、丹麦：32.5 $ / 6.7 h / 366 km² #18. 芬兰：12.7 $ / 3.7 h / 383 km² #19. 罗马尼亚、匈牙利、保加利亚：54.1 $ / 31.4 h / 515 km² #
20. 德国、奥地利：375.6 $ / 75.4 h / 554 km² #21. 意大利：140.8 $ / 43.4 h / 310 km² #22. 意大利殖民地：2.6 $ / 8.5 h / 3 488 km² #23. 日本：169.4 $ / 71.9 h / 382 km² #24. 日本殖民地：62.9 $ / 59.8 h / 1 602 km²

1938年形势：轴心国 (20+21+22+23+24) 751.3 $ / 258.9 h / 6 336 km² # 同盟国 (5+6+7+8+9+10+11+15+16+17) 1 225.2 $ / 748.5 h / 50 433 km²
1942年形势：轴心国 (11+20+21+22+23+24+18+19 已占领地区) 1 533.5 $ / 622.5 h / 13 973 km² # 同盟国 (1+2+3+4+5+6+7+8+11+12) 2 256.5 $ / 1 271.2 h / 89 658 km²

3. 战略产品（1939 年占全球产量百分比）

除了石油之外，以下 15 种产品都是获得战争胜利的必需资源。它们的分布，也显示了双方阵营之间的差距。即使在钢材等基本原材料方面，德国和日本也无力实现自己的抱负，必须想方设法平衡陆、海、空三军的需求。从 1942 年起，德国就开始动用某些合金的储备库存。而同盟国一方，一度因日本占领了亚洲的橡胶园而深受天然橡胶短缺之苦。好在 18 个月之内，美国从零开始，发展起庞大的合成橡胶产业，缩小了自战前以来与德国的差距。

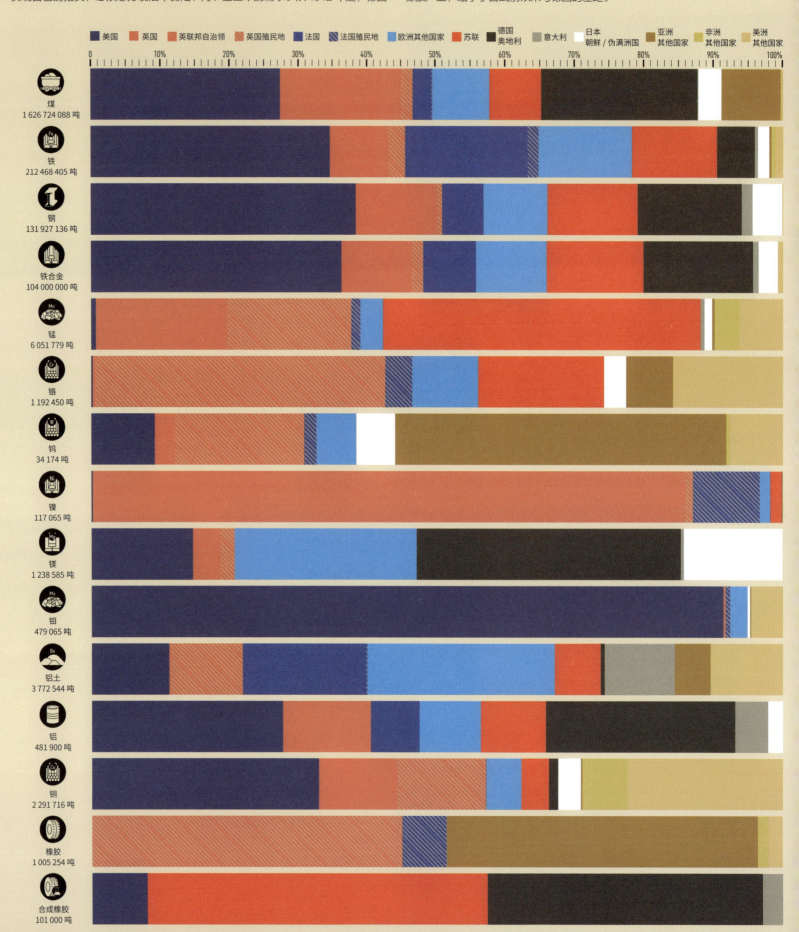

图例：美国　英国　英联邦自治领　英国殖民地　法国　法国殖民地　欧洲其他国家　苏联　德国奥地利　意大利　日本 朝鲜 / 伪满洲国　亚洲其他国家　非洲其他国家　美洲其他国家

0　10%　20%　30%　40%　50%　60%　70%　80%　90%　100%

煤　1 626 724 088 吨
铁　212 468 405 吨
钢　131 927 136 吨
铁合金　104 000 000 吨
锰　6 051 779 吨
铬　1 192 450 吨
钨　34 174 吨
镍　117 065 吨
镁　1 238 585 吨
钼　479 065 吨
铝土　3 772 544 吨
铝　481 900 吨
铜　2 291 716 吨
橡胶　1 005 254 吨
合成橡胶　101 000 吨

4. 农业

食品，尤其是粮食，始终为参战各国领导人最关心的问题之一，甚至是希特勒也被饥荒困扰过。除了罗马尼亚之外，保有余粮的国家全部属于同盟国阵营。

英国远比其他国家更依赖进口小麦。德国展开潜艇战，号称"为了破坏英国的贸易"，实则希望使英国陷入饥荒。为了满足本国人民的食物需求，德国令数以百万计的苏联人、波兰人、法国人和比利时人忍饥挨饿。

1934 年至 1938 年的世界五大小麦产地

全球小麦产量（多瑙河流域：罗马尼亚、匈牙利、保加利亚、南斯拉夫）

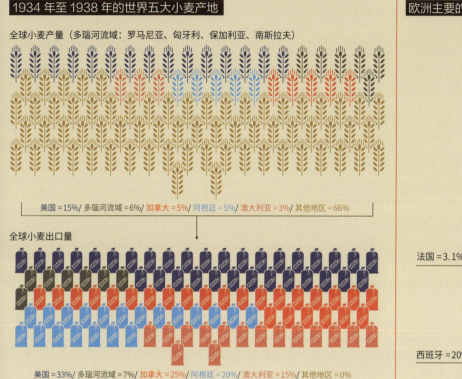

美国 = 15%/ 多瑙河流域 = 6%/ 加拿大 = 5%/ 阿根廷 = 5%/ 澳大利亚 = 3%/ 其他地区 = 66%

全球小麦出口量

美国 = 33%/ 多瑙河流域 = 7%/ 加拿大 = 25%/ 阿根廷 = 20%/ 澳大利亚 = 15%/ 其他地区 = 0%

欧洲主要的小麦进口国 （1932 年至 1937 年，小麦占其食品消耗量的比例）

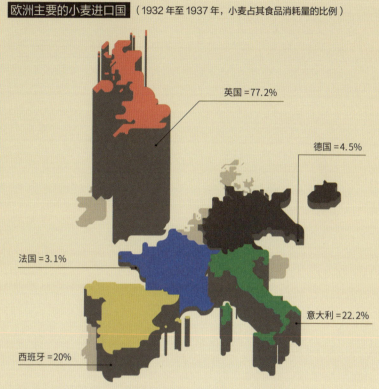

英国 = 77.2%

德国 = 4.5%

法国 = 3.1%

意大利 = 22.2%

西班牙 = 20%

5. 尖端科技

德国在化工领域的实力，保证了它直至 1944 年，火药和炸药都能够自给自足。相反，日本和苏联则由于自身实力不足，问题重重，无法建立现代化的炼油厂。强大的汽车制造业和丰富的石油资源，直接影响了军队摩托化和机动化的水平——欧洲战场以大规模的地面战为主，这两项指标是决定胜负的关键。战争后期，德军仍以马匹运输为主，而它的西方对手，在机械化领域却游刃有余。苏联动用各种手段努力弥补自身的不足，包括来自美国的援助。

发电量 （1939 年，单位：兆瓦·时）

汽车产量 （1938 年，单位：辆）

化学工业产值 （1938 年，占全球总产值的百分比）

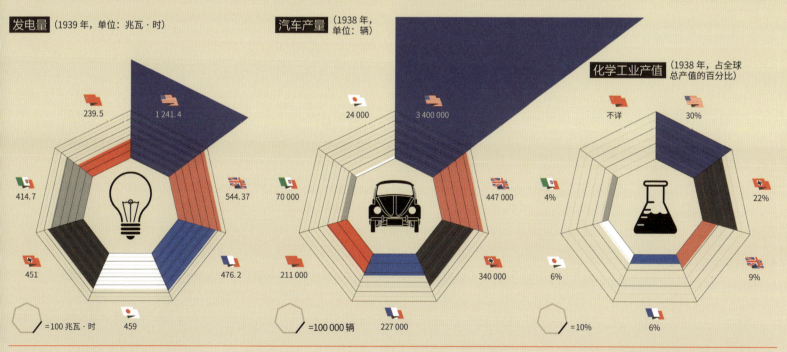

发电量：
239.5 / 1 241.4 / 414.7 / 544.37 / 451 / 476.2 / 459
= 100 兆瓦·时

汽车产量：
24 000 / 3 400 000 / 70 000 / 447 000 / 211 000 / 340 000 / 227 000
= 100 000 辆

化学工业产值：
不详 / 30% / 4% / 22% / 6% / 9% / 6%
= 10%

资料来源：1. Tom Nicholas, «The Origin of Japanese Technological Modernization», *Explorations in Economic History*, 48, 2011, p. 272-291 - 2. François Caron, *Les Deux Révolutions industrielles du xxᵉ siècle*, Albin Michel, 1997 - 3. Mark Harrison (dir.), *The Economics of World War II*, Cambridge University Press, 1998, p. 160 - 4. Max Rutzick & Sol Swerdloff, «The Occupational Structure of US Employment, 1940-60», *Monthly Labor Review*, vol. 85, nᵒ 11, novembre 1962 - 5. Collectif, « Évolution de la population active en France depuis cent ans d'après les dénombrements quinquennaux », *Études et conjuncture – Économie française*, vol. 8, nᵒ 3, 1953 - 6. William H. Lockwood, *Economic development of Japan*, Princeton University Press, 1954 - 7. Imperial Institute, *The Mineral Industry of the British Empire and Foreign Countries, Statistical summary 1936 - 1938*, London Published for the Imperial Institute by his majesty's stationery office 1939 - 8. Johann Peter Murmann, «Chemical Industries after 1850», *Oxford Encyclopedia of Economic History*, 2003 - 9. G. Aparicio & V. Pinilla, *The Dynamics of International Trade Cereals 1900-1938*, Societad Española de Historia Agraria, 2015 - 10. Paul de Hevesy, *World Wheat Planning and Economic Planning in General*, Oxford University Press, 1940.

九分之一的人
被动员

1939 年，世界总人口达到 22 亿。在第二次世界大战中，30 个国家共 1.3 亿人穿上了军装（其中女性占 4%）。70% 的军人来自同盟国阵营，其余则属于轴心国阵营。单从人数上看，苏联、美国、中国和德国的士兵最多；但以士兵在男性人口中的比重来看，德国、意大利和苏联位居前三。德国征召了大量 18 岁至 50 岁的男性士兵，但仍需 900 万名外国人填补军队空缺，其中大部分是强制劳动的战俘和集中营的囚徒。在苏联，由于征兵人数过多，民用经济自 1942 年开始便处于崩溃的边缘；6 200 万人身处德国占领区，使这一情况更为恶化。罗

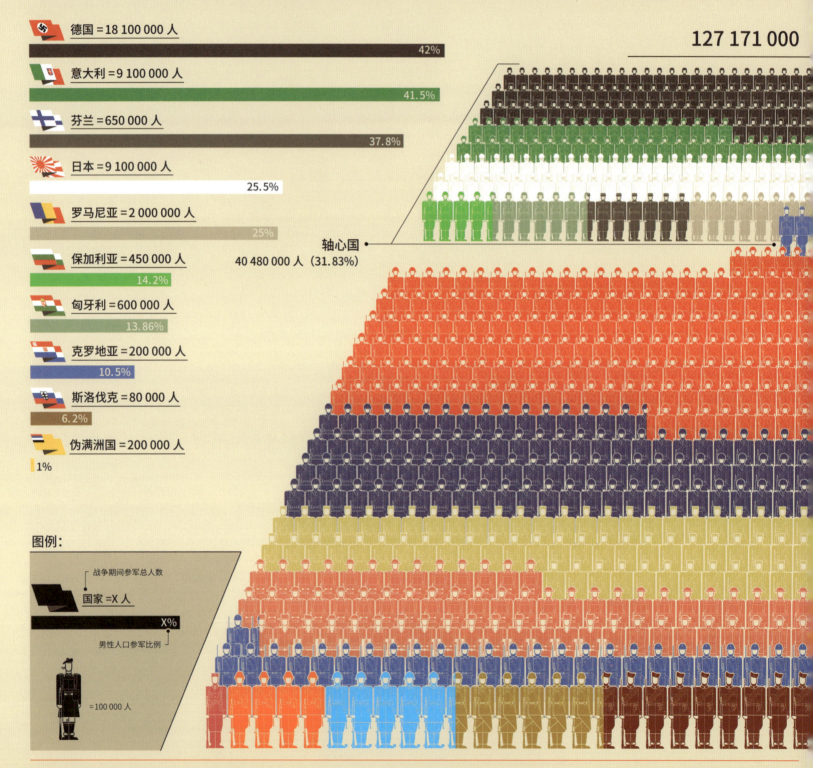

德国 = 18 100 000 人   42%

意大利 = 9 100 000 人   41.5%

芬兰 = 650 000 人   37.8%

日本 = 9 100 000 人   25.5%

罗马尼亚 = 2 000 000 人   25%

保加利亚 = 450 000 人   14.2%

匈牙利 = 600 000 人   13.86%

克罗地亚 = 200 000 人   10.5%

斯洛伐克 = 80 000 人   6.2%

伪满洲国 = 200 000 人   1%

127 171 000

轴心国 •
40 480 000 人（31.83%）

图例：

战争期间参军总人数

国家 = X 人

X%

男性人口参军比例

= 100 000 人

12

资料来源：1. Mark Axworthy, Cornel Scafes, Cristian Craciunoiu, *Third Axis, Fourth Ally : Romanian Armed Forces in the European War, 1941-45*, Arms & Armour, 1995 - 2. Pour Finlande, communication personnelle de Louis Clerc - 3. G. F. Krivosheev (dir.), *Soviet Casualties and Combat Losses in the Twentieth Century*, Greenhill Books, 1997 - 4. James Nanney, *US Manpower Mobilization for World War*

马尼亚做过两次大规模征兵动员：战争初期，120万人加入轴心国阵营；而1944年9月之后，又有约60万人与苏联红军并肩作战。

中国情况特殊，在1937—1945年中共军队的人数未计入统计数字中。不过，中国国民党和共产党还是组成了抗日民族统一战线，抵御了日本军队的入侵，为全世界的反法西斯斗争做出了巨大贡献。至于南斯拉夫和法国的军队人数，以下数字也不够确切。1941年4月，德军在数日内歼灭的南斯拉夫军理论上有百万之众；不过，余部日后或加入了安特·帕韦利奇的傀儡政权"克罗地亚独立

国"，或参加了铁托的"南斯拉夫人民解放军"。法国在1940年有500万大军；其中多少人日后加入了戴高乐的130万"自由法国"队伍，谁又能提供可靠的数据呢？在英国，为避免经济瘫痪，自1942年开始限制男性入伍的数量。这也是英国军工在"二战"期间取得巨大成功的原因之一。为了弥补兵力短缺的缺憾，英国向各自治领增加征兵名额，有时比例甚至高于英国本土（如新西兰和澳大利亚）。

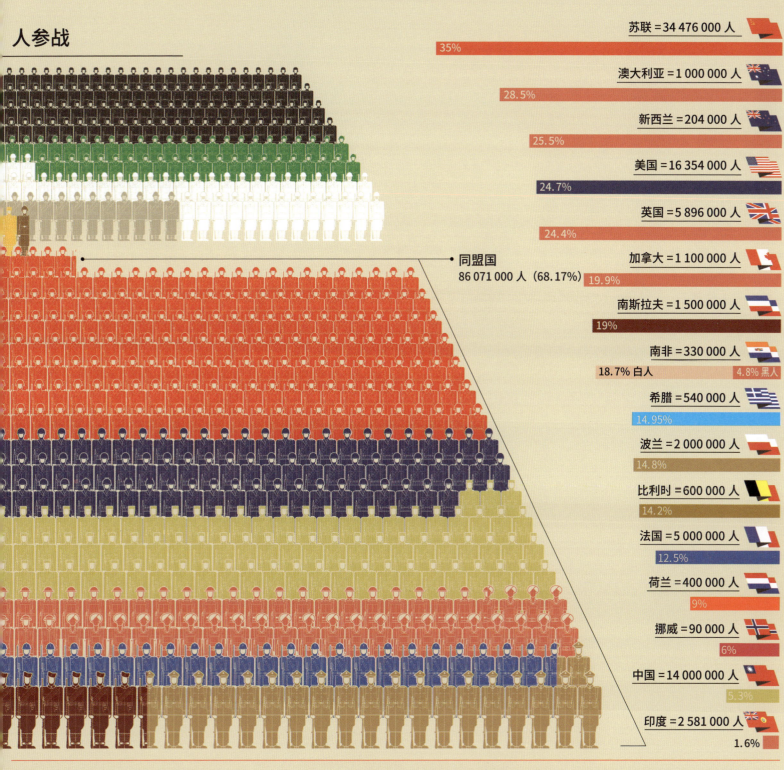

人参战

苏联 = 34 476 000 人
35%

澳大利亚 = 1 000 000 人
28.5%

新西兰 = 204 000 人
25.5%

美国 = 16 354 000 人
24.7%

英国 = 5 896 000 人
24.4%

加拿大 = 1 100 000 人
19.9%

南斯拉夫 = 1 500 000 人
19%

南非 = 330 000 人
18.7% 白人   4.8% 黑人

希腊 = 540 000 人
14.95%

波兰 = 2 000 000 人
14.8%

比利时 = 600 000 人
14.2%

法国 = 5 000 000 人
12.5%

荷兰 = 400 000 人
9%

挪威 = 90 000 人
6%

中国 = 14 000 000 人
5.3%

印度 = 2 581 000 人
1.6%

同盟国
86 071 000 人（68.17%）

II, U.S. Army Center of Military History, Histories Division, 1982 - 5. Bernhard R. Kroener, *Das Deutsche Reich und der Zweite Weltkrieg, vol. 5/1 & 5/2, Organisation und Mobilisierung des deutschen Machtbereichs*, DVA, 1988.

石油问题

1939 年，各国之间石油产量的差距达到历史峰值。美国独占世界将近三分之二的石油产量。美国、英国、荷兰等国的大公司，则控制了世界其他地方（南美、中东、荷属东印度等）的资源。除了西方同盟国，唯一能够自给自足原油的国家只有苏联。而德国和日本两大帝国则长期面临石油短缺的困境。1939 年 9 月，德国的石油储备量仅可支持数月的军事行动。1940 年，德国的石油供应主要来自帝国境内一些零散的油田和欧洲的占领区。罗马尼亚的加盟缓解了它的石油紧缺问题。在希特勒的自给自足政策里，通过煤炭提炼合成汽油技术是一项核心科技。1943 年，该技术的运用达到巅峰，可保证高达 40% 的燃料供应。1944 年 5 月，石油合成基地被美军的空袭破坏，打破了德国生产与供给之间脆弱的平衡。

不过，日本的情况更是岌岌可危。1940 年，日本的石油资源只能满足 8.6% 的需求。若不是日军在 1942 年初占领了荷属东印度（苏门答腊、爪哇）和婆罗洲的油田，战争根本无法继续。然而，美国潜艇成功地切断了石油运回日本本土的运输线。

苏联虽在 1941 年遭到德国入侵，但石油生产潜能未受影响。尽管在 1942 年夏天希特勒的第二波战略攻势中损失惨重，苏联仍有足够资源保证部队的机动能力。

英国也是处境最为艰难的国家之一。由于英国本岛的石油需求极度依赖进口（99%），飞机与船舰燃料需求的迅速增长，英国不得不指望美国、加勒比海及南美的油田。由此，英国必须长期确保跨大西洋航线的安全。至于美国的石油，不仅能保证本土巨大的军用和民用产业的供应，还能够应付同盟国不断增长的出口需求。仅分析石油一项参数，轴心国的失败命运，已经一目了然。

1. 能源消耗

只需两个数字，就足以说明两次世界大战期间军队能源消耗状况的变化。1918 年，一名美国士兵一天需要 15 千克补给，其中有 1.2 千克石油燃料；而 1945 年，一名美国士兵每日需要的 33.5 千克补给中，石油燃料则高达 16.5 千克。

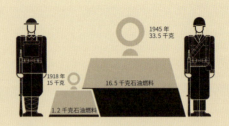

2. 1939 年的世界原油产量 = 1 000 000 吨

下图中，各国间石油资源分布的极度不均衡状况一目了然。德国和日本的军事领袖对此更是一清二楚。然而，他们都指望速战速决，抢占势力可及范围内的丰富资源：德国盯着苏联，而日本觊觎荷属东印度的油田。不过，德国似乎没有预想到，它还需要向意大利盟军和占领区的经济体，提供维持基本需求的石油。

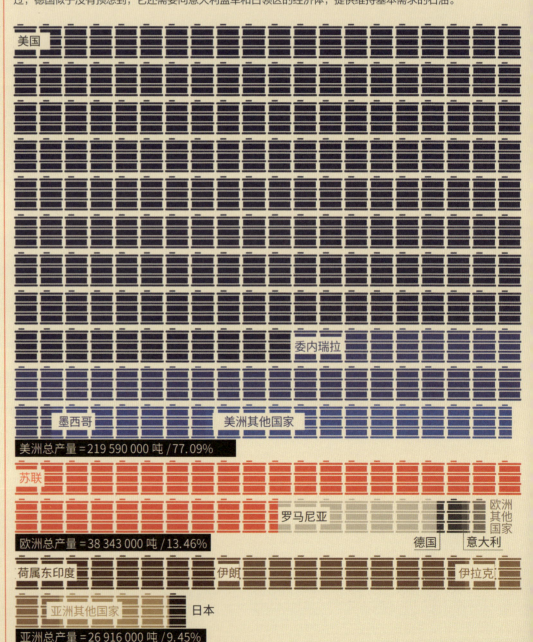

3. 同盟国，石油博弈的高手

美国的石油工业成功实现了似乎不可达成的目标：它通过合理的定量配额供应民众需求的同时，保证了庞大的军队需求（5年之内增长了36倍！），并向以英国为首的盟国增加出口，以解决其资源短缺问题。

与美国一样，其余各同盟国在航海和战略轰炸方面耗费巨大：1938年到1945年，英国空军的能源消耗量增长了42倍，海军的能源消耗量增长了10倍。

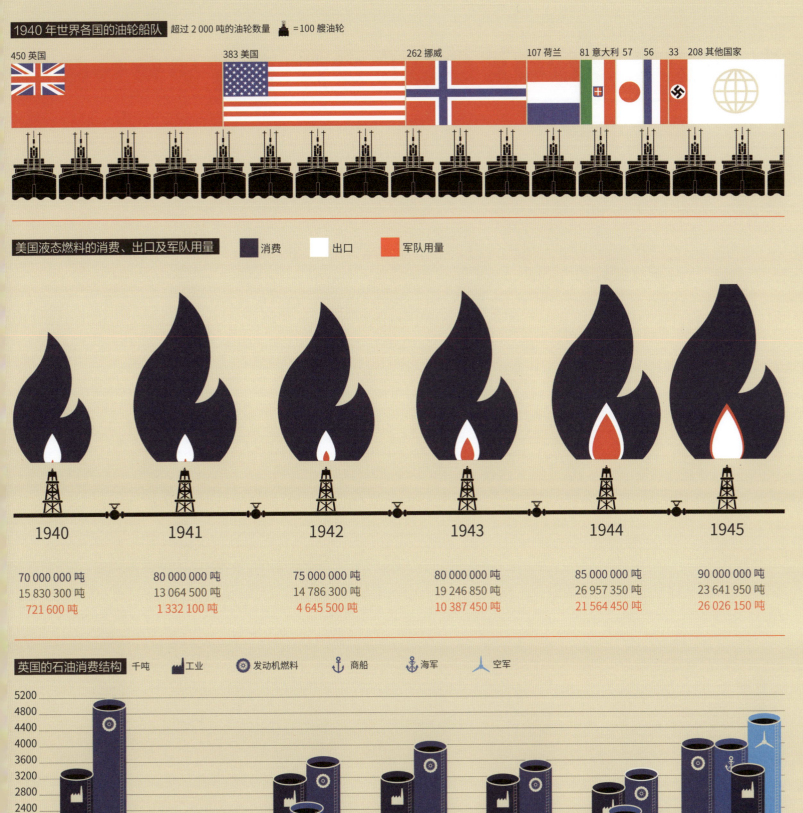

1940年世界各国的油轮船队 超过2 000吨的油轮数量 🚢=100艘油轮

| 450 英国 | 383 美国 | 262 挪威 | 107 荷兰 | 81 意大利 | 57 | 56 | 33 | 208 其他国家 |

美国液态燃料的消费、出口及军队用量 ■ 消费 □ 出口 ■ 军队用量

1940	1941	1942	1943	1944	1945
70 000 000 吨	80 000 000 吨	75 000 000 吨	80 000 000 吨	85 000 000 吨	90 000 000 吨
15 830 300 吨	13 064 500 吨	14 786 300 吨	19 246 850 吨	26 957 350 吨	23 641 950 吨
721 600 吨	1 332 100 吨	4 645 500 吨	10 387 450 吨	21 564 450 吨	26 026 150 吨

英国的石油消费结构 千吨 🏭工业 ⚙发动机燃料 ⚓商船 ⚓海军 ✈空军

5200 4800 4400 4000 3600 3200 2800 2400 2000 1600 1200 800 400 0

| 1938 | 1939 | 1940 | 1941 | 1942 | 1943 | 1944 |

4. 德国寻找"黑金"之旅（1938—1944年）以千吨为单位

发动"二战"时，德国手握一张王牌：合成汽油的生产。同时，它希望通过快速进攻的方式，取得罗马尼亚、匈牙利和波兰的资源。右下方的图表显示了德国1942年初的战略意图：在地中海东岸一带与黑海沿岸地区，同时发动大规模攻势，以便夺取占全球产量20%的高加索和中东原油。1944年5月，美国B-17"空中堡垒"轰炸机和B-24"解放者"轰炸机在P-51"野马"战斗机的护航下，空袭了德国多家合成汽油工厂。此后，德意志帝国只能依赖有限的石油储备苟延残喘，已然是捉襟见肘。

1939年9月：德国石油储备匮乏 🛢️=1个月的储备量

工业重油=3.2个月　　　航空燃油=4.8个月　　　汽车燃油=5.2个月　　　航海用油=6.4个月

1938—1944年：德意志帝国的石油生产

石油生产比例（百万吨）

1944
1943
1942
1941
1940
1939
1938

1938年至1944年，德意志帝国的总产量

立陶宛
荷兰
德国
波兰
比利时
法国
捷克斯洛伐克
苏联
佩彻布朗　302
15 062
6 232
亚斯沃　1 159
齐斯特斯多夫
奥地利
布达法布茨塔
瑞士
4 876
巴拉顿湖
匈牙利
3 168
罗马尼亚
意大利
南斯拉夫
12 376　普洛耶什蒂

🏺 合成汽油产地　　🛢️ 主要石油产品产区

1944年，在盟军空袭下的德国合成汽油产量

▮ 40 000吨　　◗ 1 500吨

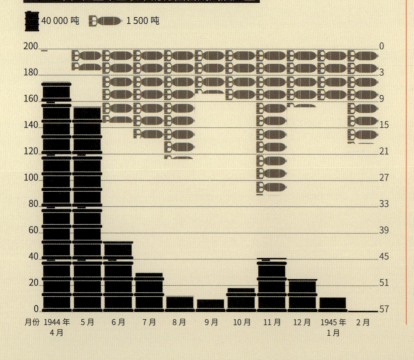

月份 1944年4月　5月　6月　7月　8月　9月　10月　11月　12月　1945年1月　2月

德国突破高加索和中东地区的幻想

🔥 被苏联破坏的油井　　→ 德国进攻路线　　⇢ 德国想象中的路线　　未被德国占领的产油国

伏尔加-乌拉尔油田
格罗兹尼
迈科普
巴库
伊拉克　伊朗

16

5. 苏联：世界第二产油国遭袭 以千吨为单位

德国对苏联的第二波战略攻势（"蓝色行动"），目标明确，旨在占领迈科普、格罗兹尼、巴库三大油田。德军获得了迈科普，但油井已被苏联工兵破坏。德国装甲部队距格罗兹尼30千米时，苏联也预先大规模破坏了油田。然而，德军最终并未攻占格罗兹尼。同时，巴库的石油生产设备也被拆除。因此，苏联的产油量在1943年减少了约45%。不过，苏联剩下的油田与美国的援助仍能满足其基本军事需求。

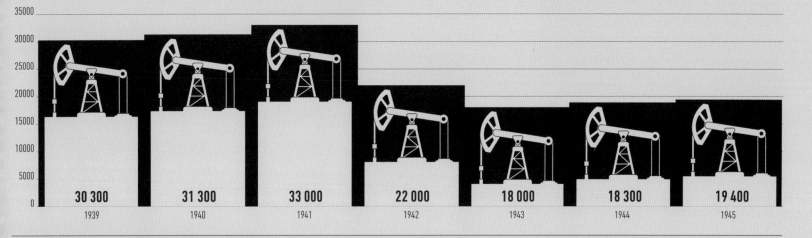

30 300	31 300	33 000	22 000	18 000	18 300	19 400
1939	1940	1941	1942	1943	1944	1945

6. 日本：产地离顾客远

虽然日本攫取了荷属东印度的油田，但也面临棘手的运输问题——原油产地距日本本土及其占领地区6 000千米。战前，这条路线上的石油运输很大一部分由西方国家负责。因此，日本紧急启动了油轮建造计划。但是1943年，美国的潜艇和轰炸机歼灭了这一计划生产出的油轮。美国的胜利虽然辉煌，但其知名度远远比不上德国U艇造成的破坏。

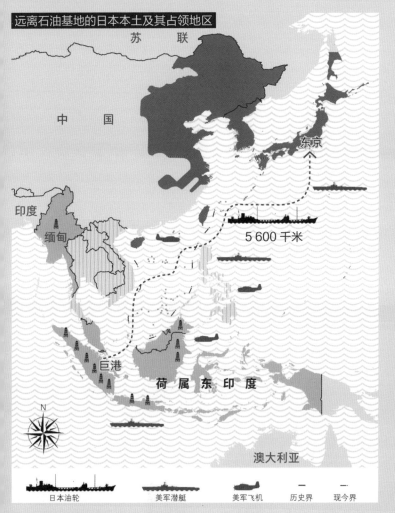

远离石油基地的日本本土及其占领地区
苏联
中国
东京
印度
缅甸
5 600 千米
巨港
荷属东印度
N
澳大利亚
日本油轮 | 美军潜艇 | 美军飞机 | 历史界 | 现今界

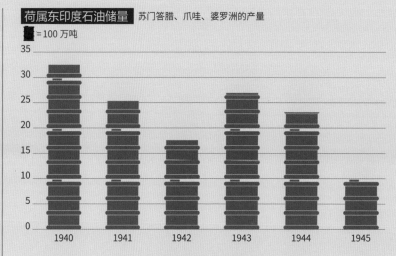

荷属东印度石油储量 苏门答腊、爪哇、婆罗洲的产量
■ =100 万吨

| 1940 | 1941 | 1942 | 1943 | 1944 | 1945 |

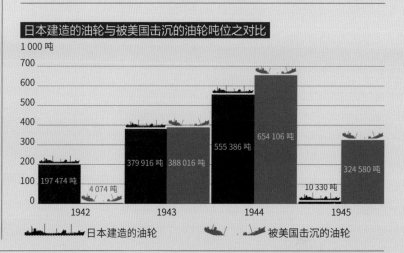

日本建造的油轮与被美国击沉的油轮吨位之对比
1 000 吨

197 474 吨　4 074 吨　379 916 吨　388 016 吨　555 386 吨　654 106 吨　10 330 吨　324 580 吨

| 1942 | 1943 | 1944 | 1945 |

日本建造的油轮　　被美国击沉的油轮

资料来源：*1.* DeGolyer & MacNaughton, « Basic Data from Annual Reports of the US Bureau of Mines », *Twentieth Century Petroleum Statistics,* 1998 - *2.* Dietrich Eichholtz, *Krieg um Öl. Ein Erdölimperium als deutsches Kriegsziel (1938-1943),* Leipziger Universitätsverlag, 2006, p. 39 - *3.* Dietrich Eichholtz, *Ende mit Schrecken. Deutsche Ölpolitik und Ölwirtschaft nach Stalingrad,* Leipziger Universitätsverlag, 2010, p. 69-70 - *4.* US Defense Fuel Supply Center - *5. United States Strategic Bombing Survey,* février 1946 - *6.* US Defense Fuel Supply Center et US Bureau of Census - *7. Velikaïa Otechestvennaïa Voïna,* t. VII - *8.* D. J. Payton-Smith, H. M. Stationery Office, 1971.

*本书地图系原书插附地图

1939—1945年武器生产比较

德国是同盟国在经济与科技方面的主要对手，但1943年还是输掉了工业战。德国倾举国之力，甚至调动了整个占领区的资源，也只是把战败的时间推迟了六个月而已。同盟国的三巨头具备德国缺乏的几项优势：它们的军工生产体系存在互补性，使其得以各自批量生产自己的优势装备；虽然英国和苏联各有压力，但总体而言，三国的原材料和劳动力仍算得上富足；军事物资质量优良，尤其在交通工具、飞机、军舰、炸药、火炮、雷达等领域；1942年之后，各国的生产基地均未再受轰炸的影响。

美国集中了以上所有优势，飞机、军舰、卡车、炸药等各关键装备的产量，均位居世界第一，并能够向包括中国和法国在内的所有盟国提供武器装备。

直到1937年，苏联的军工产量都位居世界首位。"二战"期间，苏联集中精力生产重型装备——坦克与火炮。不过，它在其他方面（卡车、半履带车、通信和侦察器材等）的弱点也比较明显。

德国在炸药、火炮和运输器材方面的产量优势此时已被超越。不过，它的坦克、火炮和潜艇的质量，直到战争尾声仍然领先于对手。可是，由于德国需要生产各种类型的武器，总是难免陷入挖东墙补西墙的窘境。它的盟友工业基础相对比较薄弱。墨索里尼吹嘘自己麾下有"百万刺刀"，而意大利军事实上根本无法摆脱物资匮乏的困境；日本虽大力发展空军力量和海军，但与其他参战国不同，战争期间，它的军工技术几乎没有进步。

1. 陆军军备的生产

同盟国的坦克产量高达德国的5倍。但是，这并不意味着它们能够随时在战场上派出敌军5倍的坦克。其实，同盟国的很大一部分产能，只被用于弥补战场上的损失（每5辆被毁的坦克中，1辆是德国的，4辆是同盟国的）；换言之，就是以数量弥补质量的不足。火炮方面，至少在东线战场上，情况也是如此。面对苏联，德军的火炮数量虽然不多，但命中率更高；不过，面对英美联军，这一优势便不那么明显了。在机关枪、冲锋枪和可携式反装甲武器方面，直到1945年，德军的供应量始终充足，"铁拳"反坦克火箭筒也一直为对手艳羡。

1 = 5 000　🚚 = 卡车 / 吉普及轻型军用车辆　🚛 = 半履带车　🚜 = 坦克及突击炮

美国
- = 2 382 311 / 62.5%
- = 72 538 / 43.5%
- = 88 610 / 32.4%
- = 257 390 / 23.9%

英国
- = 550 943 / 14.5%
- = 57 000 / 34.2%
- = 27 896 / 10.2%
- = 124 877 / 11.6%

苏联
- = 257 100 / 6.7%
- = 0
- = 105 251 / 38.4%
- = 516 648 / 47.9%

0　1 000 000　2 000 000　3 000 000　4 000 000　5 000 000　6 000 000

迫击炮 =
巴祖卡火箭筒 =
机关枪 =
冲锋枪 =
自动步枪 =
步枪 =

2. 弹药产量

苏联在"二战"期间，创造了弹药生产的奇迹。

在沙皇时代，俄罗斯生产的炮弹数量只有德国的10%；而"二战"期间，苏联虽然化学工业水平远低于德国，炮弹的产量却能够与德国比肩。就整场世界大战的平均值而言，同盟国发射的弹药总量为轴心国的3倍：1943年为4倍，1944年为5倍。由于德国缺乏钢材和有色金属，难以突破弹药生产的"瓶颈"。从1944年开始，德国对炮兵部队实施定额配给制度。1944年6月的"巴格拉季昂"战役前夕，德国更是陷入绝境——中央集团军群仅余7万枚炮弹，而对面的苏军却拥有多达100万枚炮弹。

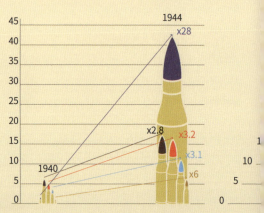

1940　1944　x28　x2.8　x3.2　x3.1　x6

自从汽车产业诞生以来，美国一直在这一领域遥遥领先。美国生产的卡车数量，达世界其他各国总和的两倍（且质量领先）；指挥车数量达3倍；而油罐车、救护车和无线电车的数量，更是在5倍以上。苏联的坦克生产总量达105 251辆，堪称个中翘楚。其实，它在战前便已做好了准备。苏联的理念是建造军民两用的工厂：既然拖拉机与装甲车都配有履带，自然可在同一条流水线上生产。以车里雅宾

斯克的重型坦克厂为例，该工厂最初用于生产农用拖拉机（1939年产量达11 000台），1940—1941年，逐渐转型成为坦克工厂。1944年，它雇用了5万名工人（其中有2 500名是来自列宁格勒和斯大林格勒的专家），生产出4 720辆IS-2重型坦克及重型突击炮。

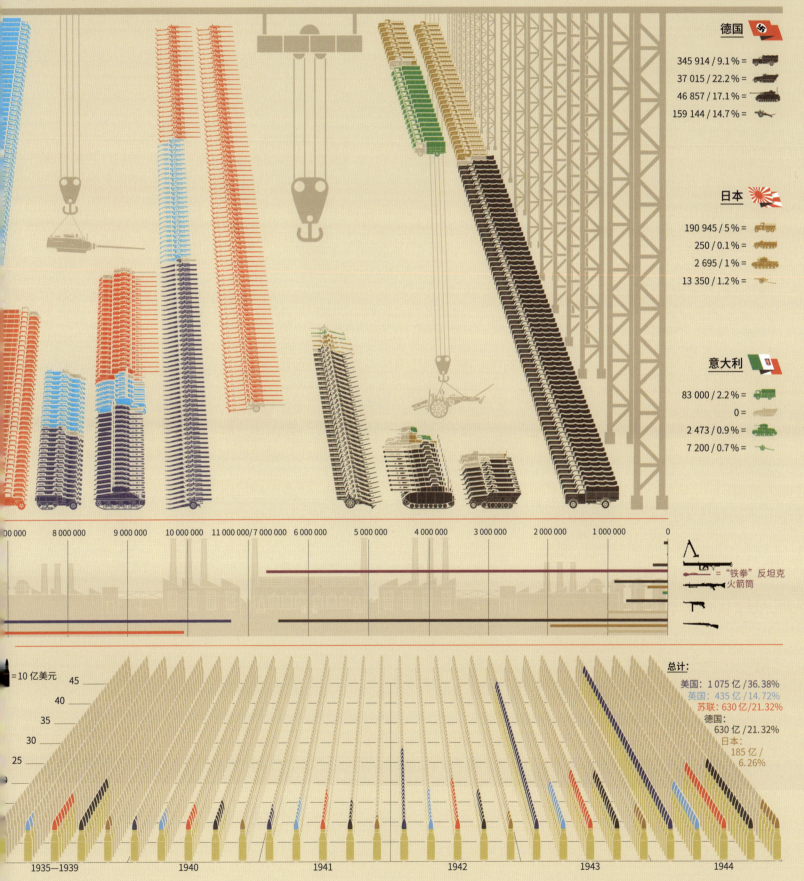

= 火炮 / 高射炮 / 反坦克炮

德国

345 914 / 9.1 %
37 015 / 22.2 %
46 857 / 17.1 %
159 144 / 14.7 %

日本

190 945 / 5 %
250 / 0.1 %
2 695 / 1 %
13 350 / 1.2 %

意大利

83 000 / 2.2 %
0
2 473 / 0.9 %
7 200 / 0.7 %

= "铁拳" 反坦克火箭筒

总计:
美国：1 075 亿 / 36.38%
英国：435 亿 / 14.72%
苏联：630 亿 / 21.32%
德国：630 亿 / 21.32%
日本：185 亿 / 6.26%

= 10 亿美元

45
40
35
30
25

8 000 000   9 000 000   10 000 000   11 000 000 / 7 000 000   6 000 000   5 000 000   4 000 000   3 000 000   2 000 000   1 000 000   0

1935—1939   1940   1941   1942   1943   1944

19

3. 航空工业的生产

1938 年，三大轴心国的飞机生产数量，比其未来的对手高出 3 倍，质量也更为一流。这一因素增加了它们的自信心，甚至增强了它们的侵略性。但到 1940 年，它们的航空工业产能只能达到对手的一半；1942 年更是降低到四分之一。1944 年，德国和日本的飞机产量与对手相比有小幅回升，达到同盟国阵营的三分之一。之所以如此，是因英国与苏联的产能停滞，但美国强大的生产能力，还是弱化了德日的赶超势头。在两年内，美国建立或改造了 30 座大型工厂；其中，排名前四位的工厂产量，就已经超过了德日两国飞机产量的总和。位于达拉斯的北美航空，以

18784 架飞机的总产量，位居同行业首位。

德国无法赶超对手的潜在原因有二：首先，德国将主要精力投在战斗机的制造上，只能相应缩减轰炸机与运输机的生产；其次，若集中人力物力于航空工业，陆军的物资生产便无法保证。而在同盟国方面，由于美国提供尽可能多样化的飞机机型，英国得以专事生产战斗机与战略轰炸机，苏联则得以放弃制造战略轰炸机，专攻战攻击机和战术轰炸机。在后者生产的飞机中，占前两位的机型是伊尔－2 攻击机（36 183 架）和雅克－3 战斗机（31 000 架）。

各种机型历年产量

各国制造飞机总量：
328 373
= 5 000 架飞机　134 386
162 728
194 542
79 521
11 122

125 000 架飞机

产量增长（1938—1944）
美国 = 27 倍
英国 = 9 倍
苏联 = 7 倍
德国 = 7.6 倍
日本 = 8.8 倍
意大利（1938—1941）= 2.5 倍

1938　1939　1940　1941　1942　1943　1944　1945

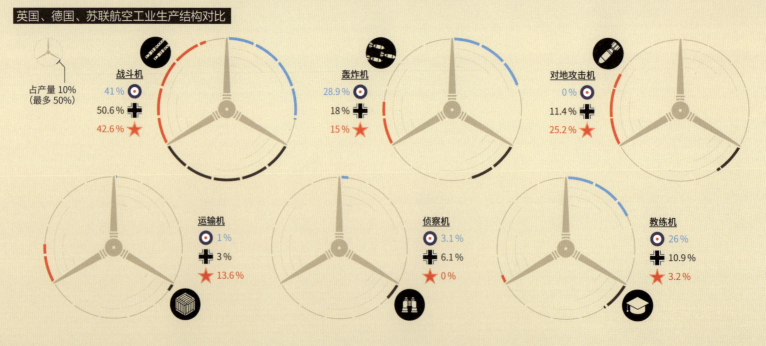

英国、德国、苏联航空工业生产结构对比

占产量 10%（最多 50%）

战斗机
41 %
50.6 %
42.6 %

轰炸机
28.9 %
18 %
15 %

对地攻击机
0 %
11.4 %
25.2 %

运输机
1 %
3 %
13.6 %

侦察机
3.1 %
6.1 %
0 %

教练机
26 %
10.9 %
3.2 %

4. 造船业

军工生产的不平衡性在造船领域最为明显。1941年，轴心国几乎停止制造战列舰和巡洋舰：德国专攻潜艇，而日本则全力生产驱逐舰、潜艇和航母。德国生产的潜艇，包括1 141艘U艇，数量是同盟国总量的三倍；其专业化生产也保证了德国潜艇在质量方面的优势。不过，在太平洋战场上则是美国潜艇独领风骚。英国、美国在各大海域有数以千计的运输船队，为确保其安全，护卫舰和驱逐舰的量产，发展到甚至畸形的程度。美国生产了141艘航母，加倍弥补了被击沉的12艘航母的损失。1943年，日本帝国的舰队蒙受损失，6艘航母被

击沉，虽数次力图振作，但从此在数量和质量上无法与对手抗衡，最终于1944年覆没。美国海军将主要精力投入生产，制造出64 550艘可用于登陆的各种舰只，确保了在欧洲和亚洲共30余场登陆战的成功。登陆舰只的数量、种类（登陆舰、登陆艇、登陆车等）和复杂程度，使得它们的制造速度决定了行动时间。假如诺曼底登陆失败，成千上万的特种船只被毁，至少需要一年的时间准备，才可能卷土重来。

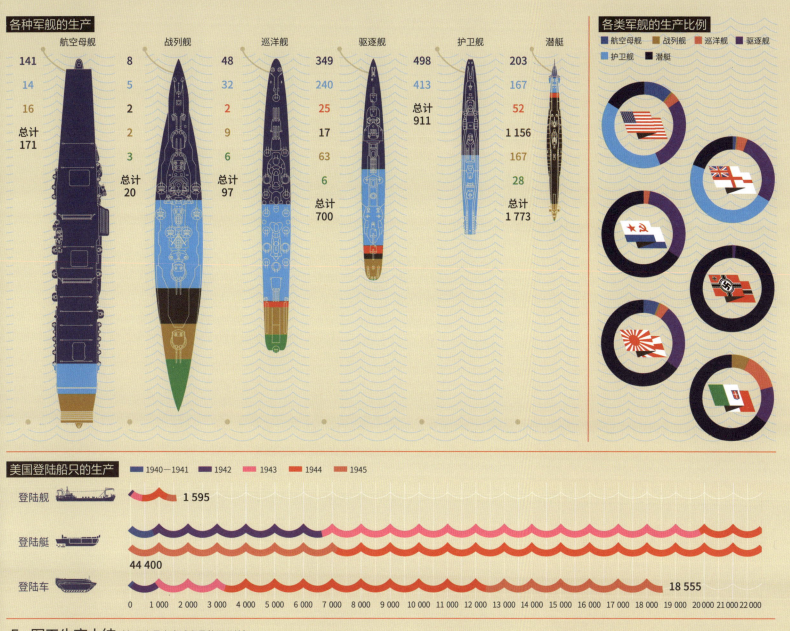

各种军舰的生产

	航空母舰	战列舰	巡洋舰	驱逐舰	护卫舰	潜艇
	141	8	48	349	498	203
	14	5	32	240	413	167
	16	2	2	25		52
	总计 171	2	9	17	总计 911	1 156
		3	6	63		167
		总计 20	总计 97	6		28
				总计 700		总计 1 773

各类军舰的生产比例

■ 航空母舰　■ 战列舰　■ 巡洋舰　■ 驱逐舰
■ 护卫舰　■ 潜艇

美国登陆船只的生产

■ 1940—1941　■ 1942　■ 1943　■ 1944　■ 1945

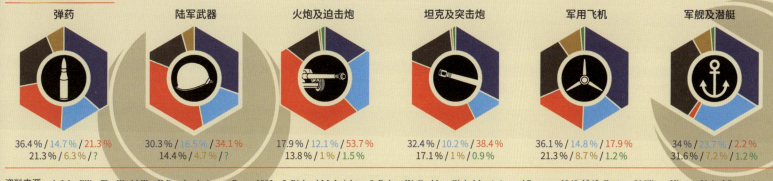

登陆舰 　1 595

登陆艇

登陆车 　44 400 ... 18 555

0　1 000　2 000　3 000　4 000　5 000　6 000　7 000　8 000　9 000　10 000　11 000　12 000　13 000　14 000　15 000　16 000　17 000　18 000　19 000　20 000　21 000　22 000

5. 军工生产小结 （各国产量占全球产量的百分比）

弹药
36.4 %　14.7 %　21.3 %
21.3 %　6.3 %　/ ?

陆军武器
30.3 %　16.5 %　34.1 %
14.4 %　4.7 %　/ ?

火炮及迫击炮
17.9 %　12.1 %　53.7 %
13.8 %　1 %　1.5 %

坦克及突击炮
32.4 %　10.2 %　38.4 %
17.1 %　1 %　0.9 %

军用飞机
36.1 %　14.8 %　17.9 %
21.3 %　8.7 %　1.2 %

军舰及潜艇
34 %　23.7 %　2.2 %
31.6 %　7.2 %　1.2 %

资料来源： 1. John Ellis, *The World War II Databook*, Aurum Press, 1993 - 2. Richard M. Leighton & Robert W. Coakley, *Global Logistics and Strategy, 1940-1943*, Center of Military History, United States Army, 1995 - 3. Bernhard R. Kroener, *Das Deutsche Reich und der Zweite Weltkrieg, op. cit.*, vol. 5/2 - 4. Hugh Rockoff, *America's Economic Way of War*, Cambridge University Press, 2012 - 5. Mark Harrison, *The Economics of World War II, op. cit* - 6. Mark Harrison, *Soviet Planning in Peace and War 1938-1945*, Cambridge University Press, 2009 - 7. *Lexikon der Wehrmacht*, http://www.lexikon-der-wehrmacht.de.

不惜一切代价获取劳动力

所有参战国都必须面对一个难题：如果 18—50 岁的男性中，有 25%～40% 的人从军，如何保证生产？三个解决方案：寻找新的劳动力；使更多劳动力进入工厂；在不牺牲农业或服务业的基础上提高生产率。随着国家干预的范围扩大，政府部门的工作人员也可能大幅增加，甚至过度膨胀。德国从 1939 年开始，就已深受劳动力缺乏之苦。早在 1935 年，德国便重整军备，将剩余劳动力全部投入军事领域。但德国农业机械化程度较低，需要超过 800 万的劳动力，更限制了大量农村人口流进城市。同时，军队需要征用兵源，工业企业的管理者又缺乏随机应变的能力，工业的生产率难以提高（这又使部分劳动技能纯熟的男性劳动力必须留在工厂）。英国的效率更高：它鼓励外包服务，并推动成千上万的小企业转型为军队服务，甚至博彩公司的客服中心也不例外。即使如此，劳动力依然不足。

1. 寻找新的劳动力

德国劳动力匮乏，而美国的人力储备却取之不竭（失业者、妇女，甚至在一般情况下被视作"黑工"的未成年人）。人们习惯认为"二战"中，德国妇女都待在家中，而美国妇女纷纷走进职场。事实并非如此。1944 年，德国 57% 的女性参加工作（其中 90% 为单身女性），而这一比例在英美只有 43%。德国在魏玛共和国时期推出了许多女权主义的政策。希特勒正好利用了这一点。此外，150 万所谓女性"家庭工作者"也并非毫无贡献——其中 96% 是农场员工。之所以会产生这种错觉，原因在德国、日本和苏联，大部分劳动女性集中在农业生产领域，往往会在统计就业人口时被忽视；而英国和美国的农业已经高度机械化了。不过，德国无法动员剩余的女性劳动力，苏联则相反：1944 年，每 10 名农民中，就有 8 名女性；半数的工人是女工！为弥补劳动力短缺，德国强迫战俘及其他欧洲国家的人民工作。1942 年，80% 新增的劳动力是外籍劳工；1944 年，外国人占劳动力总数的五分之一。然而，劳动力匮乏的问题仍然无法从根本上解决。

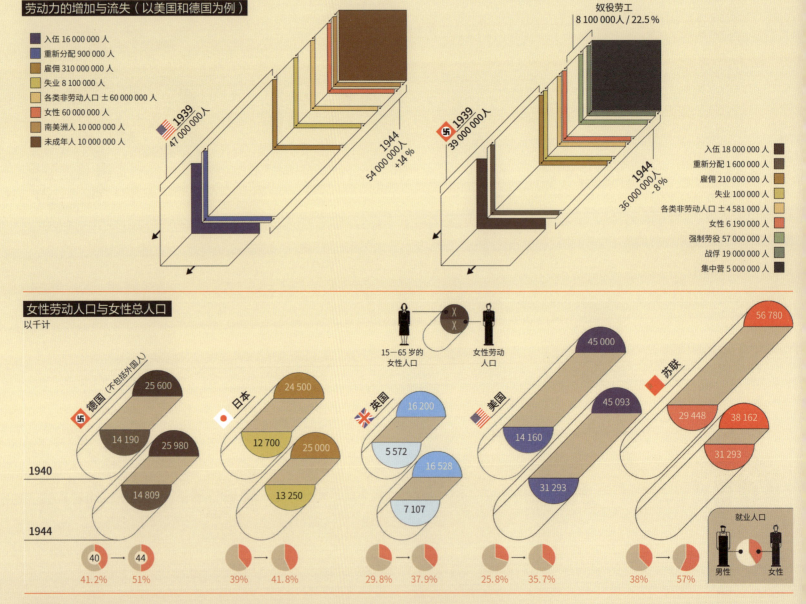

劳动力的增加与流失（以美国和德国为例）

- 入伍 16 000 000 人
- 重新分配 900 000 人
- 雇佣 310 000 000 人
- 失业 8 100 000 人
- 各类非劳动人口 ±60 000 000 人
- 女性 60 000 000 人
- 南美洲人 10 000 000 人
- 未成年人 10 000 000 人

1939 47 000 000 人
1944 54 000 000 人 +14%

奴役劳工 8 100 000 人 / 22.5%

1939 39 000 000 人
1944 36 000 000 人 -8%

- 入伍 18 000 000 人
- 重新分配 1 600 000 人
- 雇佣 210 000 000 人
- 失业 100 000 人
- 各类非劳动人口 ±4 581 000 人
- 女性 6 190 000 人
- 强制劳役 57 000 000 人
- 战俘 19 000 000 人
- 集中营 5 000 000 人

女性劳动人口与女性总人口
以千计

15—65 岁的女性人口 — 女性劳动人口

德国（不包括外国人）
25 600
14 190 / 25 980
14 809

日本
24 500
12 700 / 25 000
13 250

英国
16 200
5 572 / 16 528
7 107

美国
45 000
45 093
14 160 / 31 293
31 293

苏联
56 780
29 448 / 38 162
31 293

1940
1944

德国：40 → 44　41.2% / 51%
日本：39% / 41.8%
英国：29.8% / 37.9%
美国：25.8% / 35.7%
苏联：38% / 57%

就业人口
男性 — 女性

资料来源：1. R. Overy, *War & Economy in the Third Reich*, Oxford University Press, 1992 - 2. R. Overy, *The Air War 1939-1945*, Potomac Books, 2005 - 3. Adam Tooze, *Le Salaire de la destruction*, Les Belles Lettres, 2012 - 4. A. Aglan & R. Franck (dir.), *1937-1947. La guerre-monde*, t. II, Gallimard, 2015 - 5. Mark Harrison, *The Economics of World War II, op. cit.* - 6. Mark Harrison, *Accounting for War : Soviet Production, Employment, and the Defence Burden, 1940-1945*, Cambridge University Press, 1996 - 7. A. Marwick, *The Home Front. The British and the Second World War*, Thames & Hudson, 1976 - 8. R.

1941 年，英国颁布法令，动员后方所有居民，不论男女，都服务于战事（希特勒也只是渐进式地推动该项政策）。当然，落实这一政策困难重重，只有不到 50% 的女性投入到工作中。由于工厂的订单过多，军队不得不减少征兵。美国则不同，拥有 2 300 万未就业人口（失业者、妇女、未成年人）的巨大劳动力储备。泰勒创造的现代化管理制度，由汽车制造领域推广到各个工业门类，保证了高效生产，美国不但节约了人力，还增加了国内消费（3%）。苏联的情况则比较艰难。面对德国的入侵，苏联红军必须大规模征兵，以弥补巨大的兵力损失。战争的损耗和大量征兵，使苏联的劳动力减

半。幸好，斯大林对军事动员颇有心得，而且苏联的工厂本来就具有军民两用的特征，苏联很快凭借粗糙的装备与持续的牺牲，综合上述所有优势，稳住了阵脚。农产品生产减半，分到市民和军队手中。军队供应菲薄（红军士兵的配额只有英军的五分之一），但农民的境遇更为困难。苏联人民的生活水平原本就不高，现在又下降了 40%。整个政治体系如何在 1942 年继续发挥作用，成为学者们一直研究的问题。1943 年，苏联的军工产量比德国高两倍，成果突出，但代价也很沉重。1945 年，苏联社会筋疲力尽，并面临饥荒的威胁。

2. 就业人口的发展

1939 年，英国经济学家将就业领域分为三类：第一类为战争工业（冶金、机械、化工等）；第二类为民生（农业、行政管理等）；第三类为可以缩减的辅助类行业（建筑、商业、金融等）。这一划分对完全军事化的苏联社会（包括农业领域）并不适用。我们看到参战各国在劳动力方面的努力：德国的动员、民主体制国家的渐进性优化、苏联和德国压榨农业生产潜能，以及苏联的奋力一搏……所有努力均很快遇到"瓶颈"，最多只能维持数月。美国的《租借法案》将渐渐发挥作用。

3. 生产力：以航空工业为例

同盟国的产量占优。1944 年，美国在引擎生产和飞机组装方面的工人数量是德国的 4 倍。此外，美国在生产力方面还有一项优势：优化各生产要素，使其互相补益，形成良性互动（例如，使用生产流水线弥补劳动力水平不高的缺陷）。直到 1944 年，轴心国还保留着传统工坊的生产方式，依赖技能熟练的劳动力，没有装配流水线和工作组，受制于军队征兵的需求。1944 年，盟军的轰炸造成巨大损失，受到奴役的工人刻意破坏生产，更使德国雪上加霜。

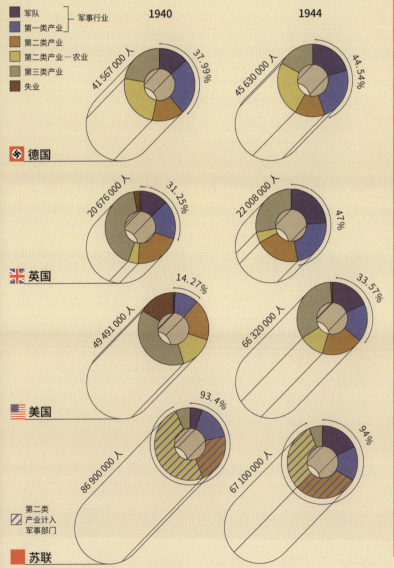

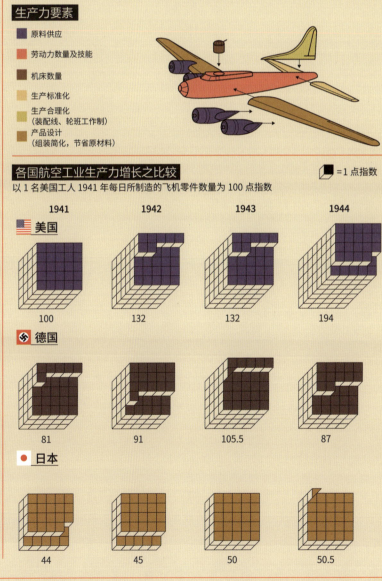

Chickering, Stig Förster & Bernd Grener (dir.), *A World at Total War. Global Conflicts & the Politics of Destruction*, Cambridge University Press, 2005 - 9. J. Paxton, «Myth vs. Reality. The Question of Mass Production in WWII», *Economics & Business Journal*, vol. 1, n° 1, 2008, p. 91-104.

"二战"中的英国

1940 年 6 月到次年 6 月，英国看似孤立无援，但事实并非如此。虽然大不列颠岛与欧洲大陆并未连为一体，但英国仍有世界头号的殖民帝国可恃。1939 年，作为超级强国的英国，占有全球三分之一的土地和四分之一的人口（4.84 亿居民）。

不过，它的人口储备 70% 集中于印度（英属印度包括现在的印度和巴基斯坦等地），而英王王冠上的这颗耀眼明珠，自 19 世纪末期以来便受到独立运动的冲击，政局动荡不安。印度总督第二代林利思戈侯爵未与印度各政党商量，便单方面宣布参战，使情况更为恶化。独立运动的领袖之一尼赫鲁支持同盟国的行动，而圣雄甘地则拒绝卷入任何军事争端，他在 1942 年 8 月 9 日被捕（1944 年 5 月 6 日因健康原因获释）。苏巴斯·钱德拉·博斯则聚集了一支支持日本的武装。不过，尽管局势混乱，印度总体上仍然忠于英国。1939—1945 年，印度的军费开支增长了 9 倍，但社会不公加剧，人员牺牲的代价也非常沉重。1943 年，殖民政府的无能导致孟加拉陷入严重的饥荒，150 万—300 万人死亡。即使如此，但凡英国需要，印度军队就前往世界各大战场浴血奋战：除了本土之外，他们从缅甸杀到非洲、叙利亚、意大

1. 经济

英国无疑是一个工业强国。"二战"期间，英国为盟国提供攸关性命的原材料，尤其是橡胶和制造合金所需的金属。

1941 年，由于控制了伊拉克和伊朗的油田，石油短缺问题得到缓解。各自治领提供的大量船只，使英国掌握占全球 30% 的商船吨位。英国对其自治领和殖民地的高度依赖，正是丘吉尔在 1941 年至 1942 年为德国的潜艇战头疼不已的原因。

1939 年英国的国内生产总值

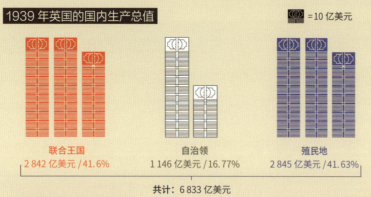

⬛ =10 亿美元

联合王国
2 842 亿美元 /41.6%

自治领
1 146 亿美元 /16.77%

殖民地
2 845 亿美元 /41.63%

共计：6 833 亿美元

1939 年英国的钢材产量

🔩 =100 万吨

联合王国：1 319.2 万吨
加拿大：140.7 万吨
澳大利亚：118.9 万吨
南非：25 万吨
印度：103.5 万吨
总计：1 707.3 万吨

2. 1939 年英国的人口

如果将联合王国的人口算进来，英国在"二战"期间可用的人力，与 1939 年世界人口最多的中国相仿（5.2 亿人口），远超苏联（1.68 亿）和美国（1.31 亿）。

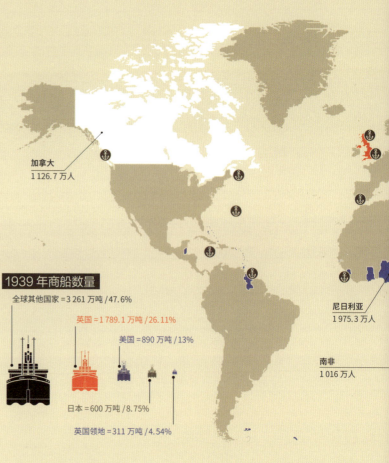

加拿大
1 126.7 万人

尼日利亚
1 975.3 万人

南非
1 016 万人

1939 年商船数量

全球其他国家 =3 261 万吨 /47.6%
英国 =1 789.1 万吨 /26.11%
美国 =890 万吨 /13%
日本 =600 万吨 /8.75%
英国领地 =311 万吨 /4.54%

1937 年战略原材料产量（占全球产量的百分比）

🟥 英国　🟦 殖民地与自治领

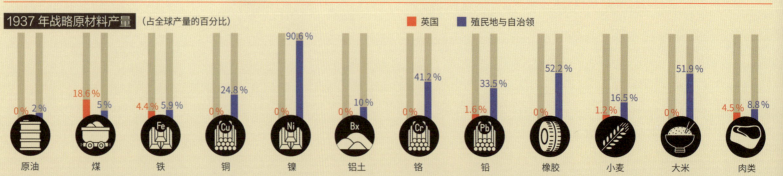

原油	煤	铁	铜	镍	铝土	铬	铅	橡胶	小麦	大米	肉类
0% / 2%	18.6% / 5%	4.4% / 5.9%	0% / 24.8%	0% / 90.6%	0% / 10%	0% / 41.2%	1.6% / 33.5%	0% / 52.2%	1.2% / 16.5%	0% / 51.9%	4.5% / 8.8%

利，甚至希腊……

英国的版图自然不限于印度。英国曾赋予某些旧殖民地近乎平等的地位，使其成为"自治领"。它们在战争中的贡献也至关重要。英国皇家空军一半的飞行员，都是在加拿大等自治领接受培训的，那里远隔重洋，德国空军无法干扰。最后，也不要忘记加拿大皇家海军的贡献：1939 年，它只有 6 艘护卫舰和驱逐舰；到 1945 年，这一数字已经增长到 193 艘，成为世界第三大舰队。它在大西洋上护卫商船，厥功至伟。

战争在世界范围内爆发，英国自然不可能免于战火。轴心国占领的埃及与印度都是人烟稀少的地区；但日本于 1941—1945 年侵略的缅甸、马来亚、新加坡（及其重要的海军基地）和香港等国家和地区，均人口众多。

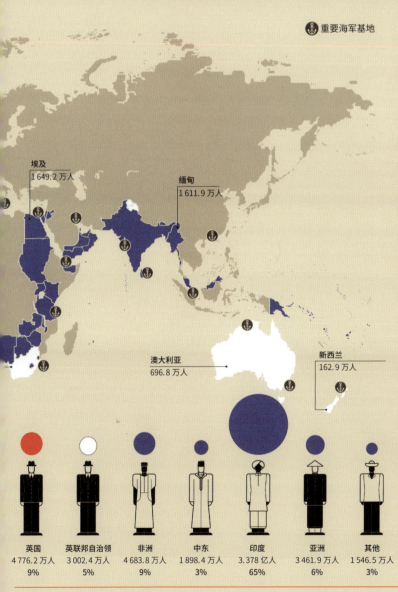

⚓重要海军基地

埃及
1 649.2 万人

缅甸
1 611.9 万人

澳大利亚
696.8 万人

新西兰
162.9 万人

英国	英联邦自治领	非洲	中东	印度	亚洲	其他
4 776.2 万人	3 002.4 万人	4 683.8 万人	1 898.4 万人	3.378 亿人	3 461.9 万人	1 546.5 万人
9%	5%	9%	3%	65%	6%	3%

3. 入伍比例不均

虽然英国越来越多地鼓励女性工作（1939 年 27% 女性就业，1944 年 39% 女性就业），但仍然需要在军事相关产业维持超过 1 000 万的男性劳动人口。1939 年起，征兵在整个帝国版图内启动。

印度全力配合，但征召的兵力主要用于当地，仅 11% 的陆军被派往海外；而新西兰 83% 的陆军被派往海外，损失也极为惨重；至于加拿大和澳大利亚，派往海外的军队占一半多。

1940—1942 年，澳大利亚的军队是非洲战场上的主力部队之一。

征兵人数与伤亡情况

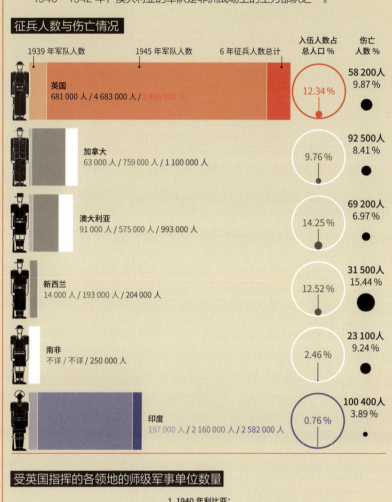

1939 年军队人数　1945 年军队人数　6 年征兵人数总计　入伍人数占总人口%　伤亡人数%

英国
681 000 人 / 4 683 000 人 / 5 896 000 人　12.34%　58 200 人　9.87%

加拿大
63 000 人 / 759 000 人 / 1 100 000 人　9.76%　92 500 人　8.41%

澳大利亚
91 000 人 / 575 000 人 / 993 000 人　14.25%　69 200 人　6.97%

新西兰
14 000 人 / 193 000 人 / 204 000 人　12.52%　31 500 人　15.44%

南非
不详 / 不详 / 250 000 人　2.46%　23 100 人　9.24%

印度
197 000 人 / 2 160 000 人 / 2 582 000 人　0.76%　100 400 人　3.89%

受英国指挥的各领地的师级军事单位数量

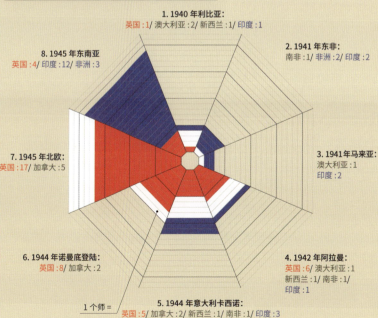

1. 1940 年利比亚：
英国：1/ 澳大利亚：2/ 新西兰：1/ 印度：1

2. 1941 年东非：
南非：1/ 非洲：2/ 印度：2

3. 1941 年马来亚：
澳大利亚：1
印度：2

4. 1942 年阿拉曼：
英国：6/ 澳大利亚：1
新西兰：1/ 南非：1/
印度：1

5. 1944 年意大利卡西诺：
英国：5/ 加拿大：2/ 新西兰：1/ 南非：1/ 印度：3

6. 1944 年诺曼底登陆：
英国：8/ 加拿大：2

7. 1945 年北欧：
英国：17/ 加拿大：5

8. 1945 年东南亚：
英国：4/ 印度：12/ 非洲：3

1 个师 =

25

资料来源：1. Mark Harrison, *The Economics of World War II, op. cit.*, p. 3 - 2. John Ellis, *World War II. A Statistical Survey*, Facts on File, 1995, p. 249-273 - 3. R.A.C Parker, *The Second World War : A Short History*, Oxford University Press, 1989, p.132 - 4. http://www.populstat.info/ - 5. John Ellis, *World War II. A Statistical Survey, op. cit.*, p. 155-227.

注：书中地图系原文插附地图，此地图的虚线为未定国界

美国对盟友的支援

1941 年 3 月 11 日，经美国国会投票通过，罗斯福总统正式颁布《租借法案》。这是"二战"期间最为重要的决策之一。该法案的签署，实质上取消了《中立法案》和 1939 年 11 月 4 日的《现购自运法》，美国真正成了同盟国的军火库。该法案授权总统向对美国安全至关重要的所有国家销售、运输、出租或租赁军事物资和其他商品。法案制定的初衷，本是优先帮助处于崩溃边缘的英国及其自治领；然而，到

1941 年 4 月，适用范围扩及中国；11 月 7 日，苏联被囊括其中；1942 年 11 月，"自由法国"成为受益者；最后共 40 多个国家得到了援助。从 1941 年 3 月到 1945 年 9 月，美国共向盟友提供了价值 490 亿美元的援助，相当于其战争总费用的 17%。与此同时，美国也要及时补给军队，而这一需求往往与对盟国的帮助相矛盾。它必须付出加倍的努力，对此做出协调。在美国的对外援助中，武器装备占 47%，工业产

1. 援助的节奏

1942 年最后一个季度，美国的物资援助计划才真正全面启动。此前，美国主要向英军提供补给。但直到 1942 年 11 月的阿拉曼战役，英军才切实尝到了美国援助的弹药和坦克的甜头。至于苏联红军方面，1941 年的莫斯科保卫战与美国援助毫无干系；斯大林格勒战役得到的帮助也非常有限。而 1943 年初，法国在非洲重建军队，100% 的武器装备来自《租借法案》。

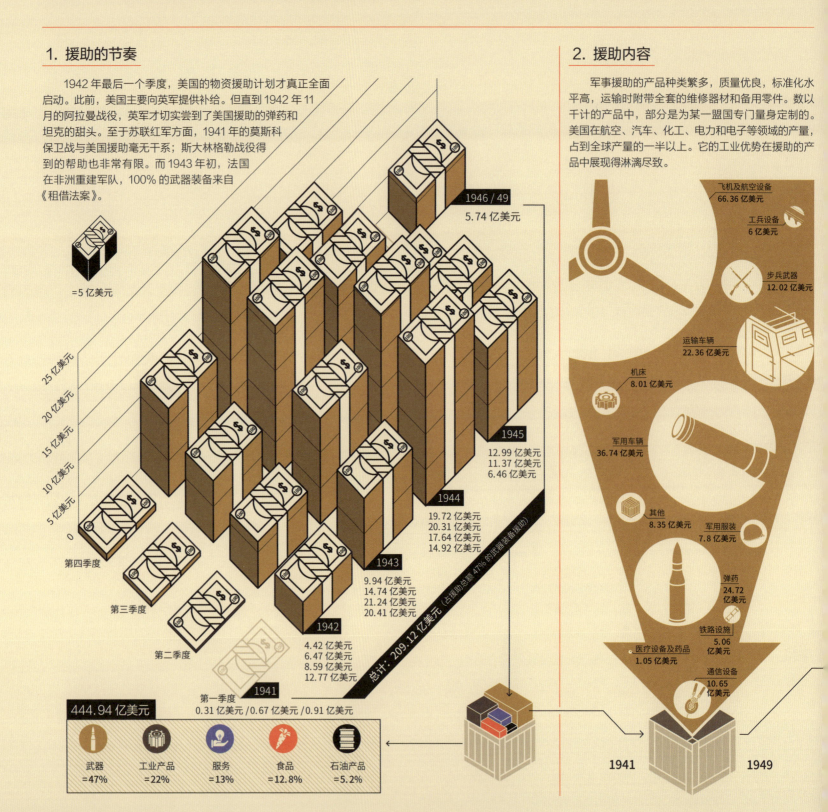

= 5 亿美元

25 亿美元
20 亿美元
15 亿美元
10 亿美元
5 亿美元
0

第四季度
第三季度
第二季度
第一季度

1946 / 49
5.74 亿美元

1945
12.99 亿美元
11.37 亿美元
6.46 亿美元

1944
19.72 亿美元
20.31 亿美元
17.64 亿美元
14.92 亿美元

1943
9.94 亿美元
14.74 亿美元
21.24 亿美元
20.41 亿美元

1942
4.42 亿美元
6.47 亿美元
8.59 亿美元
12.77 亿美元

1941
0.31 亿美元 / 0.67 亿美元 / 0.91 亿美元

总计：209.12 亿美元（占援助总额 47% 的武器装备援助）

444.94 亿美元

武器 = 47%　工业产品 = 22%　服务 = 13%　食品 = 12.8%　石油产品 = 5.2%

2. 援助内容

军事援助的产品种类繁多，质量优良，标准化水平高，运输时附带全套的维修器材和备用零件。数以千计的产品中，部分是为某一盟国专门量身定制的。美国在航空、汽车、化工、电力和电子等领域的产量，占到全球产量的一半以上。它的工业优势在援助的产品中展现得淋漓尽致。

飞机及航空设备
66.36 亿美元

工兵设备
6 亿美元

步兵武器
12.02 亿美元

运输车辆
22.36 亿美元

机床
8.01 亿美元

军用车辆
36.74 亿美元

其他
8.35 亿美元

军用服装
7.8 亿美元

弹药
24.72 亿美元

铁路设施
5.06 亿美元

医疗设备及药品
1.05 亿美元

通信设备
10.65 亿美元

1941　　1949

品 22%，食品 12.8%，服务 13%，石油产品 5.2%。英国获得 307 亿美元的援助，占援助总量的 62%；紧随其后的是苏联（110 亿美元）、法国（32 亿美元）和中国（16 亿美元）。英国消费食品的四分之一来自美国（42 亿美元），苏联排在第二位，获得共计 17 亿美元的面粉、食用油、肉类罐头、白糖、鸡蛋和奶粉。这两个国家也几乎垄断了机械设备方面的援助：总值 24 亿美元的援助中，苏联获得了 15 亿美元，英国获得 8 亿美元。不过，下图的数据只显示了《租借法案》中的军需用品。以苏联为例：除了美援之外，它还获得了来自英国和加拿大的物资支援，包括多达 4 542 辆"玛蒂尔达"坦克和"瓦伦丁"坦克，及将近 7 000 架飞机（"飓风""战斧""小鹰"战斗机等）。虽然这些军备的质量和数量均无法与美援媲美，但在 1941 年至 1942 年，当苏联无法通过自己的产能弥补损失时，它们的及时送达对苏联帮助很大。

3. 部分军备援助的数据 （件数）

在美国的援助中，美国制造的飞机和坦克数量，相当于英国全年的产量，而卡车数量相当于英国两年的产量。1944 年，英军使用的武器有 20% 为美国制造。自 1943 年起，苏联红军获得美国援助之后，部队的机动能力（"斯图贝克"卡车和吉普车）、指挥和调度方式（无线电、电话）都有极大改善。马斯顿穿孔钢板看似不起眼，却提高了苏军战斗机在泥泞中的起飞成功率；1 万辆铁路平车加快了将坦克运往前线的速度；而 1 955 部美国的火车头有效解决了苏联在该项生产上停滞不前的问题；大量的美国军靴和牛肉罐头，都成了令苏联"二战"老兵难忘的回忆。

图例： ⬢ =5% ⬢ =英国 ⬢ =苏联 ⬢ ="自由法国"军队 ⬢ =中国 ⬢ =其他国家

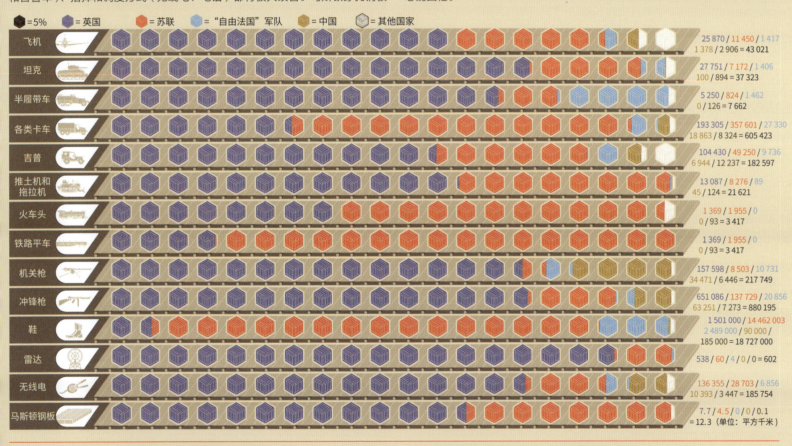

军备类别	英国	苏联	"自由法国"军队	中国	其他国家	总计
飞机	25 870	11 450	1 417	1 378	2 906	= 43 021
坦克	27 751	7 172	1 406	100	894	= 37 323
半履带车	5 250	824	1 462	0	126	= 7 662
各类卡车	193 305	357 601	27 330	18 863	8 324	= 605 423
吉普	104 430	49 250	9 736	6 944	12 237	= 182 597
推土机和拖拉机	13 087	8 276	89	45	124	= 21 621
火车头	1 369	1 955	0	0	93	= 3 417
铁路平车	1 369	1 955	0	0	93	= 3 417
机关枪	157 598	8 503	10 731	34 471	6 446	= 217 749
冲锋枪	651 086	137 729	20 856	63 251	7 273	= 880 195
鞋	1 501 000	14 462 003	2 489 000	90 000	185 000	= 18 727 000
雷达	538	60	4	0	0	= 602
无线电	136 355	28 703	6 856	10 393	3 447	= 185 754
马斯顿钢板	7.7	4.5	0	0	0.1	= 12.3（单位：平方千米）

英国
12 547 200 000 美元
60%

苏联
4 809 760 000 美元
23%

"自由法国"
1 673 000 000 美元
8%

中国
1 464 000 000 美元
7%

其他国家
418 000 000 美元
2%

4. 谁获得了援助？

无论是在军事物资，还是在工业、矿业和食品方面，英国（60%）和苏联（23%）获得的援助，都远多于其他国家。英、美两国素来战略合作关系密切；而且，在大不列颠岛上，也必须建立能够确保美国军队使用的基础设施，为诺曼底登陆做好准备。因此，美国向英国提供的物资，又有 80% 被运往英国本岛。送往中国的物资，对提高蒋介石部队的战斗力作用有限。中国共产党几乎没有获得美援，却在"二战"以后成功地解放了中国。

资料来源：1. 21st Report to Congress on Lend-Lease Operations 1946 - 2. Chief of Military History, *United States Army in World War II Statistics : Lend-Lease,* The War College Series, Paperback, 2015 - 3. David Edgerton, *Britain's War Machine,* Penguin, 2012 - 4. Albert L. Weeks, *Russia's Life-Saver. Lend-Lease Aid to the USSR in World War II,* Lexington Books, 2004.

德国对欧洲的掠夺

1940—1944 年，德意志帝国对占领区内的欧洲各国颐指气使，强迫它们为自己的战争经济服务。共有 760 万来自欧洲不同国家的劳工，自愿或被迫为德国（甚至在德国本土）工作。他们中一大半是苏联人和波兰人，四分之一是女性，四分之一是战俘。此外，1944 年末，大约 50 万关押在集中营的囚徒被党卫队"租借"给德国的企业，或直接在党卫队自办的企业中服役。外国人占德国就业人口的 20%。没有他们承担工人与农民的工作，德意志国防军根本不可能征兵 1 730 万人。征召如此庞大的一支军队自然耗费甚巨。德国有两项额外的生财之道：强制实施不公平的汇率，勒索巨额的"占领费"。从被占领国榨取的巨大财富，一部分被德军官兵挥霍，任他们"如同上帝在法国般"过着奢华的生活，在黑市上大发横财；另外相当一部分资金，又以军队订单的形式回到被占领国当地的军工企业，即所谓"S 工厂"中（因希特勒重用的装备部长施佩尔而得名），以确保劳动力和原材料的供应。这样，400 多万欧洲工人就被捆绑在德国的战争机器上，满足其五分之一到四分之一的军事需求。

汇率和看似取之不尽的现金使德国随心所欲地进口食品、原材料和半成品：12% 的钢材、20% 的煤炭、皮具、硫酸、粮食，三分之一的铁矿石和肉类，二分之一的铝土，等等。根据希特勒的命令，德国大量进口食品，以保证德国居民口粮的定额配给，但整个欧洲都因而陷入长期的食品供应匮乏状态：法国人每日摄取的卡路里量减少了一半，波兰减少了 60%，苏联减少 75%。但是，纳粹德国简单粗暴的掠夺也为国家带来巨大的收入：除了艺术品外，他们在苏联无偿强行征收产品，在欧洲各国窃取知识产权、扣押库存与设备、低价购买企业股份……更有甚者，欧洲各国犹太人的财产都遭到纳粹洗劫，变成了德国的战争资金——具体数字不详，但势必非常可观。当然，如果纳粹不对犹太人赶尽杀绝，而是允许他们劳动的话，德国本可获得更多利润。1941 年到 1942 年，德军听任 300 万苏联战俘活活饿死，犯了同样的错误——他们本来能让德国劳动力的人数直接增长 8%。在德意志第三帝国内部，经济理性往往不敌野蛮的意识形态。

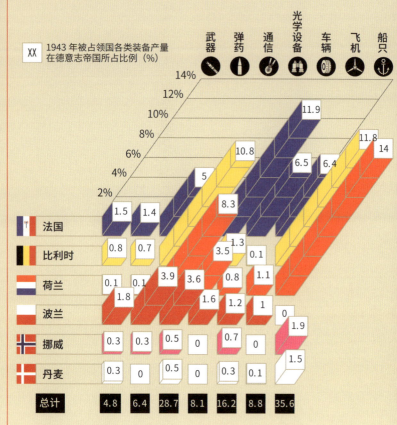

1. 被占领国在军备生产中所占比例

德国根据各被占领国在战前的优势产业，强行规定国家之间的分工。下图中，我们可以看到：法国擅长航空与汽车制造，而荷兰以飞利浦公司和造船业为经济龙头。

被占领国很少从事真正意义上的武器生产，只有一些针对德国缴获物资（如法国坦克）的附加订单，或送往其他轴心国的装备订单（法国为罗马尼亚提供飞机）。

XX 1943 年被占领国各类装备产量在德意志帝国所占比例（%）

	武器	弹药	通信	光学设备	车辆	飞机	船只
法国	1.5	1.4	8.3	5	10.8	11.9	14
比利时	0.8	0.7	3.5	1.3		6.5	11.8
荷兰	0.1	0.1	3.9	3.6	0.8	1.1	6.4
波兰	1.8		1.6	1.2	1	0	1.9
挪威	0.3	0.3	0.5	0	0.7	0	0
丹麦	0.3	0	0.5	0	0.3	0.1	1.5
总计	**4.8**	**6.4**	**28.7**	**8.1**	**16.2**	**8.8**	**35.6**

3. 对法国的掠夺

在各被占领国中，法国的经济最发达，经济门类最为齐备，资产最富足，货币储备量也是最大的。

德国对法国的疯狂掠夺，多少可归结为德国的复仇心理："一战"结束后，为了弥补战争损失，法国确实也曾向德国提出过不少苛刻要求。为了报复，德国拆除

卡路里摄取量的变化

■ 德国
■ 法国

1943—1944 年，法国满足了德国
4.4% 谷物面包
6% 饲料
12% 肉类
2% 食用油
德军占了三分之二的食物

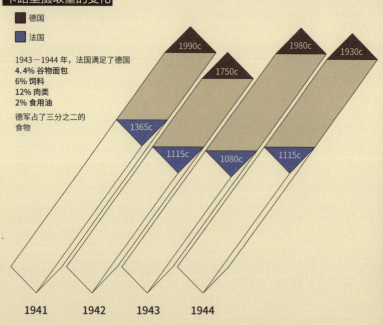

	1941	1942	1943	1944
德国	1990c	1750c	1980c	1930c
法国	1365c	1115c	1080c	1115c

资料来源：1. Bernhard R. Kroener, *Das Deutsche Reich und der Zweite Weltkrieg, op. cit.*, vol. 5/1 et 5/2 - 2. Hans-Erich Volkmann, *Ökonomie und Expansion*, Oldenbourg, 2003 - 3. Christoph Buchheim & Marcel Boldorf (dir.), *Europäische Volkswirtschaften unter deutscher Hegemonie, 1938-1945*, Oldenbourg, 2012 - 4. Adam Tooze, *Le Salaire de la destruction, op. cit.*

2. 1944 年 8 月：德国经济中的外籍劳工

　　政治宣传、增加薪水、集中营、搜捕犹太人、强制劳役、战俘……德国为了增加劳动力，这些方法都尝试过。然而，被迫劳动的工人中，80% 以上都不具备或缺乏工作技能。

　　苏联和波兰的女性被分配到农业部门，而这两国的男性则被迫从事最高风险的工作，如矿业、化工、冶金、清理轰炸现场、排雷等。来自西欧的熟练工人被分配到飞机制造厂和汽车厂。1943 年夏天，德军向苏联库尔斯克发动攻击就出于对劳动力的渴求：他们的战略目标是俘虏 100 万名苏联士兵。

劳工在德国经济中所占的比例：1944 年 8 月

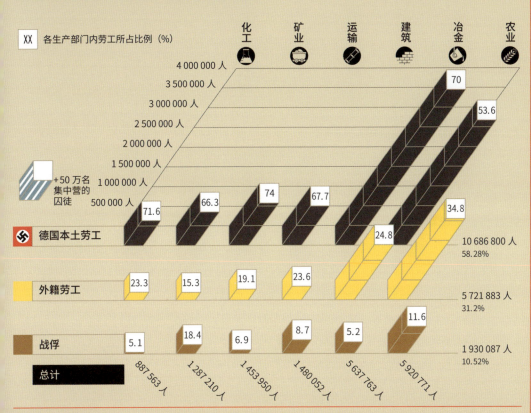

各国劳工在德国经济中所占比例

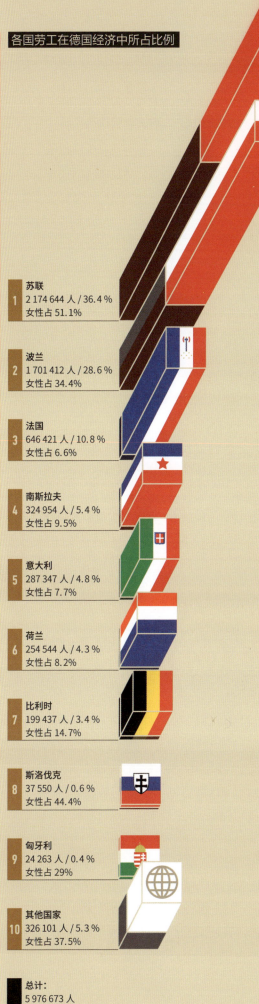

1	**苏联**	2 174 644 人 / 36.4 %　女性占 51.1%
2	**波兰**	1 701 412 人 / 28.6 %　女性占 34.4%
3	**法国**	646 421 人 / 10.8 %　女性占 6.6%
4	**南斯拉夫**	324 954 人 / 5.4 %　女性占 9.5%
5	**意大利**	287 347 人 / 4.8 %　女性占 7.7%
6	**荷兰**	254 544 人 / 4.3 %　女性占 8.2%
7	**比利时**	199 437 人 / 3.4 %　女性占 14.7%
8	**斯洛伐克**	37 550 人 / 0.6 %　女性占 44.4%
9	**匈牙利**	24 263 人 / 0.4 %　女性占 29%
10	**其他国家**	326 101 人 / 5.3 %　女性占 37.5%

总计：
5 976 673 人
女性占 33.3%

　　了法国的炼油厂，没收原材料和运输工具，窃取机器和专利，索要高额"占领费"，操纵汇率，关押工人……法国国内生产总值锐减三分之一到二分之一。整个国家陷入贫困，黑市和黄色交易猖獗，人均摄取卡路里总量骤降。通过这些数据我们可以得出：法国在 1940 年的溃败，正是德国可以长时间与盟军对抗的重要原因之一。

占领费

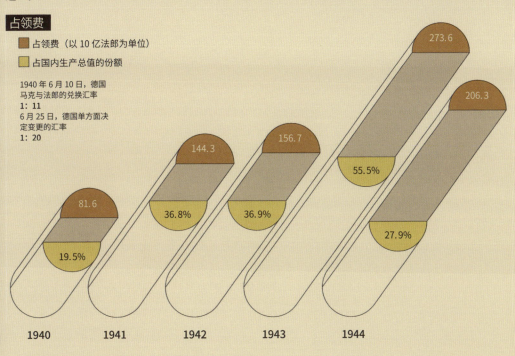

同盟国领导人的会议：

1941 年至 1945 年，同盟国携手抗敌。这些大国之间地理距离遥远，且意识形态殊异。它们的精诚合作在历史上尚属首次。国家元首或首脑之间的会晤，推动了军事行动的顺利进行。国际新秩序的建立，不仅是战胜国根据实力对比进行传统政治博弈的结果（雅尔塔会议、波茨坦会议），也是近百场更大范围内多边会谈的成果（一些中立国也有参加）。这些国际会议确立了战争与和平的框架，影响波及今日。

不过，不要以为会议开得如火如荼，就一定有一个统一的规划。

事实上，整个会议体系随意性很强，如同未经建筑师设计的房屋，以下的变化就证明了这一点。"超级大国"（1944 年开始使用的新名词）主导军事会议，决定战败国的命运，并定义世界的新秩序。这一共同处理国际事务的经验使罗斯福改变了立场，不再执着于以往坚持的维护和平的方式。1943 年，他放弃了"集体安全"的概念，建议由具有强大影响力的"四巨头"（美国、苏联、英国、中国，后来才加上法国）组成维护世界秩序的核心力量，对重要国际事务有一票否决权。

1. 英美核心

英美一唱一和，主导了会议的结构和节奏。为维护英国的利益，丘吉尔更为活跃；而罗斯福才是真正的核心人物。战争的日程表就掌握在他们二人手中。第三"巨头"斯大林长期置身事外，直到 1943 年 11 月，才首次与罗斯福和丘吉尔会面。

此时，中国和法国拿到了附加席位，等待日后崭露头角。

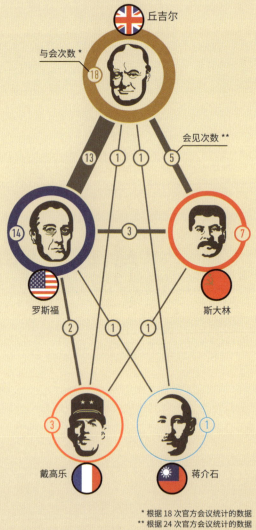

丘吉尔
与会次数 *
18
会见次数 **
13　1　1　5
14　3　7
罗斯福　　　斯大林
2　1　1
3　　1
戴高乐　　蒋介石

* 根据 18 次官方会议统计的数据
** 根据 24 次官方会议统计的数据

2. 推动胜利和预备未来的 17 次会议

战争接近尾声之际，开会的频率越来越高。最早的会议召开于 1941 年。珍珠港事件爆发之前，虽然孤立主义仍在美国甚嚣尘上，但深谋远虑的罗斯福与丘吉尔还是签订了《大西洋宪章》，奠定了国际新秩序的根基。两者的重要地位从会议举办地点的集中程度上，也可见一斑：英国组织了 17 场会议，美国举办了 14 场。1943 年之后，英国的影响力有所下降，而原先因互不信任而边缘化的苏联地位提升。这一年成为历史的转折点，原因有二：推出了一些重大的作战决策，会议主题也更多转向政治领域。

1. ABC 1 号会议（美英参谋长联席会议）：若美国参战，英美的军事合作。
2. 大西洋宪章：制定保护各国民主制度的目标。
3. 第一次莫斯科会议：确定援助苏联的原则。
4. 第一次华盛顿会议：制定"德国优先"的作战目标；发布《联合国家宣言》。
5. 第二次华盛顿会议：讨论北非登陆问题。
6. 卡萨布兰卡会议：讨论意大利登陆问题，决定武装"自由法国"军队，敦促轴心国无条件投降。
7. 第三次华盛顿会议：制定欧亚整体战略，准备 1944 年 5 月在法国登陆。
8. 魁北克会议：制定亚洲整体战略，确定诺曼底登陆地点。
9. 第二次莫斯科会议：决定迫使德国交出"二战"以来占领的所有领土（奥地利、捷克、波兰等），决定创立国际法庭，斯大林同意建立联合国的想法。
10. 开罗会议：决议迫使日本交出"二战"以来占领的所有领土。
11. 德黑兰会议：讨论在法国南部登陆，苏联承诺对日作战，讨论战后德国的命运。
12. 布雷顿森林会议：讨论国际经济新秩序，准备创建国际货币基金组织和国际复兴开发银行。
13. 敦巴顿橡园会议：确立联合国的结构。
14. 第二次魁北克会议：提出摩根索计划，确立占领德国的方针。
15. 雅尔塔会议：明确苏联对日作战的日期，提出将德国分为四个占领区的方针，确定联合国的构成。
16. 旧金山会议：联合国成立。
17. 波茨坦会议：确定德国的边界，明确四个占领区的边界，采纳 5D 原则（非军事化、去纳粹化、去卡特尔化、民主化和地方分权制），不同意另立战争赔款，对日本发出最后通牒。

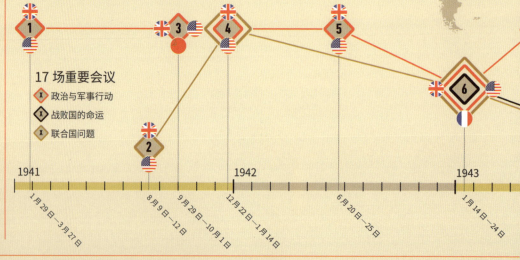

魁北克
旧金山　　　华盛顿　　阿真舍

17 场重要会议
政治与军事行动
战败国的命运
联合国问题

1　2　3　4　5　6

1941　　　　1942　　　　1943
1月29日　8月9日　9月29日　12月22日　6月20日　1月14日
—3月27日　—12日　—10月1日　—1月14日　—25日　—24日

资料来源：1. Dan Plesch, *America, Hitler & the UN. How the Allies Won World War II and Forged a Peace*, I. B. Tauris, 2011 - 2. Maurice Bertrand, Antonio Donini, *L'ONU*, La Découverte, 2015
3. David Reynolds, *From World War to Cold War : Churchill, Roosevelt, and the International History of the 1940s*, Oxford University Press, 2007

*本书地图系原书插附地图

为战后的世界做准备

同时，各领域的精英也聚集在华盛顿，讨论重建一个尽可能团结更多国家的世界体系。西方精英深信，发动"二战"的根源，在于1929年的世界经济危机，以及旧国际体系（国联、经济金融组织、国际清算银行等）的失败。在他们看来，"各国团结于专业化的功能性机构中，方可确保国际社会的和平发展"（戴维·米特兰尼）。因此，他们优先考虑建立一系列具有调节机制的专业组织。由此，以前的国际组织继续保留，而一些更具影响力的新兴组织，在联合国建立之前，便已零星地产生了。

二元对立的状况导致联合国"缺乏系统化"。旧金山会议同意：几大战胜国共管战败国，建立安全理事会，并纳入若干零散的国际组织。相对独立的组织依附于联合国，但没有隶属关系。这种自行其是的状态，使联合国无法构成统一的体系，在经济、社会、文化和人道主义等领域，没有能够一锤定音的发言权。倒是美国在各个组织中均占有领导地位时，曾一度使联合国的立场保持一致。

3."缺乏系统化"的联合国

1942年起，与联合国相关的一些筹备会议陆续召开（例如，为联合国教科文组织成立召开的教育部部长联席会议，为联合国粮食及农业组织成立召开的弗吉尼亚州温泉城44国会议）。联合国第一个正式的国际组织——联合国善后救济总署，成立于1943年。因此1945年10月，联合国大会在"三巨头"的倡议下召开时，一些主要的专业机构已经步入正轨了。这些国际组织与联合国的关系，更像夫妻，而非母子，经常持相反立场。因此，联合国大会只能向它们提出建议，破坏了建立"世界政府"的愿望。

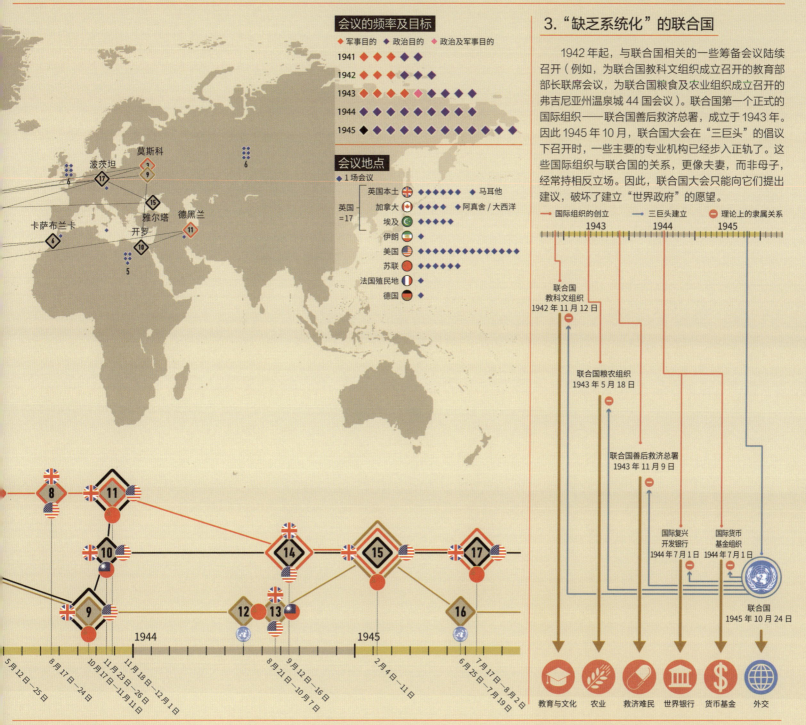

4. Jean-François Muracciole et Guillaume Piketty (dir.), *Encyclopédie de la Seconde Guerre mondiale,* Robert Laffont, 2015 - 5. Dan Plesch & Thomas G. Weiss (ed.), *Wartime Origins and the Future United Nations,* Routledge, 2015.

第二部分　军队与武器

最高指挥部：

指挥世界大战是一项复杂程度超乎想象的艰巨任务。最高指挥部需要统领百万之众，在空间和时间上调度他们。同时，它也要兼顾国内的政治与经济形势，协调开展人力与产业资源的动员。指挥部制定作战计划，在数百千米外指挥军事行动。几个世纪以来，海军将领已饱受这种挑战的洗礼。但对于陆军来说，一直要等到19世纪。随着军队规模的扩充和无休止开展的军事行动，真正意义上的建立最高指挥部成为一种必然，其各分支机构的职能也无限延伸。第一次世界大战为这种指挥形式提供了首次实战演练的机会。但1918年的战败国以及美国和日本，由于参战时间较晚或者参战规模有限，并没有取得同等经验。1942年，庞大的美国五角大楼拔地而起，来自海军和陆军的30 000名工作人员齐聚于此。在这场世界大战中，他们也共同见证了指挥形式与规模的剧变。

指挥部门的结构极其复杂，而每一次精简调整势必会激起原有单位的反弹及对抗——后者一味希冀保留那些老旧过时的机构。指挥系

1. 在监督之下的苏联红军

1941年6月22日，苏联的军事决策层尚处于一片混乱之中。一个多月后，两大关键机构浮出水面：第一个是苏联国防委员会（GKO），它对政治和经济实行集权统一管理，确保了决策的执行力，由斯大林直接领导；第二个是最高统帅部，为斯大林的私人幕僚部门，在1941年8月8日斯大林亲自领导之后，才开始发挥其真正效能，由各方面军代表或总参谋部下达作战任务。总参谋部由斯大林选用的人领导，功能受到一定的制约。

斯大林　马林科夫　莫洛托夫　贝利亚　伏罗希洛夫　铁木辛哥

苏联共产党中央委员会　苏联人民委员会

红军总政治部

内务人民委员部

苏联国防委员会

苏联最高统帅部

苏联军事总参谋部

苏联12个方面军代表

朱可夫　布琼尼　沙波什尼科夫　安东诺夫　库兹涅佐夫　华西列夫斯基

2. 德国：一众惊慌无序的纳粹领主

自1938年开始，大权在握的老牌普鲁士参谋本部逐渐让位于一众杂乱无章、权责不清的组织机构。这些机构依照与元首的紧密程度，而非其职能，来排定座次。在这种多头封建领主式的架构中，戈林、施佩尔和希姆莱处于核心区域。他们关系紧张，各行其是，彼此争雄，且职权重叠。除希特勒本人外，没人能掌握全局信息，所有人都处于一种盲目的竞争状态。各机构之间存在的大量摩擦和冲突也可被视为希特勒独揽大权的代价。职权屡被裁减的国防军陆军总司令部（OKH）最后只负责指挥东线战场。理论上作为全军指挥中枢的国防军最高统帅部（OKW）既不负责作战部署，也没有参谋人员，更无权制订战略计划，最后只沦为一个传令部门。到了1942年，第三帝国内所有负责战略计划的组织架构都已不复存在。

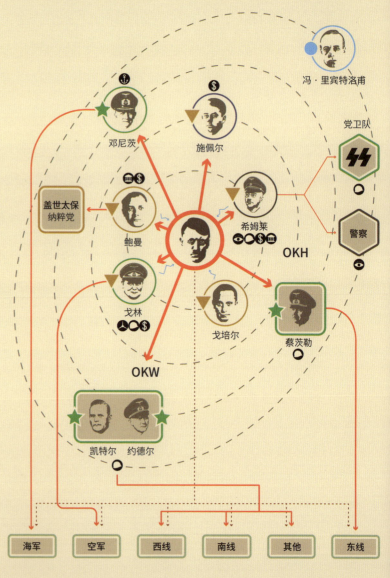

冯·里宾特洛甫

党卫队

邓尼茨　施佩尔

盖世太保纳粹党

鲍曼　希姆莱　OKH

警察

戈林　戈培尔　蔡茨勒

OKW

凯特尔　约德尔

海军　空军　西线　南线　其他　东线

战争进程的主宰

统由层层组织构建而成，是各方妥协、分工和持续工作的结果。这里列出的五个国家中，只有英国在"二战"前就已经建立了较为健全的指挥系统，其他国家则是在开战前夕或战争期间，才完成了指挥系统的根本性变革。由此，我们亦可研究参战各国的社会组织特点及其意识形态差异。从该角度看，相对英、美，苏、德、日三个国家的指挥系统呈现出了更多的相似性。

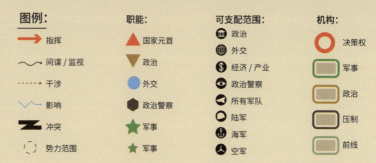

图例：
→ 指挥
〜 间谍/监视
┄ 干涉
〜 影响
➤ 冲突
⌒ 势力范围

职能：
国家元首
政治
外交
政治警察
军事
军事

可支配范围：
政治
外交
经济/产业
政治警察
所有军队
陆军
海军
空军

机构：
决策权
军事
政治
压制
前线

3. 英美同盟：协作、仲裁、授权

同盟国需要面对一系列难题，包括结盟、兵力远程投放，及陆、海、空三军协同作战等。国内的军事领导机构要同跨军种委员会及跨国委员会相互协作，其中的关键部门是英美参谋长联席会议。该部门的作战方案和部署，全部依据同盟国高级联席会议的决议来制订；战场前线的具体计划和指挥，则授权各战区的最高司令官全权负责。该系统虽然并不完善，但能有效地针对各部门间的摩擦和争议进行仲裁（如太平洋战场上陆海军优先权的分配问题）。该系统的另外一个优点，就是保证前线的将士能够免受"战略家"丘吉尔越权的影响。

4. 分崩离析的日本帝国大本营

日本的战争指挥架构表面上看似合理：最终决议体现天皇的绝对权力。但事实上，裕仁天皇并不出面行使仲裁。由于日本陆海军的作战目标不同，加之天皇的放任，陆海军之间的摩擦和矛盾逐渐激化，作战指挥也随着其内部势力的消长而摇摆不定。法西斯主义政客东条英机试图统揽大权。1944年春，他同时兼任内阁总理大臣（首相）、陆军大臣和总参谋长。但由于与海军发生矛盾，他于1944年7月被天皇罢免。在前线，亚洲大陆的战事只由陆军部负责，而其他地方，陆海军各自为战地展开行动、部署阵地，甚至出现双头指挥的情况。

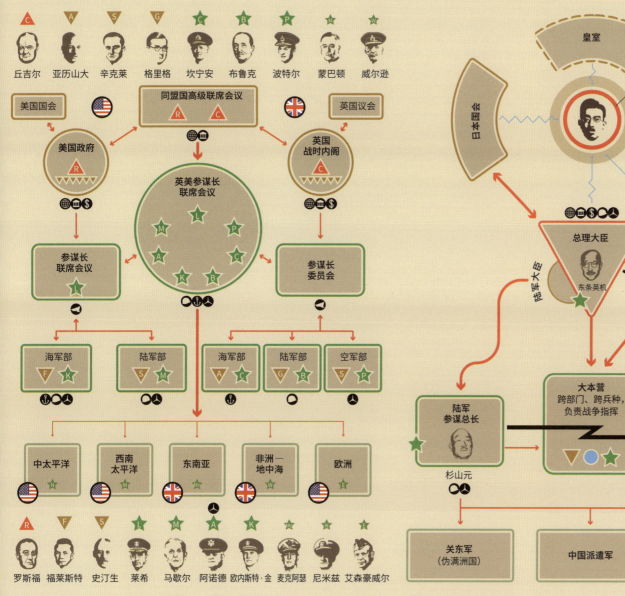

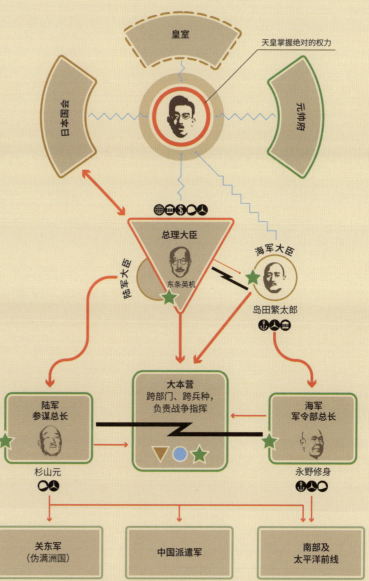

基本作战单位：步兵师

"步兵师"的概念自 1759 年产生之后就一直是军事行动的基石。一个步兵师由 8 000~16 000 人构成。它是同时具备参谋部与军需部的最基本的跨兵种部队，像一支"迷你军队"，既可以被独立部署，也可以在一个大兵团内部与其他师协同作战。此外，它也成为衡量一国武力强弱的指标。如斯大林所说："罗马教皇？他能有几个师？"步兵师的成功源于它在组织规模上的平衡、灵活机动和作战用途多样：它可精于攻击，亦可专于防守；无论是在开阔平原地带、城镇，还是在山区作战，它的编制规模都适于调度。一个独立的作战单位，编制人数越少，机动性就相对越高，但后勤与管理成本也会相应飙升（一支 4 000 人的部队和一支 15 000 人的部队需要的服务，并没有太大的差别）；如果编制过大，则容易尾大不掉。1939 年，在成本与编制之间寻得平衡的师级单位，成为欧洲军事建设的主流：波兰组建了 30 个步兵师，比利时组建了 22 个。一些步兵师还配有数个独立营，更具战斗力。"二战"时，各国陆军的步兵师编制所占比重都在 80% 左右。

然而，在"二战"初期的战斗中，步兵师面临着严酷的考验。在空军和装甲师的双重打击下，它损失惨重，濒临崩溃。仅靠双腿奔袭的步兵很难适应新形态战争中军事行动的节奏。对于广阔的战线来说，步兵师显得过于脆弱、迟缓，几乎只能被派往前线战场。这类任务费力不讨好，但又不可或缺，所以还是在战争期间大量征召士兵、补充兵员。1939—1944 年，德军步兵师总数增加了 70%；1943 年，突破两百大关。

但兵源和物资的短缺，使得步兵师的主导地位下滑：德国的载具和后勤补给越来越难以提供可靠保障；理论上，步兵师只有不断升级轻武器装备（如突击步枪、MG-42 通用机枪、反坦克火箭筒等），才有继续存在的价值。日本和苏联由于卡车和指挥管理人员的匮乏，只能弱化步兵师的地位，令其更多从属于军级单位。最后，只有实力雄厚的英美盟军，才能真正实现步兵师的摩托化，并以独立军事单位强化其作战能力。一个英美的步兵师装备上百辆的坦克，并不是什么稀罕事。英美的机械化步兵师往往会形成 20 000 人的庞然大物，配置了准军级的后勤支援补给之后，人数更可达 40 000。只有具备非常出色的运输能力和革新作战指挥系统，才能避免庞大的步兵师崩溃。因此，其数量受到了限制——美国在战时虽然动员招募了 1 100 万人，但最后只整编了 60 多个步兵师；英国仅 20 多个。冷战期间，为了提高机动性，过于庞大的步兵师不得不让位于旅级单位。

"二战"的惨烈程度，及其对机动性的要求，降低了步兵师的平衡性。此后，这一平衡荡然无存。

1. 大规模组建步兵师

在大战中，虽然步兵师在装甲师面前甘当配角，但步兵师仍是最基本的作战单位。广阔的苏军前线需要上百个师，大量的"廉价"步兵师应运而生。它们大多装备简陋，训练不足。在执行打开缺口、纵深突击、堵住防线缺口之类重要任务时，装甲部队的作用几乎是无法替代的。而一个苏联步兵师如果不依赖强大火力的支援，突袭则步履维艰；而且在火力支援下，步兵师在行动中也要承受巨大的伤亡代价。反观西欧战场，步兵师在整个盟军光复欧洲的作战行动中发挥了主力作用。在摩托化和独立加强营的强化下，这些步兵师充分发挥了多种作战效能。他们能够出色地完成前线突击任务，并能够在追歼战中配合坦克部队的行军速度。1945 年，一个英国步兵师所装备的装甲车数量居然是一个德军国防军装甲师的两倍。

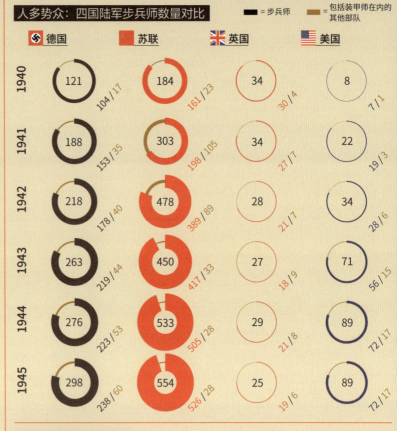

人多势众：四国陆军步兵师数量对比　■ =步兵师　■ =包括装甲师在内的其他部队

	🇩🇪 德国	🇷🇺 苏联	🇬🇧 英国	🇺🇸 美国
1940	121 (104/17)	184 (161/23)	34 (30/4)	8 (7/1)
1941	188 (153/35)	303 (198/105)	34 (27/7)	22 (19/3)
1942	218 (178/40)	478 (389/89)	28 (21/7)	34 (28/6)
1943	263 (219/44)	450 (417/33)	27 (18/9)	71 (56/15)
1944	276 (223/53)	533 (505/28)	29 (21/8)	89 (72/17)
1945	298 (238/60)	554 (526/28)	25 (19/6)	89 (72/17)

不可或缺的支援部队

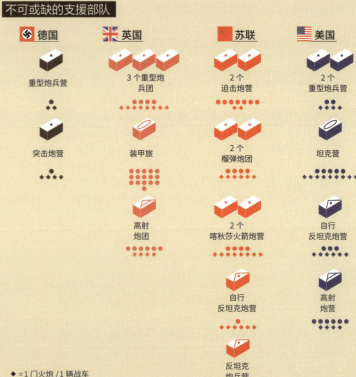

🇩🇪 德国	🇬🇧 英国	🇷🇺 苏联	🇺🇸 美国
重型炮兵营	3 个重型炮兵团	2 个迫击炮营	2 个重型炮兵营
突击炮营	装甲旅	2 个榴弹炮团	坦克营
	高射炮团	2 个喀秋莎火箭炮营	自行反坦克炮营
		自行反坦克炮营	高射炮营
		反坦克炮兵营	

◆ =1 门火炮 /1 辆战车

● =10 门火炮 /10 辆战车

2. 步兵师装备上的比较

英美盟军和其他国家在步兵师的装备上差异巨大。英美步兵齐装满员、全摩托化，具备强大的后勤补给能力，运输效率是其他国家的近 10 倍，而后者还在依仗马匹进行后勤运输。对于英美以外的国家而言，短程火力的强化并不能减少伤亡。实战中的减员往往比下图所示更加惨重：意大利一个步兵师，在三年内从 10 000 人减员到 6 000 人；而苏联一个 14 400 人的步兵师，在几个月内就降到不到 8 000 人。德军每个 10 人战斗小队都装备了 MG 机枪，比起敌方装备的自动步枪，火力更加强劲。在连队层面上，德军具备良好的反应能力和强大的火力。反观其对手，则必须依赖援军维持作战。步兵师也会根据作战的地形环境调整作战装备。意大利步兵师在沙漠中不得不放弃马匹，转而全员装备反坦克武器；而日本军队由于丛林和海外远程作战后勤补给的特殊性，则优先装备了 75 毫米野战炮、榴弹掷弹筒之类轻型武器。

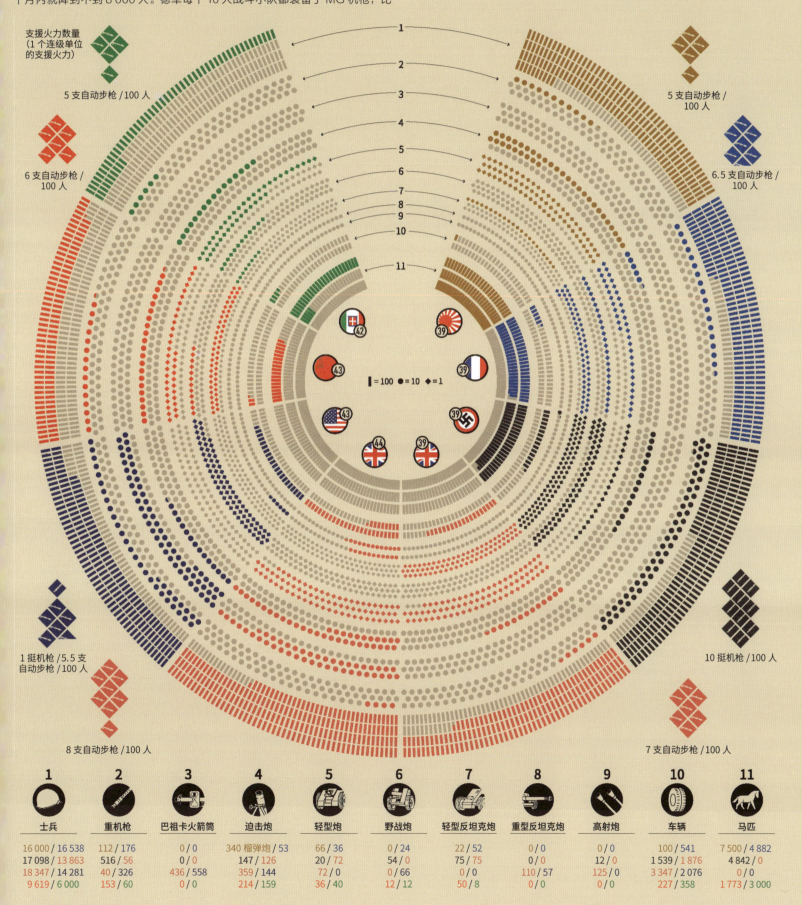

支援火力数量
（1 个连级单位的支援火力）

5 支自动步枪 / 100 人

6 支自动步枪 / 100 人

1 挺机枪 / 5.5 支自动步枪 / 100 人

8 支自动步枪 / 100 人

5 支自动步枪 / 100 人

6.5 支自动步枪 / 100 人

10 挺机枪 / 100 人

7 支自动步枪 / 100 人

▮ = 100　● = 10　◆ = 1

	1	2	3	4	5	6	7	8	9	10	11
	士兵	重机枪	巴祖卡火箭筒	迫击炮	轻型炮	野战炮	轻型反坦克炮	重型反坦克炮	高射炮	车辆	马匹
	16 000 / 16 538	112 / 176	0 / 0	340 榴弹炮 / 53	66 / 36	0 / 24	22 / 52	0 / 0	0 / 0	100 / 541	7 500 / 4 882
	17 098 / 13 863	516 / 56	0 / 0	147 / 126	20 / 72	54 / 0	75 / 75	0 / 0	12 / 0	1 539 / 1 876	4 842 / 0
	18 347 / 14 281	40 / 326	436 / 558	359 / 144	72 / 0	0 / 66	0 / 0	110 / 57	125 / 0	3 347 / 2 076	0 / 0
	9 619 / 6 000	153 / 60	0 / 0	214 / 159	36 / 40	12 / 12	50 / 8	0 / 0	0 / 0	227 / 358	1 773 / 3 000

3. 德军的编制和作战方式

德军作战的核心单位由9人组成。主火力为一挺机枪，有时还备有4具反坦克火箭筒。和其他国家的军队一样，德军在编制上也奉行"三三制"原则，即三班为一排、三团为一师。这种编制更加灵活且简洁有效。德军最常见的战法就是两队协作攻击，第三队作为后备部队。在步兵师一级的作战单位中，也会混入其他作战单位。参谋部会根据具体需求整编部队，并以步兵为核心，组成名为"战斗群"的作战单位。表面上威风凛凛的"战斗群"，实为一支装备了反坦克武器和装甲车的

新型步兵师，并不比一般的步兵师更实用。其作战支援单位装备吃紧、杂乱无章、无法统一制式，难以跟上现代化的步伐，成了战场的牺牲品。1944年，步兵师将原有的9个营缩减为6个营，同时在编制上加入了侦察营（自行车步枪兵）、工兵营和预备营（该单位负责训练及组织补充兵员），三三制作战结构得以保留。这些单位作为一个步兵师的组成部分，职能却十分混乱。1944年底，一个步兵师最多不过10000人，远远不及1939年时的17000人。但最严重的问题是军官伤亡惨

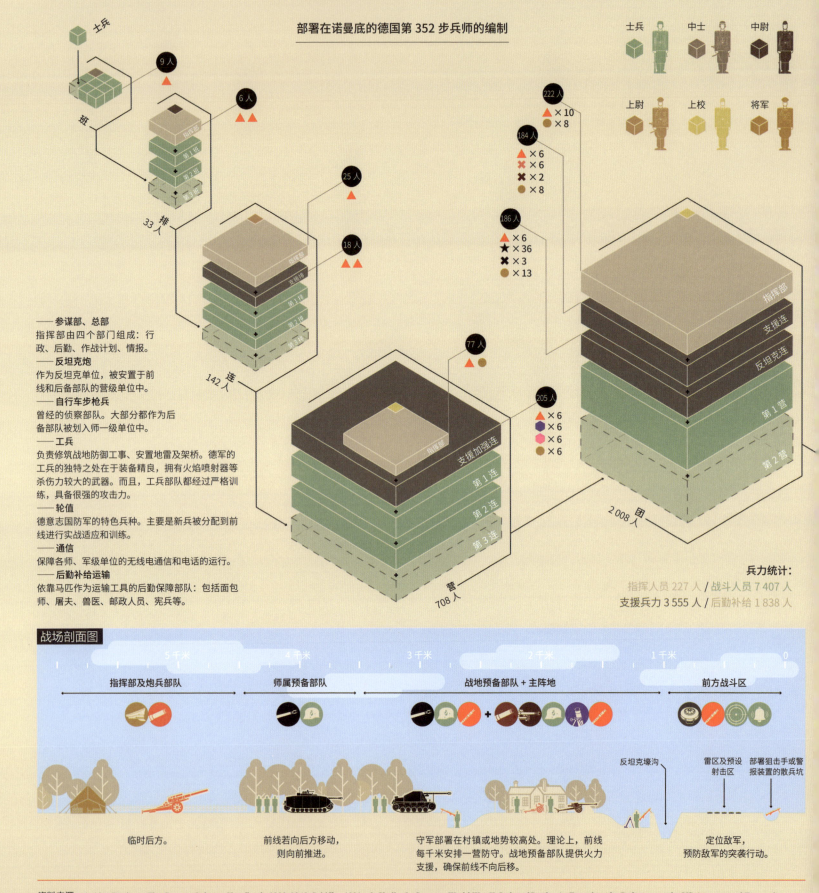

部署在诺曼底的德国第352步兵师的编制

士兵　中士　中尉
上尉　上校　将军

—— 参谋部、总部
指挥部由四个部门组成：行政、后勤、作战计划、情报。
—— 反坦克炮
作为反坦克单位，被安置于前线和后备部队的营级单位中。
—— 自行车步枪兵
曾经的侦察部队。大部分都作为后备部队被划入师一级单位中。
—— 工兵
负责修筑战地防御工事、安置地雷及架桥。德军的工兵的独特之处在于装备精良，拥有火焰喷射器等杀伤力较大的武器。而且，工兵部队都经过严格训练，具备很强的攻击力。
—— 轮值
德意志国防军的特色兵种。主要是新兵被分配到前线进行实战适应和训练。
—— 通信
保障各师、军级单位的无线电通信和电话的运行。
—— 后勤补给运输
依靠马匹作为运输工具的后勤保障部队：包括面包师、屠夫、兽医、邮政人员、宪兵等。

兵力统计：
指挥人员227人 / 战斗人员7407人
支援兵力3555人 / 后勤补给1838人

战场剖面图

指挥部及炮兵部队　师属预备部队　战地预备部队+主阵地　前方战斗区

临时后方。

前线若向后方移动，则向前推进。

守军部署在村镇或地势较高处。理论上，前线每千米安排一营防守。战地预备部队提供火力支援，确保前线不向后移。

反坦克壕沟

雷区及预设射击区

部署狙击手或警报装置的散兵坑

定位敌军，预防敌军的突袭行动。

资料来源：1. Alex Buchner, *The German Infantry Handbook, 1939-1945*, Schiffer, 1991 - 2. Shelby L. Stanton, *World War II Order of Battle, An Encyclopedic Reference to the US Army ground Forces from Battalion through Division, 1939-1946*, Stackpole Books, 2006 - 3. Gordon L. Rottman, *Japanese Army in World War II*, Osprey, 2005 - 4. Steven J. Zaloga, *The Red Army Handbook*, Sutton, 1998

重，而这些军官才是德军强大战斗力的核心保证。实战中，德军一直推崇以攻为守的打法。理论上。一个步兵师能够防守6千米到12千米长的战线：六个营负责分段把守，每个营负责1千米到2千米的防区，另外三个营作为后备部队提供支援。德军习惯顺着山脊和河流的走向规划防线，以农场和村镇为环形防御的据点。如果没有这些防御所需的天然地形屏障，德军就会以机枪或反坦克火箭筒为防守核心，建立地下掩体。德军一直坚定贯彻的作战信条是：任何时候都要抓住机会组织反

击、夺回失地。这需要各级作战单位做到灵活反应、自主机动。但在实战中，一个师有时要负责两倍长的战线，根本无法抽调出额外的预备部队。在这种情况下，军队的反击能力就成了左右战局的关键，而军官的短缺则成了组织反击的最大障碍。

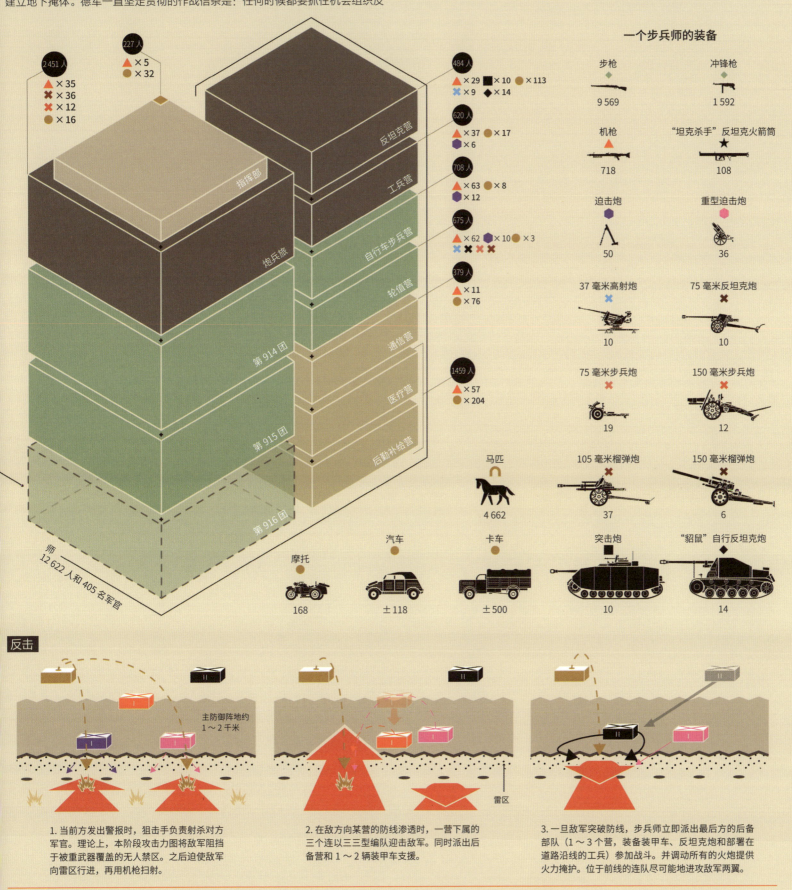

一个步兵师的装备

步枪	冲锋枪
9 569	1 592

机枪	"坦克杀手"反坦克火箭筒
718	108

迫击炮	重型迫击炮
50	36

37 毫米高射炮	75 毫米反坦克炮
10	10

75 毫米步兵炮	150 毫米步兵炮
19	12

马匹	105 毫米榴弹炮	150 毫米榴弹炮
4 662	37	6

摩托	汽车	卡车	突击炮	"貂鼠"自行反坦克炮
168	±118	±500	10	14

指挥部
炮兵旅
第 914 团
第 915 团
第 916 团

反坦克营
工兵营
自行车步兵营
轮值营
通信营
医疗营
后勤补给营

师
12 622 人和 405 名军官

2451 人 ×35 ×36 ×12 ×16
227 人 ×5 ×32
484 人 ×29 ×10 ×113 ×9 ×14
620 人 ×37 ×17 ×6
708 人 ×63 ×8 ×12
675 人 ×62 ×10 ×3
379 人 ×11 ×76
1459 人 ×57 ×204

反击

主防御阵地约 1～2千米

雷区

1. 当前方发出警报时，狙击手负责射杀对方军官。理论上，本阶段攻击力图将敌军阻挡于被重武器覆盖的无人禁区。之后迫使敌军向雷区行进，再用机枪扫射。

2. 在敌方向某营的防线渗透时，一营下属的三个连以三三型编队迎击敌军。同时派出后备营和1～2辆装甲车支援。

3. 一旦敌军突破防线，步兵师立即派出最后方的后备部队（1～3个营，装备装甲车、反坦克炮和部署在道路沿线的工兵）参加战斗。并调动所有的火炮提供火力掩护。位于前线的连队尽可能地进攻敌军两翼。

5. Stephen Bull, *World War II Infantry Tactics* (vol. 1 & 2), Osprey, 2004 & 2005 - 6. Martin van Creveld, *Fighting Power, German & U.S. Army Performance, 1939-1945*, Greenwood Press, 1982 - 7. Joseph Balkoski, *La 29ᵉ Division américaine en Normandie*, Histoire & Collection, 2013 - 8. *Tableaux d'effectifs de guerre de l'armée française* - 9. www.ATF40.fr - 10. www.niehorster.org.

39

炮兵部队：

"二战"战场上约 60% 的伤亡都是由火炮造成的。该数据清楚地表明火炮这一并不吸引眼球的兵器，在战场上却能左右战局、不可替代。无论战场在哪里、气象条件如何，火炮都能有效打击敌军，破坏其进攻部署。"二战"期间，炮兵部队效能的发挥主要得力于火炮、操炮手、机动能力及无线电这四者间的协同合作。

1918 年，伴随着炮管和弹道以及后来弹药质量的升级，火炮迎来了发展的巅峰。20 年后火炮变得更加可靠坚固、易于生产、便于部署。美国异军突起，将原来法军 75 毫米和 155 毫米 GPF 远程重型加农炮进行了革命性的改造，推出了更为现代化的型号。反观德国的表现就略逊一筹。德军的火炮并不易于操作。当时火炮装配主要有两种

发展趋势。德国和美国推崇火力强劲的 105 毫米和 155 毫米榴弹炮，但美国建成了标准化的生产体系，而德国却首先要面对征用和俘获而来的成千上万规格各异的炮管。其他参战国则更依赖轻便的速射炮，如法国、意大利、日本当时还在装备的 1918 野战炮。英国和苏联也分别推出了最新型的 25 磅榴弹炮和 ZiS-3 加农炮。但是这些火炮往往火力较弱，容易造成弹药短缺。这就需要其他重型武器，才能攻破防守牢固的敌军阵地。苏联和德国先后研制开发出了"喀秋莎"式和"喷烟者"式火箭炮。

只有具备良好科学知识素养的军官，才能更好地指挥炮兵部队。英、美、德在这方面都表现优异。但亚洲、东欧、"自由法国"的军队

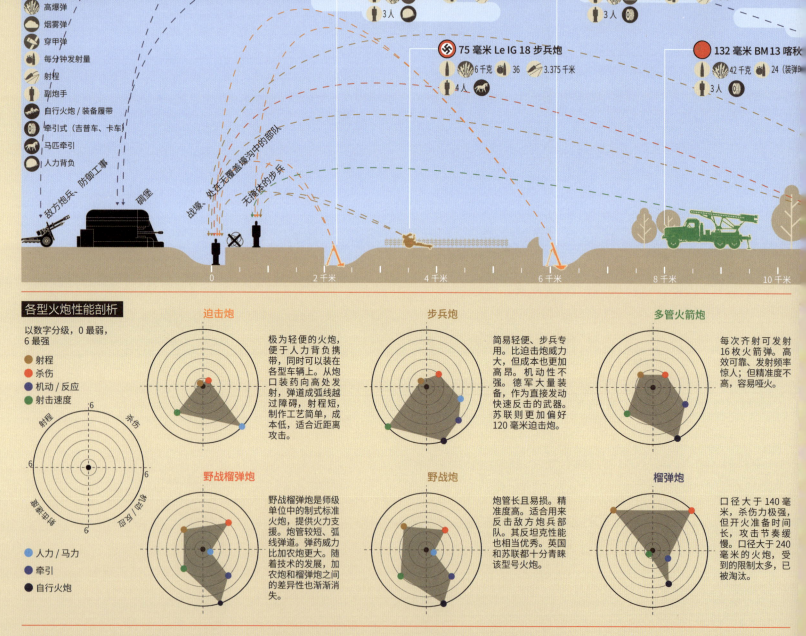

火炮类型和性能
- 炮弹种类＋重量
- 高爆弹
- 烟雾弹
- 穿甲弹
- 每分钟发射量
- 射程
- 副炮手
- 自行火炮／装备履带
- 牵引式（吉普车、卡车）
- 马匹牵引
- 人力背负

敌方炮兵、防御工事 碉堡 战壕 处在无障碍壕沟中的部队 无掩体的步兵

81 毫米 M 27/31 迫击炮 — 3.5千克 18 2千米 3人
120 毫米 HM 38 重型迫击炮 — 16千克 10 6千米 3人
75 毫米 Le IG 18 步兵炮 — 6千克 36 3.375千米 4人
132 毫米 BM 13 喀秋 — 42千克 24（装弹时）3人

0 2千米 4千米 6千米 8千米 10千米

各型火炮性能剖析

以数字分级，0 最弱，6 最强
- 射程
- 杀伤
- 机动／反应
- 射击速度

射程 杀伤 机动／反应 射击速度

- 人力／马力
- 牵引
- 自行火炮

迫击炮
极为轻便的火炮，便于人力背负携带，同时可以装在各型车辆上。从炮口装药向高处发射，弹道成弧线越过障碍，射程短，制作工艺简单，成本低，适合近距离攻击。

步兵炮
简易轻便、步兵专用。比迫击炮威力大，但成本也更加高昂。机动性不强。德军大量装备，作为直接发动快速反击的武器。苏联则更加偏好 120 毫米迫击炮。

多管火箭炮
每次齐射可发射 16 枚火箭弹。高效可靠、发射频率惊人；但精准度不高，容易哑火。

野战榴弹炮
野战榴弹炮是师级单位中的制式标准火炮，提供火力支援。炮管较短、弧线弹道。弹药威力比加农炮更大。随着技术的发展，加农炮和榴弹炮之间的差异性也渐渐消失。

野战炮
炮管长且易损。精准度高。适用用来反击敌方炮兵部队。其反坦克性能也相当优秀。英国和苏联都十分青睐该型号火炮。

榴弹炮
口径大于 140 毫米，杀伤力极强，但开火准备时间长，攻击节奏缓慢。口径大于 240 毫米的火炮，受到的限制太多，已被淘汰。

40

资料来源：1. Gilles Aubagnac, L'Artillerie terrestre de la Seconde Guerre mondiale : quelques aspects des grands tournants technologiques et tactiques et leur héritage, « Guerres mondiales et conflits contemporains », n° 238, PUF, 2010/2, p. 43-59 - 2. Paul Gaujac, L'Artillerie de campagne américaine 1941-1945, Histoire et Collections, 2009 - 3. Shelford Bidwell & Dominick Graham, Fire Power. The

雷神之锤

在这方面的表现却不尽如人意。全地形六驱卡车的研发和应用大大提升了装备和补给运输的机动性，但只有英美的炮兵能够全面实现摩托化，其他国家还需要依靠马匹来转移火炮，只有装甲部队和重炮部队才可以装备运输车辆。一支机械化的炮兵部队（火炮安装在装甲车底盘上）或突击炮编队（火炮在履带装甲的保护下）的机动性能更强、反应速度更快，跟在坦克后面行动。

而一场真正的革命发生在无线电领域。1939年，法军的一个团编配有15台无线电设备，而到了1943年暴增到150台。前方侦察哨和轻型侦察机获取的情报几乎能够同时传递到后方，这使得军队的反应增援速度更快。英美盟军的火炮指挥中心可以直接和炮兵部队联系。指挥中心依据作战地图分散部署炮兵部队，最后却可以将火力集中于一点，直接攻击敌军最薄弱的区域。这种打法在以前是无法想象的。这四个要素的平衡决定了炮兵部队在战场上的作战方式和效果。而对于捉襟见肘的德军来说，他们需要优先考虑精简又反应迅速的火力支援。比如，在战斗群中加入射程较短的炮兵部队。苏联在一个师或一个军中编入精锐重炮部队，最大限度利用无线电通信兵的优势。苏联炮兵能在战斗开始时先发制人给敌人以战锤般的沉重打击。但之后，炮兵部队很难与大部队保持同步机动。英美盟军则把协同的优势发挥到极致，领先于其他国家。他们炮瞄精准，火力强大迅猛，能够出色地完成作战计划。战场上，英美炮兵能以更少的弹药消耗沉重打击德军。

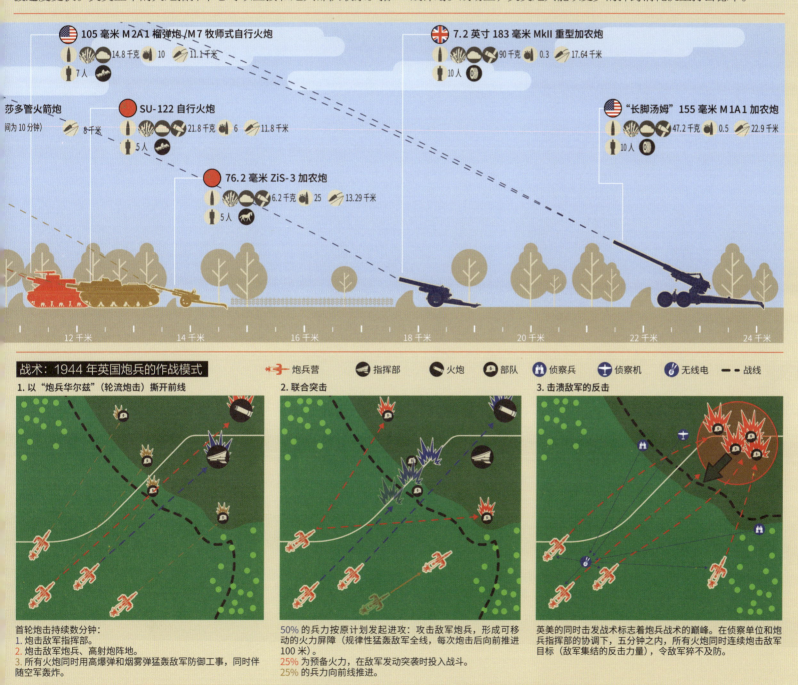

105 毫米 M2A1 榴弹炮 /M7 牧师式自行火炮　14.8 千克　10　11.1 千米　7 人

7.2 英寸 183 毫米 MkII 重型加农炮　90 千克　0.3　17.64 千米　10 人

莎多管火箭炮（间为 10 分钟）　8 千米

SU-122 自行火炮　21.8 千克　6　11.8 千米　5 人

"长脚汤姆" 155 毫米 M1A1 加农炮　47.2 千克　0.5　22.9 千米　10 人

76.2 毫米 ZiS-3 加农炮　6.2 千克　25　13.29 千米　5 人

12 千米　14 千米　16 千米　18 千米　20 千米　22 千米　24 千米

战术：1944 年英国炮兵的作战模式

炮兵营　指挥部　火炮　部队　侦察兵　侦察机　无线电　战线

1. 以"炮兵华尔兹"（轮流炮击）撕开前线

2. 联合突击

3. 击溃敌军的反击

首轮炮击持续数分钟：
1. 炮击敌军指挥部。
2. 炮击敌军炮兵、高射炮阵地。
3. 所有火炮同时用高爆弹和烟雾弹猛轰敌军防御工事，同时伴随空军轰炸。

50% 的兵力按原计划发起进攻：攻击敌军炮兵，形成可移动的火力屏障（规律性猛轰敌军全线，每次炮击向后前推进 100 米）。
25% 为预备火力，在敌军发动突袭时投入战斗。
25% 的兵力向前线推进。

英美的同时击发战术标志着炮兵战术的巅峰。在侦察单位和炮兵指挥部的协调下，五分钟之内，所有火炮同时连续炮击敌军目标（敌军集结的反击力量），令敌军猝不及防。

British Army Weapons & Theories of War 1904-1945, Pen & Sword Military Classics, 2004 - 4. John Norris & Robert Calow, *Infantry Mortars of World War II*, Osprey Publishing, 2002 - 5. Chris Bishop, *The Illustrated Encyclopedia of Weapons of World War II*, Amber Books, 1984 - 6. John Ellis, *World War II, A Statistical Survey*, Facts on File, 1993.

解构装甲师

　　神秘莫测的德军装甲师在 1940 年震撼了世界。与其说这是坦克作战模式整体变革的结果，倒不如把这看成是新式装备、战争手段和旧有战术思路的完美结合。追溯到 1917 年，德国人希望借由暴风突击队突破前线。独立作战的突击队善于出其不意攻其不备，可以直接渗透进敌军防线之内。他们可以将整场战役分割成众多的小型战斗，以此打乱敌军的防御部署。1923 年，德军领袖冯·泽克特将军继续深化这一理念。他梦想建立一支精锐的半职业化军队：能在小规模的战争中独当一面，具备自主独立作战能力，且掌握跨兵种作战技巧。它应当是一支摩托化的作战单位，能够突袭进攻，以速度取胜；在防守时又能够避免因士兵过多，而导致部署转移速度

慢的问题。在此之后组建的德国装甲师继承了上述所有优点。20 世纪，坦克、无线电、对地攻击机技术都取得了长足进步，昔日的作战理念终于有了用武之地。希特勒完成了理论走向实战的最后一步。在这个过程中，他提供了升级装备所需的资金，但也强制性地改变了原版设计。他的版本人数众多且只有先头核心部队实现了机械化。1938—1939 年，第一批德军装甲车从演习场开向欧洲的条条大路。德军的钢铁洪流所向披靡，能够自主完成突击作战，跨越障碍，粉碎敌人的进攻。德国战车以其卓越的性能成为战场的主宰。它们大规模包围敌军，迅速取得决定性胜利，最后扫荡残敌。但这些宝贵的战车也极其脆弱，需要频繁维修。由于装甲部队的多用途

42

1. 战场上的霸主？

　　1939—1941 年，德军装甲部队取得了辉煌胜利，这使得各国指挥部一度将装甲师看成制胜的法宝：美国计划组建 61 个装甲师，其总数占整个陆军师编制的三分之一；苏联在 1940—1941 年也组建了规模相近的装甲师；甚至连日本、罗马尼亚和匈牙利等几乎没有汽车工业的国家，也竭尽全力组建出了一两个简陋的装甲师。纳粹德国则一鼓作气，在 1940 年将装甲师规模翻了一番，连党卫队和空军都在盘算着组建自己的装甲集团。到了 1945 年，希特勒仍然幻想着创建一支尚在设计研发阶段的队伍，用来扭转战局。同时，其他国家对于装甲师的狂热渐渐冷却。组建一支装甲师过于复杂而昂贵，对于后勤保障的要求甚高。除了德意志国防军以外，各国军队都不再将装甲师作为主要发展目标，最多只装备占军队总数 20% 的装甲部队。

2. 德军装甲师：脆弱且昂贵的钢铁猛兽

　　为了满足苏联前线的作战需要，希特勒征得各被占领国的战略储备，将装甲师的编制规模翻上一番。作为代价，各师坦克的数量减少了三分之一。德军本希望通过提高坦克性能来弥补这一不足，但坦克的损耗速度太快，一半的坦克投放到战场几周后就无法使用了（往往由于机械故障）。库尔斯克战役前夕，德军仅有一半坦克能够正常作战；一些战斗中，坦克的

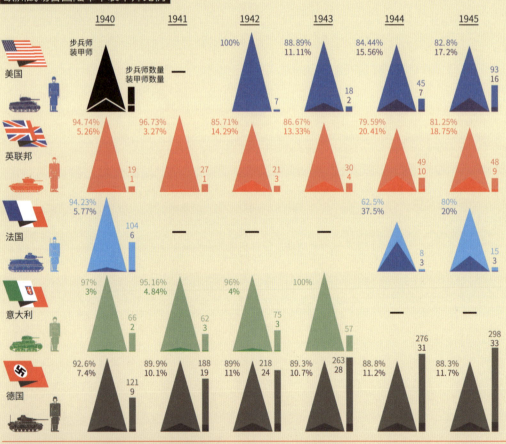

欧洲战场各国陆军中装甲师比例

多兵种协同的德军中，装甲部队是急先锋 1940 年 5 月 10 日的德军

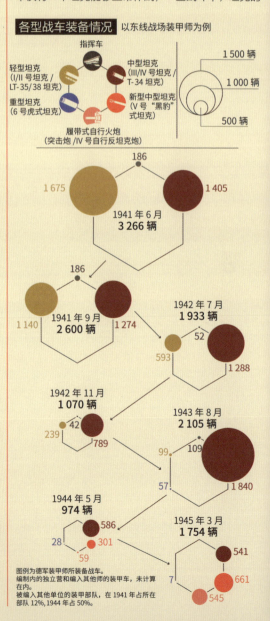

各型战车装备情况 以东线战场装甲师为例

图例为德军装甲师所装备战车。编制内的独立营和编入其他部队的装甲车，未计算在内。
被编入其他单位的装甲部队，在 1941 年占所在部队 12%，1944 年占 50%。

特点，其他部队对装甲车的依赖巨大，以致造成滥用。最终，苏联的荒原成了这些战车的坟场。装甲部队贪婪地从德国其他部队调来最优秀的军官，优先占用大量军事资源。但即便如此也只能延缓它的衰败。装甲部队的毒牙已经折损；与此同时，对手掌握了对付这条难缠的钢铁毒蛇的解药。苏联把反坦克部队作为先锋，盟军则部署了精锐空军。德国坦克毫无还手之力，优势不再，最终沦为战场上疲惫不堪又无人轮替的消防队员，只能勉强组织起残破的防线，结果还是被对手一击即溃。以闪电战中的雷霆攻势统治战场、盛极一时的装甲师，最后也只能以悲剧收场。

其他国家在1939年尚未发展出坦克集群的作战理论，也没有实力组建如德军装甲师一般强大的机动部队。这些国家的坦克或与骑兵部队混编，或附属于步兵师。在法国阿布维尔战役中，德军一个装备简陋的步兵师，就能打垮英法联军的三个装甲师。后来各国也开始纷纷效仿德国国防军：思路僵化的英军来了个生搬硬套；而苏军则完全放弃这种刻意模仿，走上独创之路；只有美国在1944年组成了和德军差距不大的翻版装甲师，虽然攻击力不及德国强大，但同样灵活，机动性强。这些师隶属于一支作战效率接近且摩托化的部队，在一定程度上更符合冯·泽克特将军最初的理论构想。

3. 战力强悍、配置均衡的跨兵种作战编制

不要将德军装甲师简单地理解为一支装备了装甲车和坦克的部队。实际上，这是一支跨兵种、组织结构复杂的军队，步兵和炮兵都是必要的组成部分。为了在机动性上相互协调，各兵种都实现了全面摩托化。在战斗中，装甲师内部以营为单位，随时整编。每个指挥员都知道如何指挥跨兵种战斗群，并能熟练操作任务导向指挥系统，上级下达作战指令，下级自主决定作战计划以实现既定目标。而同样推崇坦克部队的盟军，长期以来，都难以达到跨兵种编制上的平衡，直至美国创立作战指挥部体系（部队由三名常设指挥官，以三角架构领导）。反观英军的战斗群，它缺少美国的指挥体系，军官又得不到充分的整训，所以部队无法正常运转。

实际出战数量不足编制的四分之一。"黑豹"式坦克的惊艳亮相也无力扭转德国装甲部队的颓势。即便是装备精良的西线部队，在盟军登陆之前，亦无足够的坦克应付机动作战。到1945年，德军装甲师中能够执行作战任务的坦克只剩不到30辆，装甲师大势已去。

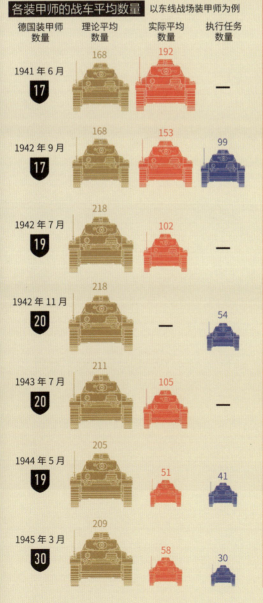

各装甲师的战车平均数量　以东线战场装甲师为例

德国装甲师数量	理论平均数量	实际平均数量	执行任务数量
1941年6月　17	168	192	—
1942年9月　17	168	153	99
1942年7月　19	218	102	—
1942年11月　20	218	—	54
1943年7月　20	211	105	—
1944年5月　19	205	51	41
1945年3月　30	209	58	30

坦克、步兵和炮兵间的微妙比例

图例：1侦察营　1摩托化步兵营　1机械化步兵营　1轻型坦克营　1坦克营　1"黑豹"式坦克营　1自行反坦克炮营　1摩托化炮兵营　1炮兵营

1940

德国：4/4/2=10营，不另编队
战力强大的编制，坦克装备充足，但不利于部署。

美国：8/2/2=12营，不另编队
计划以大量坦克集群突击，但实际上编制不平衡，难以指挥。

英国：6/2/1=9营，编入兵团（步兵团　坦克团　炮兵营）
各型坦克单独作战，步兵无用武之地，一个失败的案例。

1942

德国：2/4/3=9营，不另编队
20个装甲师都缺少履带车和坦克，但德国优良的技术弥补了这一缺陷。

美国：6/3/3=12营，不另编队（步兵团　坦克团　炮兵团　坦克团）
威力强大，坦克齐备，但不利于部署。

英国：6/5/4=15营，不另编队（轻装甲旅　重装甲旅　步兵旅）
跨兵种旅的思路十分新颖，但编制庞大、不够均衡。

1944

德国：3/5/3=11营，不另编队
善于防守。但缺少坦克、没有完全机械化，攻击力较弱。

美国：3/3/3=9营，不另编队　作战指挥部A（CCA）　作战指挥部B（CCB）　预备队（CCR）
效率较高的三三编制。全面机械化，其效果较佳。

英国：4/4/2=10营，不另编队（步兵旅　坦克旅）
配比平衡，但以陈旧的军事传统配备军官，不利于各兵种协调。

德军装甲师和美军装甲师的编制

自 1940 年起，德军装甲师的装备升级，协同作战能力和火力得到加强。一个步兵营配置一辆半履带装甲运兵车，为士兵提供掩护，并与坦克协同作战。三分之一的火炮都是自行火炮，大大加强了部队的作战反应能力。装备了载具的侦察营和工兵营表现出更强的实力。

装甲师在战场上体现出无与伦比的战斗力。但由于资源短缺，德军无法彻底实现机械化。发动进攻时，德军坦克数量不足的短板直接暴露。真正能够用于实战的坦克数量，要远远少于理论上要求的数量。美军装备相互协调，情况截然不同。他们之所以不像德军装甲师那样能够担负多种作战任务，只因美军在组建装甲师之初，便意在将其投入进攻作战。

x2 装甲营 98 辆坦克
x1 机械化步兵营 90 辆半履带运兵车
x3 摩托化步兵营 58 辆卡车
x1 机械化炮兵营 12 门 105 毫米火炮 6 门 150 毫米火炮
x2 摩托化炮兵营 18 门 105 毫米火炮
x1 侦察营 124 辆装甲车
x1 补给营 载重量 840 吨

x3 反坦克连 15 辆坦克 / '貂鼠' 自行反坦克炮
x3 高射炮连 8 门 88 毫米火炮或 12 门 20 毫米火炮
x3 工兵连 11 辆半履带运兵车
x3 通信连 6 辆半履带运兵车 + 22 辆卡车
x3 医疗连 18 辆卡车

16 385 人 / 207 辆坦克 / 45 辆自行反坦克炮 / 407 辆装甲车及 SPW 半履带运兵车 / 2 943 辆车 / 36 门野战炮

10 610 人 / 293 辆坦克 / 36 辆自行反坦克炮 / 523 辆装甲车及半履带运兵车 / 1 028 辆车 / 54 门大炮

x3 坦克营 76 辆坦克
x3 机械化步兵营 78 辆半履带运兵车
x3 机械化炮兵营 18 门 105 毫米火炮
x1 补给营 载重量 480 吨

x3 反坦克增援连 12 辆 M 10 坦克歼击车
x3 防空增援连 12 门 40 毫米火炮 + 12 座四联装 12.7 毫米机枪
x3 侦察连 17 辆装甲车

x3 工兵连 5.5 辆半履带运兵车 + 22 辆卡车
x3 通信连 19.5 辆半履带运兵车 + 43 辆卡车

x3 医疗连 48 辆卡车

战斗群 2
战斗群 1
战斗群 3

20 千米

第二波行动

美军装甲师的作战模式
1944 年 8 月，在法国埃夫勒前线的美军

1 个装甲师下辖 3 个作战指挥部。人员配置由具体作战指令而定。每个作战指挥部都可以分解成跨兵种特遣队。1. CCB 作为火力点。2. CCA 负责对敌军完成包围。3. 一旦对敌军形成包围，CCA 负责挡住敌军的反击。4. CCR 对敌军实施空中打击。5. CCB 准备进攻下一个目标。

被广泛应用的无线电

无线电通信系统可以保障装甲师的实时联络。每个师之间相距十几千米，被无线电通信紧密联系在一起。每个师配置数百名通信兵。他们负责最基本的坦克之间的通信，有时还可以通过更大功率的无线电设备，联络 50 千米开外的军队。从 1940 年开始，德军装备了一整套地空通信系统，呼叫空中支援的等待时间只需 45 分钟。而盟军在 1944 年 7 月才建立这种系统。美军的中层军官不像德国的中层军官那样，在前线上拥有充分的自主决策权，所以高级军官要通过无线电来协助他们。

步兵军
步兵师
CCB
装甲师
CCA
CCR
步兵师

资料来源：1. Thomas L. Jentz, *Panzer Truppen, The Complete Guide to the Creation & Combat Employment of Germany's Tank Force, 1939-1945*, 2 vol., Schiffer, 1996 - 2. Roman Jarymowycz, *Tank Tactics*, Lynne Rienner, 2001 - 3. Yves J. Bellanger, *U.S. Army Armored Division 1943-1945, Organization, Doctrine, Equipment*, Lulu.com, 2010 - 4. Pier Paolo Battistelli, *Panzer Divisions*, 3 vol., Osprey, 2007-2009.

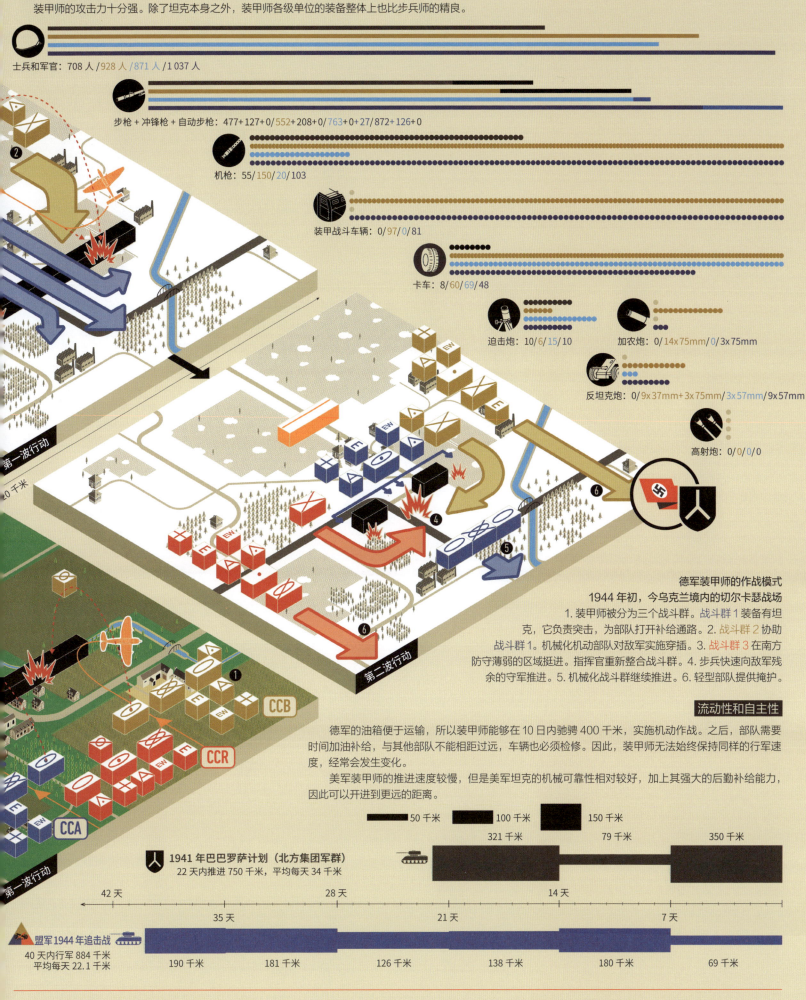

突击和多兵种作战

● 德国步兵营　**●** 德国装甲掷弹兵营　**●** 美国步兵营　**●** 美国机械化步兵营

装甲师的攻击力十分强。除了坦克本身之外，装甲师各级单位的装备整体上也比步兵师的精良。

士兵和军官：708 人 / 928 人 / 871 人 / 1 037 人

步枪 + 冲锋枪 + 自动步枪：477+127+0 / 552+208+0 / 763+0+27 / 872+126+0

机枪：55 / 150 / 20 / 103

装甲战斗车辆：0 / 97 / 0 / 81

卡车：8 / 60 / 69 / 48

迫击炮：10 / 6 / 15 / 10

加农炮：0 / 14x75mm / 0 / 3x75mm

反坦克炮：0 / 9x37mm+3x75mm / 3x57mm / 9x57mm

高射炮：0 / 0 / 0 / 0

第一波行动

第二波行动

CCB

CCR

CCA

第一波行动

德军装甲师的作战模式
1944 年初，今乌克兰境内的切尔卡瑟战场

1. 装甲师被分为三个战斗群。**战斗群 1** 装备有坦克，它负责突击，为部队打开补给通路。2. **战斗群 2** 协助战斗群 1。机械化机动部队对敌军实施穿插。3. **战斗群 3** 在南方防守薄弱的区域挺进。指挥官重新整合战斗群。4. 步兵快速向敌军残余的守军推进。5. 机械化战斗群继续推进。6. 轻型部队提供掩护。

流动性和自主性

德军的油箱便于运输，所以装甲师能够在 10 日内驰骋 400 千米，实施机动作战。之后，部队需要时间加油补给，与其他部队不能相距过远，车辆也必须检修。因此，装甲师无法始终保持同样的行军速度，经常会发生变化。

美军装甲师的推进速度较慢，但是美军坦克的机械可靠性相对较好，加上其强大的后勤补给能力，因此可以开进到更远的距离。

50 千米　100 千米　150 千米

321 千米　79 千米　350 千米

1941 年巴巴罗萨计划（北方集团军群）
22 天内推进 750 千米，平均每天 34 千米

42 天　　28 天　　14 天

35 天　　21 天　　7 天

盟军 1944 年追击战
40 天内行军 884 千米
平均每天 22.1 千米

190 千米　181 千米　126 千米　138 千米　180 千米　69 千米

5. James S. Corum, *The Roots of Blitzkrieg, Hans von Seeckt and German Military Reform*, Kansas University Press, 1992 - 6. Matthias Strohn, *The German Army and the Defence of the Reich : Military Doctrine and the Conduct of the Defensive Battle, 1918-1939*, Journal of Military and Strategic Studies, Cambridge University Press, 2011 - 7. John Buckley, *British Armour in the Normandy Campaign, 1944*, Frank Cass, 2004.

另辟蹊径的苏联坦克部队

1941 年，苏联红军的机械化程度非常高。理论上讲，每个军都装备有 1 000 辆坦克。但在实战中，这些钢铁巨兽行动迟缓，战斗力低下，在"巴巴罗萨计划"的头几个星期内就全军覆没。朱可夫将军注意到了基层指挥官和通信系统的不足。同年 7 月，他下令解散这些机械化部队，用装备 250 辆坦克的坦克师取而代之。但部队还是过于臃肿，机动性差，缺乏自主作战能力。因此，装甲部队的作战编制又做了进一步调整：装备 60 辆坦克，组成更加小型的坦克旅。为了对抗德军的大型装甲师及装甲军，苏联在 1942 年 4 月组建了拥有 200 辆坦克的坦克军。从 5 月开始，又尝试组建更加庞大的坦克集团军。后来，苏联临时仓促组建了 5 个坦克集团军，但编制各不相同。为了平衡编制，每个坦克军又被安插进了一两个步兵师，而且部分后勤补给还是需要依靠马匹。不过，这些新组建的部队，在进军伏尔加河的过程中，就被尽数击溃了。

1943 年 1 月 26 日，苏联最高统帅部下令重建 5 支新的坦克部队。这次的重建统一了 5 个集团军的编制，并全面实现摩托化。初始设计上，每个集团军有 46 000 人和 650 余辆坦克，部署在装甲军和摩托化军中。集团军下属有摩托化步兵、反坦克部队、野战炮、火箭炮、通信兵、通信飞机和 1 个工兵营。后勤补给能力得到加强，而且全部实现摩托化。后勤部门包括 1 个运输团、2 个补给营，另外还设有两个连负责维修、补充燃油及润滑油。在战场上，5 个坦克集团军还会依据作战需要，相应调整后勤补给和武器装备。因此在实战中，这 5 个集团军的装备并不相同，每个集团军都依据战场的具体情况逐渐完善装备。1943 年 4 月 10 日，集团军下属炮兵部队扩充为：2 个反坦克团，装备 40 门反坦克炮；2 个重型迫击炮团，装备 72 门 120 毫米迫击炮；2 个自行火炮团，装备 42 门自行火炮；2 个高射炮团（后来又升级为一个满编的高炮师）。

1944 年，工兵营扩充为工兵旅。同时，统帅部已经组建了 6 个坦克集团军。这些集团军从 1943 年 7 月的库尔斯克战役开始加入战局。红军的钢铁洪流势不可当，直抵柏林、布拉格和维也纳。从 1944 年开始，这些战力强悍的坦克集团军出色地实践了"大纵深作战"理论，径直突入敌军后方三四百千米。但是这些部队却迟迟不能像德军和美军装甲集团那样，在灵活作战的同时实现多兵种作战效能。苏军的坦克集团军没有配置足够的摩托化步兵，后勤补给也并不是十分可靠。这 6 个坦克集团军以高昂的代价完成了任务。他们长驱直入，对战一切反抗之敌，不畏艰险，为红军的 60 个集团军主力杀出了一条血路。

资料来源：*1.* Charles C. Sharp, *Red Storm, Soviet Mechanized Corps and Guards Armored Units 1942 to 1945*, George F. Nafziger éd., 1995 - *2.* Igor Nebolsin, *Stalin's Favorite*, vol.1 et 2, Helion & Company, 2019 - *3.* Drogozov, I. G., *Tankovyi Mech Strany Sovetov*, Moscou, 2003.

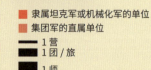

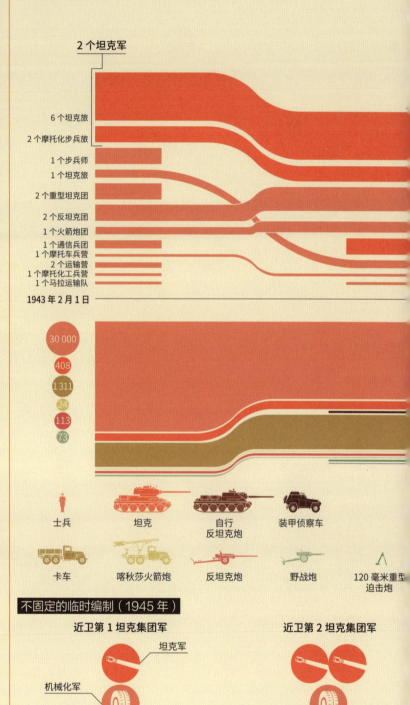

1. 坦克部队的发展

1942 年之后，面对善于突防的德军装甲部队，苏军成立坦克集团军，作为必要的反制措施。但是，为了填补集团军内步兵和自行火炮部队的空缺，必须补充一个非摩托化的步兵师，而这个步兵师减慢了整个集团军的行军速度。另外在战术素养上，苏联的部分将领无法和敌军将领相提并论。从斯大林格勒战役来看，决定战役胜利的关键是苏军的装甲兵部队，并不是坦克集团军。特里安达菲洛夫曾于 1929 年提出"大纵深作战"理论。在此背景下，最高统帅部认为在战场上实践该理论的时机已经成熟。

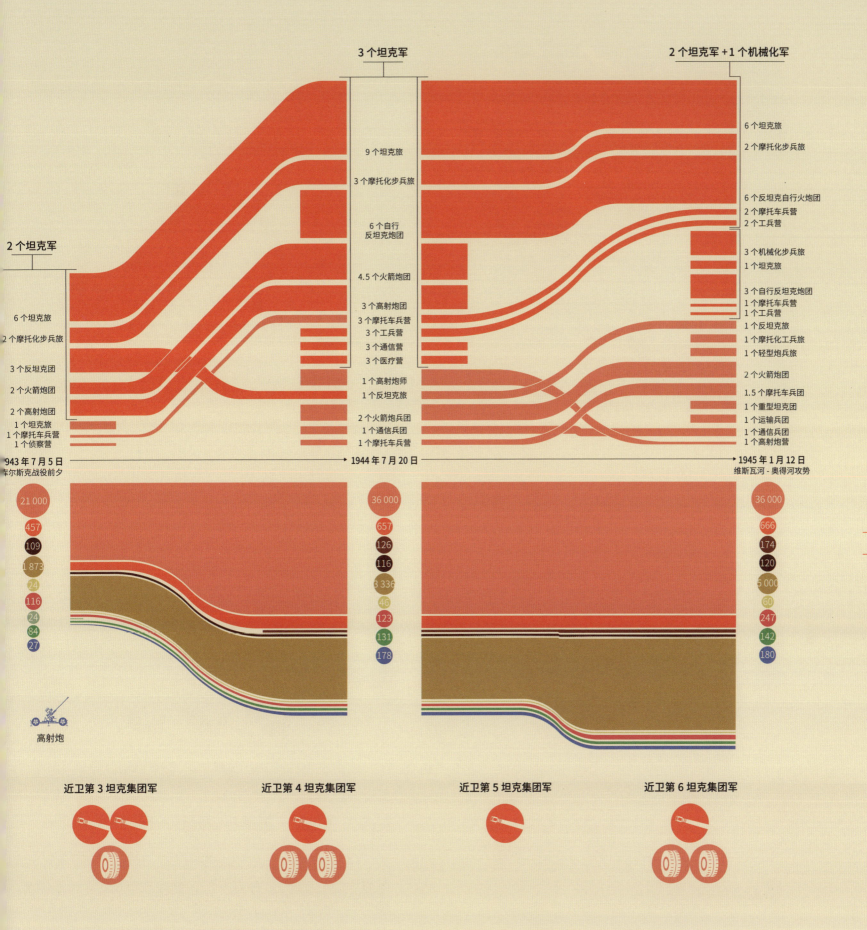

　　这些坦克集团军在战时秉承着"库尔斯克模式"。他们的任务就是突破敌军前线，并向纵深挺进一两百千米。1944年的一连串胜利，重新燃起了统帅部对于"大纵深作战"方案的雄心。这一曾被图哈切夫斯基元帅所推崇的作战思想又焕发活力，成为左右战场胜局的关键。为了使坦克集团军推进400~500千米，军队的规模扩充了50%。最后这项升级也直接大幅扩充了反坦克武器、工兵和卡车的装备。至此，坦克集团军再也不用担心德军坦克军团发动的攻击。

　　在1945年1月由苏军发起的维斯瓦河－奥得河攻势中，红军装甲大获全胜。这便完美佐证了其作战理论的有效性。从页面下方的数据图我们可以看出，直到1945年5月8日，苏联的坦克部队也没有发展出编制统一的概念。苏军根据战场态势和作战目标整编部队。装甲部队逐渐被机械化部队代替。但是与其名称不符的是，机械化部队装备的坦克数量比装甲部队的还多。另外，部队装备的半履带车在战场上无法有效保护步兵。每辆车上搭乘8~15人，没有掩护势必会伤亡惨重。一直到1950年，苏军才将摩托化部队改编为机械化部队。得益于苏联实践了这种新的装备理念，苏军日后发展出了革命性的BMP-1专用步兵战车。

2. 1945 年 1 月攻势中的苏联近卫第 2 坦克集团军

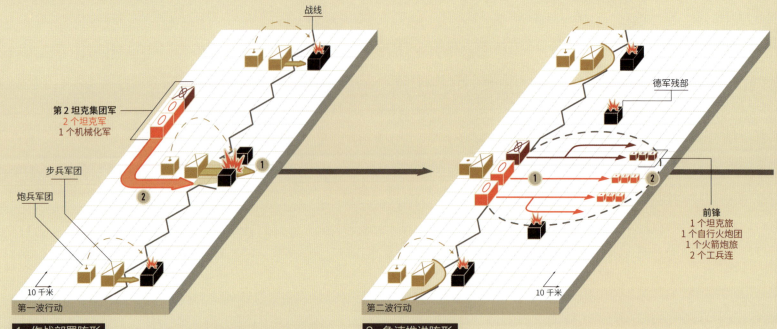

1. 作战部署阵形

区别于德军的装甲师，苏联坦克部队并不负责直接攻破敌军防线。这项任务一般交由步兵完成，由炮兵和为数众多的自行火炮团（或旅）为其提供火力掩护。（1）如果德军防线被打开缺口，缺口纵深一般为 8~15 千米，宽度 15~30 千米（有时更窄一些）。（2）随后，坦克部队迅速按照预定计划到达指定位置。每个部队都被安排一个大致的进军方向和推进速度。同时，各部队也要随时保持和周围友军的联系。

2. 急速推进阵形

（1）一旦抵达敌军防线后方，三个军立即在宽度 40 千米的前线上横列为三支纵队。（2）每个军派出一支先遣部队。先遣部队和大部队保持较远的距离，继续推进。一支先遣部队包括一个坦克旅、一个自行火炮团、一个火箭炮旅和两个工兵连。同时，它们也要占据这个缺口上的所有通道。

集团军把部署范围扩展到长宽均为 100 千米的区域。苏军在必要时也可以通过美国援助的无线电通信卡车，呼叫强击机提供空中支援。

3. 旅：基本作战编制 （1943 年 11 月的编制）

除了在远东战场，苏联很早就已经停止组建师级装甲部队。军级单位下属的核心作战单位就是坦克旅。装甲部队还有一百多个团。团的编制比旅小两倍多。这些团级部队中，有用来保护步兵的 T-34 坦克或 SU-76 轻型自行火炮部队，或装备了 KV 重型坦克以及后来的 IS-2 重型坦克的突击部队。在反坦克作战时，若面对德军的装甲师，单独一个旅必败无疑。因此，旅级单位必须与军内的其他旅协作，

获得各专业兵种的支援，才能在战场上生存下来。军、机械化旅及坦克旅组成方面军。一个方面军装备有大量地雷、加农炮、火箭炮，每种武器的打击精确度和火力密度都不尽相同，在进攻时须交叉使用。旅不需要太多后勤补给，在战场上比较容易整编和替换。

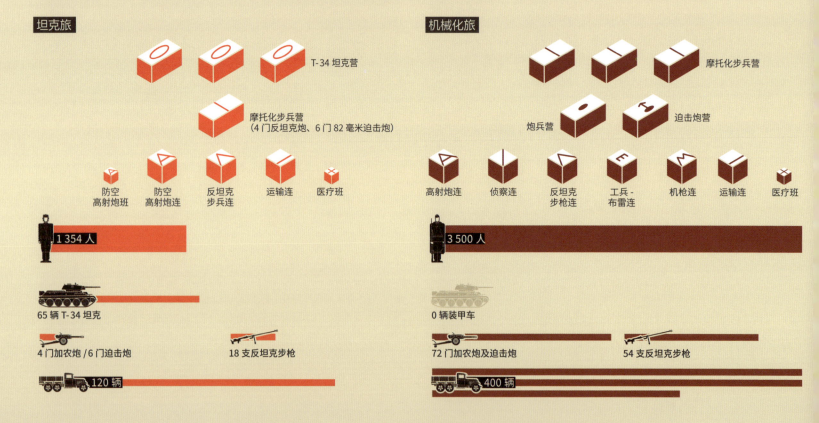

坦克旅

T-34 坦克营

摩托化步兵营
（4 门反坦克炮、6 门 82 毫米迫击炮）

防空高射炮班　防空高射炮连　反坦克步兵连　运输连　医疗班

1 354 人

65 辆 T-34 坦克

4 门加农炮/6 门迫击炮　　18 支反坦克步枪

120 辆

机械化旅

摩托化步兵营

炮兵营　迫击炮营

高射炮连　侦察连　反坦克步枪连　工兵-布雷连　机枪连　运输连　医疗班

3 500 人

0 辆装甲车

72 门加农炮及迫击炮　　54 支反坦克步枪

400 辆

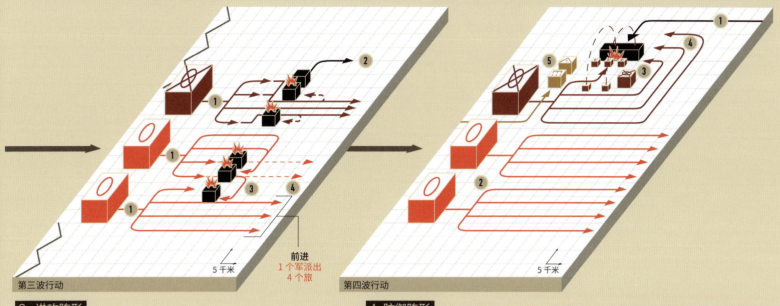

第三波行动　　　5 千米　　　前进
1 个军派出
4 个旅

第四波行动　　　5 千米

3. 进攻阵形

作战目标是打垮敌军准备重组的防线。

（1）每个军将下属的四个旅展开来，形似一把钢叉。（2）一旦发现敌军防线的薄弱环节，就从防线后方进攻，直到将其击退或歼灭为止。相应的正面攻击部队逐渐减缓攻势，采用"德式"战术——用最少的调动，取得最大的战果。（3）突袭城镇，如遇强烈抵抗，则迅速撤出，将其包围。（4）集团军重新集结，继续进发。

4. 防御阵形

（1）集团军的侧翼被敌方的一个装甲师攻击。（2）另两个军不受干扰，继续推进。（3）被攻击的军减速，转向外线，向敌军派出一个摩托化步兵团、三个自行火炮团和所有的火箭炮部队。（4）另外三个旅继续前进一段距离，然后转向。（5）集团军继续派出摩托化步兵旅和反坦克炮兵旅前去支援。炮兵的反坦克火箭弹总计有两百余发。埋在德军装甲师进攻方向的反坦克地雷数以千计。

4. 坦克集团军的比重及伤亡率

虽然在苏联各方面军中，坦克部队是割开敌军防线的一把利刃，但它只占红军的一小部分。红军的主体仍由重装步兵构成，而且还需要依赖马匹保障后勤补给。不同于德军把所有坦克集中整编为师的方法，苏联坦克军装备的坦克还不到坦克总数的一半。其他的坦克往往被装备到步兵独立军，或独立旅团中。它们承担多种任务：掩护步兵、突防、小范围扩大战果等。直到战争结束，坦克兵伤亡率及坦克战损率都居高不下。

1943—1945 年，苏联共损失了 310 487 名坦克手，其中大部分阵亡。整个战争期间，苏联共生产 131 000 辆坦克，96 500 辆被击毁在战场上。1941 年，每击毁 1 辆德国坦克，苏联就要付出 15 辆坦克的代价。而到 1944 年，苏联与德国坦克的战损比仍达 4 : 1。

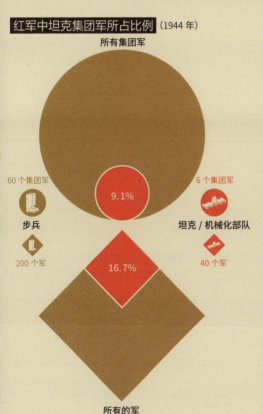

红军中坦克集团军所占比例 （1944 年）

所有集团军

60 个集团军
步兵
200 个军

9.1%
16.7%

6 个集团军
坦克 / 机械化部队
40 个军

所有的军

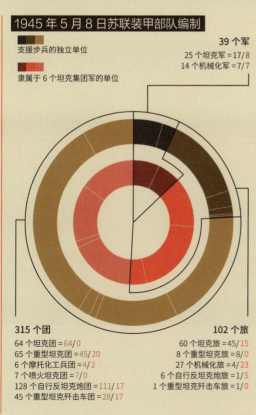

1945 年 5 月 8 日苏联装甲部队编制

支援步兵的独立单位

隶属于 6 个坦克集团军的单位

39 个军
25 个坦克军=17/8
14 个机械化军=7/7

315 个团
64 个坦克团 =64/0
65 个重型坦克团 =45/20
6 个摩托化工兵团 =4/2
7 个喷火坦克团 =7/0
128 个自行反坦克炮团 =111/17
45 个重型坦克歼击车团 =28/17

102 个旅
60 个坦克旅 =45/15
8 个重型坦克旅 =8/0
27 个机械化旅 =4/23
6 个自行反坦克炮旅 =1/5
1 个重型坦克歼击车旅 =1/0

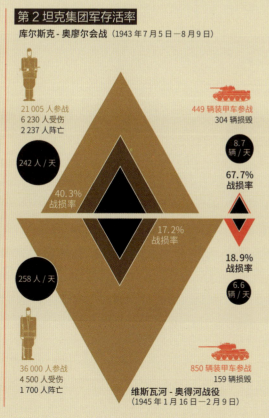

第 2 坦克集团军存活率

库尔斯克 - 奥廖尔会战 （1943 年 7 月 5 日—8 月 9 日）

21 005 人参战
6 230 人受伤
2 237 人阵亡

242 人 / 天
40.3% 战损率

449 辆装甲车参战
304 辆损毁

8.7 辆 / 天

67.7% 战损率

17.2% 战损率

258 人 / 天

18.9% 战损率

6.6 辆 / 天

36 000 人参战
4 500 人受伤
1 700 人阵亡

850 辆装甲车参战
159 辆损毁

维斯瓦河 - 奥得河战役
（1945 年 1 月 16 日—2 月 9 日）

坦克与反坦克

坦克在"一战"中期首次亮相时还特别笨重迟缓，战争陷入战壕战时，步兵无法突破机关枪的火力网，这时坦克作为突破敌军阵地的手段应运而生。1918年，坦克主要负责进攻。但同时，反坦克装备也针锋相对地投入使用，迫使坦克加强防御能力。此时，法国研发出轻型雷诺FT坦克，设有可旋转炮塔，小巧轻便，可谓引领了坦克设计的"革命"，并影响了两次大战之间所有装甲车辆的设计。它于1939年停产，但仍然在多国服役。苏联在20世纪20年代出现了"坦克对坦克"的战术概念，而其他欧洲国家则要一直等到30年代。最终，这种战术概念

出现在了"二战"的欧洲战场。战争初期，由于坦克在战场上承担的任务不同，催生了各种型号。这些型号的坦克尚不能完成"坦对坦"；它们经常被列装到步兵部队，协同步兵作战。骑兵部队中的坦克防护较低，但速度很快，常常负责侦察、突袭以及坦克对战。轻型坦克不超过10吨，重型坦克可达20吨，只有法国B1型等极少数坦克能达到30吨。各型坦克的装甲厚度在15~40毫米。起初，坦克的武器装备比较简单：德国I号坦克只装备了机枪。II号坦克上又加装了20毫米口径火炮；法国的R35型坦克则安装了37毫米短身管火炮。后来，作战条件发生很

1. 坦克

强大的防御性能、机动性，可以360度旋转的炮塔，这是坦克的主要特征。防御性能的优劣主要取决于装甲厚度，同时也受其研发理念和外形设计的影响。机动性则要看坦克的全地形履带传动系统、发动机动力系统和翻越障碍的能力。主炮的威力和弹药性能则决定了炮塔的攻击力。"二战"中，由于没有装备火炮稳定器，

很少见到坦克在行进中射击——除了苏联红军会用这一招来"恫吓"敌军。

此外，还有些其他重要的参数：战场的组织协调（1940年，无线电通信还很少见，只见于德军）。坦克乘员的配置和训练（战争前期配置2~3人，后期发展为4~5人）。跨兵种联合作战（空中掩护，步兵协同）。

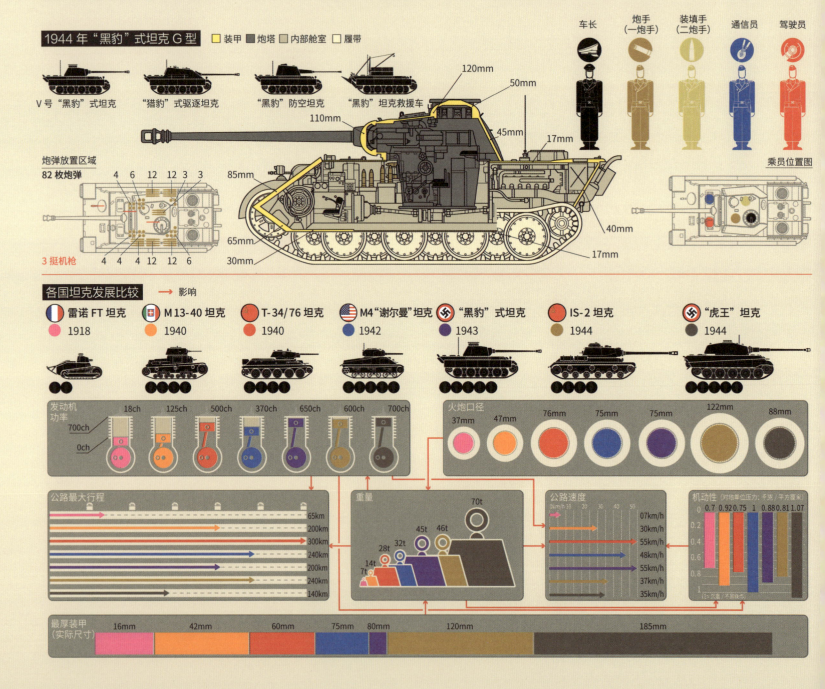

50

以子之矛攻子之盾

大变化。摩托化机动能力进展飞速；武器及装甲的生产工艺也日新月异：轧制、焊接、铸模、斜面装甲以及复合装甲，这些技术都被应用到坦克的生产中。在其推动之下，坦克的性能越来越强，重量直接提高到60～70吨，装备了75毫米口径以上的长身管火炮。苏联在1941年投入战场的T-34和KV型坦克，以及德军在1942—1943年推出的"虎王"和"黑豹"式坦克，都是专门为了和其他坦克正面对决设计出来的。一般坦克的动力核心是柴油机，但德意志国防军则是一个例外：相对于柴油，汽油更容易获得，而且更加经济。到了1945年，"主战坦克"的概念已见雏形。所谓"主战坦克"应该攻防兼备：既可胜任各种作战任务，具有良好的机动性能和强大的攻击力；又装备了强化装甲，且适合实现复杂的跨兵种作战。这一类的代表型号是美国的潘兴坦克，它的问世预示着"巴顿"坦克家族谱系的创立。苏联的T-34/85型坦克奠定了之后T-54/55型坦克家族的发展基础，而同时代的英国逊邱伦坦克和德国"黑豹"式坦克，也纷纷亮相。

2. 反坦克武器

纵观军事史，从便携式反坦克武器（反坦克步枪以及后来的肩扛式反坦克火箭筒），再到由车辆拖运或者安置到摩托化机动底盘上的反坦克装备。反坦克武器的发展和坦克的发展呈现出一种针锋相对、矛盾相斗的态势。按逻辑来讲，在众多战场上表现最佳的反坦克炮，基本都由针对高空目标的高射炮衍生而来，如德国的88毫米炮和美国的90毫米炮，其火力取决于几个因素。

口径：战争初期为20～50毫米，之后发展到75～90毫米，直到1945年为128～152毫米。

倍径：炮管长度与其口径的比值（21倍径、43倍径、70倍径）。倍径决定了炮口初速。炮口初速可以达到1 000米/秒，甚至更高。倍径也决定了炮弹的抛射初速，并影响击穿装甲的冲击力（这种测量标准不适用于使用破甲弹的装备）。

反坦克弹药类型：无被帽穿甲弹、穿甲高爆弹、被帽穿甲弹、硬芯穿甲弹等等。每种穿甲弹都有其特长，传统的高爆弹特别适合对付步兵和轻型载具。但在此时，除了少数大口径型号外，高爆弹一般都无法对坦克造成爆破杀伤。

从1943年开始，空心装药装备从根本上改变了步兵在战场上的作战方式。战争初期步兵所用的反坦克枪没了用武之地。而巴祖卡火箭筒、"坦克杀手"火箭筒、"铁拳"火箭筒之类便携式反坦克武器，都可以直接击穿厚重的装甲。但是，这类武器只在短程或者超短程的射程内有效。

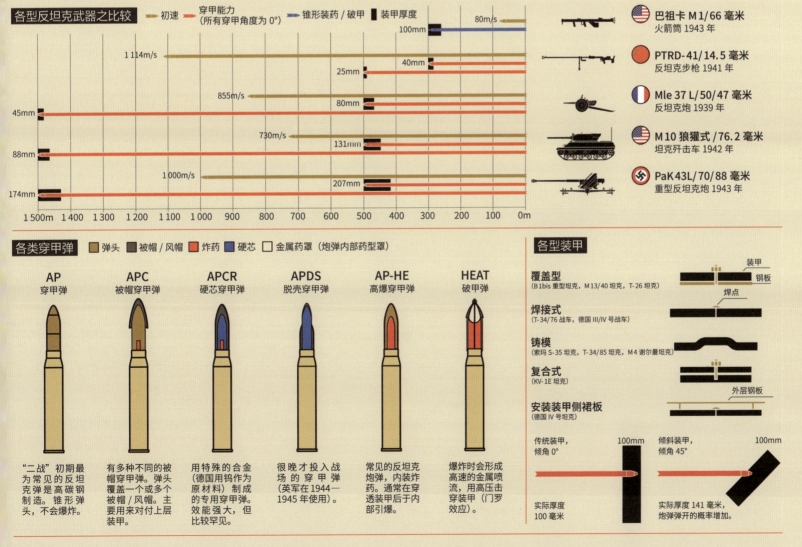

资料来源：1. Thomas L. Jentz & Hilary L. Doyle, *Germany's Panzers in World War II. From Pz.Kpfw.I to Tiger II*, Schiffer, 2004 - 2. Jean Restayn, *Allied Tank Encyclopedia*, Histoire & Collections, 2008 - 3. J. Salt, *WW2 Penetration Figures*, 1998 (compilation commentée d'archives militaires) - 4. Laurent Tirone, *Panzer : the German Tanks Encyclopedia*, Caraktère, 2015 - 5. http://www.tanks-encyclopedia.com.

51

战斗机的发展及战场表现

第一次世界大战见证了战斗机和轰炸机的诞生，它们由早期的侦察机发展而来。1914年，后者已显得效能低下，不堪一击。战斗机作为武器，取得了突飞猛进的发展。从整个"一战"期间，直到"二战"开始以前，以空军为作战核心的各种作战理论和设想层出不穷。意大利人朱利奥·杜黑首先提出了制空权的理论，设想仅凭空军一己之力赢得战争。到了"二战"初期，多翼飞机和支索固定翼飞机在技术上已经没有可提升的空间。它们虽然具备良好的可操作性，但机身脆弱，速度不足，用帆布和木材制造的飞机被金属飞机所取代。具备可收放起落架的悬臂式下单翼飞机，成为新一代的主流机型。战斗机和战斗轰炸机通常只安装单引擎，轰炸机和运输机则安装双引擎或三引擎。执行远程任务的飞机甚至装有四引擎（如有"空中堡垒"之称的美国B-17轰炸机）。

1. 多功能战机的研发：容克斯 Ju-88 战机及其家族的发展

"二战"中，那些最优秀的飞机（如德军的梅塞施密特 Bf-109 及英国"喷火"式战斗机）从未停止过升级和发展的步伐。在此基础上，它们各自衍生出针对不同作战任务的专门机型。战机的发展和机型演化紧跟战场需求。以众所周知的德国容克斯 Ju-88 双引擎战斗机为例。该机型设计研发于 20 世纪 30 年代，具备俯冲轰炸能力，1939 年作为中型制式轰炸机开始服役。至 1945 年止，德国共生产该型战机 15 000 架。该家族的各种型号能够充分满足不同的作战需求，甚至在"槲寄生"子母机计划中，Ju-88 还被改造成"飞行炸弹"子机。之后数十年中，随着科技的变革创新，更多战力强、性能卓越的多用途战机（"狂风"战斗机、"大黄蜂"战斗机、"阵风"战斗机等）纷纷面世。

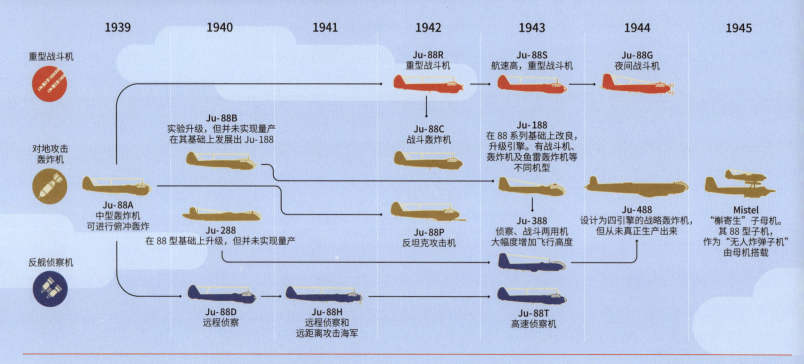

2. 轰炸机最大有效载荷、飞行高度、作战半径

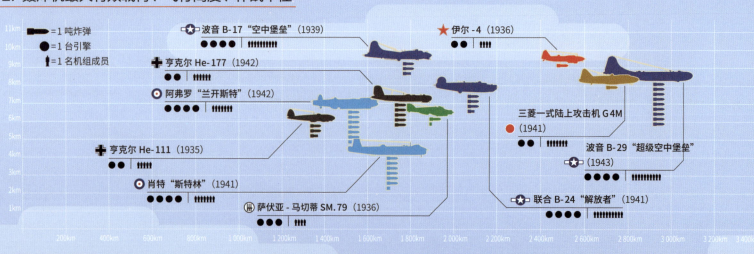

资料来源：1. Robin Higham & Stephen Harris (éd.), Why Air Forces Fail : The Anatomy of Defeat, University Press of Kentucky, 2016 - 2. Régis Chamagne, colonel, L'Art de la guerre aérienne, L'Esprit du livre, 2006 - 3. W. Craven & J. Cate (éd.), Men and Planes, AAF in WW2, vol. VI, University of Chicago, 1955 - 4. W. Murray, Strategy for defeat, Luftwaffe 1933-1945, Air University Press, 1983 - 5. R. Overy, The Air War, Potomac Books, 2005.

3. 战斗机的黄金时代

第二次世界大战期间涌现出了大量各种型号的战机。它们在用途上千差万别。从小型侦察机（德国菲泽勒制造生产的"鹳"式、英国的"莱桑德"轻型联络观测机）到多引擎的庞然大物——轰炸机和运输机（美军 B-29"超级空中堡垒"轰炸机，德国梅塞施密特 Me-323 型运输机）之间，还存在各种性能优异的战斗机、战斗轰炸机和攻击机（德国梅塞施密特 Bf-110 战斗机、美国 P-47"雷电"战斗机、苏联的伊尔-2 攻击机），以及各式负责侦察、鱼雷轰炸、教练等用途的特种飞机。在"二战"的第一阶段，各国研发的重点，是在战斗机、擅长俯冲进攻的攻击机、战术轰炸机（针对敌军及其基础设施进行轰炸）三者之间找到最佳搭配的方案。轰炸机（能搭载 1~10 吨炸弹和实施地毯式轰炸）在攻击上表现出可怕的摧毁能力，但本身却极其脆弱，需要战斗机护航，并夺取制空权。开战时，德国空军在作战理论上还保持着优势，例如，搭配使用梅塞施密特 Bf-109 战斗机和 Ju-87"斯图卡"俯冲轰炸机，并安排在西班牙内战中接受过实战检验的秃鹰军团飞行员驾驶。但这种领先只是暂时的。日本最初凭借海军装备的三菱零式轻型战斗机（具备优异的可操作性和高速的巡航能力），也曾取得过类似的短暂优势。但 1940 年不列颠空战开始，德军遇到了英国皇家空军的挑战。此时，英国空军装备

由超级马林公司研制的性能优秀的喷火战斗机。战斗机战力的突飞猛进体现在一系列战机性能的升级上：首先，在引擎性能上，战斗机使用的星型或直列引擎可达 1 000~1 500 马力；其次，机载火力提升，从 2~4 挺轻机枪到 6~8 挺重机枪再到航空机炮、火箭弹都有装备；战斗巡航高度也因装配了增压机舱氧气面罩大幅提高；机载雷达和无线电测向仪的发明，更是提高了战机的巡航和侦测水平。

战机传统的对战方式是相互盘旋缠斗，要求飞机贴身近战。但这种类似于特技飞行的作战方式，后来被完全讲求速度、火力、防御的新型空战方式所取代。1943—1944 年，随着德军的福克-沃尔夫 Fw-190 和美国 P-51 野马战斗机的诞生，各参战国战机的发展特别是在航速上，终于达到技术上的极限——1939 年，时速最高 400~500 千米；此时已达到 650~750 千米。第一代喷气式战斗机就此诞生。"二战"后期，德国的梅塞施密特 Me-262 和英国的格罗斯特流星战斗机，更是颠覆了空战的战术。不过，这些新型战机面世太晚，未能影响战争的走向。

1945 年，另一种飞行器也在秘密研制中。这种旋翼飞行器当时尚不为人所知，但将在未来大显身手，并衍生出一个庞大的家族——直升机。

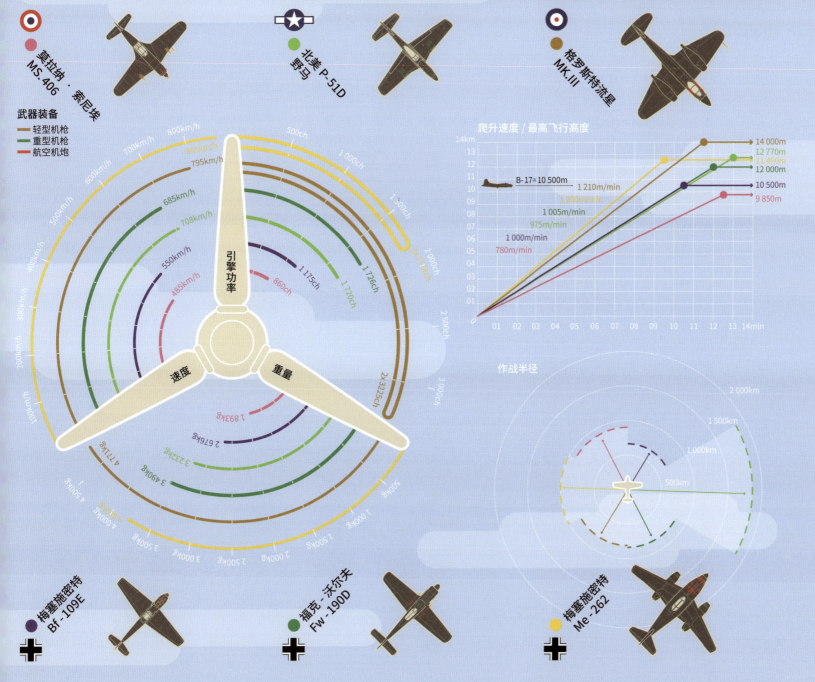

1939—1940 年：梅塞施密特 Bf-109E 对战莫拉纳·索尼埃 MS.406

法国的 MS.406 是 20 世纪 30 年代后期第一代下单翼战斗机的代表。相比之下，德国的 Bf 109E 几乎完胜 MS.406。在 20 世纪 40 年代，Bf-109E 销声匿迹。取而代之的是法国德瓦蒂纳 D-520 型战斗机，但是该机型的产量很少。后来，又出现了英国的性能更好的喷火战斗机。

1944 年：福克-沃尔夫 Fw-190D 对决 P-51D 野马

野马战斗机机翼狭长，是最优秀的螺旋桨战斗机。该机速度快，易驾驶，作战半径惊人。若配合外置油箱，它甚至可以进一步大作战半径。不过，作为战斗轰炸机，它的能力有限。Fw-190D 是德军最先进的螺旋桨战斗机，同时也是"二战"中性能最卓越的战斗机之一；除了野马战斗机外，罕逢对手。Fw-190D"长鼻子"有数种衍生机型（包括重攻击机）。

1945 年：喷气机时代

Me-262A 和格罗斯特流星战斗机从未在战场上正面对决。德国梅塞施密特 Me-262A 战斗机比格罗斯特流星战斗机早一年多服役。作为世界上第一种被投入战场的喷气式战斗机，它的速度惊人，威力巨大。作为它的对手，格罗斯特流星 F3 战斗机略逊一筹，但能有效地在英国上空追击德国 V-1 火箭。这两款战斗机在 1944—1945 年开始投入作战，但从未在战场正面相遇。

莫拉纳·索尼埃 MS.406

北美 P-51 野马

格罗斯特流星 MK.III

武器装备
- 轻型机枪
- 重型机枪
- 航空机炮

引擎功率

速度　重量

爬升速度 / 最高飞行高度

14km

B-17=10 500m

14 000m
12 770m
11 450m
12 000m
10 500m
9 850m

1 210m/min
1 200m/min
1 005m/min
975m/min
1 000m/min
780m/min

作战半径

2 000km
1 500km
1 000km
500km

梅塞施密特 Bf-109E

福克-沃尔夫 Fw-190D

梅塞施密特 Me-262

空降兵行动：代价高，风险也高

用一块布来减缓下落速度的理念古已有之，而降落伞的出现，要一直等到19世纪。第一次世界大战以前，民航飞行员已经开始使用降落伞，但直到1918年，降落伞才首次用于军事领域：德法飞行员在飞机被击落时用降落伞逃生，意大利突击队则用降落伞突袭。由飞机作为载体，在敌军后方投下成千上万名士兵——这种作战理念确实吸引了不少将领。美国和法国尤其重视探索这一作战方式。但1918年"一战"胜利后，该难题被束之高阁。直到1930年，苏联才开始发展空降兵；随后，德国空降部队得到空前的发展。苏联在境内各地使用跳塔训练空降技术，并整训出数万名空降兵。1934年，在苏联红军基辅军区大演习中，伞兵首次登场。那时，伞兵要先从图波列夫TB-3重型轰炸机的机顶舱门爬到机翼上，然后从机翼上跳伞。苏联随即组建了第一批伞兵旅。不过，苏军的优势转瞬即逝。"二战"初期，德军空降兵的发展突飞猛进，独占鳌头。这支精英部队在西线战场（特别是进攻荷兰和比利时时）表现出了惊人的战斗力和作战效能。由于空降兵花销巨大，其他国家只能发展小规模的空降部队。空降部队的成员必须精挑细选，强化训练。不过，他们多使用特殊的轻型装备（如英国的"领主"式轻型坦克和美国的7.5吨"蝗虫"式空降轻型坦克），这限制了武器的威力和强度。同时，空降兵还需要设施齐备的军事基地。英美盟军依靠强大的航空工业和空中优势克服了这些困难。1940年以后，他们有能力实施大型空降兵联合作战，而德国和苏联的空降兵分别在1941年的克里特岛战役和1943年的第聂伯河战役中，蒙受巨大损失。两国从此失去了再次组织空降兵作战的信心。

1. "二战"中的大型空降部队

空降部队一般可分为三大类。1. 伞降兵：从飞机跳下降落在空降区。2. 机降兵：空降部队搭乘滑翔机，在着陆区降落。3. 伞兵部队或常规轻型部队：搭乘飞机被运往已控制区域。

大部分国家的空降部队都规模庞大，常组建空降师，而且隶属于陆军。少数国家（德法）隶属于空军，而日本归于海军。1944—1945年，德军和盟军不但有空降军，还有空降集团军，英美盟军空降部队的作战水平和规模更是登峰造极。

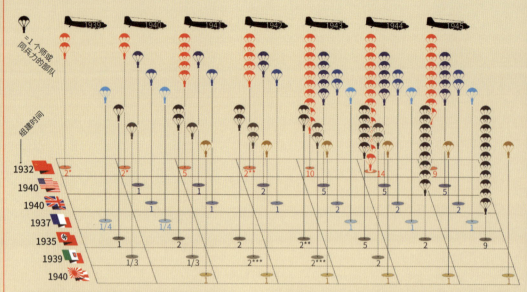

* 本图中苏联的旅相当于西方国家的团，军相当于师（10 000人）。
** 德国的空降师和苏联的伞兵师，从1942年开始，都是精锐步兵师的一个代名词。他们没有伞兵的专业装备和训练，没有足够的运输机，无法执行大规模的空降任务。

*** 意大利在1941年，有一个伞兵师（原来命名为"闪电师"，但在非洲遭到重创后，改组为"雨云师"）和一个机降师（空中机动师）。它一度计划组建另一伞兵师（"飓风师"）以进攻马耳他，但最后计划搁浅。
**** 英美空降师的编制，兼容了伞兵及机降兵。

2. 空降部队的作战模式

空降部队的作战理论和实战出入很大。理论上，空降兵应垂直下落，包围敌军，但在实战中，空降行动要面对航行和气象条件的不确定性。此外，空降部队在地面上集合，任务同样艰巨。为完成任务，空降部队必须准备大量配套机载飞机及在己方控制下的航空基地，以便在敌方炮火中不断投送兵力和装备。1940年，德国空军在荷兰战役中就损失了数百架Ju-52运输机——它们停在德军占领区，但最后还是在战斗中被摧毁。

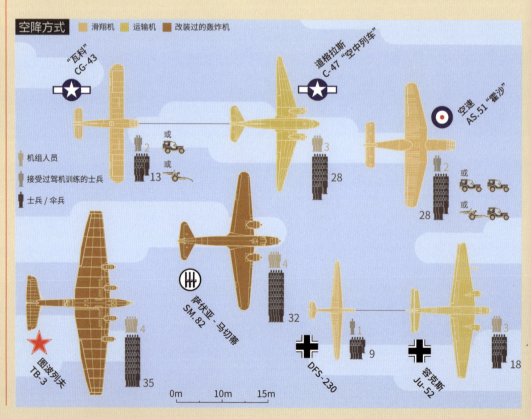

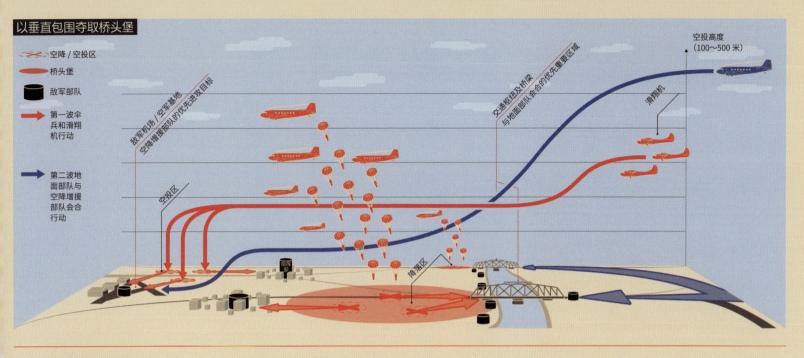

以垂直包围夺取桥头堡

- 空降 / 空投区
- 桥头堡
- 敌军部队
- 第一波伞兵和滑翔机行动
- 第二波地面部队与空降增援部队会合行动

空投高度（100~500米）

敌军机场 / 空军基地 空降增援部队的优先进攻目标

交通枢纽及桥梁与地面部队会合的优先重要区域

滑翔机

空投区

降落区

3. 大规模军事行动

　　空降兵多在白天执行任务，很少在夜间出击。空降行动的规模一般在数十人到数百人不等。除了德国在 1941 年，英美盟军在 1943 年到 1945 年执行过数千人的空降行动之外，大规模空降十分罕见。这是由于该类型作战的困难和复杂程度极大：首先，必须充分掌握制空权（至少在特定时间内）；其次，兵力投送需要上百架飞机和滑翔机，而机群极易受到攻击；最后，在战术层面，空降行动的风险也很大——如果空降部队不能和地面部队快速协同会合，基本等同于自杀。空降部队的胜利，总是伴随着难以避免的惨重代价。长期训练的年轻精英部队，可能转瞬间就被消耗殆尽。因此"二战"后期，除了英美盟军，其他各国的空降部队实际上都已转编为突击步兵部队。1942 年之后，德国的空降兵连跳伞的能力都难以达标。

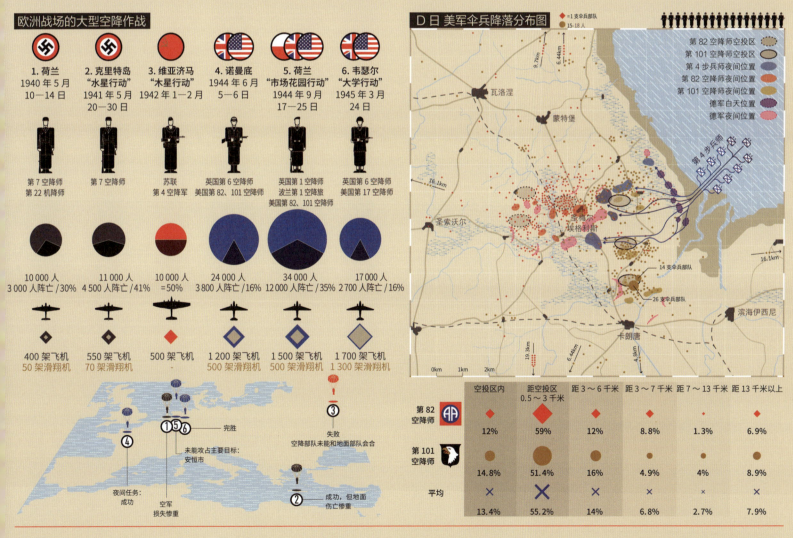

欧洲战场的大型空降作战

1. 荷兰 1940 年 5 月 10—14 日	2. 克里特岛 "水星行动" 1941 年 5 月 20—30 日	3. 维亚济马 "木星行动" 1942 年 1—2 月	4. 诺曼底 1944 年 6 月 5—6 日	5. 荷兰 "市场花园行动" 1944 年 9 月 17—25 日	6. 韦瑟尔 "大学行动" 1945 年 3 月 24 日
第 7 空降师 第 22 机降师	第 7 空降师	苏联 第 4 空降军	英国第 6 空降师 美国第 82、101 空降师	英国第 1 空降师 波兰第 1 空降旅 美国第 82、101 空降师	英国第 6 空降师 美国第 17 空降师
10 000 人 3 000 人阵亡 /30%	11 000 人 4 500 人阵亡 /41%	10 000 人 =50%	24 000 人 3 800 人阵亡 /16%	34 000 人 12 000 人阵亡 /35%	17 000 人 2 700 人阵亡 /16%
400 架飞机 50 架滑翔机	550 架飞机 70 架滑翔机	500 架飞机 -	1 200 架飞机 500 架滑翔机	1 500 架飞机 500 架滑翔机	1 700 架飞机 1 300 架滑翔机

完胜

未能攻占主要目标：安恒市

夜间任务：成功

空军损失惨重

失败 空降部队未能和地面部队会合

成功，但地面伤亡惨重

D 日 美军伞兵降落分布图

■=1 支伞兵部队
● 15~18 人

- 第 82 空降师空投区
- 第 101 空降师空投区
- 第 4 步兵师夜间位置
- 第 82 空降师夜间位置
- 第 101 空降师夜间位置
- 德军白天位置
- 德军夜间位置

瓦洛涅
蒙特堡
第 4 步兵师
圣索沃尔
圣梅尔-埃格利斯
14 支伞兵部队
26 支伞兵部队
滨海伊西尼
卡朗唐

9.7km　6.44km　16.1km　19.3km　6.44km　4.8km　16.1km

0km　1km　2km

	空投区内	距空投区 0.5～3 千米	距 3～6 千米	距 3～7 千米	距 7～13 千米	距 13 千米以上
第 82 空降师	12%	59%	12%	8.8%	1.3%	6.9%
第 101 空降师	14.8%	51.4%	16%	4.9%	4%	8.9%
平均	13.4%	55.2%	14%	6.8%	2.7%	7.9%

55

资料来源：1. Gaston Erlom, *Parachutistes soviétiques 1930-1945*, H&C, 2017 - 2. James M. Gavin, *Airborne Warfare*, Battery Press, 1980 (1947) - 3. Gordon Harrison, *Cross-Channel Attack*, St. John's Press, 2016 - 4. Bruce Quarrie, *German Airborne Troops, 1939-45*, Osprey, 1983 - 5. Gordon Rottman, *World War II Airborne Warfare Tactics*, Osprey, 2006 - 6. Steven Zaloga, *US Airborne Divisions in the ETO*, Osprey, 2007.

海军舰艇

　　"二战"时，各国海军均装备了各种类型的战舰。战舰的武器装备和防护性能不尽相同，在海战和舰队中分饰了不同的角色。最大型的主力舰排水量可以达到20 000多吨，小型的鱼雷艇排水量则只有1 000吨；还有各类巡洋舰、驱逐舰和潜艇。在技术层面，由于雷达和声呐的应用，舰艇有了新的探测手段，并在这个基础上取得了巨大的发展。在"一战"之后、"二战"之前，各类战舰不断完善；航空母舰的战斗力得到空前提升，并在"二战"中崭露头角。

　　旗舰是一支舰队的核心。最开始一般由战列舰担当旗舰的角色，但航空母舰很快取而代之。特别是在太平洋海战中，航母无可替代，成了名副其实的主力舰。

　　注：此处所列各舰只吨位是根据国际条约规定的未装配武器前空船的排水量。如法国"黎塞留"级战列舰，标准排水量为35 000吨，而满载排水量可达48 000吨。

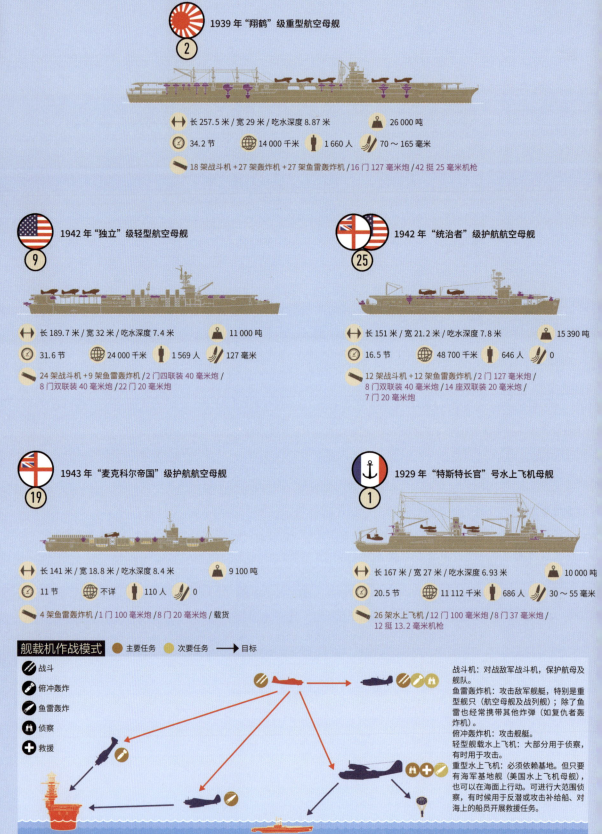

1939年"翔鹤"级重型航空母舰 ②
⊕ 长257.5米／宽29米／吃水深度8.87米　　🏋 26 000吨
◎ 34.2节　　🌐 14 000千米　　👤 1 660人　　⚒ 70～165毫米
⚒ 18架战斗机＋27架轰炸机＋27架鱼雷轰炸机／16门127毫米炮／42挺25毫米机枪

1942年"独立"级轻型航空母舰 ⑨
⊕ 长189.7米／宽32米／吃水深度7.4米　　🏋 11 000吨
◎ 31.6节　　🌐 24 000千米　　👤 1 569人　　⚒ 127毫米
⚒ 24架战斗机＋9架鱼雷轰炸机／2门四联装40毫米炮／8门双联装40毫米炮／22门20毫米炮

1942年"统治者"级护航航空母舰 ㉕
⊕ 长151米／宽21.2米／吃水深度7.8米　　🏋 15 390吨
◎ 16.5节　　🌐 48 700千米　　👤 646人　　⚒ 0
⚒ 12架战斗机＋12架鱼雷轰炸机／2门127毫米炮／8门双联装40毫米炮／14座双联装20毫米炮／7门20毫米炮

1943年"麦克科尔帝国"级护航航空母舰 ⑲
⊕ 长141米／宽18.8米／吃水深度8.4米　　🏋 9 100吨
◎ 11节　　🌐 不详　　👤 110人　　⚒ 0
⚒ 4架鱼雷轰炸机／1门100毫米炮／8门20毫米炮／载货

1929年"特斯特长官"号水上飞机母舰 ①
⊕ 长167米／宽27米／吃水深度6.93米　　🏋 10 000吨
◎ 20.5节　　🌐 11 112千米　　👤 686人　　⚒ 30～55毫米
⚒ 26架水上飞机／12门100毫米炮／8门37毫米炮／12挺13.2毫米机枪

舰载机作战模式　● 主要任务　● 次要任务　→ 目标
- ⚔ 战斗
- ↘ 俯冲轰炸
- 🚀 鱼雷轰炸
- 👤 侦察
- ✚ 救援

战斗机：对战敌军战斗机，保护航母及舰队。

鱼雷轰炸机：攻击敌军舰艇，特别是重型舰只（航空母舰及战列舰）；除了鱼雷也经常携带其他炸弹（如复仇者轰炸机）。

俯冲轰炸机：攻击舰艇。

轻型舰载水上飞机：大部分用于侦察，有时用于攻击。

重型水上飞机：必须依赖基地。但只要有海军基地舰（美国水上飞机母舰），也可以在海面上行动。可进行大范围侦察，有时候用于反潜或攻击补给船、对海上的船员开展救援任务。

1. 航空母舰：新的海洋霸主

　　"一战"接近尾声之际，军用飞机在战争中所扮演的角色受到各国重视。在这种战争背景下，航空母舰应运而生。但很长一段时间内，航空母舰都处在测试阶段，其真正的实战作用一直充满争议。美国、英国和日本等海上强国率先实验了航母的效能。航空母舰战斗效能的发挥与其舰载机的性能息息相关。舰载机主要包括战斗机、俯冲轰炸机和鱼雷轰炸机。在1940年的塔兰托战役、1941年偷袭珍珠港以及1942年的中途岛海战中，航空母舰表现出了惊人的作战效能，成为当之无愧的旗舰和舰队核心。"水上飞机母舰"的概念则根本行不通。航空母舰可以分为重型战斗航母（排水量20 000吨以上，可装备50～100架舰载机）、轻型战斗航母（排水量约15 000吨，可装备30～50架载机），以及更小型且航速更低的护航航母（排水量约10 000吨，可装备15～30架载机）。护航航母在舰队中的作用仅次于主力战斗航母，它可以为海上船队护航，为两栖登陆作战提供保障，同时也可以出色完成反潜任务。

英美舰艇的种类和代号：
BB/BC: 战列舰／战列巡洋舰
CV/CVL/CVE: 重型／轻型／护航航空母舰
CVS/AV: 水上飞机母舰
CA/CL: 重型／轻型巡洋舰
DD/DE: 驱逐舰／护航驱逐舰（扫雷艇及鱼雷艇）
SS: 潜艇

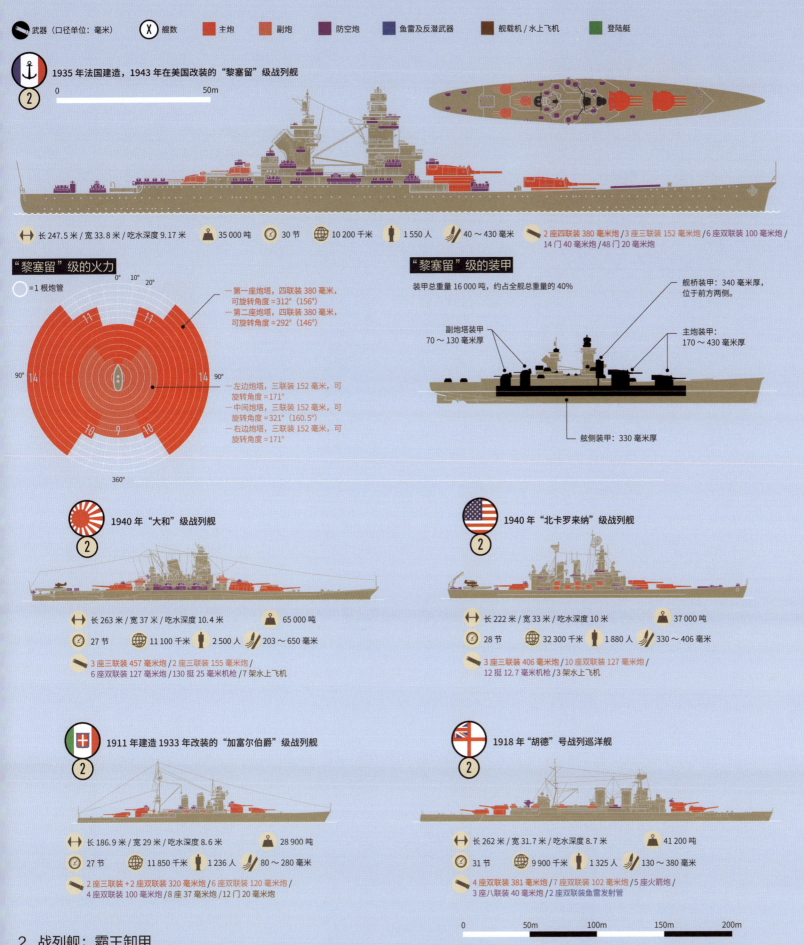

武器（口径单位：毫米）　X 舰数　主炮　副炮　防空炮　鱼雷及反潜武器　舰载机/水上飞机　登陆艇

1935 年法国建造，1943 年在美国改装的"黎塞留"级战列舰

2　0　50m

长 247.5 米/宽 33.8 米/吃水深度 9.17 米 | 35 000 吨 | 30 节 | 10 200 千米 | 1 550 人 | 40～430 毫米 | 2 座四联装 380 毫米炮/3 座三联装 152 毫米炮/6 座双联装 100 毫米炮/14 门 40 毫米炮/48 门 20 毫米炮

"黎塞留"级的火力

=1 根炮管

—第一座炮塔，四联装 380 毫米，可旋转角度=312°（156°）
—第二座炮塔，四联装 380 毫米，可旋转角度=292°（146°）
—左边炮塔，三联装 152 毫米，可旋转角度=171°
—中间炮塔，三联装 152 毫米，可旋转角度=321°（160.5°）
—右边炮塔，三联装 152 毫米，可旋转角度=171°

"黎塞留"级的装甲

装甲总重量 16 000 吨，约占全舰总重量的 40%

舰桥装甲：340 毫米厚，位于前方两侧。
副炮塔装甲：70～130 毫米厚
主炮装甲：170～430 毫米厚
舷侧装甲：330 毫米厚

1940 年"大和"级战列舰

2

长 263 米/宽 37 米/吃水深度 10.4 米 | 65 000 吨 | 27 节 | 11 100 千米 | 2 500 人 | 203～650 毫米 | 3 座三联装 457 毫米炮/2 座三联装 155 毫米炮/6 座双联装 127 毫米炮/130 挺 25 毫米机枪/7 架水上飞机

1940 年"北卡罗来纳"级战列舰

2

长 222 米/宽 33 米/吃水深度 10 米 | 37 000 吨 | 28 节 | 32 300 千米 | 1 880 人 | 330～406 毫米 | 3 座三联装 406 毫米炮/10 座双联装 127 毫米炮/12 挺 12.7 毫米机枪/3 架水上飞机

1911 年建造 1933 年改装的"加富尔伯爵"级战列舰

2

长 186.9 米/宽 29 米/吃水深度 8.6 米 | 28 900 吨 | 27 节 | 11 850 千米 | 1 236 人 | 80～280 毫米 | 2 座三联装+2 座双联装 320 毫米炮/6 座双联装 120 毫米炮/4 座双联装 100 毫米炮/8 座 37 毫米炮/12 门 20 毫米炮

1918 年"胡德"号战列巡洋舰

2

长 262 米/宽 31.7 米/吃水深度 8.7 米 | 41 200 吨 | 31 节 | 9 900 千米 | 1 325 人 | 130～380 毫米 | 4 座双联装 381 毫米炮/7 座双联装 102 毫米炮/5 座火箭炮/3 座八联装 40 毫米炮/2 座双联装鱼雷发射管

0　50m　100m　150m　200m

57

2. 战列舰：霸王卸甲

　　战列舰是排水量最大、火力最猛的战舰。早在 19 世纪后半叶，战列舰的雏形就已出现。当时，战列舰仍以铁甲舰和其他装甲巡洋舰为主要类型。20 世纪初，诞生了第一代现代化的无畏舰。它们装备有厚重的装甲，安装有数座火力强大的炮塔，每座炮塔配有 2～4 根炮管。炮管口径从 280 毫米发展到 381 毫米，再到 406 毫米甚至 460 毫米。在航空母舰作战能力提升前，战列舰一直是海上的主宰；但当航母的攻击范围进一步扩大的时候，战列舰就只能沦为一艘脆弱的炮舰了。战列舰分为两类：一为装甲厚重航速较慢的装甲战列舰，二为装甲较薄但航速较快的战列巡洋舰。20 世纪 30 年代末出现了"超级战列舰"，这类战列舰航速更快，排水量更大，防御更好，特别是防空火力性能得到强化。即便如此，战列舰也无法改变被航空母舰取代的命运。

驱逐舰 10～15 千米

巡洋舰 15～20 千米

战列舰 20～25 千米

⊕ 尺寸　　⚖ 标准排水量　　◎ 航速（潜艇水面 / 水下航速）　　🌐 巡航速度（15 节）下的续航距离　　👤 船员人数　　⚙ 装甲厚度　　🔫 武器（口径单位：毫米）

 1931 年德国"袖珍战列舰"

⊕ 长 186 米 / 宽 21.6 米 / 吃水深度 7.4 米　　⚖ 12 600 吨

◎ 28 节　　🌐 25 000 千米　　👤 1 070 人　　⚙ 38～152 毫米

🔫 2 座三联装 280 毫米炮 / 8 座 105 毫米炮 / 3 座双联装 105 毫米炮 /
8 座双联装 37 毫米炮 / 6 门 20 毫米炮 / 4 座双联装鱼雷发射管 /
2 架水上飞机

 1932 年"阿尔及利亚"号重型巡洋舰

⊕ 长 186 米 / 宽 20 米 / 吃水深度 6.5 米　　⚖ 10 000 吨

◎ 31 节　　🌐 16 112 千米　　👤 748 人　　⚙ 40～120 毫米

🔫 4 座双联装 203 毫米炮 / 6 座双联装 100 毫米炮 / 8 座 37 毫米炮 /
2 座三联装鱼雷发射管 / 3 架水上飞机

 1934 年"蒙特利"号轻型巡洋舰

⊕ 长 182 米 / 宽 16.6 米 / 吃水深度 6 米　　⚖ 7 500 吨

◎ 37 节　　🌐 7 615 千米　　👤 580 人　　⚙ 30～100 毫米

🔫 4 座双联装 152 毫米炮 / 3 座双联装 100 毫米炮 / 8 座 37 毫米炮 /
2 座双联装鱼雷发射管 / 2 架水上飞机

 1935 年"基洛夫"级巡洋舰（依据"蒙特利"号建造）

⊕ 长 191.3 米 / 宽 17.6 米 / 吃水深度 6.15 米　　⚖ 7 890 吨

◎ 35.9 节　　🌐 18 500 千米　　👤 872 人　　⚙ 50～150 毫米

🔫 3 座三联装 180 毫米炮 / 6 座 100 毫米炮 / 6 门 45 毫米炮 / 4 挺 12.7 毫米机枪 /
2 座三联装鱼雷发射管 / 96 枚水雷 / 2 架水上飞机

⊕ 长 115 米 / 宽 10.36 米 / 吃水深度 3.2 米

⚖ 1 800 吨　　◎ 38 节

🌐 9 260 千米　　👤 211 人

🔫 2 座双联装 127 毫米炮 /
2 挺单联装 12.7 毫米机枪 /
3 座三联装鱼雷发射管 /
18 枚鱼雷 / 18 枚深水炸弹

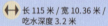 1927 年"吹雪"级驱逐舰　24

 1934 年"空想"级鱼雷驱逐舰　6

⊕ 长 132.4 米 / 宽 12.5 米 /
吃水深度 5 米

⚖ 2 600 吨　　◎ 37 节

🌐 7 400 千米　　👤 210 人

🔫 5 座 140 毫米炮 /
2 挺双联装 13.2 毫米机枪 /
3 座三联装鱼雷发射管 /
50 枚水雷 / 24 枚深水炸弹

⊕ 长 114.8 米 / 宽 12 米 /
吃水深度 5.3 米

⚖ 2 050 吨　　◎ 36.5 节

🌐 12 000 千米　　👤 329 人

🔫 5 座 127 毫米炮 /
2 座 40 毫米炮 /
6 门 20 毫米炮 /
2 座五联装鱼雷发射管 /
? 枚深水炸弹

 1941 年"弗莱彻"级驱逐舰　181

 1939 年"狩猎者"级护航驱逐舰　86

⊕ 长 85.34 米 / 宽 9.6 米 /
吃水深度 3.8 米

⚖ 1 050 吨　　◎ 27 节

🌐 6 500 千米　　👤 168 人

🔫 2 座双联装 102 毫米炮 /
4 座 40 毫米炮 /
2 门 20 毫米炮 /
40 枚深水炸弹

0　　50m　　100m　　150m　　200m

3. 巡洋舰和驱逐舰：战士和守护者

巡洋舰普遍航速高且航程长，原来主要用于远程巡航，切断敌军之间的联系。巡洋舰是舰队中的主要作战舰艇，为舰队旗舰提供协助和护航。

依据"一战"和"二战"之间签订的海军条约，我们可以把种类繁多的巡洋舰整体上分为：主要负责攻击任务的重型巡洋舰（排水量约 10 000 吨，装备 155～203 毫米口径舰炮）和轻型巡洋舰（主舰炮威力小，口径为 130～155 毫米）。有时还可根据其作战专长，将轻型巡洋舰划分为防空、反潜、小型舰队指挥舰等不同类型。通常巡洋舰上都会装备鱼雷和 1～2 架水上侦察机。巡洋舰的主要

缺点就是所有性能都过于平衡，乏善可陈，在战列舰面前不堪一击——无法防御重型舰炮的攻击；而面对其他轻型战舰、潜艇鱼雷、空中打击，也无招架之力。

驱逐舰则是舰队中的排头兵。驱逐舰的长度和攻击力比较多样，但总的来说，没有装甲防护，从而保证了极高的航速。驱逐舰在舰队中可以扮演多种角色：大型驱逐舰可以作为护航舰艇，负责赶进攻侵扰己方舰队的敌军舰艇。轻型驱逐舰则可用来追击同类敌方舰艇、反潜和护航，通常装备 120～140 毫米火炮和多个鱼雷发射管。

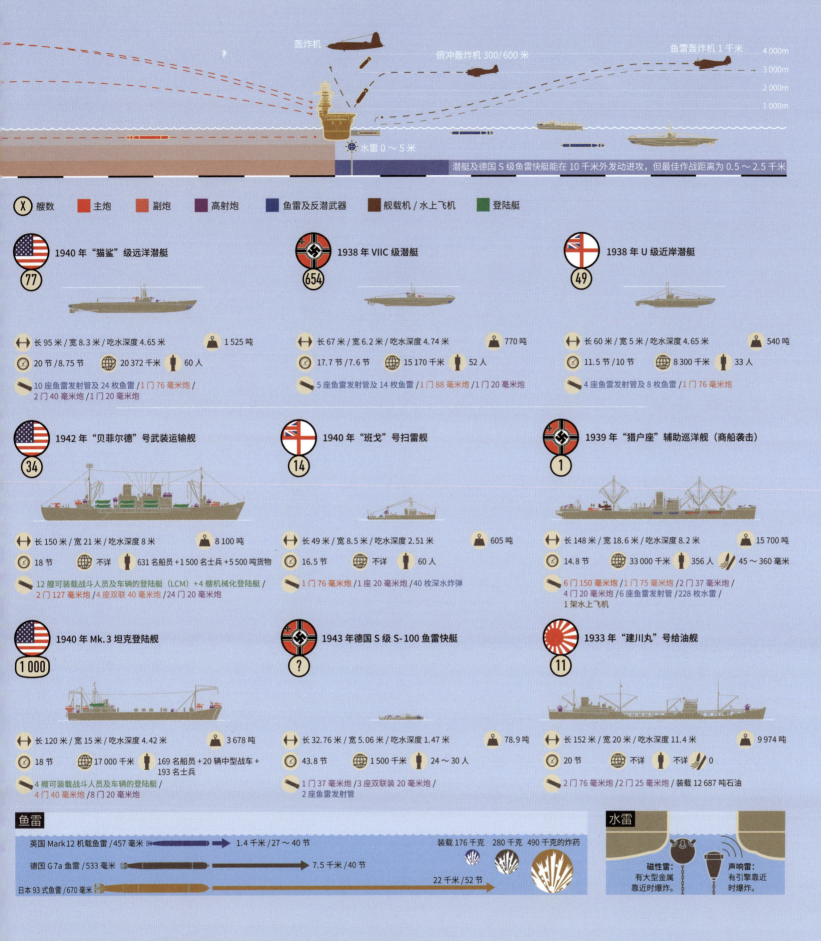

轰炸机

俯冲轰炸机 300/600 米

鱼雷轰炸机 1 千米

4 000m
3 000m
2 000m
1 000m

水雷 0～5 米

潜艇及德国 S 级鱼雷快艇能在 10 千米外发动进攻，但最佳作战距离为 0.5～2.5 千米

Ⓧ 艘数　■ 主炮　■ 副炮　■ 高射炮　■ 鱼雷及反潜武器　■ 舰载机/水上飞机　■ 登陆艇

1940 年"猫鲨"级远洋潜艇　⑦⑦

长 95 米/宽 8.3 米/吃水深度 4.65 米　1 525 吨
20 节/8.75 节　20 372 千米　60 人
10 座鱼雷发射管及 24 枚鱼雷/1 门 76 毫米炮/
2 门 40 毫米炮/1 门 20 毫米炮

1938 年 VIIC 级潜艇　654

长 67 米/宽 6.2 米/吃水深度 4.74 米　770 吨
17.7 节/7.6 节　15 170 千米　52 人
5 座鱼雷发射管及 14 枚鱼雷/1 门 88 毫米炮/1 门 20 毫米炮

1938 年 U 级近岸潜艇　49

长 60 米/宽 5 米/吃水深度 4.65 米　540 吨
11.5 节/10 节　8 300 千米　33 人
4 座鱼雷发射管及 8 枚鱼雷/1 门 76 毫米炮

1942 年"贝菲尔德"号武装运输舰　34

长 150 米/宽 21 米/吃水深度 8 米　8 100 吨
18 节　不详　631 名船员 + 1 500 名士兵 + 5 500 吨货物
12 艘可装载战斗人员及车辆的登陆艇（LCM）+ 4 艘机械化登陆艇/
2 门 127 毫米炮/4 座双联 40 毫米炮/24 门 20 毫米炮

1940 年"班戈"号扫雷舰　14

长 49 米/宽 8.5 米/吃水深度 2.51 米　605 吨
16.5 节　不详　60 人
1 门 76 毫米炮/1 座 20 毫米炮/40 枚深水炸弹

1939 年"猎户座"辅助巡洋舰（商船袭击）　①

长 148 米/宽 18.6 米/吃水深度 8.2 米　15 700 吨
14.8 节　33 000 千米　356 人　45～360 毫米
6 门 150 毫米炮/1 门 75 毫米炮/2 门 37 毫米炮/
4 门 20 毫米炮/6 座鱼雷发射管/228 枚水雷/
1 架水上飞机

1940 年 Mk.3 坦克登陆舰　1 000

长 120 米/宽 15 米/吃水深度 4.42 米　3 678 吨
18 节　17 000 千米　169 名船员 + 20 辆中型战车 +
193 名士兵
4 艘可装载战斗人员及车辆的登陆艇/
4 门 40 毫米炮/8 门 20 毫米炮

1943 年德国 S 级 S-100 鱼雷快艇　?

长 32.76 米/宽 5.06 米/吃水深度 1.47 米　78.9 吨
43.8 节　1 500 千米　24～30 人
1 门 37 毫米炮/3 座双联装 20 毫米炮/
2 座鱼雷发射管

1933 年"建川丸"号给油舰　11

长 152 米/宽 20 米/吃水深度 11.4 米　9 974 吨
20 节　不详　不详　0
2 门 76 毫米炮/2 门 25 毫米炮/装载 12 687 吨石油

鱼雷

英国 Mark 12 机载鱼雷/457 毫米　1.4 千米/27～40 节　装载 176 千克　280 千克　490 千克的炸药
德国 G7a 鱼雷/533 毫米　7.5 千米/40 节
日本 93 式鱼雷/670 毫米　22 千米/52 节

水雷

磁性雷：
有大型金属
靠近时爆炸。

声响雷：
有引擎靠近
时爆炸。

4. 潜艇、辅助舰艇、两栖登陆舰、小型舰艇：舰队中不可或缺的成员

传统舰队必须依赖大量各种不同类型的辅助舰艇才能够运转。和其他水面大型舰艇一样，潜艇也被视为主力作战舰艇。潜艇的作战任务多样，它可以负责进攻敌军的海上交通线，也可以负责海岸防卫。潜艇有多种类型：岸防潜艇、近海潜艇、远洋潜艇。法国和日本等国还发展出了"潜水巡洋舰"。这类潜艇不但武器装备精良，还可以搭载一架或数架水上飞机，但在战争中的表现乏善可陈。

在这里我们无法详尽列举其他各型舰只及其数据，它们没有被集中部署在作战部队中，其特点、大小、作用以及武器装备也大不相同。这些舰船承担的使命和编制也多种多样：负责岸防、快速进攻（轻型鱼雷艇、鱼雷快艇）；运送部队、原料、海上补给（货船、运输船、油轮）；救治伤员（医疗船）、海上维修（修理舰、浮动船坞）、两栖登陆舰（突击运输舰、运送士兵、坦克和车辆的平底登陆艇）、扫雷艇和布雷艇；护航编队（驱逐舰、炮舰、护卫舰、巡防舰）等等。

5. 1939 年，军力平衡的各国海军

"二战"前夕，各国海军一直被在"一战"后签订的海军军备限制条款和裁军条款所制约，如 1922 年的《华盛顿海军条约》和 1930 年至 1936 年的《伦敦海军条约》。这些条款更符合英、美两国利益，但对日本不利；同时也强制要求法国和意大利海军保持同等军力。尽管从 1936 年起，各国都出现了海军建设的高潮，但是由于造舰工程浩繁缓慢，一直等到"二战"时，海军军备竞赛才越发激烈。1940 年以前，只有为数不多的几个国家的海军具备跨地区远洋巡航能力。享

有海军条约特惠权的英国皇家海军和美国海军，尽管舰船老旧，但实力还是遥遥领先于其他国家。只有这两国的战舰可以分布于各大洋，实现其海洋霸权。英国皇家海军更受到各英联邦国家的加持，如虎添翼。日本海军位居第三，拥有当时世界上最先进的航母舰队——日本联合舰队，具备夺取太平洋制海、制空权的能力。在欧洲，同为拉丁语系兄弟的法国和意大利却是彼此的假想敌——这两国分别占据着第四、五名的位置，争夺着地中海的霸权。法国海军还需要严防死守

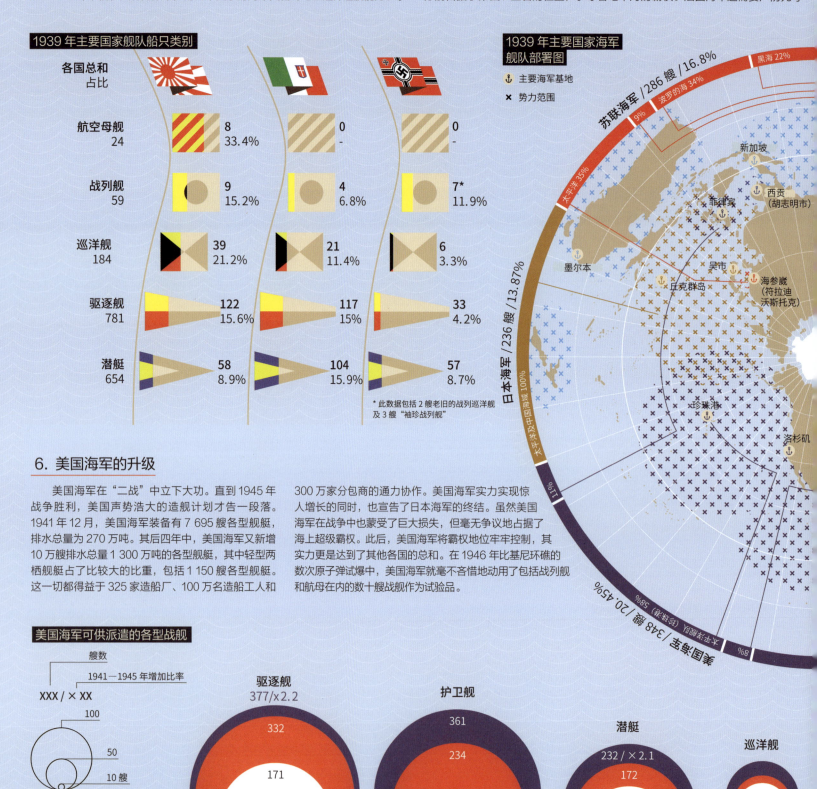

1939 年主要国家舰队船只类别

各国总和 占比			
航空母舰 24	8 33.4%	0 -	0 -
战列舰 59	9 15.2%	4 6.8%	7* 11.9%
巡洋舰 184	39 21.2%	21 11.4%	6 3.3%
驱逐舰 781	122 15.6%	117 15%	33 4.2%
潜艇 654	58 8.9%	104 15.9%	57 8.7%

* 此数据包括 2 艘老旧的战列巡洋舰及 3 艘"袖珍战列舰"

1939 年主要国家海军舰队部署图

⚓ 主要海军基地
✕ 势力范围

苏联海军 /286 艘 /16.8%
黑海 22%
波罗的海 34%
9%
太平洋 35%

日本海军 /236 艘 /13.87%
太平洋及中国海域 100%

新加坡
西贡（胡志明市）
菲律宾
墨尔本
吴市
丘克群岛
海参崴（符拉迪沃斯托克）
珍珠港
洛杉矶

1%
11%
8%
美国海军 /348 艘 /20.45%
58%

6. 美国海军的升级

美国海军在"二战"中立下大功。直到 1945 年战争胜利，美国声势浩大的造舰计划才告一段落。1941 年 12 月，美国海军装备有 7 695 艘各型舰艇，排水总量为 270 万吨。其后四年中，美国海军又新增 10 万艘排水总量 1 300 万吨的各型舰艇，其中轻型两栖舰艇占了比较大的比重，包括 1 150 艘各型舰艇。这一切都得益于 325 家造船厂、100 万名造船工人和

300 万家分包商的通力协作。美国海军实力实现惊人增长的同时，也宣告了日本海军的终结。虽然美国海军在战争中也蒙受了巨大损失，但毫无争议地占据了海上超级霸权。此后，美国海军将霸权地位牢牢控制，其实力更是达到了其他各国的总和。在 1946 年比基尼环礁的数次原子弹试爆中，美国海军就毫不吝惜地动用了包括战列舰和航母在内的数十艘战舰作为试验品。

美国海军可供派遣的各型战舰

艘数
1941—1945 年增加比率
XXX / × XX

100
50
10 艘

■ 1945 年 8 月 14 日
■ 1943 年 12 月 31 日
□ 1941 年 12 月 7 日

驱逐舰
377/×2.2
332
171

护卫舰
361
234

潜艇
232 / × 2.1
172
112

巡洋舰
72 / × 1.9
48
37

其海外战略重心：从安的列斯群岛、西非直到法属印度支那的广大殖民帝国的领土。由于受到《凡尔赛条约》的制约，德国海军起步非常晚。1930 年开始，德国海军加快了追赶的步伐，强化了作战能力，并完成了海军的现代化升级。虽然德国海军总是扮演"局外人"的角色，无法和英国皇家海军正面较量，但它装备了 U 艇和伪装巡洋舰，并常有重型战舰建成下水，还是对英国海军构成了不小的威胁。特别是在挪威战役中，德国海军显示出了强大的综合协同作战能力。排名落后的是老旧且分散的苏联海军：它们广泛分布在波罗的海、黑海、北冰洋、太平洋，虽然装备了数量庞大的潜艇，但只能近海作战，难以跻身一流行列。

到了 1945 年，轴心国的海军已经被消灭干净。夹在两个阵营中间的法国海军，在经历了 1940 年的阿尔及利亚凯比尔港突袭和 1942 年的土伦自沉事件后，损失惨重，一蹶不振。英国皇家海军虽然军力依旧强盛，但已被美国海军彻底反超。

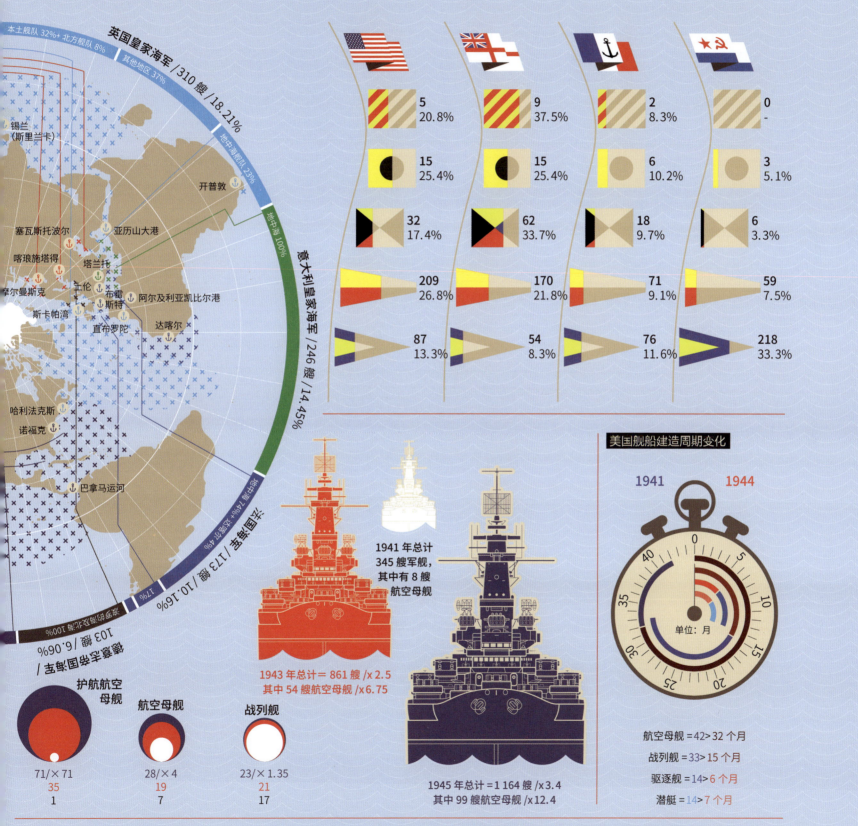

资料来源：1. Amiral Ernest J. King, *Official Reports, US Navy at War, 1941-1945*, Administration of the Navy Department, Washington, 1959 - 2. Antony Preston, *Navires et Combats*, PML, 1994 - 3. Marc Benoist, *Les Marines étrangères*, éd. J. de Gigord, 1938 - 4. *Japanese Naval and Merchant Shipping Losses During World War II by All Causes*, The Joint Army-Navy Assessment Committee (Janac), 1947 - 5. *U.S. Navy Active Ship Force Levels*, Naval History and Heritage Command, US Navy - 6. Ressources des sites naval-history.net et combinedfleet.com - 7. http://www.shipbucket.com.

61

1942 年的海军航母舰队究竟如何？

直到 20 世纪 30 年代末，航空母舰还只是扮演辅助舰队作战的角色。1940 年 11 月 11 日到 12 日夜间，英国皇家海军在塔兰托战役中出动航母，用舰载机成功击沉 3 艘意大利战列舰。此役之后，航母一战成名，走上前台。然而，欧洲海域受海岸线限制，大型海军航母舰队终究难以施展，太平洋上的情况则正好相反。1941 年，日本将舰队部署到太平洋海域，该攻击编队以 6 艘航母为核心协同作战——航母所搭载的舰载机性能优越。日本联合舰队与英美同类型舰队不同，在执行大型空袭任务时，可一次性派出超过 300 架飞机进攻。1941 年 12 月 7 日的珍珠港偷袭中，日本让美国见识到了该航母舰队的威力。受到塔兰托战役的启发，日军对珍珠港采用偷袭战术，但这帮了美国一个忙：日本战机仅摧毁了老旧的美军战舰；而且因为离港巡航，美军航母全都幸免于难。这也使得美国军方内部长久以来"巨炮与飞机孰优"的争论，终于告一段落。

美国以无敌的直通式飞行甲板航母作为舰队的核心，组成了战时临时编制的"特遣舰队"，这也是后来美国海军在太平洋战场上的基本作战单位。谨慎的美国人克制了自身的冲动，并没有直接与日本的大型航母舰队正面决战。1942 年春天，日军主动将联合舰队分兵作战，犯下了无法挽回的错误。1942 年 5 月 4 日至 8 日，两艘日本航母参加了珊瑚海海战，遭到重创。联合舰队就此损失了三分之一的兵力。在 1942 年 6 月 4 日至 7 日的中途岛海战中，剩下的 4 艘航母对战美军的 3 艘航母（后者有部署在岛上的战机助阵）。鉴于密集编队容易受到日军炮火，美国将航母编为两个战斗群。虽然美军舰载机缺乏配合，作战能力也一般，但日本联合舰队还是被打了个措手不及——他们正在为协调舰载机作战而焦头烂额。短短几分钟内，3 艘航母被当即击沉。稍后，第 4 艘航母也迎来了同样的命运。

这次的惨重失败迫使日本重新整编其航母舰队。同时，美国在 1943 年又有大量新型舰艇下水，得以组建更为庞大的特遣舰队（每一舰队又可分为若干航母战斗群）。1944 年夏天，美国第 38 特遣舰队就已经装备了 9 艘大型航母和 8 艘轻型航母。

2. 日本海军"赤城"号航空母舰

1920 年，"赤城"号本作为战列巡洋舰而设计；被改装为航空母舰后，于 1927 年 5 月 25 日开始服役。它体现了日本直通式飞行甲板航母的三大普遍缺陷：1. 舰载机不足；2. 没有雷达；3. 封闭式结构导致排风不畅，碳氢气体容易聚集在舱内，存在巨大风险隐患。只要一颗炸弹落在两道防火墙之间，并在准备起飞的舰载机群间引爆，就足以引发致命的大火。这也正是 1942 年 6 月 5 日中途岛海战中上演的真实一幕。

1. 制空权

日本联合舰队在 1942 年时优势明显，其舰载机作战半径远远大于对手。但是，为了减轻机身重量，飞机防护薄弱也使日军付出了代价。从性能上看，美军战机的作战半径小于日军战机。换言之，美军战机在发起进攻之前，就已经暴露在日军战机的炮火之下了。但是，雷达弥补了这一不足——航母可以侦测到敌军方位，并组织反击。日本的雷达在 1942 年尚处于实验阶段，有效侦测范围远逊于美军。直到 1943 年，日本的航母才装备雷达，但日本帝国海军此时大势已去。

雷达及舰载机的覆盖范围

日本联合舰队 | **特遣舰队**

轰炸机 700 千米
里尔
瑟堡
巴黎
布雷斯特
轰炸机 460 千米
斯特拉斯堡
南特
战斗机 500 千米
战斗机 200 千米
里昂
波尔多
鱼雷轰炸机 280 千米
图卢兹
鱼雷轰炸机 500 千米
马赛
测试中雷达 100 千米 | 雷达 130 千米

700 600 500 400 300 200 100 0km 100 200 300 400 500 600 700

舰炮射程

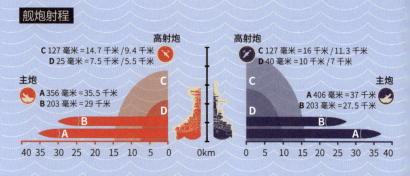

高射炮
C 127 毫米 = 14.7 千米 / 9.4 千米
D 25 毫米 = 7.5 千米 / 5.5 千米

高射炮
C 127 毫米 = 16 千米 / 11.3 千米
D 40 毫米 = 10 千米 / 7 千米

主炮
A 356 毫米 = 35.5 千米
B 203 毫米 = 29 千米

主炮
A 406 毫米 = 37 千米
B 203 毫米 = 27.5 千米

40 35 30 25 20 15 10 5 0km 0 5 10 15 20 25 30 35 40

D3A 九九式俯冲轰炸机（盟军代号 Val）　B5N2 九七式攻击机（盟军代号 Kate）　A6M2 零式战斗机（盟军代号 Zeke）

■ = 1 架飞机

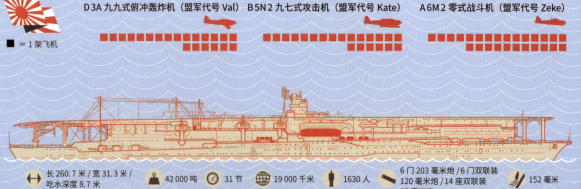

长 260.7 米 / 宽 31.3 米 / 吃水深度 8.7 米　　42 000 吨　　31 节　　19 000 千米　　1630 人　　6 门 203 毫米炮 / 6 门双联装 120 毫米炮 / 14 座双联装 25 毫米炮　　152 毫米

资料来源：1. Jonathan Parshall & Anthony Tully, *Shattered Sword : the Untold Story of the Battle of Midway*, Potomac Books, 2005 - 2. David Evans, Mark Peattie, *Kaigun. Strategy, Tactics and Technology in the*

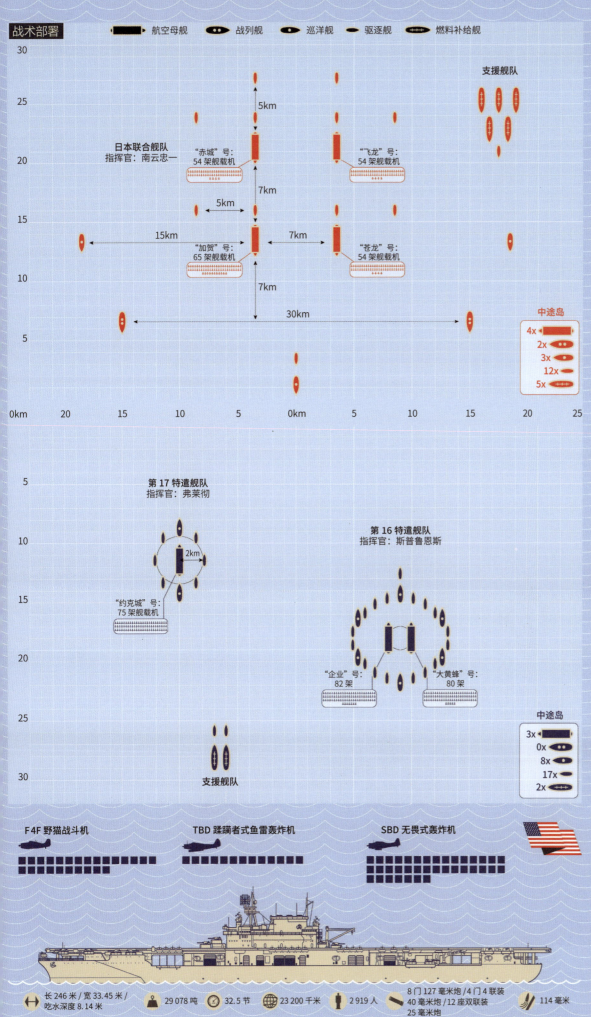

战术部署 ▬ 航空母舰 ◉ 战列舰 ◆ 巡洋舰 ● 驱逐舰 ⟷ 燃料补给舰

支援舰队

日本联合舰队
指挥官：南云忠一

"赤城"号：
54 架舰载机

"飞龙"号：
54 架舰载机

5km

7km

5km

15km

7km

"加贺"号：
65 架舰载机

"苍龙"号：
54 架舰载机

7km

30km

中途岛

4x ▬
2x ◉
3x ◆
12x ●
5x ⟷

第 17 特遣舰队
指挥官：弗莱彻

2km

"约克城"号：
75 架舰载机

第 16 特遣舰队
指挥官：斯普鲁恩斯

"企业"号：
82 架

"大黄蜂"号：
80 架

中途岛
3x ▬
0x ◉
8x ◆
17x ●
2x ⟷

支援舰队

F4F 野猫战斗机

TBD 蹂躏者式鱼雷轰炸机

SBD 无畏式轰炸机

⟷ 长 246 米 / 宽 33.45 米 /
吃水深度 8.14 米　29 078 吨　32.5 节　23 200 千米　2 919 人　8 门 127 毫米炮 /4 门 4 联装
40 毫米炮 /12 座双联装
25 毫米炮　114 毫米

3. 燃料消耗与后勤保障

在广阔的太平洋上，若集结一支包含数十艘大型军舰的舰队，后勤保障至关重要。一艘驱逐舰如果要保持 20 节的航速，其自身燃料只够八天的航程；而战场上的航空母舰为了舰载机的起飞，需保证超过 30 节的航速，势必消耗大量燃料。因此，最好有燃油补给舰紧跟舰队，以提高海上补给能力。在这方面，日本海军相形见绌。

耗油量（航行速度 20 节，柴油以吨为单位）

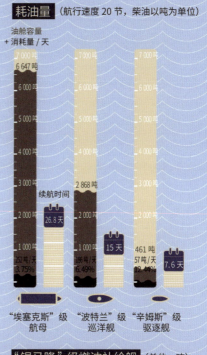

油舱容量
+ 消耗量 / 天

6 647 吨

2 868 吨

461 吨

续航时间

26.8 天

15 天

57 吨/天

7.6 天

"埃塞克斯"级
航母

"波特兰"级
巡洋舰

"辛姆斯"级
驱逐舰

"锡马隆"级燃油补给舰（单位：吨）

第 16 特遣舰队
维持 20 节航速的
耗油量
2 138.74 吨 / 天

"锡马隆"级燃油
补给舰载油量
20 651 吨

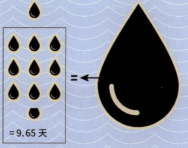

= 9.65 天

4. 美国"企业"号级航空母舰

"企业"号航空母舰于 1936 年 10 月 3 日下水，1938 年 5 月 12 日服役，设计理念完全符合航母的作战特性。"企业"号舱室宽阔，备有性能卓越的 CXAM 雷达。在中途岛战役中，它搭载了 75 架舰载机。1943 年，舰载机数量增至 90 架。"企业"号的作战性能远远优于同时期的日军航母。舰载机通常停在航母甲板上，机库敞开，便于维修。它不断升级改造，几乎参与了太平洋上的所有战役，直到 1958 年被拆解。

63

Imperial Japanese Navy 1887-1941, Naval Institute Press, 1997 - 3. Mark Stille, *US Navy Aircraft Carriers 1922-45 : Prewar Classes* ; Mark Stille, *Imperial Japanese Navy Aircraft Carriers 1921-45*, Osprey, 2005.

12. 希特勒青年团师 1943—1945　13. 圣刀克罗地亚第 1 师 1943—1945　14. 加利西亚第 1 师 1943—1945　15. 拉脱维亚第 1 师 1943—1945　16. 党卫队全国领袖师 1943—1945　17. 古兹·冯·伯利辛根师 1943—1945　18. 霍斯特·威塞尔师 1944—1945　19. 拉脱维亚第 2 师 1944—1945　20. 爱沙尼亚第 1 师 1944—1945　21. 斯坎德培阿尔巴尼亚第 1 师 1944—1944

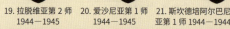

纳粹党卫队：国中之国

党卫队的缩写 SS，不仅象征着恐怖，也是可怕狂想的代名词。按照希姆莱的规划：纳粹党卫队逐渐壮大，势力渗透到各个领域，俨然一个国中之国。早在 1925 年 11 月 9 日希特勒就创建了党卫队，在最开始的设想中，这只是一个大概由 8 个人组成的私人保镖团队，成员从冲锋队中甄选。这些队员必须完全服从希特勒的命令，不能有任何个人感情。四年后，希姆莱开始掌管党卫队，将编制扩充为 280 人，但是人数上还是远不如 6 万人的冲锋队。希特勒将党卫队幻想成为"纳粹的精英部队"；可希姆莱想的却是将"国家的精英"聚到一起，成为"日耳曼民族重生的疫苗"。希姆莱不仅鼓吹纳粹主义，还进一步扩展深化其理论。他在党卫队中建立了准军事的架构，正如他的领袖斩钉截铁的断言——"该组织的目的就是在后方将所有成员改造成士兵"。随后，党卫队的行动渗透到各领域，成为一支"不断为德意志民族制造不可或缺的新鲜血液"的队伍。

在希姆莱的狂想中，党卫队应该是一个先锋军事组织：种族构成单一，具备全新的道德，接受过严格的体能训练。他使出浑身解数，一度期望建立一个能够取代基督教信仰的全新的精神世界，后来又力

11. 北欧志愿师 1943—1945

10. 弗伦斯堡师 1943—1945

9. 霍亨斯陶芬师 1943—1945

8. 弗隆里安·盖尔师 1942—1945

7. 欧根亲王师 1942—1945

6. 北方师 1941—1945

5. 维京师 1940—1945

4. 警察师 1939—1945

3. 骷髅师 1939—1945

2. 帝国师 1939—1945

1. 阿道夫·希特勒警卫旗队装甲师 1939—1945

64

1. 党卫队的权力网络

图例说明：

→ 指挥官

政治宣传：党卫队出版周刊，并利用党卫队的特邀荣誉精英进行政治宣传。

军事：SS-VT 党卫队特别机动部队，由政治部特遣队改编而来。

情报 / 警察：党卫队掌握所有负责维持秩序的行政单位。

神秘学：党卫队的中心组织位于中世纪的维沃尔思贝格城堡。

教育

立法 / 司法部门：起草并执行党卫队的法律。

集中营 / 灭绝营：骷髅总队管理监狱和集中营，负责占领区的治安工作。总部指挥位于苏联的灭绝部队执行种族灭绝任务。

经济：金融和经济管理部门负责所有商业行为，同时也管理奴役和劳工。

建立新世界：党卫队人种与移民部 (RuSHA) 和德意志民族性强化国家专员部 (RKF) 共同负责。后者还负责种族清洗。

意识形态 / 制造新人类：党卫队设立雅利安人分娩中心。同时，在欧洲占领区的德裔中筛选"血统纯正"的孤儿 (Lebensborn)。设立希特勒学校和高等教育机构 (Ordensschulen)。

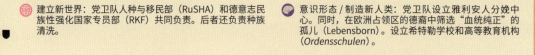

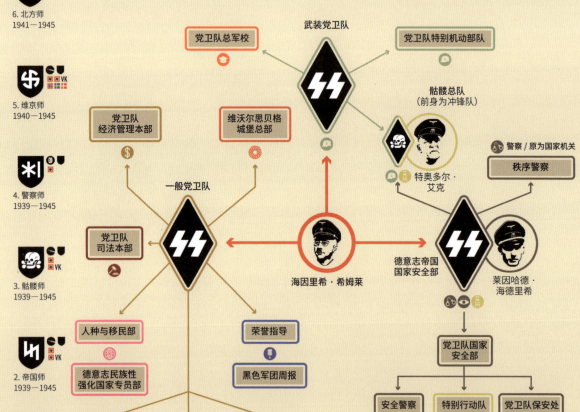

武装党卫队 · 党卫队总军校 · 党卫队特别机动部队 · 骷髅总队（前身为冲锋队）· 党卫队经济管理本部 · 维沃尔思贝格城堡总部 · 一般党卫队 · 特奥多尔·艾克 · 警察 / 原为国家机关 · 秩序警察 · 党卫队司法本部 · 海因里希·希姆莱 · 德意志帝国国家安全部 · 莱因哈德·海德里希 · 人种与移民部 · 荣誉指导 · 德意志民族性强化国家专员部 · 黑色军团周报 · 党卫队国家安全部 · 生命之泉 · 希特勒学校 · 骑士团学院 · 安全警察 · 特别行动队 · 党卫队保安处 · 盖世太保 · 由戈林创立 · 刑事警察 · 原为国家机关

2. 武装党卫队：军中之军

武装党卫队本身的魅力，使人们容易夸大其影响力。如果说它在组建之初确实表现不俗，其人数在德国装甲部队中也不到 10%，只占德军总兵力的 2%。直到 1944 年，武装党卫队的兵力才达到国防军的 10%。但扩充兵力的代价就是兵员素质的大幅度下降：党卫队本就缺少兵员，其臃肿的管理层又占用很多人员。因此，从 1940 年开始，原本严谨的征兵制度逐渐放宽。为使总兵力超过 10 万人，武装党卫队开始招募外国的德裔，之后又扩招至他们的"日耳曼"同宗

战斗人员 / 非战斗人员　参与战斗

	1940/07/01	1940/12/31	1941/06/30	1941/12/31
战斗人员	104 853 人	117 557 人	160 405 人	171 215 人
	±47 000 人	59 868 人	114 306 人	103 815 人
非战斗人员	57 853 人	57 689 人	46 099 人	67 400 人

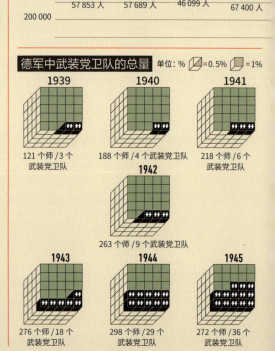

德军中武装党卫队的总量　单位：% = 0.5% = 1%

1939 121 个师 / 3 个武装党卫队

1940 188 个师 / 4 个武装党卫队

1941 218 个师 / 6 个武装党卫队

1942 263 个师 / 9 个武装党卫队

1943 276 个师 / 18 个武装党卫队

1944 298 个师 / 29 个武装党卫队

1945 272 个师 / 36 个武装党卫队

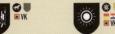

22. 玛利亚·特蕾莎志愿骑兵师 1944—1945　23. 卡玛罗地亚第2师 1944—1944　24. 尼德兰荷兰第1师 1944—1945　25. 喀尔特猎手师 1944—1945　26. 匈雅提匈牙利第1师 1944—1945　27. 兰格马克佛兰芒第1师 1944—1945　28. 瓦隆师 1944—1945　29. 罗纳俄罗斯第1师 1944—1944　29. 意大利第1师 1945

图追溯亚瑟王和条顿骑士的神话，但都未能奏效。所谓"追寻历史的荣光"，只是党卫队追求其身份认同的一个幌子——他们真正的目的是建立一种现代化的身份认同，进而缔造一个新的世界。党卫队声势浩大，平时那些坐而论道的投机野心家，纷纷受到鼓动加入其中。数名冲锋队头目被铲除之后，党卫队的实力更加快速膨胀。1939年，党卫队共有成员25万名，其中10万人为全职。希特勒又将内务安全（警察及情报工作）的重要任务交由党卫队全权负责。为了与纳粹党部竞争，希姆莱赋予党卫队培养"新人类"、创造"不朽帝国"的组织构架，以实现自己的梦想。他用艺术、文化的价值观来感染这些"国家精英"，希望将他的准军事武装打造成另一支效忠纳粹的军队。最初，为了不引起军方反弹，也为了节约经费开支，希特勒试图遏制党卫队的扩张，但武装党卫队仍在1939年11月正式成立了。德意志国防军只负责军务；党卫队却拥有自己的军事行政、财政预算、征兵部门（武装党卫队成员独立于纳粹德国党卫队）。1942年后，党卫队加速膨胀。1944年7月20日，刺杀希特勒的行动发生后，元首不再信任德意志国防军，这也进一步助长了党卫队的声势。此后，武装党卫队的规模猛增了三分之二，党卫队多名成员掌握了战略决策的重任。希姆莱夺取了征召和整训士兵的大权，甚至获得一个集团军群的指挥权。1944年时，如果将党卫队奴役的庞大劳工数量考虑在内，他们在经济领域的影响力同样不可忽视。毋庸置疑，希姆莱其实已经掌握了一个属于自己的帝国，它足以侵蚀国家机器和纳粹党部的权力，甚至与之分庭抗礼。

30. 俄罗斯第2师 1944—1945

31. 巴奇卡师 1944—1945

32. "1月30日"师 1945

3. 武装党卫队的士兵都是些什么人？

北欧人。1942年中期，党卫队只招募帝国内的"纯种日耳曼"人；但到了年末，党卫队的招募范围已经扩展到帝国内及占领区的各个种族。这些外族人经过审查后，被混编进武装党卫队中。最后，党卫队甚至开始招募斯拉夫人。但是，希姆莱还是将"德意志民族"部队、外国混编部队和补充预备役部队分开管理。随着这个庞大系统的崩溃，各种人员缺编、战力不足的部队应运而生，其中甚至还有挂名的"影子"部队。

警察（通过原有的行政关系加入）、手工业者和刚毕业的年轻人，构成了武装党卫队入伍新兵的主要来源。"二战"初期，大量低收入群体（农民和工人）加入党卫队，但职业技术人员与党卫队保持距离。1943年党卫队扩大招募范围后，这种情况一度有所改变。不过，大量东欧德裔的加入，又使农民比例大幅增长。他们被编入最初成立的党卫队番号下，破坏了这些部队原有的凝聚力。

相比之下，由于向全国普遍征兵，德意志国防军的统计数据更能真实反映当时的社会情况。

第三帝国中，基督徒比例高达96%。希姆莱本希望拥有一支用新的宗教信仰"净化"而成的党卫队（"神之信徒"），但最终大失所望，因为党卫队主体"一般党卫队"中，仍有80%的基督徒。按规定，加入党卫队后必须放弃基督教信仰。而在集中营的看守中，三分之一的人认为自己的行为符合基督教教义。

训练／休整／行政／营区管理／其他

1942/09/01	1942/12/31	1943/12/31	1944/06/30	1945/06
194 025人	246 717人	501 049人	594 443人	829 400人

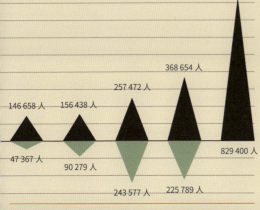

146 658人　156 438人　257 472人　368 654人　829 400人
47 367人　90 279人　243 577人　225 789人　829 400人

武装党卫队战斗力参差不齐（细节参照页面示意图）

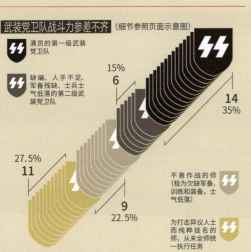

满员的第一级武装党卫队

缺编、人手不足、军备残破、士兵士气低落的第二级武装党卫队

15%　6
14　35%
27.5%　11
9　22.5%

不善作战的师（极为欠缺军备、训练和装备，士气低落）

为打击异议人士而纯粹挂名的师，从全师统一执行任务

33. 查理曼法兰西第1师 1944—1945

34. 尼德兰国土风暴荷兰第2师 1944—1945

65

入伍者的出身和社会职业特征随征召年份产生的变化

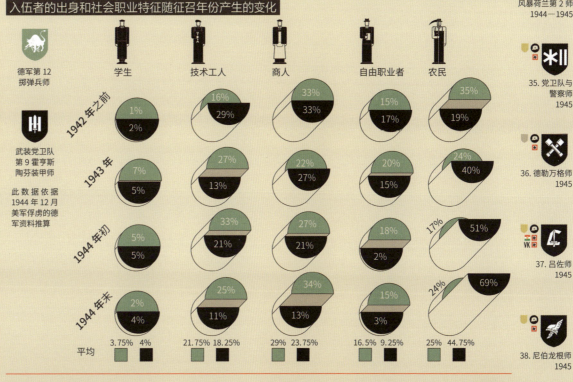

德军第12掷弹兵师　武装党卫队第9霍亨斯陶芬装甲师

此数据依据1944年12月美军俘虏的德军资料推算

	学生	技术工人	商人	自由职业者	农民
1942年之前	1% / 2%	16% / 29%	33% / 33%	15% / 17%	35% / 19%
1943年	7% / 5%	27% / 13%	27% / 27%	20% / 15%	24% / 40%
1944年初	5% / 5%	33% / 21%	27% / 21%	18% / 2%	17% / 51%
1944年末	2% / 4%	25% / 11%	34% / 13%	15% / 3%	24% / 69%
平均	3.75% / 4%	21.75% / 18.25%	29% / 23.75%	16.5% / 9.25%	25% / 44.75%

武装党卫队各师图示：

装甲师　装甲掷弹兵师　山地师　步兵师　骑兵师
一级师　二级师　无作战能力的师　虚报挂名部队

主体面向"日耳曼民族"征兵：本土德国人　德意志裔人　瑞典人　丹麦人　挪威人

主体面向"非日耳曼民族"征兵：爱沙尼亚人　拉脱维亚人　阿尔巴尼亚人　斯洛伐克人　匈牙利人　弗拉芒人　荷兰人　法国人　瓦隆人　罗马尼亚人　意大利人

主体面向"斯拉夫民族"征兵：乌克兰人　克罗地亚人　波斯尼亚人　俄罗斯人

不包括"波希米亚和摩拉维亚保护国"的军队以及一哥萨克师，理论上这些部队在1945年4月后才被编入武装党卫队。

400 000名德国人
300 000名德裔
300 000名外国人

35. 党卫队与警察师 1945

36. 德勒万格师 1945

37. 吕佐师 1945

38. 尼伯龙根师 1945

资料来源：1. Jean-Luc Leleu, *La Waffen SS, Soldats politiques en guerre*, Perrin, 2007 - 2. Heinz Höhne, *L'Ordre noir, Histoire de la SS*, Casterman, 1968 - 3. Robert L. Koehl, *The Black Corps. The Structure and Power Struggles of the Nazi SS*, University of Wisconsin Press, 1983 - 4. Hans Buchheim et al., *Anatomie des SS-Staates*, DTV, 1994 - 5. Valdis O. Lumans, *Himmler's Auxiliaries: The Volksdeutsche Mittelstelle and the German National Minorities of Europe, 1933-1945*, Chapel Hill, 1993.

第三部分　战斗与战役

中国，被忽视的盟国

中国的抗日战争是一段波澜壮阔的历史，其影响至今仍存。然而，在优先着眼于欧洲及太平洋战场的当代西方史学家的视野中，其重要性却往往被忽视。当时，中国庞大的国土面积和人口规模是各种国际势力政治角逐的重要赌注，而持续的混乱政局正不断削弱着这个国家。在日本军国主义者眼中，中国仍然扮演着重要的国际角色，但无力采用政治或军事的手段摆脱自己的困局，而蒋介石的政权最初表现得似乎不堪一击——1931年，它无力抵御日军对中国东北地区的进攻，并听任日方于1932年建立了伪满洲国的傀儡政权。

1937年7月卢沟桥事变之后，日本大举侵华。蒋介石的军队节节后退，但他本人的地位反而因抗日民族统一战线的形成得到巩固：蒋介石的嫡系和各路军阀之间暂时放下纷争，国共两党也结成了临时同盟。中国军队数量庞大，但现代化程度不高。1928—1938年，德国曾对中国提供军事援助；1938—1940年，中苏曾短暂结盟；美国从1941年开始与中国并肩作战，联合组建了前往缅甸的远征军。这些军事现代化的初步努力，对蒋介石抵抗日军的进攻，起到了一定作用。日军在国民政府所在地南京开展的大屠杀，暴露了他们的凶残面目。1941年12月，抗日战争的性质发生转变，与第二次世界大战的国际战场更为紧密地结合在一起。美国希望最大限度地牵制日军将兵力投入太平洋战场，并确保在中国建立自己的空军基地；此外，它也希望把蒋介石政府拉进西方"民主世界"的阵营，从而抵制日本有关"黄白之战"的意识形态宣传。蒋介石对有机会成为世界"第四巨头"的前景欣喜若狂。不过，即使有美国撑腰，他在军事方面的拙劣表现，也使他永远无法稳坐在这把交椅上。

飞虎队 P-40 战鹰式战斗机

资料来源：1. N. Bernard, *La Guerre du Pacifique*, Tallandier, 2016 - 2. B. Cai, *The Search for Allies : Chinese Alliance Behavior from 1930 to the End of WW2*, mémoire de Master of arts in diplomacy and military studies, Hawai Pacific University, 2009 - 3. P. Jowett, *The Chinese Army, 1937-1949*, Osprey 2005 - 4. D. Lary, *The Chinese People at War: Human Suffering and Social Transformation, 1937-1945*, Cambridge, 2010 - 5. J.-L. Margolin, *L'Armée de l'Empereur*, Armand Colin, 2007 - 6. R. Mitter, *Forgotten Ally, China's World War II, 1937-1945*, Mariner, 2014.

1. 1938 年中日军力对比

从记录上看，国民革命军陆军人数达170万，包括191个师又52个旅，还拥有数百架飞机和一支不够强大的海军。而事实上，除了几个德式装备的步兵师以外，各级作战单位都严重缺人，武器装备差，军官素质不高，不够可靠的地方杂牌军也占到了相当比例。由郑洞国将军率领，1943年底在缅甸北部发动反攻的代号"X 部队"的驻印军全部由美军负责训练和装备，将成为这支军队中的"异数"。而1938年，国民政府可以依靠的力量，只有40万中央军嫡系和50万中央军旁系。

相比之下，日军人数较少，但在装备与指挥方面更胜一筹。1944—1945年，他们还能组织大规模反攻。在魏德迈将军的协助指挥之下，中国军队获得来自印度和缅甸方向的物资补给，直到1945年6月，日军才被迫开始撤退。

中国　　　日本（及大日本帝国）

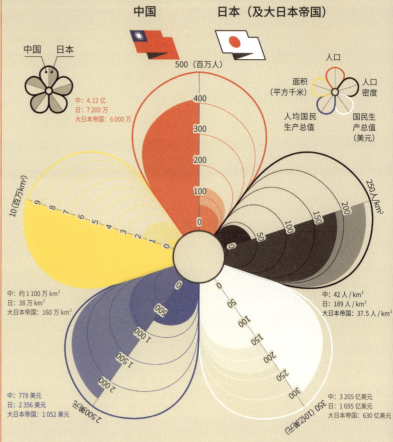

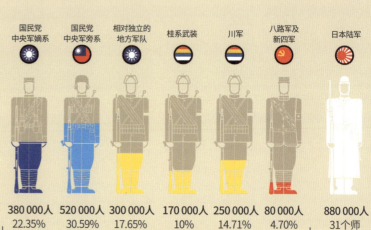

国民党中央军嫡系	国民党中央军旁系	相对独立的地方军队	桂系武装	川军	八路军及新四军	日本陆军
380 000人	520 000人	300 000人	170 000人	250 000人	80 000人	880 000人
22.35%	30.59%	17.65%	10%	14.71%	4.70%	31个师

1 700 000人/191个师

伪满洲国
皇帝溥仪
(1906—1967)

汪伪政权主席
汪精卫
(1883—1944)

中国共产党领袖
毛泽东
(1893—1976)

中华民国主席
蒋介石
(1887—1975)

陈纳德
将军
(1890—1958)

史迪威
将军
(1883—1946)

1938/1940
军事顾问
军队训练
装甲车

1927/1938
各种装备
军队训练

苏 联

吐鲁番

中 国

甘州
（今甘肃省
张掖市）

延安

长春

北平

朝鲜

日 本

青岛

相对独立的
地方军队

拉萨

重庆

南京

上海

英属印度

雷多

加尔各答

密支那

昆明

柳州

广州

香港

中国台湾
（日占）

缅甸
1942/1944

腾冲

仰光

1941/1945
租借法案
飞行员

泰国

印度支那
1940/1945

菲律宾

图例：

交战

日本傀儡政权
（伪满洲国／汪伪政权）

联合抗日的力量

军事援助和训练

盟军空军基地   喜马拉雅山

中国国民党实际控制的地区

日本侵略的地区

日本占领区   日本的盟国

日军侵略的路线

① 1942 年被切断的滇缅公路

② 雷多公路（史迪威公路）

高空   低空空运线
"空运线"

*本书地图系原书插附地图

2. "驼峰航线"：中国补给的生命线

从印度和缅甸向中国军队提供物资补给，本来就困难重重。而蒋介石与远征军司令（1944 年以前）史迪威将军的关系公开恶化使问题更为棘手。最初，中国 90% 的补给来自滇缅公路；1942 年，日军占领缅甸切断了这一路线。艰辛开辟的中印雷多公路只能弥补部分损失。

1942 年 4 月—1945 年 11 月，中国通过跨越喜马拉雅山的"驼峰航线"得到持续输血。这条运量庞大的空运线异常危险。航线上发生的 700 起事故和战损夺去了 1 200 名优秀飞行员的生命，代价惨重。然而，直至 1945 年 1 月重开滇缅公路之日，65 万吨物资和 33 000 名战斗人员通过"驼峰航线"抵达中国。1944 年，美国曾试图在广西一带部署空军力量轰炸日本本土，但遭到日本"一号作战计划"的干扰，补给不足，只得作罢。

波兰战役

1939 年 9 月 1 日，在斯洛伐克军队的协助下，纳粹德国国防军不宣而战，从长达 1 000 千米的战线同时出击，扑向波兰。开火之前，德国已经具备两大优势：首先，德军的军事部署已经到位，而波军还只处于军事动员阶段；其次，波兰军队已被德国、东普鲁士、摩拉维亚（捷克东部）和斯洛伐克从南部、北部和西部三面合围。德军的计划一目了然：自北部与西南部两翼齐攻，形成钳形攻势，逼近华沙。波兰试图保住其完整领土，然而，波军摩托化水平极低，防空力量薄弱，军事指挥系统又过于僵化，雷兹－希米格维元帅的军队很快处于劣势。

德军 6 个装甲师和 9 个摩托化步兵师，在空军的支援下，向纵深穿插，分割包围波军，随后在拉多姆和布楚拉河等地给予了波军毁灭性打击。9 月 10 日，华沙陷入包围。

9 月 3 日，英法已经向德国宣战。在波兰东部，军队仍以游击战的形式继续抗争。如果英法及时采取积极行动，波兰的困局或许还有一线生机。然而，它们表现得极为怠惰。9 月 17 日，苏联根据苏德两国在 1939 年 8 月 23 日签订的秘密条约，向波兰发起进攻。可谓雪上加霜，波兰崩溃。

1. 1939 年 9 月 1 日军事实力对比

主要由步兵和骑兵构成的波军，各个领域中的实力对比均处于下风。德军用装甲部队保证了它在地面的绝对优势，而且具备一支现代化的空军。

随着战争的推进，德军装甲师的战斗力也不断增强。

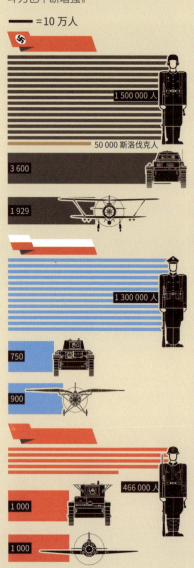

2. 1939 年 9 月：波兰战役

➜ 德军攻势　　➜ 苏军攻势　　➜ 斯洛伐克攻势　　— 波兰防线

*本书地图系原书插附地图

主要将领

雷兹–希米格维
元帅
(1886—1941)

铁木辛哥
总司令
(1895—1970)

冯·伦德施泰特
将军
(1875—1953)

冯·博克
将军
(1880—1945)

五天之内，苏军与德军在西布格河一线会师，占领了波兰所有战略要地。9月28日，拥有12万守军的华沙沦陷。最后一支波兰军队于10月6日放弃抵抗。通过这场战役，苏军的弱点也在并肩作战的德军面前暴露无遗：纪律性差、指挥混乱、缺乏机械化装备和通信设施。

波兰战役从军事角度来看，与法国战役有相似之处；从政治层面来看，它对国家精英阶层的毁灭性影响，更近似于苏德战争。

维尔纽斯

明斯克

苏

联

沼泽地

日托米尔

罗马尼亚

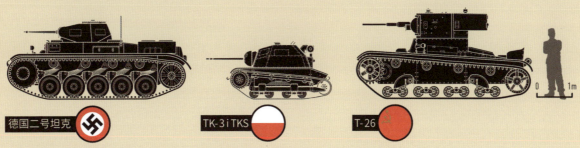

德国二号坦克

TK-3 i TKS

T-26

0   1m

3. 战争人员伤亡

波兰虽然战败，但也给德国带来了一些麻烦，德军阵亡近18 000人，损失了300辆坦克、5 000部军车和560架飞机。相对而言，他们的战绩比八个月之后英、法、比、荷等国的表现要更为出色。波兰平民伤亡人数多，首先应归咎于德军对城市及逃难人群的大规模轰炸；其次是德军和占领区的警察悍然违背人权保护条例，在战争期间或战后大批杀害战俘和平民造成。

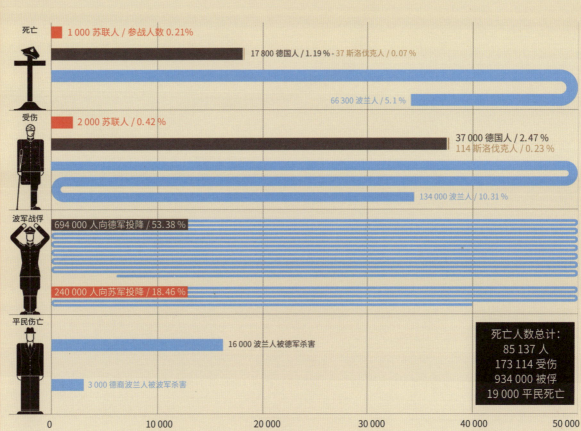

死亡

1 000 苏联人 / 参战人数 0.21 %

17 800 德国人 / 1.19 % - 37 斯洛伐克人 / 0.07 %

66 300 波兰人 / 5.1 %

受伤

2 000 苏联人 / 0.42 %

37 000 德国人 / 2.47 %
114 斯洛伐克人 / 0.23 %

134 000 波兰人 / 10.31 %

波军战俘

694 000 人向德军投降 / 53.38 %

240 000 人向苏军投降 / 18.46 %

平民伤亡

16 000 波兰人被德军杀害

3 000 德裔波兰人被波军杀害

死亡人数总计：
85 137 人
173 114 受伤
934 000 被俘
19 000 平民死亡

0   10 000   20 000   30 000   40 000   50 000

4. 继续作战！

1939 年 10 月，共计 85 000 名波兰战士撤离祖国，前往罗马尼亚、匈牙利和立陶宛。他们中一部分人将在未来的抗德战场上继续作战。波兰政府并未解散，转而寻求波兰的盟友法国与英国的庇护。流亡政府号召所有波兰公民及波兰后裔组成义勇军，不惜一切代价，战斗到底。他们甚至还征召了一些被盟军俘虏的波兰裔德国军官。直至 1945 年，波兰军人在东线的顽强战斗令德军如芒在背。"二战"初期，斯大林对波兰并不友善。1940 年 4 月，苏联制造了"卡廷森

林惨案"，枪杀了 22 000 名被苏军俘虏的波兰军官、干部和知识分子。1941 年 6 月 22 日，苏德战争爆发之后，斯大林被迫与波兰合作，释放了一批波兰战俘，如安德斯将军。随后，安德斯的部队谱写了"二战"最为惊心动魄的传奇之一。1943 年，德国在卡廷森林一带发现大量波兰人尸骨。随后，安德斯与苏联彻底决裂。

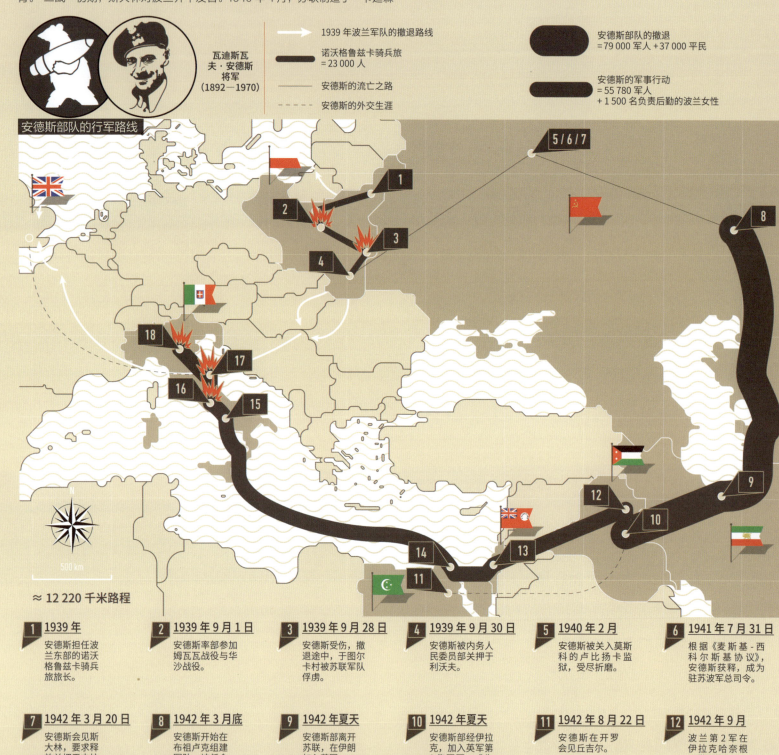

瓦迪斯瓦夫·安德斯将军 (1892—1970)

安德斯部队的行军路线

→ 1939 年波兰军队的撤退路线
━━ 诺沃格鲁兹卡骑兵旅 = 23 000 人
── 安德斯的流亡之路
---- 安德斯的外交生涯

⬛ 安德斯部队的撤退 = 79 000 军人 + 37 000 平民

⬛ 安德斯的军事行动 = 55 780 军人 + 1 500 名负责后勤的波兰女性

5/6/7

500 km

≈ 12 220 千米路程

1 **1939 年**
安德斯担任波兰东部的诺沃格鲁兹卡骑兵旅旅长。

2 **1939 年 9 月 1 日**
安德斯率部参加姆瓦瓦战役与华沙战役。

3 **1939 年 9 月 28 日**
安德斯受伤，撤退途中，于图尔卡村被苏联军队俘虏。

4 **1939 年 9 月 30 日**
安德斯被内务人民委员部关押于利沃夫。

5 **1940 年 2 月**
安德斯被关入莫斯科的卢比扬卡监狱，受尽折磨。

6 **1941 年 7 月 31 日**
根据《麦斯基 - 西科尔斯基协议》，安德斯获释，成为驻苏波军总司令。

7 **1942 年 3 月 20 日**
安德斯会见斯大林，要求释放关押于古拉格劳改营的波军战俘。

8 **1942 年 3 月底**
安德斯开始在布祖卢克组建军队，被任命为少将。

9 **1942 年夏天**
安德斯部离开苏联，在伊朗加入英军。

10 **1942 年夏天**
安德斯部经伊拉克，加入英军第 8 集团军，成为波兰第 2 军。

11 **1942 年 8 月 22 日**
安德斯在开罗会见丘吉尔。

12 **1942 年 9 月**
波兰第 2 军在伊拉克哈奈根一带训练。

13 **1943 年**
波兰第 2 军在巴勒斯坦加沙一带整编。

14 **1944 年 1 月**
从埃及登船，参加意大利战役。

15 **1944 年 1 月**
在那不勒斯登陆，正式加入利斯将军的英国第 8 集团军作战序列。

16 **1944 年 5 月**
参加卡西诺战役，926 人阵亡或失踪，2822 人受伤。

17 **1944 年 6 月至 7 月**
安科纳战役，608 人阵亡或失踪，1789 人受伤。

18 **1945 年 4 月**
博洛尼亚战役。234 人阵亡或失踪，1228 人受伤。波兰第 2 军于 1946 年年初在意大利解散。

在欧洲继续战斗的波兰义勇军人员构成

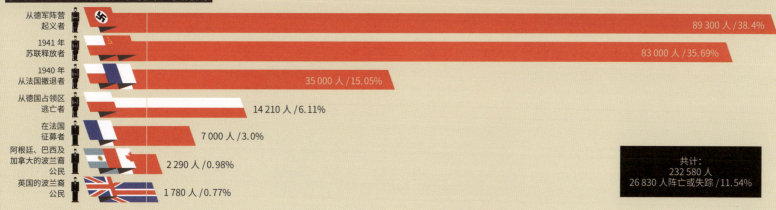

从德军阵营起义者	89 300 人 / 38.4%
1941 年苏联释放者	83 000 人 / 35.69%
1940 年从法国撤退者	35 000 人 / 15.05%
从德国占领区逃亡者	14 210 人 / 6.11%
在法国征募者	7 000 人 / 3.0%
阿根廷、巴西及加拿大的波兰裔公民	2 290 人 / 0.98%
英国的波兰裔公民	1 780 人 / 0.77%

共计：
232 580 人
26 830 人阵亡或失踪 / 11.54%

5. 瓜分波兰 （1939 年 9 月－1941 年 6 月）

苏联和纳粹德国将波兰一分为二，将其国土以各种不同的形式纳入自己的统辖范围，并迫害和屠杀当地的政治家、知识分子和神职人员等传统社会精英群体。德国致力于在并吞的领土上实施"日耳曼化"，驱逐了 40 万当地居民。1941 年 6 月之后，纳粹德国又大举屠杀聚居于波兰傀儡政府辖区及 1939 年苏占区的犹太人。

苏联以斯大林式的政治经济模式，重建了划归立陶宛、白俄罗斯和乌克兰的波兰领土，驱逐当地居民，尽可能抹去这一地区历史上的"波兰痕迹"。此外，1941 年 6 月以前，已有 5 万名波兰犹太人饿死，或死于传染病。

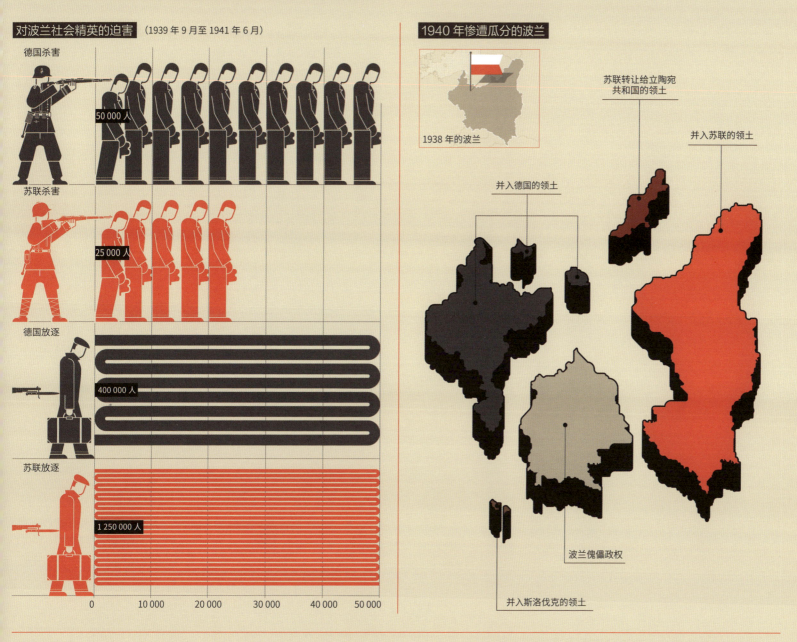

对波兰社会精英的迫害 （1939 年 9 月至 1941 年 6 月）

德国杀害 — 50 000 人
苏联杀害 — 25 000 人
德国放逐 — 400 000 人
苏联放逐 — 1 250 000 人

1940 年惨遭瓜分的波兰

1938 年的波兰

苏联转让给立陶宛共和国的领土
并入苏联的领土
并入德国的领土
波兰傀儡政权
并入斯洛伐克的领土

73

资料来源：1. Bernd Wegner, *Das deutsche Reich und der Zweite Weltkrieg,* vol. 2- 2. *Grief sekretnosti sniat,* Mosou, 1993 - 3. H. Kochanski, *The Eagle Unbowed,* Harvard University Press, 2014 - 4. A. B. Rossi-no, *Hitler Strikes Poland,* University Press of Kansas, 2003 - 5. H. Kochanski, *The Eagle Unbowed,* Harvard University Press, 1994 - 6. Tomasz Szarota, *in Zwei Wege nach Moskau,* Piper, 2000.

法国战役

1940 年 5 月 10 日，法军统帅甘末林决定启动"代勒河－布雷达计划"，对德国入侵荷比卢地区做出回应。法军精锐部队迅速驰援这几个中立国，战争正式打响。德国 7 个装甲师突破虚弱的默兹河防线，在一周之内抵达英吉利海峡，包围了 150 万联军。魏刚将军取代了无所作为的甘末林之后哀叹道："我军最现代化的装备恐怕已经损失了四分之三，甚至五分之四了。"两周之内，法国的家底就被掏空了。敦刻尔克陷落后，德国旋即发动"红色计划"，直接攻击法国纵深。虽然有几场战斗比较胶着，法军也曾于 6 月 10 日击败了试图浑水摸鱼的意大利军队，但大势已去。在短短六周之内，法国遭遇史上最为惨痛的军事失败，法兰西的政治航船也触礁了。6 月 17 日，勒布伦总统委托贝当元帅出面求和。7 月 10 日，议会批准贝当全权处理国家事务。法兰西第三共和国结束。

双方的排兵布阵几乎没有悬念可言。德军为追求速胜冒了巨大的风险。在马其诺防线和法军预备队之间难以通行的阿登高原，德军集结大量现代化军事装备，打造了一支机械化的尖刀部队，同时，他们以损失 200 架飞机的代价，把仅有的两个空降师投放到战场。这一赌注获得了成功：对方的统帅甘末林，选择了在部队没准备好的情况下贸然出击。当时，法国主流的军事思想仍热衷于阵地战，理论家看来，对阵双方应该堑壕分明，运用火力压制敌军的调动。这套衍生自第一次世界大战的理论，并非全然荒诞不经。事实上，美军 1944 年在诺曼底登陆时就采用了类似的战法。只不过当时的法国没能根据军事技术的实际状况及时更新理论。由于一味臆想坦克的防御功能，忽视空军因素，法军既没有配备足够的反坦克装备，又缺乏有效的防空力量和通信手段，面对敌军一筹莫展。换句话说，在甘末林下令驰援比利时的时候，法军就已经如同羊入虎口了。德军在法国战场获得了空前胜利。包抄法军的计划，是从战略角度，而非从战术层面制定的，摧毁了法军指挥中枢的信心。随后，加上德军执行命令果断，战场没有太大纵深的发展，法军回天无力。

1. 1940 年 5 月 10 日双方实力对比

法国的惨败不应从军队数量、工业化程度和技术水准等角度来解释。在这几个方面，双方实力相当，甚至联军还占有一定优势。法国沦陷的主因还是战略失误，而且在装备方面，虽然法军的 Br-693 战斗机和 B1 重型坦克都实力不俗，但前者在攻击时必须掠地飞行，可能被高射炮击落；后者则是为了防堵战线缺口或攻击固定防线而设计的，行动迟缓，燃料消耗大，常被遗弃于"二战"战场之上。相反，德军的斯图卡俯冲轰炸机虽技术指标平平，但足以给联军留下心灵的阴影；捷克制造的 Pz 38（t）中型坦克，均衡了武器、装甲和机动性三方的指标，可以满足军队快速推进的需要，与战斗机完美配合。

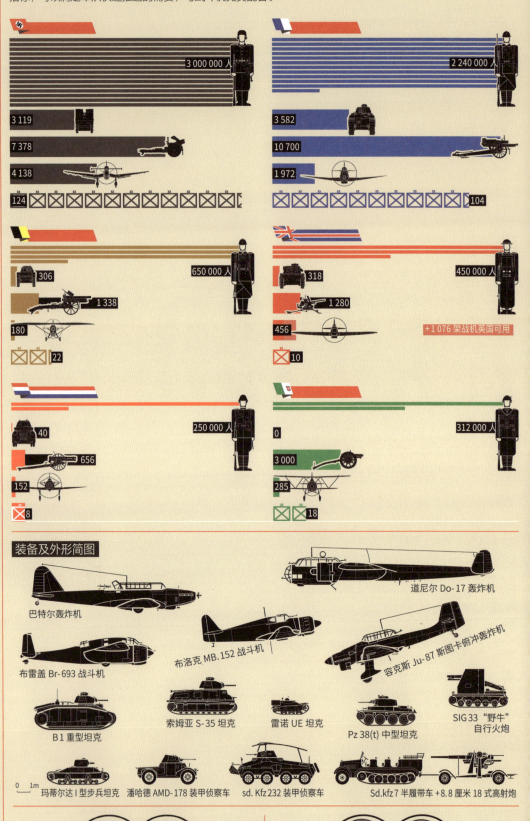

3 000 000 人 | 2 240 000 人
3 119 | 3 582
7 378 | 10 700
4 138 | 1 972
124 | 104

650 000 人 | 450 000 人
306 | 318
1 338 | 1 280
180 | 456
22 | 10
+1 076 架战机英国可用

250 000 人 | 312 000 人
40 | 0
656 | 3 000
152 | 285
8 | 18

装备及外形简图

道尼尔 Do-17 轰炸机

巴特尔轰炸机

布洛克 MB.152 战斗机

容克斯 Ju-87 斯图卡俯冲轰炸机

布雷盖 Br-693 战斗机

B1 重型坦克

索姆亚 S-35 坦克

雷诺 UE 坦克

Pz 38(t) 中型坦克

SIG33 "野牛" 自行火炮

0 ___ 1m

玛蒂尔达 I 型步兵坦克

潘哈德 AMD-178 装甲侦察车

sd. Kfz232 装甲侦察车

Sd.kfz7 半履带车 +8.8 厘米 18 式高射炮

莫里斯·甘末林上将（1872—1958）

马克西姆·魏刚上将（1867—1965）

海因茨·古德里安上将（1888—1954）

埃里希·冯·曼施泰因参谋长（1887—1973）

2. "镰刀攻势"

1. 5月10日。"奇袭"。德国空降兵迅速瓦解荷兰军队，另一支突击队摧毁了比利时的埃本－埃马尔要塞，为装甲师挺进平原打开缺口。

2. 5月10日。"诱饵"。德国B集团军开入荷兰和比利时。

3/**3**. 5月10日。"代勒河－布雷达计划"。为了缩短战线，与中立国军队会合，并保卫法国国土，甘末林制定计划，派遣主力出击。

4. 5月13日至21日。甘末林不希望看到的事情发生了：法国出兵之后，根据曼施泰因将军动议成立的德国A集团军群加快了"镰刀攻势"。虽然德军频频出错（翻越阿登高原时行军路线严重阻塞；在敦刻尔克下令暂停进攻），但法军的指挥系统失灵，甘末林没有后备队，集中在侧翼的大量部队无法及时调遣到位。

5/**5**/5. 荷兰5月15日投降，近150万大军陷入重围。混乱的联军无法发动反击。英国启动"发电机行动"，从敦刻尔克撤回大量部队。比利时于28日投降。

6/**6**. 6月4日。北部战场战斗结束，超过30万士兵丢盔弃甲，登陆英国。"发电机行动"结束之后，留在敦刻尔克负责掩护的4万法军被迫缴械投降。联军惨遭空前的损失。

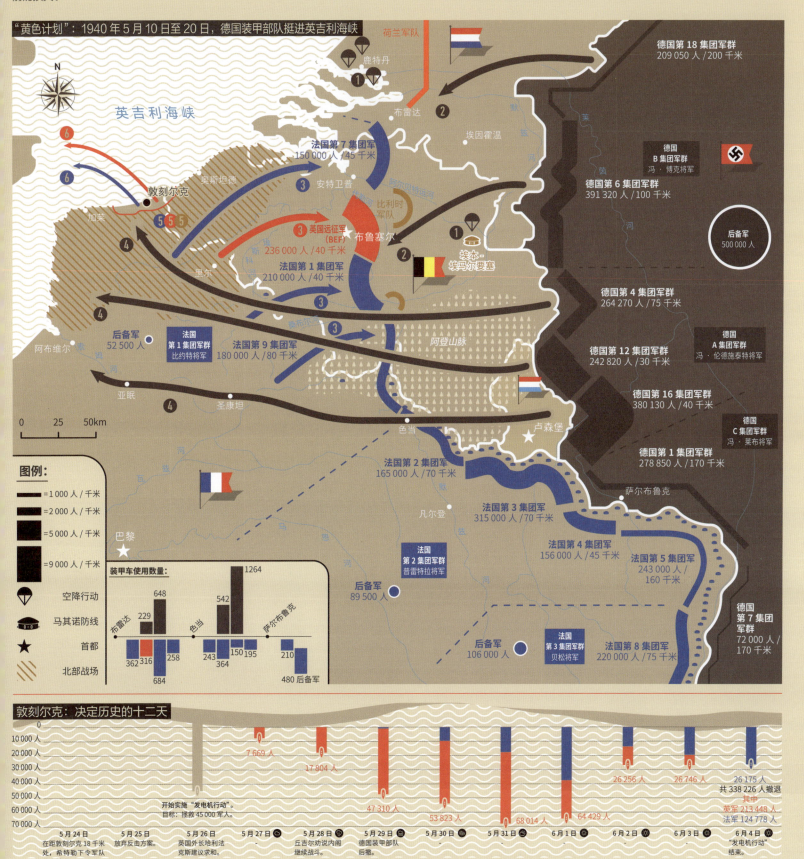

"黄色计划"：1940年5月10日至20日，德国装甲部队挺进英吉利海峡

75

3. 战役中的空军和装甲部队

地面战场上，甘末林同时应用和听任的兵种配置有两个原则：其一，坦克分散于各作战单位，协助步兵；其二，由坦克代替过去骑兵的功能，在步兵队伍前方侦察。因此，装甲部队资源分散，型号混杂，弱点也非常明显——坦克虽然掩护性能强，但速度缓慢，行驶距离较短。反观德军，坦克集中于 10 个装甲师；其他武器配合坦克，充分展现装甲力量在冲击力、速度及心理威慑方面的优势。因此，德军大量使用的一号或二号坦克，虽然性能一般，但在其他中型坦克的配合下，仍然可以在战场上呼风唤雨。而且，法国的坦克很少配备无线电设备，又只有单人座的

炮塔，炮手必须同时身兼装填手和射击手，不堪重负。总之，法国装甲部队相对笨拙，协调性差，火炮射速低，根本不适应 20 世纪 40 年代的战争，即便坦克的铁甲和武器装备一流也无济于事。空军方面的情况更糟。无论是数量、质量，还是装备的统一性，德国空军都遥遥领先。此外，它的通信网络也卓有成效，战斗机每天能执行多达 4 次任务，及时出现在关键战场，法军每天却只能安排不到 1 次的飞行任务。更致命的是，由于法军预期长期作战，决定保存一定数量的空军后备队，使空军的作战力量进一步减弱。

战役中的空军力量 （架）

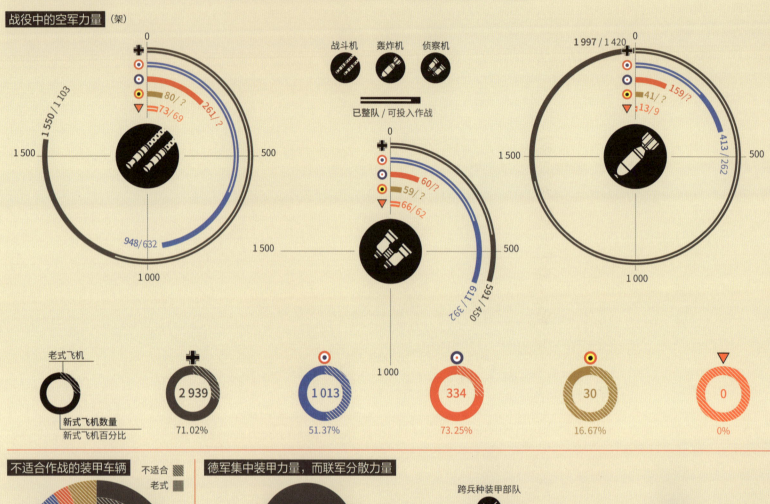

不适合作战的装甲车辆

德军集中装甲力量，而联军分散力量

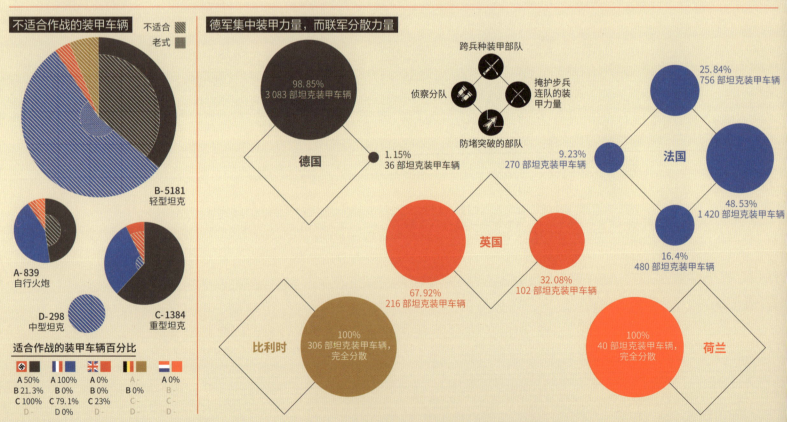

4. 闪电战的战例：渡过默兹河的色当战役，为期一周

　　"闪电战"声名显赫，但它的定义仍存在争议。一般来说，"闪电战"被定义为"一种具有革命性的军事理论，旨在结合装甲队与空军，集中兵力，突袭敌军，迅速包围敌人，并快速歼灭"。不过，学者盖耶和纳韦对此表示质疑。

　　他们认为："闪电战"本是德国传统文化中的一个名词，却被古德里安和隆美尔等注重实效的军事家通过现代技术在战场上实现了。的确，自腓特烈二世以来，德国一直艰辛探索，寻求迅速取得决定性胜利的方法。纳粹德军继承了这种偏好奇袭、集中火力、灵活机动的军事传统。1918 年，德国已经尝到了前线指挥和训令战术（授权战场上的下属按实际情况做出战斗指令的指挥方式）带来的甜头，并设立了潜入敌方的小分队（暴风突击队）。为了震慑敌军，德国还发明了用大型炮兵部队组成炮火屏障的战术（所谓"炮兵华尔兹"），无一不加速了战争进程。闪电战也加入了一些新的战术，更令效率倍增。色当突破战就是一个完美的范例。

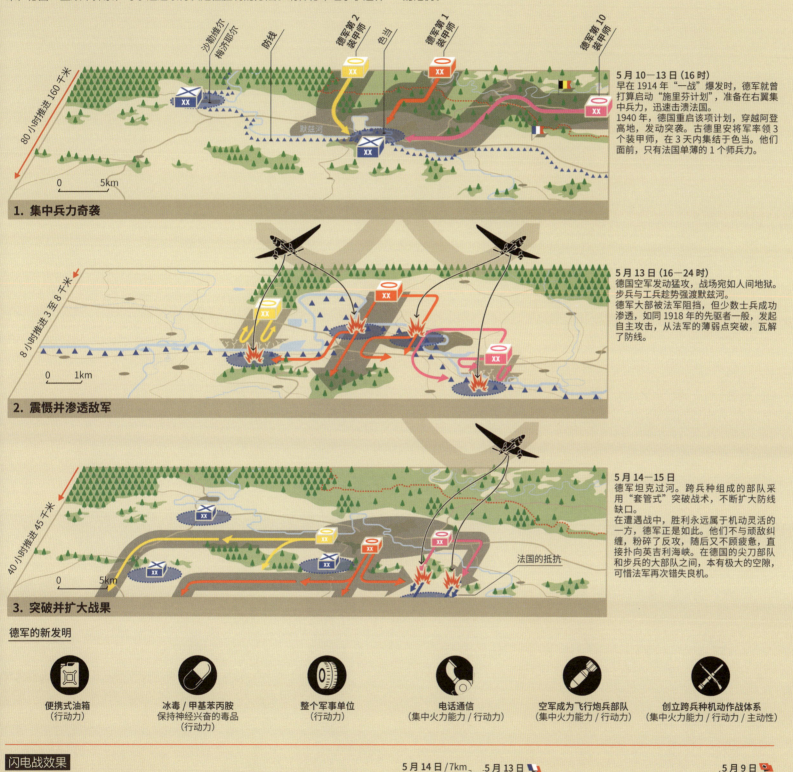

1. 集中兵力奇袭

5 月 10－13 日（16 时）
早在 1914 年"一战"爆发时，德军就曾打算启动"施里芬计划"，准备在右翼集中兵力，迅速击溃法国。
1940 年，德国重启该项计划，穿越阿登高地，发动突袭。古德里安将军率领 3 个装甲师，在 3 天内集结于色当。他们面前，只有法国单薄的 1 个师兵力。

2. 震慑并渗透敌军

5 月 13 日（16－24 时）
德国空军发动猛攻，战场宛如人间地狱。步兵与工兵趁势强渡默兹河。
德军大部被法军阻挡，但少数士兵成功渗透，如同 1918 年的先驱者一般，发起自主攻击，从法军的薄弱点突破，瓦解了防线。

3. 突破并扩大战果

5 月 14－15 日
德军坦克过河。跨兵种组成的部队采用"套管式"突破战术，不断扩大防线缺口。
在遭遇战中，胜利永远属于机动灵活的一方，德军正是如此。他们不与顽敌纠缠，粉碎了反攻，随后又不顾疲惫，直接扑向英吉利海峡。在德国的尖刀部队和步兵的大部队之间，本有极大的空隙，可惜法军再次错失良机。

德军的新发明

便携式油箱 （行动力）	冰毒／甲基苯丙胺 保持神经兴奋的毒品 （行动力）	整个军事单位 （行动力）	电话通信 （集中火力能力／行动力）	空军成为飞行炮兵部队 （集中火力能力／行动力）	创立跨兵种机动作战体系 （集中火力能力／行动力／主动性）

闪电战效果

5 月 20 日 120km ・ 5 月 19 日 23km ・ 5 月 18 日 35km ・ 5 月 17 日 23km ・ 5 月 16 日 75km ・ 5 月 15 日 37km ・ 5 月 14 日／7km ・ 5 月 13 日 4km／法国 ・ 5 月 12 日 37km ・ 5 月 11 日 60km／比利时 ・ 5 月 10 日 60km／卢森堡 ・ 5 月 9 日 0km／道恩

阿布维尔　阿尔贝　圣康坦　蒙科尔内反击战　默兹河　阿登高原

总计：11 天挺进 481 千米

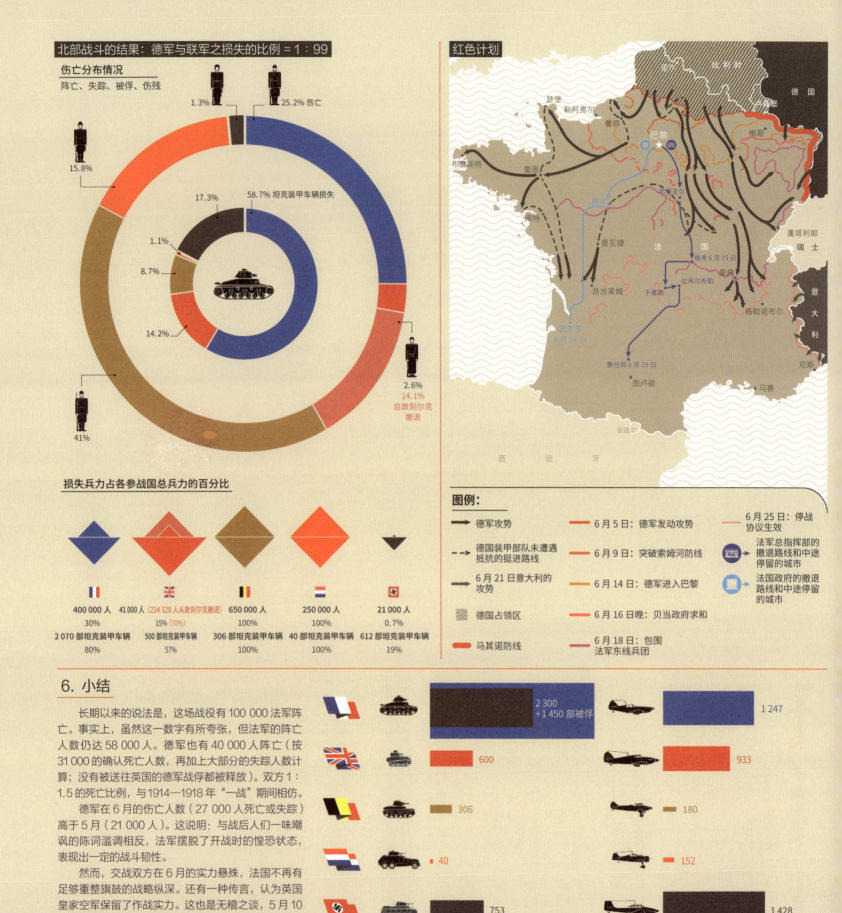

北部战斗的结果：德军与联军之损失的比例＝1：99

伤亡分布情况
阵亡、失踪、被俘、伤残

- 1.3%
- 25.2% 伤亡
- 15.8%
- 17.3%
- 58.7% 坦克装甲车辆损失
- 1.1%
- 8.7%
- 14.2%
- 41%
- 2.6%
- 14.1% 自敦刻尔克撤退

损失兵力占各参战国总兵力的百分比

🇫🇷	🇬🇧	🇧🇪	🇳🇱	卐
400 000人	41 000人（224 320人从敦刻尔克撤退）	650 000人	250 000人	21 000人
30%	15%（70%）	100%	100%	0.7%
2 070 坦克装甲车辆	500 部坦克装甲车辆	306 部坦克装甲车辆	40 部坦克装甲车辆	612 部坦克装甲车辆
80%	57%	100%	100%	19%

红色计划

图例：

- ➡ 德军攻势
- ⇢ 德国装甲部队未遭遇抵抗的挺进路线
- ➡ 6 月 21 日意大利的攻势
- ▨ 德国占领区
- ▬ 马其诺防线
- ▬ 6 月 5 日：德军发动攻势
- ▬ 6 月 9 日：突破索姆河防线
- ▬ 6 月 14 日：德军进入巴黎
- ▬ 6 月 16 日晚：贝当政府求和
- ▬ 6 月 18 日：包围法军东线兵团
- ▬ 6 月 25 日：停战协议生效
- 法军总指挥部的撤退路线和中途停留的城市
- 法国政府的撤退路线和中途停留的城市

6. 小结

　　长期以来的说法是，这场战役没有 100 000 法军阵亡。事实上，虽然这一数字有所夸张，但法军的阵亡人数仍高达 58 000 人。德军也有 40 000 人阵亡（按 31 000 的确认死亡人数，再加上大部分的失踪人数计算；没有被送往英国的德军战俘都被释放）。双方 1：1.5 的死亡比例，与 1914—1918 年"一战"期间相仿。

　　德军在 6 月的伤亡人数（27 000 人死亡或失踪）高于 5 月（21 000 人）。这说明：与战后人们一味嘲讽的陈词滥调相反，法军摆脱了开战时的惶恐状态，表现出一定的战斗韧性。

　　然而，交战双方在 6 月的实力悬殊，法国不再有足够重整旗鼓的战略纵深。还有一种传言，认为英国皇家空军保留了作战实力。这也是无稽之谈，5 月 10 日，英军有 1 300 架飞机；在此役中，它损失了 900 架，但成功削弱了德国空军的实力——后者损失了 35% 的飞机。这一牺牲并非毫无意义：英国后来又制造了 1 600 架军用飞机，而德国空军的修复能力，始终没有达到这一水平。

- 🇫🇷 2 300 ＋1 450 部被俘 ✈ 1 247
- 🇬🇧 600 ✈ 933
- 🇧🇪 306 ✈ 180
- 🇳🇱 40 ✈ 152
- 卐 753 ✈ 1 428
- 🇮🇹 0 ✈ 20

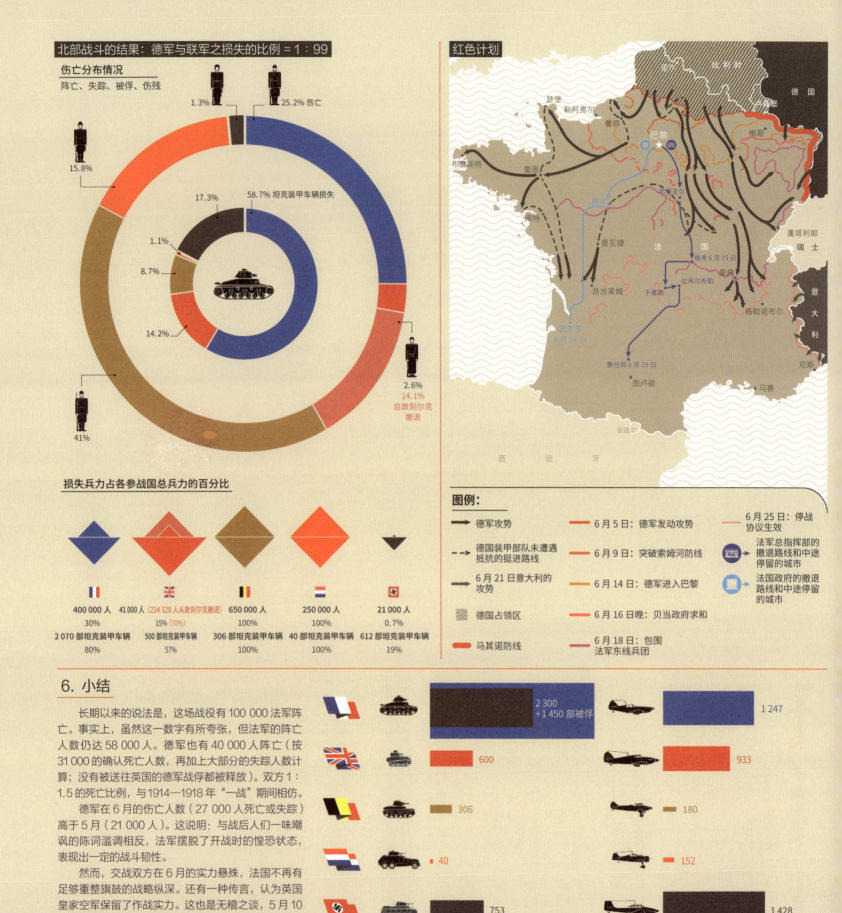

资料来源：*1.* Patrick Facon, *L'Armée de l'air dans la tourmente,* Economica, 2005 - *2.* Gérard Saint-Martin, *L'Arme blindée française,* tome 1, Economica, 2011 - *3.* Karl-Heinz Frieser, *Le Mythe de la guerre-éclair,* Belin, 2003 - *4. Germany and the Second World War,* tome 2 ; *Germany's Initial Conquests in Europe,* Oxford University Press, 2015 - *5.* Revue *GBM ,* nos 74 et 75, *Mai-Juin 1940 ! Les blindés français dans la tourmente* - *6.* J.-L. Leleu, F. Passera, J. Quellien, M. Daeffler, *La France pendant la Seconde Guerre mondiale, Atlas historique,* Fayard, ministère de la Défense, 2010.

5. 大溃败

"镰刀攻势"带来史无前例的灾难。法军被德军各个击破，失去了三分之一的精锐军队、80% 的现代装备、800 架飞机。德国方面的损失可谓微不足道——毕竟，德军的速度减少了己方的人员伤亡。此外，由于控制了战场，德国得以回收受损的装甲车辆。6 月初，德军 104 个师突破索姆河战线。法军 66 个师虽然英勇奋战，但装备低劣，无力回天。至此，整个法国社会陷入崩溃状态。1939 年秋天，"一战"时被德国占领期间的心理创伤，加上政府疏散居民的政策和对城市遭受空袭的担忧，引发了战前第一波的逃难热潮。第二波逃难的规模在西欧的历史上是空前的：1 000 万人逃亡，90% 的里尔居民和 60% 的巴黎居民悲惨地背井离乡，法国政府和法军总指挥部也不例外。一片混乱之中，法国的国家政权土崩瓦解，法国全面战败。当时的总理保罗·雷诺主张在海外继续作战，但认为无人会响应，只得主动辞职。共和体制的反对派趁机鼓吹：求和之外，别无他路。最终，停战协议使法国失去了军队及三分之二的领土，任由入侵者摆布。

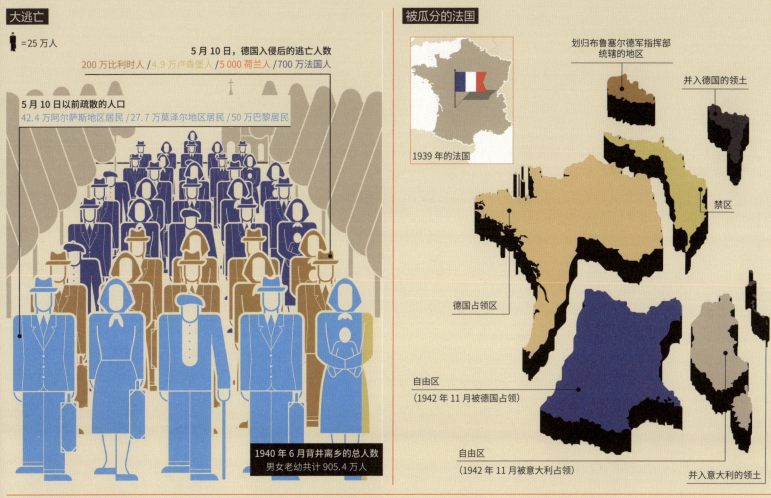

大逃亡

■ = 25 万人

5 月 10 日，德国入侵后的逃亡人数
200 万比利时人 / 4.9 万卢森堡人 / 5 000 荷兰人 / 700 万法国人

5 月 10 日以前疏散的人口
42.4 万阿尔萨斯地区居民 / 27.7 万莫泽尔地区居民 / 50 万巴黎居民

1940 年 6 月背井离乡的总人数
男女老幼共计 905.4 万人

被瓜分的法国

1939 年的法国

划归布鲁塞尔德军指挥部统辖的地区

并入德国的领土

禁区

德国占领区

自由区
（1942 年 11 月被德国占领）

自由区
（1942 年 11 月被意大利占领）

并入意大利的领土

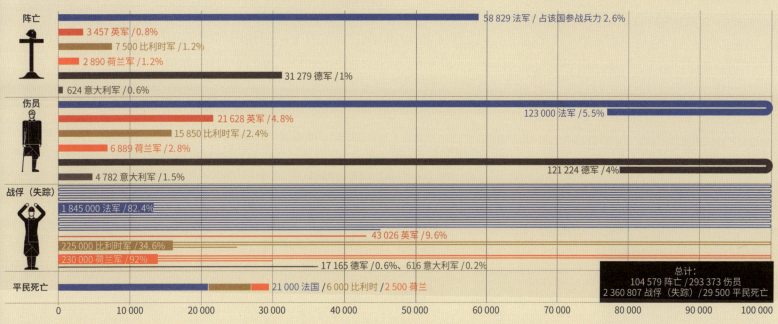

阵亡
58 829 法军 / 占该国参战兵力 2.6%
3 457 英军 / 0.8%
7 500 比利时军 / 1.2%
2 890 荷兰军 / 1.2%
31 279 德军 / 1%
624 意大利军 / 0.6%

伤员
21 628 英军 / 4.8%
123 000 法军 / 5.5%
15 850 比利时军 / 2.4%
6 889 荷兰军 / 2.8%
121 224 德军 / 4%
4 782 意大利军 / 1.5%

战俘（失踪）
1 845 000 法军 / 82.4%
43 026 英军 / 9.6%
225 000 比利时军 / 34.6%
230 000 荷兰军 / 92%
17 165 德军 / 0.6%、616 意大利军 / 0.2%

平民死亡
21 000 法国 / 6 000 比利时 / 2 500 荷兰

总计：
104 579 阵亡 / 293 373 伤员
2 360 807 战俘（失踪）/ 29 500 平民死亡

7. Maurice Vaïsse (dir.), *Mai-juin 1940. Défaite française, victoire allemande, sous l'œil des historiens étrangers*, Autrement, coll. « Mémoires/Histoire », 2000 - 8. Christine Levisse-Touzé (dir.), *La Campagne de 1940*, Tallandier, 2001 - 9. Thomas L. Jentz, *Panzertruppen : The Complete Guide to the Creation & Combat Employment of Germany's Tank Force 1933-1942*, Schiffer Military History, 1996.

不列颠之战

这是一场可以从许多角度解读的战役。如果人们相信战后的大量宣传和某些电影的剧情，人们会把它概括为一场1940年8月中旬至9月中旬的抵抗纳粹行动：一群桀骜不驯的战斗机飞行员舍生取义，英勇地与纳粹空军战斗，保护英国领空，守住了轰炸之下满目疮痍的国土，阻止了敌军的入侵。虽然他们的行为有如飞蛾扑火，背水一战的勇气却最终赢得了奇迹般的声誉：由于柏林受到空袭，希特勒火冒三丈，下令放弃直接攻击皇家空军的计划，转而轰炸伦敦，使英国空军有机会以一场惨胜粉碎了德国的侵略。

历史学家理查德·奥弗里清晰地证明，上述一切，纯属政治宣传的产物。事实上，英国空军从未面临过灭顶之灾。他们的损失虽然不能忽略不计，但仍在能够承受的范围之内；德国却正好相反，战斗机损失惨重。

至于那个"拯救"英国的"转折点"，与其归因为元首的怒火，不如说德国空军元帅戈林误判了。他高估了英军受到的打击，认为皇家空军已经奄奄一息，从而转向整体战略的下一步：摧毁英国的工业实力。直至1940年11月14日考文垂遭到轰炸，对英国的空袭一度愈演愈烈。英国因此高估了敌军的作战能力，没有发现胜利其实已经到来——正如它的对手无法相信自己的失败。1941年3月，伦敦空军部才如梦初醒般地发行宣传资料，宣布赢得"不列颠之战"（英国第一次以首字母大写的方式，将其视作一场正式的战役）。德国则重整旗鼓，把目光更多转向自己的东方。

希特勒是否真的打算过在大不列颠岛登陆？空袭只是在为协商停战增加筹码？人们不得而知。不过，虽说英国或许并非被皇家空军拯救，但至少因空袭获得了士气的鼓舞。从当时的战局看，这可不是场微不足道的胜利。

1. 双方实力对比

德军为两支由战斗机和轰炸机组成的航空队。英国的战斗机司令部统率四个战斗机群（英军称为战斗机大队）。其中，第十一大队负责保卫德军主要攻击的大不列颠岛南部。德军可以攻击的目标很多，战略选择余地大。但是，轰炸机必须由Bf-109E梅塞施密特单座战斗机护航。由于后者的行动范围有限，德军的攻击距离大受限制。而英国方面，皇家空军拥有"喷火"战斗机和"飓风"战斗机抗敌，还有雷达助战。

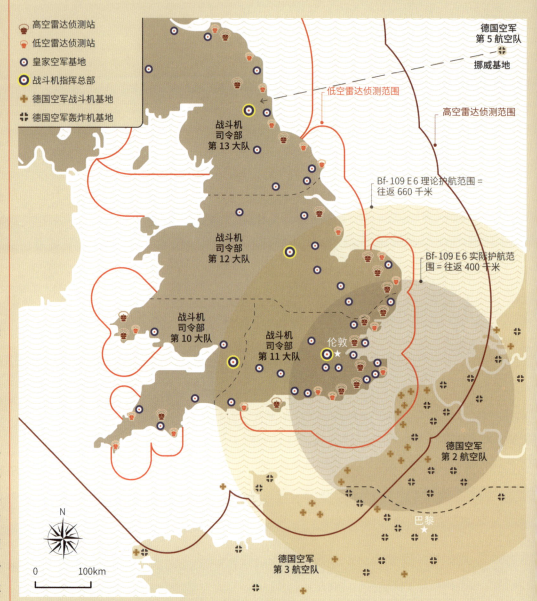

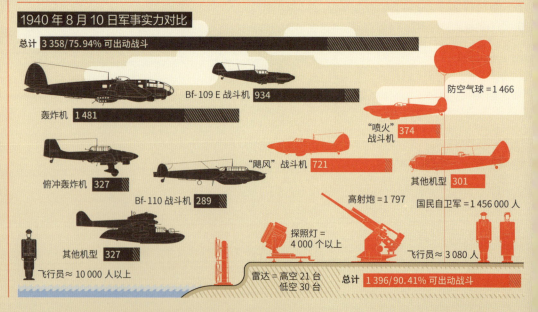

2. 战况

德军的攻势分为四个阶段。第一阶段，8 月 7 日之前，德国派出大量战斗机挑衅英国南部的皇家空军，攻击港口。第二阶段，直到 9 月 6 日之前，德军集中攻击南部的所有空军基地，并扩及整个伦敦、雷达设备和飞机制造厂。9 月 7 日进入第三阶段，德军集中空袭伦敦的工厂及码头。从 11 月 14 日直至 1941 年夏天，第四阶段号称"英伦大轰炸"，德国空军夜袭以伦敦周边为主的各大工业中心。

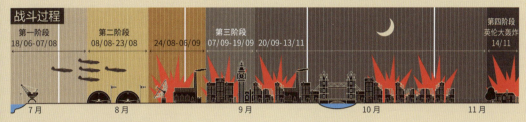

战斗过程

| 第一阶段 18/06-07/08 | 第二阶段 08/08-23/08 | 第三阶段 24/08-06/09 | 07/09-19/09 | 20/09-13/11 | 英伦大轰炸 14/11 |

7 月　8 月　9 月　10 月　11 月

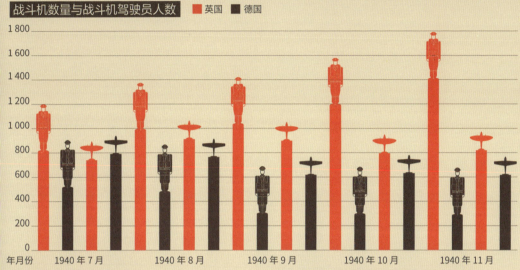

战斗机数量与战斗机驾驶员人数　■ 英国　■ 德国

年月份　1940 年 7 月　1940 年 8 月　1940 年 9 月　1940 年 10 月　1940 年 11 月

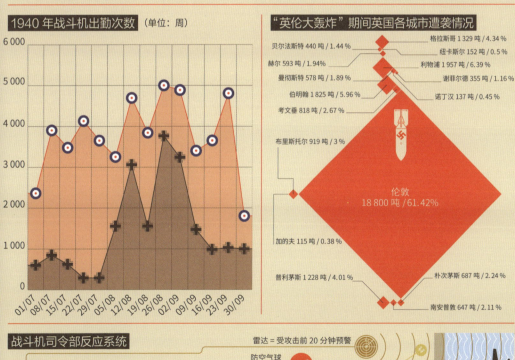

1940 年战斗机出勤次数 （单位：周）

01/07　08/07　15/07　22/07　29/07　05/08　12/08　19/08　26/08　02/09　09/09　16/09　23/09　30/09

"英伦大轰炸"期间英国各城市遭袭情况

贝尔法斯特 440 吨 / 1.44 %
格拉斯哥 1329 吨 / 4.34 %
赫尔 593 吨 / 1.94%
纽卡斯尔 152 吨 / 0.5 %
曼彻斯特 578 吨 / 1.89 %
利物浦 1957 吨 / 6.39 %
伯明翰 1825 吨 / 5.96 %
谢菲尔德 355 吨 / 1.16 %
考文垂 818 吨 / 2.67 %
诺丁汉 137 吨 / 0.45 %
布里斯托尔 919 吨 / 3 %
伦敦 18 800 吨 / 61.42%
加的夫 115 吨 / 0.38 %
普利茅斯 1 228 吨 / 4.01 %
朴次茅斯 687 吨 / 2.24 %
南安普敦 647 吨 / 2.11 %

战斗机司令部反应系统

雷达 = 受攻击前 20 分钟预警
防空气球
区域控制中心
观察指挥中心
观察员
战斗机司令部
战斗机大队
空军基地
防空火炮得到预警
"喷火"战斗机 = 13 分钟起飞

3. 小结

虽然英国战斗机司令部遭到破坏，但也严重杀伤了德军，英德空军的飞行员战损比为 1：7.5。德军飞机一旦被击落，飞行员就要成为英国的阶下囚；而英军遇到同样情况时，飞行员往往当天就可以重返战场。此外，英国空军的人员管理制度（轮班、训练、人员替换等）更为高效，人员损耗小，加班加点的飞机制造，也可以较快弥补英军的飞机损失。

德军的"英伦大轰炸"本想以工厂为主要攻击目标，但夜间空袭很难保证准确性，平民伤亡很大。

飞行员损失

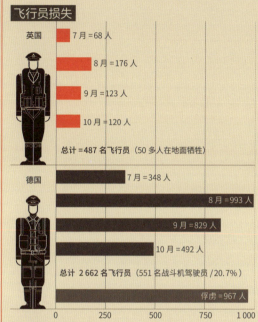

英国
7 月 = 68 人
8 月 = 176 人
9 月 = 123 人
10 月 = 120 人
总计 = 487 名飞行员（50 多人在地面牺牲）

德国
7 月 = 348 人
8 月 = 993 人
9 月 = 829 人
10 月 = 492 人
总计 2 662 名飞行员（551 名战斗机驾驶员 /20.7%）
停房 = 967 人

0　250　500　750　1000

飞机损失

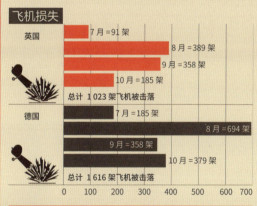

英国
7 月 = 91 架
8 月 = 389 架
9 月 = 358 架
10 月 = 185 架
总计 1 023 架飞机被击落

德国
7 月 = 185 架
8 月 = 694 架
9 月 = 358 架
10 月 = 379 架
总计 1 616 架飞机被击落

0　100　200　300　400　500　600　700

平民

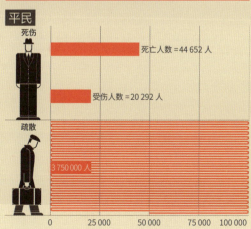

死伤
死亡人数 = 44 652 人
受伤人数 = 20 292 人

疏散
3 750 000 人

0　25 000　50 000　75 000　100 000

资料来源：1. Richard Overy, *The Battle of Britain, Myth and Reality*, Penguin, 2010 / Richard Overy, *Sous les bombes, Nouvelle histoire de la guerre aérienne 1939-1945*, Flammarion, 2014
2. Peter Dye, « Logistics and the Battle of Britain », in *Air Force Journal of Logistics*, 22 décembre 2000 - 3. *After the Battle of Britain (Mark II)*, Battle of Britain Printing International, 1982, p. 259.

日本的攻势

日本与西方盟国的战争，又称"太平洋战争"，一般被认为自1941年12月7日开始，1945年9月2日结束。不过，这一时间划分只反映了以美国为中心的狭隘视角。事实上，这场战争的根源更为深远，范围也宽广得多，可一直追溯至20世纪30年代，波及整个东亚和东南亚。日本的侵略始自中国，也波及印度半岛、中南半岛、朝鲜半岛，甚至苏联。

从日本的角度看，"大东亚战争"始于1937年的全面入侵中国。还有一种"十四年战争"的算法，始于1931年入侵中国东北地区的"九一八事变"，直至1945年投降。在此期间，日本还于1939年向苏联红军发动了诺门罕战役，并于1940—1945年蚕食了法属印度支那。

即使从美国的传统视角看，太平洋战争的战火也燃及中国、缅甸、印度等地。1940年，日本与纳粹德国和法西斯意大利结盟，签署三国盟约。日本的极端民族主义情绪和强大的军力（尤其是海军），将自己置于美国的对立面。1941年7月，罗斯福总统决定对日本实施经济禁运。此时，日本只有两个选择：放弃用残忍手段夺得的中国领土，恢复与西方的正常关系；反其道而行之，利用盟军与苏联在欧洲战场上精疲力竭之机，主动出击，谋求建立有利于自己的"大东亚共荣圈"，将马来群岛的战略资源（荷属东印度的石油等）纳入囊中。当时，掌握日本实权的裕仁天皇，明知双方阵营军事与经济长期潜力之间的差距，但仍决定先下手为强。他接受军部的说辞，相信日本一旦战胜，就将立于不败之地，迫使以美国为首的盟国接受亚洲的"新秩序"。

1941年底，日本已经组建了一支人数有限（仅十几个师）但装备精良的部队，准备进攻菲律宾、马来亚、新加坡和荷属东印度。12月7日，当时世界上最强大的航母舰队——日本联合舰队——偷袭位于夏威夷群岛的美国海军最大基地。珍珠港事件爆发。

1. 珍珠港：表面的胜利

珍珠港事件中美国海军惨败，被视为美国的"国耻日"。事实上，美国的军事损失并不严重：日军破坏的美军战列舰队，设备本身就严重老化，已经不堪大用（速度缓慢，后来只有两艘军舰重回战场）；而真正的主力航母，基本毫发无损。日军的这次突袭以及12月10日摧毁英国Z舰队的行动，采取主动进攻姿态，但并未扭转双方军力，只让自己的对外战争保持了数月的优势。

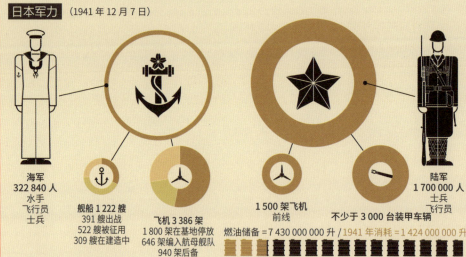

日本军力（1941年12月7日）

海军
322 840人
水手
飞行员
士兵

舰船1 222艘
391艘出战
522艘被征用
309艘在建造中

飞机3 386架
1 800架在基地停放
646架编入航母舰队
940架后备

1 500架飞机
前线

不少于3 000台装甲车辆

陆军
1 700 000人
士兵
飞行员

燃油储备＝7 430 000 000升 / 1941年消耗＝1 424 000 000升

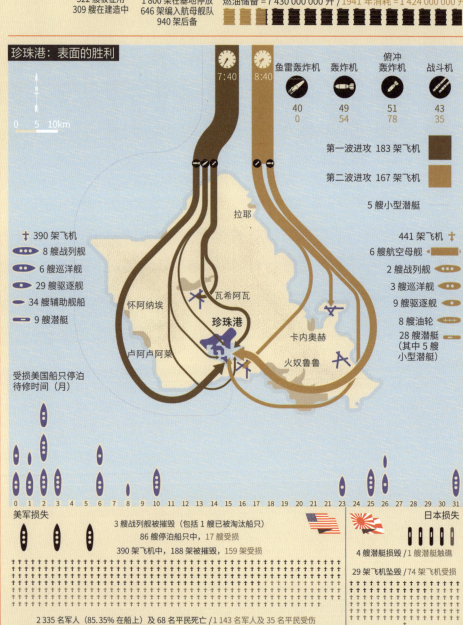

珍珠港：表面的胜利

7:40　8:40

鱼雷轰炸机	轰炸机	俯冲轰炸机	战斗机
40	49	51	43
0	54	78	35

第一波进攻 183架飞机

第二波进攻 167架飞机

5艘小型潜艇

441架飞机

6艘航空母舰

2艘战列舰

3艘巡洋舰

9艘驱逐舰

8艘油轮

28艘潜艇
（其中5艘小型潜艇）

拉耶

怀阿纳埃

瓦希阿瓦

珍珠港

卡内奥赫

火奴鲁鲁

卢卢阿莱

✝ 390架飞机
8艘战列舰
6艘巡洋舰
29艘驱逐舰
34艘辅助舰船
9艘潜艇

受损美国船只停泊待修时间（月）

0 5 10km

| 0 | 1 | 2 | 3 | 4 | 5 | 6 | 7 | 8 | 9 | 10 | 11 | 12 | 13 | 14 | 15 | 16 | 17 | 18 | 19 | 20 | 21 | 22 | 23 | 24 | 25 | 26 | 27 | 28 | 29 | 30 | 31 |

美军损失

3艘战列舰被摧毁（包括1艘已被淘汰船只）
86艘停泊船只中，17艘受损
390架飞机中，188架被摧毁，159架受损

2 335名军人（85.35%在船上）及68名平民死亡 / 1 143名军人及35名平民受伤

日本损失

4艘潜艇损毁 / 1艘潜艇触礁
29架飞机坠毁 / 74架受损

55名飞行员、9名水手死亡 / 1名水手被俘

2. 日本侵略战争（1941年12月—1942年6月）

以山本五十六为代表的日军军部意识到彻底击败美国的难度，便策划不宣而战，通过突袭，一举摧毁美国在太平洋珍珠港的军事基地，以期赢得宝贵的时间。随后六个月内，日本按照之前的计划，在太平洋实施原定的战略。在陆军的配合下，日本舰队在第一时间发动进攻，占领美国托管的菲律宾、隶属英国的马来亚，以及交通咽喉新加坡，抢夺西方国家殖民地（爪哇岛、苏门答腊、婆罗洲、新几内亚等）丰富的自然资源。此外，为切断中国与外界的联系，日军又占领了缅甸、太平洋中央及南太平洋的一系列岛屿，直至吉尔伯特群岛和所罗门群岛，逼近澳大利亚，建立起辽阔的防御地带。然后，山本五十六准备在中途岛附近发动决战，给美国致命一击。

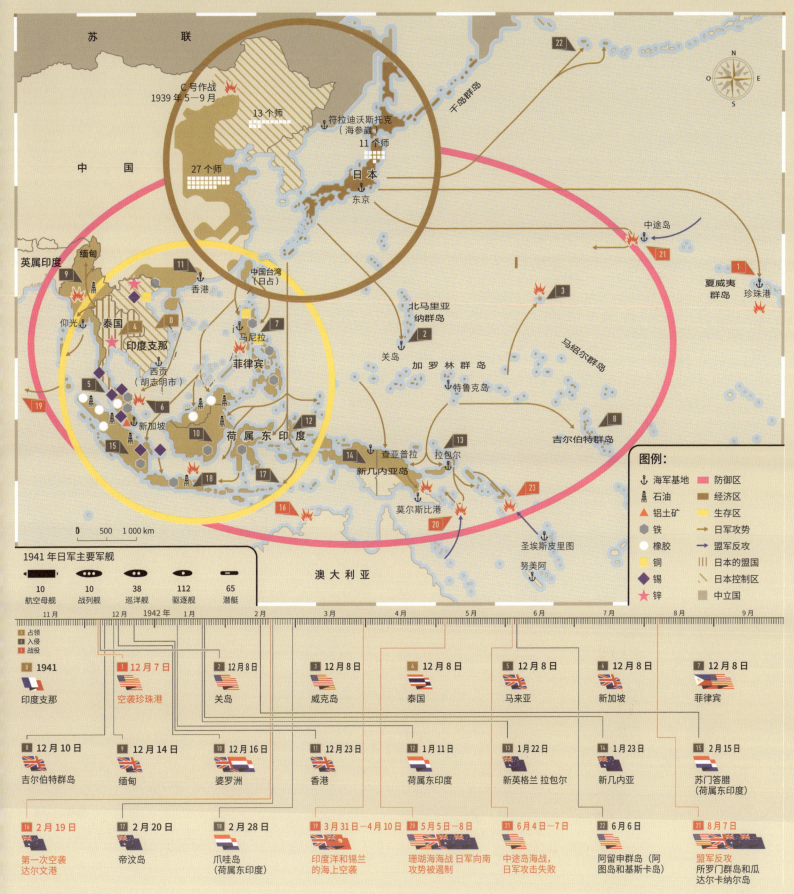

*本书地图系原书插附地图

3. 摧毁"俾斯麦屏障"的消耗战

频传数月捷报之后，日本令人眼花缭乱的攻势，终于在 1942 年春告一段落。5 月在珊瑚海，6 月在中途岛，日军连遭两次失利。山本五十六原打算一举终结太平洋上的敌方海军，但王牌部队——日本联合舰队——遭受惨重损失（6 艘大型航母中沉了 4 艘），只得铩羽而归。1942 年 8 月，美军夺回主动权，率先在瓜达尔卡纳尔岛发动进攻，力图通过消耗战夺回南太平洋的所罗门群岛。这场战斗历时数月，调动海、陆、空三军，争夺激烈，代价高昂。由于日本军部错误地分兵死守各个次要的阵地，美军得以蚕食日军。1943 年，当尼米兹将军的舰队投入战斗时，美国实力更上一层楼，日本大势已去。

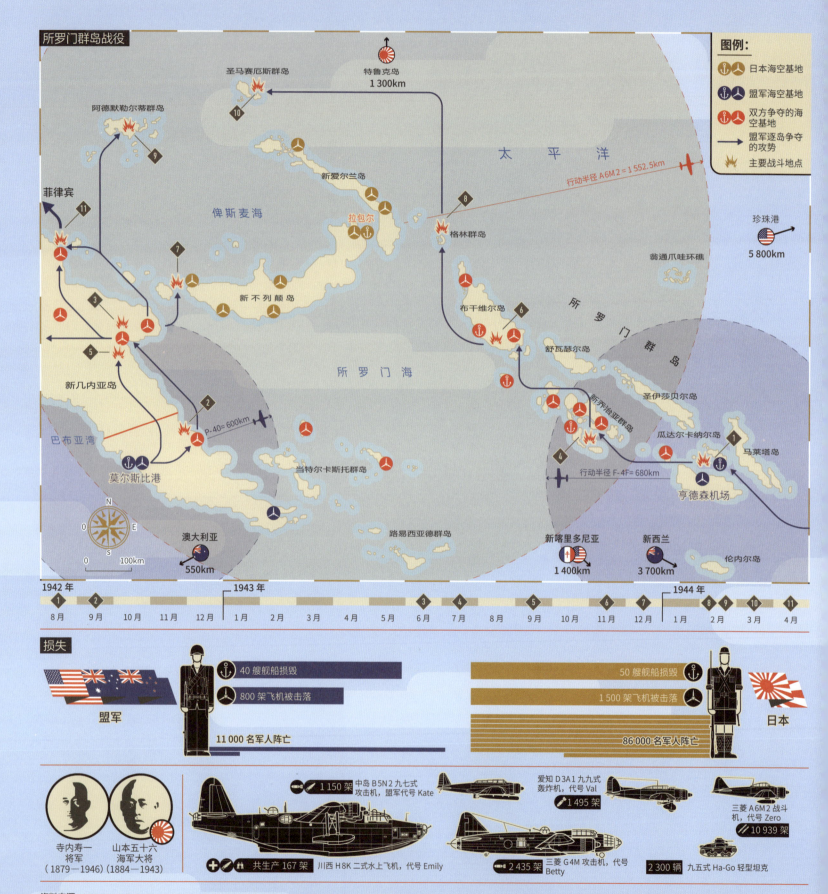

资料来源：1. N. Bernard, *La Guerre du Pacifique*, Tallandier, 2016 - 2. J. Costello, *La Guerre du Pacifique*, 2 vol., Pygmalion, rééd. 2010 - 3. S. E. Morison, *History of U.S. Naval Operations in*

4. 沉默舰队：太平洋上的终极武器

　　虽然在第二次世界大战的传奇中，美国的"沉默舰队"不如敌方德国U艇知名，但这支潜艇舰队在太平洋战争中扮演了举足轻重的角色，舰队中的猫鲨级大潜艇更是功勋卓著。如海军上将哈尔西所言，这场战争中，潜艇是起到决定性作用的武器。1943—1945年，按比例来说，美军的潜艇蒙受了最大的损失（20%左右），但它们也切断了日本企业与东印度原料产地之间的联系，阻遏了石油供应线，从而成功扼住了日本经济的咽喉。1944年，日本的残余舰队不得不停靠在油田或炼油厂附近，方能及时获得补给。忽视油轮安全，没有保证足够的保护军力，绝对是日本战争期间最严重的战略失误之一。

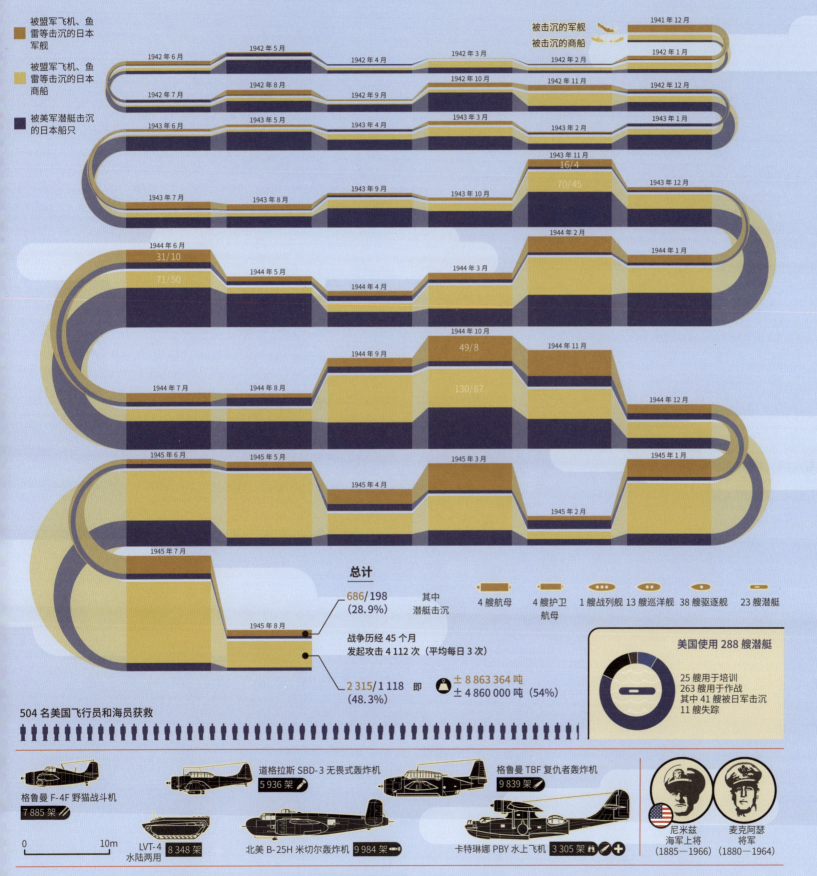

World War II, US Navy, rééd 2001 - 4. C. Smith, *Pearl Harbor 1941*, CAM n° 62, Osprey, 2001 - 5. *History of Imperial General Headquarters*, JM n° 45, US Army, 1959.

"巴巴罗萨计划"：

1941 年 6 月 22 日，纳粹德国入侵苏联。此时，无论是在地面还是空中，前者的实力都遥遥领先，足以号称"世界最强武装"。反观苏联，红军在指挥、战术、诸兵种协同作战、训练、协调等各方面，水准都远低于敌方，再加上德国一向追求并已充分展现的"闪电战"，所以几乎无人看好苏联。头几个月的战况与德军入侵波兰和法国时如出一辙，但这次的军力更为庞大：他们发动了五次大规模的包围战，俘房苏军 200 万人以上，摧毁或缴获 10 000 架飞机及 12 000 辆坦克，直逼列宁格勒、莫斯科和罗斯托夫。然而，或许是对实力过于高估，

或许是被自己的意识形态宣传冲昏了头脑，德军对苏联兵力与装备的低估程度令人难以置信：他们以为苏军有 200 个师，而实际上，苏联最终动员了 500 个师。他们对战事发展的估计同样过于乐观，并以此安排后勤补给，以致前线从 9 月开始就面临各种物资短缺的问题，加速了兵力的消耗。更要命的是，德国的政治与军事领导人一致相信：苏联的军事失败将迅速导致布尔什维克政权崩溃。他们认定，既然出于各种原因，苏联的战俘、逃兵和难民人数众多，政局也将很快转向有利于他们的方向。然而，一切希望都落空了。

1. 军力对比

苏联的飞机及坦克虽理论上占有优势，但只是幻象而已。虽然装备精良，可苏军的战斗力受到一系列的拖累：指挥不当、缺乏有效的后勤和通信、不善于组织诸兵种协同作战……这使他们无法与德国的装甲部队和空军匹敌。德国陆军确实有一些马匹，但摩托化程度很高，机动力

强于主要依托铁路运输的苏军。此外，罗马尼亚、芬兰、匈牙利、意大利和斯洛伐克组成了协助德国的百万大军。虽然除芬兰人，联军的战斗素质无法与德军相提并论，但他们的作用不容忽视：正是他们对占领区的防御，德军才能离开次要的战略区，放手一战。

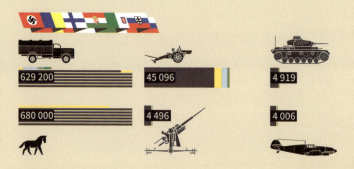

629 200	45 096	4 919
680 000	4 496	4 006

2. 空中奇袭

战争最初四天，德国空军大举攻击苏联的空军基地，并发动空战，力求全力摧毁苏联空军。不过，苏军的严重损失，与其说来自德国行动的突然性，还不如说是由于苏联缺乏先见之明，而且过于固执。苏联的机场屈指可数，而且往往没有控制塔台、停机棚、防空炮和无线电台，各种型号和年代的飞机混杂在一起。

遭遇第一波攻击之后，苏联本应将空军飞机分散置于"斯大林防线"

后方的空军基地，即边境线以东 300 千米之外的地界。但是他们反其道而行之，不撤反进，派空军支援地面部队，在没有无线电设备又缺乏明确攻击目标的情况下，牺牲了大批青年飞行员。

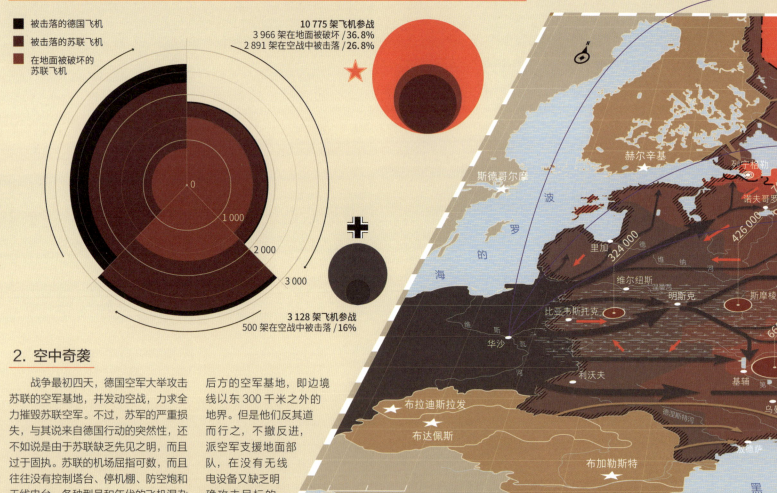

- 被击落的德国飞机
- 被击落的苏联飞机
- 在地面被破坏的苏联飞机

10 775 架飞机参战
3 966 架在地面被破坏 / 36.8%
2 891 架在空战中被击落 / 26.8%

3 128 架飞机参战
500 架在空战中被击落 / 16%

纳粹德国　　轴心国盟军　　苏联　　→ 德军攻势　　→ 芬兰与罗马尼亚军队攻势　　→ 苏军反击
1941 年 6 月 22 日国界　　7 月 9 日前线　　9 月 1 日前线　　9 月 9 日前线　　12 月 5 日前线

挑战极限之战

苏联政权安如磐石，斯大林挺身而出。他大力开展爱国主义宣传活动，火速动员全国的人力与物力资源。在节节败退的乱局之中，他仍然四处发动持续的军事反击。同时，他利用铁路，将上千座具有战略意义的工厂疏散到远东地区，并设法争取时间，重新集结后备军事力量，根据对敌情的了解，及时调整军事单位和战术。德军入侵苏联的"巴巴罗萨计划"不是一场普通的军事行动，它是一场极具突然性的殖民冒险，旨在毁灭共产主义的意识形态，迫害苏联的共产主义者、

政府工作人员，甚至犹太人。当数以百万计的军人喋血前线之际，后方城镇的平民伤亡也同样惨重：德军突击队前来捕杀犹太人，枪决全部男女老少，杀害大量疑似"政治委员"的共产主义者。多达 200 万战俘暴尸荒野，共计 500 万人在战争中丧命，1941 年下半年成为历史上死亡人数最多的时期之一。诞生于欧洲的一切文明准则在欧洲、在"巴巴罗萨计划"的实施中遭到了全面践踏。

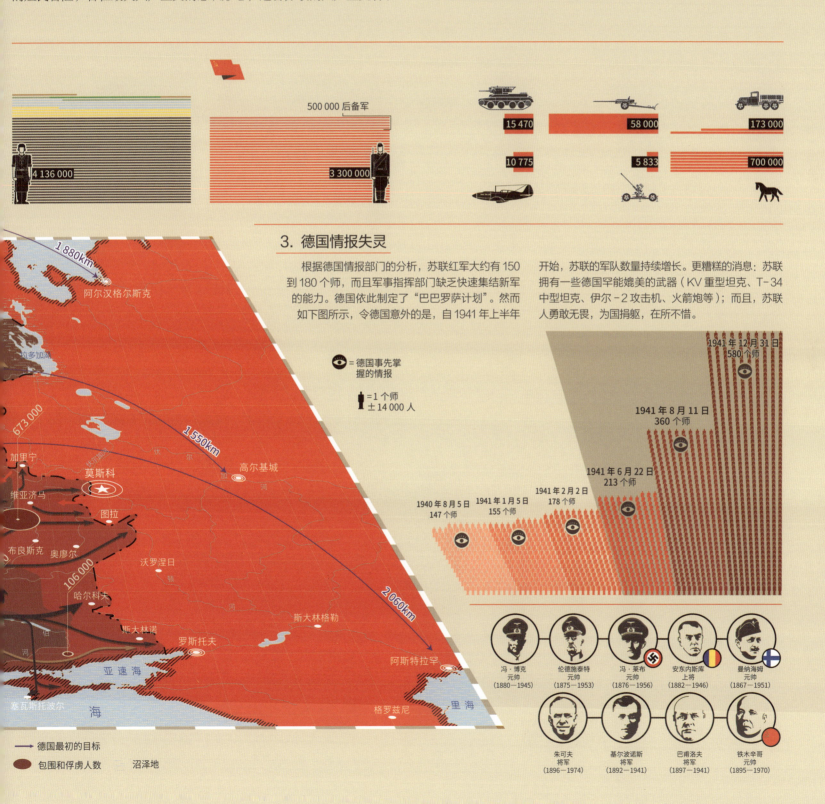

3. 德国情报失灵

根据德国情报部门的分析，苏联红军大约有 150 到 180 个师，而且军事指挥部门缺乏快速集结新军的能力。德国依此制定了"巴巴罗萨计划"。然而如下图所示，令德国意外的是，自 1941 年上半年开始，苏联的军队数量持续增长。更糟糕的消息：苏联拥有一些德国罕能媲美的武器（KV 重型坦克、T−34 中型坦克、伊尔−2 攻击机、火箭炮等）；而且，苏联人勇敢无畏，为国捐躯，在所不惜。

● = 德国事先掌握的情报

▮ = 1 个师 ± 14 000 人

1941 年 12 月 31 日 580 个师

1941 年 8 月 11 日 360 个师

1941 年 6 月 22 日 213 个师

1941 年 2 月 2 日 178 个师

1940 年 8 月 5 日 147 个师

1941 年 1 月 5 日 155 个师

500 000 后备军

4 136 000

3 300 000

15 470

58 000

173 000

10 775

5 833

700 000

1 880km

阿尔汉格尔斯克

673 000

加里宁

莫斯科

维亚济马

图拉

布良斯克

奥廖尔

106 000

哈尔科夫

斯大林诺

罗斯托夫

1 550km

高尔基城

沃罗涅日

斯大林格勒

2 060km

阿斯特拉罕

塞瓦斯托波尔

格罗兹尼

里海

亚速海

冯·博克 元帅 (1880—1945)

伦德施泰特 元帅 (1875—1953)

冯·莱布 元帅 (1876—1956)

安东内斯库 上将 (1882—1946)

曼纳海姆 元帅 (1867—1951)

朱可夫 将军 (1896—1974)

基尔波诺斯 将军 (1892—1941)

巴甫洛夫 将军 (1897—1941)

铁木辛哥 元帅 (1895—1970)

→ 德国最初的目标

● 包围和俘虏人数   沼泽地

4. 德国第七装甲师面对消耗战

德军共有 17 个装甲师和 12 个摩托化步兵师参加"巴巴罗萨计划",右图表现了其中一个装甲师的远征之旅。

他们的远征近 1 700 千米,艰苦无比。每逢夏天暴雨或秋雨绵绵之际,路况便更为恶劣。6 个月内,他们参与了 8 场激烈的大型战事和不计其数的小型战斗。8 月,他们在杜霍夫希纳与科涅夫将军率领的苏军第 19 集团军血战,损失了 500 名将士和 70 辆装甲车。

第七装甲师的战斗力极为依赖石油、弹药与备用零件的运输。来自 3 个集团军群后方的后勤仓库的火车数量,自 9 月以来便不断下降。事实上,由于天气恶劣和苏军的干扰,火车头、货车车厢和人员都十分缺乏;而卡车部队又无力从后勤仓库将前线需求的物资如数送达。1941 年 6 月 22 日,德国可使用的卡车多达 50 万辆,但到同年 11 月 15 日只剩下 13.5 万辆。对军队而言,最重要的是武器和石油。因此,后勤部门往往被迫放弃运送食品和御寒的衣物。德军被迫四处抢劫。

伤亡人数远远高于预期。不过,与广为流传的说法相反,德军在夏天的伤亡人数(尤其是 7 月)较冬季反攻期间更为触目惊心。8 月起,德军最高统帅部就已注意到军队疲惫不堪的迹象。很多士兵在信中写道:"宁可在法国打三仗,也不想在苏联打一仗。"从 1941 年的气温曲线可见,当年的冬季来得又早又猛,不过也还算正常——苏联每三四年就会如此一番。因此,德军并非全无防范。

苏联所谓的"凛冬将军",其实还不是德军在莫斯科战役中失败的主因。要知道,11 月 15 日气温骤降之前,德军已经损失惨重。真正让他们走向失败的,是那些毫无战略远见的德军统帅,他们一味纸上谈兵,空想着斯大林政权的瓦解。

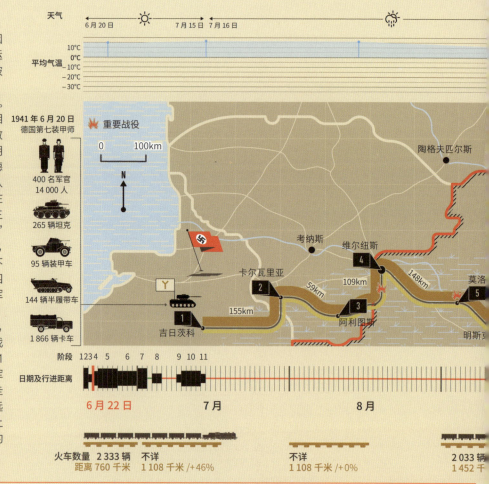

5. 冬季反攻

德军损失惨重,但苏军的伤亡更加严重。攻击性过强是苏军高死伤率的主要原因之一。莫斯科战役之前,苏联至少发动了 19 场反攻。在德军开往列宁格勒途中,苏联发动过 6 场反攻。其中最令德军头疼的,是索利齐战役、旧鲁萨战役和季赫温进攻战役。中轴线区域共计 8 场反攻,包括列佩利战役、博布鲁伊斯克战役、斯摩棱斯克战役、杜霍夫希纳战役和叶利尼亚战役等。乌克兰则在五处发起反击,包括罗夫诺－卢茨克战役、沃伦斯基新城战役、罗斯托夫战役及克里米亚战役等。12 月 5 日,朱可夫将军在莫斯科发动了决定性的反击战,逼迫德军向西后撤了 100～200 千米,摧毁大量德军装备,明确昭示了德军"巴巴罗萨计划"失败的命运。从此,德国陆军损失了 80% 的装备,陷入了消耗战的悲惨泥沼。

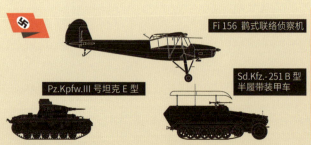

资料来源: *1. Das deutsche Reich und der Zweite Weltkrieg*, vol.4 - *2. Rüdiger Overmans, Deutsche militärische Verluste im Zweiten Weltkrieg* - 3. G. F. Krivosheev, *Grif Sekretnosti Sniat*, Moscou, 1993

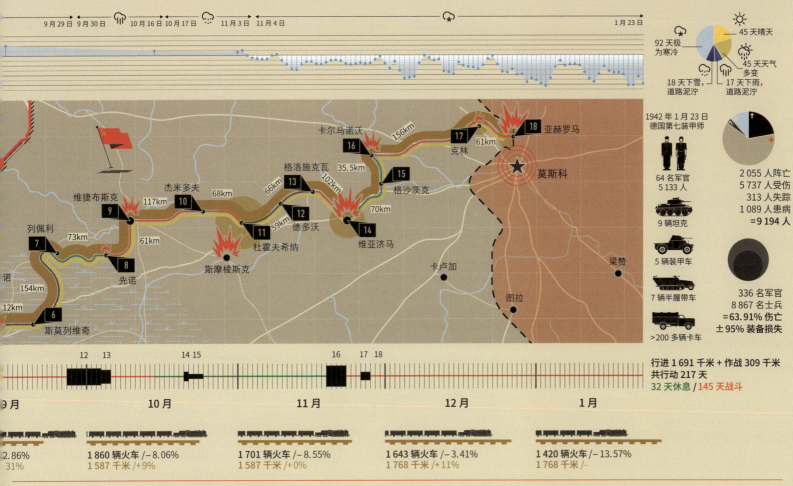

9月29日　9月30日　10月16日　10月17日　11月3日　11月4日　1月23日

45 天晴天
92 天极为寒冷
18 天下雪，道路泥泞
17 天下雨，道路泥泞
天天气多变
45 天天气多变

卡尔马诺沃　156km　亚赫罗马
17　61km　18
克林
16　格洛施戈瓦　35.5km
杰米多夫　68km　13　15　格沙茨克
维捷布斯克　9　117km　10　66km　102km　14　70km　维亚济马
12　德多沃　59km
列佩利　73km　11　杜霍夫希纳
7　61km　斯摩棱斯克
先诺　8
154km
6　12km
斯莫列维奇
莫斯科
卡卢加
图拉　梁赞

1942 年 1 月 23 日
德国第七装甲师
64 名军官
5 133 人
2 055 人阵亡
5 737 人受伤
313 人失踪
1 089 人患病
= 9 194 人
9 辆坦克
5 辆装甲车
7 辆半履带车
> 200 多辆卡车

336 名军官
8 867 名士兵
= 63.91% 伤亡
± 95% 装备损失

12 13　14 15　16　17 18

行进 1 691 千米 + 作战 309 千米
共行动 217 天
32 天休息 / 145 天战斗

9 月　10 月　11 月　12 月　1 月

2.86%
31% | 1 860 辆火车 −8.06%
1 587 千米 +9% | 1 701 辆火车 −8.55%
1 587 千米 +0% | 1 643 辆火车 −3.41%
1 768 千米 +11% | 1 420 辆火车 −13.57%
1 768 千米 /−

6. 损失与伤亡

德军与苏军的伤亡比例为 1∶5。如果加上 1941 年 9 月至 1942 年 1 月，因为寒冷、疾病与饥饿而死亡的战俘人数，该比例甚至可达到 1∶10。苏联红军的武器装备损失也很严重。根据所有战事的平均值计算，苏军与德军的坦克损毁比例为 4∶1；单看 1941 年一年，坦克损失比为 10∶1，而飞机则为 4∶1。

如此惨重的损失，纵使还有其他原因，苏军各级低水平的军事指挥至少难辞其咎：他们常在没有事先侦察又缺乏重型武器掩护的条件下，派出一拨又一拨步兵突击。众多战俘主要来自五次大型包围战，也包括被迫投降或主动投降者。后者中，确实有部分人的行为出于政治动机。在战场上被立即枪决的苏联战俘（大多身负重伤）不被计入战俘人数。不过，各项资料显示，其数量相当庞大。

1941 年，上百万无辜平民死于轰炸、战乱、枪杀或饥寒交迫。此外，在波罗的海诸国和乌克兰民族主义者的全面积极配合之下，德国警方和党卫队杀害了 500 000 名犹太人。然而，一切只是个开始。

阵亡士兵
1 500 000 名苏联士兵
350 660 名德国士兵
80 000 名轴心国士兵

受伤士兵
1 500 000 名苏联士兵
800 000 名德国士兵

平民伤亡
1 000 000 苏联人
500 000 犹太人被德军杀害

失踪士兵
43 000 名德国士兵

总计：
1 930 660 名士兵阵亡
2 300 000 名士兵受伤
3 300 000 人成为战俘
1 500 000 名平民死亡

战俘
3 300 000 名苏联人
沦为阶下囚
其中有 2 000 000 在 1942 年 2 月
以前死于饥饿

飞机
10 600 架苏军飞机 / 2 505 架德军飞机

装甲车辆
2 939 部德国装甲车辆　20 500 部苏联装甲车辆

I-16 战斗机
Kv-1 重型坦克
T-34/76 中型坦克

4. Nigel Askey, *Operation Barbarossa*, Lulu Publishing, 2016.

大西洋海战

丘吉尔在回忆录中写道："'二战'中，唯一让我感觉到恐惧的，就是 U 艇。"事实上，大西洋海战是轴心国与同盟国两大阵营间的海上交通之战。1939 年到 1945 年，战事遍及世界的各大水域，促使各国施展五花八门的军事手段——航空、鱼雷、潜艇、伪装突击战术、别动队、破译密码等，不一而足。如果使用最为传统的狭义定义，"大西洋海战"指盟军对抗德国潜艇的战斗（在波尔多以南海域也包括少量意大利海军）。德国的 U 艇严重妨害了同盟国海军在北大西洋的交通，在战争中扮演了重要角色。德国以此攻击对手的货船和油轮，力图摧毁进口依存度极高的英国经济，并阻止盟军在欧洲登陆。

1. 战略要点

大西洋战争的关键点，就是海上交通的持续稳定。其中，北美与欧洲之间的交通线尤为重要，它保证了不同战场之间武器、部队与物资的运输。一开始，美国只向英国供应物资。但 1941 年夏天《租借法案》通过之后，美国的物资又经过北极圈内的摩尔曼斯克和阿尔汉格尔斯克运进苏联。美国方面还有一个重要的赌注：在敌方海军的骚扰下，确保大西洋缓冲带的安全，就可以保证整个西半球的安全。

2. 邓尼茨将军率"狼群"攻击同盟国

这场战争中，德国海军的主要武器是航行于北大西洋的 VII 级 U 艇。此外，还有少数 IX 级潜艇可直达美国海岸。20 世纪 30 年代，德国受到"一战"战胜国的军备限制。因此开战初期，U 艇的数量不多，并存在一些结构性缺陷（1939 年，鱼雷的功效较低）。后来，U 艇的数量和性能不断进步，并采用了几种新发明的技术（例如，1943 年起，安装了来自荷兰的通气管，延长了潜艇的下潜时间）。但 1941 年施行"狼群战术"之后，潜艇受损的数目也大幅度增加。无论德国如何改良技术装备，都无法跟上同盟国进步的步伐。1945 年，XXI 级潜艇虽然技术绝对先进，能在下潜之后快速前进，但为时已晚。

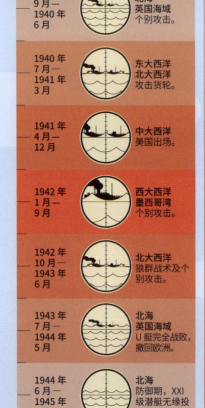

战役过程

1939 年 9 月—1940 年 6 月	北海 英国海域 个别攻击。
1940 年 7 月—1941 年 3 月	东大西洋 北大西洋 攻击货轮。
1941 年 4 月—12 月	中大西洋 美国出场。
1942 年 1 月—9 月	西大西洋 墨西哥湾 个别攻击。
1942 年 10 月—1943 年 6 月	北大西洋 狼群战术及个别攻击。
1943 年 7 月—1944 年 5 月	北海 英国海域 U 艇完全战败，撤回欧洲。
1944 年 6 月—1945 年 5 月	北海 防御期，XXI 级潜艇无缘投入使用。

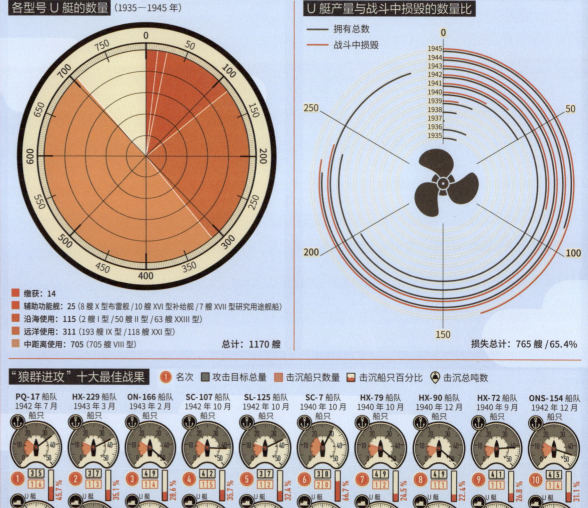

各型号 U 艇的数量（1935—1945 年）

■ 缴获：14
■ 辅助功能舰：25（8 艘 X 型布雷舰 /10 艘 XVI 型补给舰 /7 艘 XVII 型研究用途舰船）
■ 沿海使用：115（2 艘 I 型 /50 艘 II 型 /63 艘 XXIII 型）
■ 远洋使用：311（193 艘 IX 型 /118 艘 XXI 型）
■ 中距离使用：705（705 艘 VIII 型）

总计：1170 艘

U 艇产量与战斗中损毁的数量比

— 拥有总数
— 战斗中损毁

损失总计：765 艘 / 65.4%

"狼群进攻"十大最佳战果 ① 名次 ■ 攻击目标总量 ■ 击沉船只数量 ■ 击沉船只百分比 ■ 击沉总吨数

名次	船队	日期	击沉船只百分比	吨数
①	PQ-17 船队	1942 年 7 月	45.7%	102 311 吨
②	HX-229 船队	1943 年 3 月	35.1%	93 502 吨
③	ON-166 船队	1943 年 2 月	28.6%	88 000 吨
④	SC-107 船队	1942 年 10 月	35.7%	82 817 吨
⑤	SL-125 船队	1942 年 10 月	32.4%	80 000 吨
⑥	SC-7 船队	1940 年 10 月	66.7%	79 592 吨
⑦	HX-79 船队	1940 年 10 月	24.5%	75 069 吨
⑧	HX-90 船队	1940 年 12 月	22.4%	73 958 吨
⑨	HX-72 船队	1940 年 9 月	26.8%	72 272 吨
⑩	ONS-154 船队	1942 年 12 月	31.1%	69 913 吨

资料来源：*1. History of Convoys and Routing*, USN, 1945 - *2. ASW in World War II*, OEG report n° 51, USN, 1946 - *3. German Submarine Losses*, Naval History Division, Washington 1963 - *4. Nathan Miller, War at Sea*, Scribner, 1995 ; G. Williamson, *Kriegsmarine U-Boats*, Osprey, 2002 - *5. G. Malbosc, La Bataille de l'Atlantique*, Economica, 2010

大西洋海战始于 1939 年。最初，德军承袭传统海战的方式攻击货轮。1941 年至 1942 年，德国攻击升级，采用大规模的"狼群战术"，由海军上将邓尼茨指挥潜艇从法国和挪威的基地出发，发动攻击。1943 年之后，由于在工业、科技和密码战三个领域的发展失衡，德军逐渐舍弃了该战术。尽管此时是 U 艇数量最多的时期（1939 年 9 月仅能同时出动 40 艘，而 1943 年 4 月可达 160 艘），德国却已经优势不再，损失惨重，再也无力追赶盟军庞大的造船产能（美国的"自由轮"计划）。

无疑，大西洋上的战事非常激烈。盟军损失了 2 200 艘船只和数万人，其中包括 30 000 名商船的船员；德国也损失近 700 艘船和 25 000 多名潜艇官兵。不过，我们没必要因潜艇对货轮的攻击，过度夸大海战的影响力。数据显示，航行于大西洋上的多数货轮并未遭受攻击，或只有轻微的损失。简言之，轰轰烈烈的大西洋海战所造成的危害并不严重，在 1941 年到 1943 年，大西洋海战令人忧心忡忡，生怕英国会陷入绝境；但是，它还不足以真正威胁到英国在海洋上的统治地位。

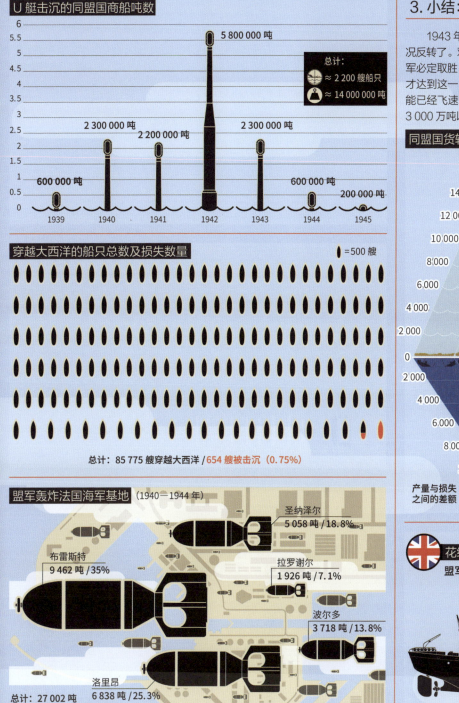

U 艇击沉的同盟国商船吨数

5 800 000 吨

总计：
≈ 2 200 艘船只
≈ 14 000 000 吨

2 300 000 吨　2 200 000 吨　2 300 000 吨

600 000 吨　　600 000 吨　200 000 吨

1939　1940　1941　1942　1943　1944　1945

穿越大西洋的船只总数及损失数量

= 500 艘

总计：85 775 艘穿越大西洋 / 654 艘被击沉（0.75%）

盟军轰炸法国海军基地（1940－1944 年）

圣纳泽尔
5 058 吨 / 18.8%

布雷斯特
9 462 吨 / 35%

拉罗谢尔
1 926 吨 / 7.1%

波尔多
3 718 吨 / 13.8%

洛里昂
6 838 吨 / 25.3%

总计：27 002 吨

3. 小结：一场注定失败的战争？

1943 年中期，大量 U 艇受损，越来越少的货轮被德军击沉，大西洋海战的战况反转了。邓尼茨估计，如果每年能破坏同盟国之间净重 700 万吨的物资运输，德军必定取胜。然而，考虑到船只征用、建造及美国参战等因素，德军用了三年时间才达到这一目标（其中还包括其他原因造成的船只损毁）。然而，此时同盟国的产能已经飞速增长：自 1943 至 1945 年，同盟国方面（主要是美国）已经制造了 3 000 万吨以上的船只。

同盟国货轮产量及损失

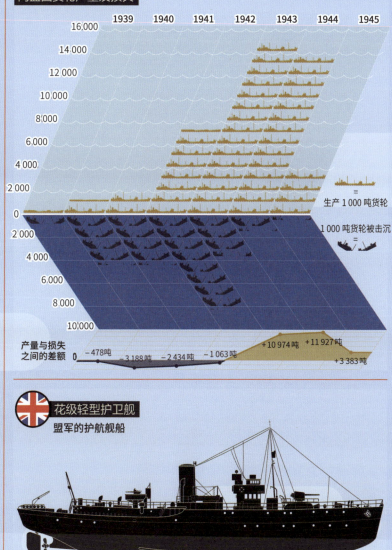

16,000

1939　1940　1941　1942　1943　1944　1945

14 000

12 000

10 000

8 000

6 000

4 000

2 000

0

=
生产 1 000 吨货轮

1 000 吨货轮被击沉
=

2 000

4 000

6 000

8 000

10 000

产量与损失
之间的差额
－478吨　　　　　　　　　　　　　　　+10 974吨　+11 927吨
　　　　－3 188吨　－2 434吨　－1 063吨
　　　　　　　　　　　　　　　　　　　　+3 383吨

花级轻型护卫舰
盟军的护航舰船

6. A. Niestle, *German U-Boat Losses During World War II*, Frontline, 2014 - 7. *Defeat of Ennemy Attack of Shipping*, Historical Section, UK Admiralty, 1957 - 8. Y. Durand, *Histoire de la Deuxième Guerre mondiale*, Complexe, 1999 - 9. S. Roskill, *The War at Sea*, 1956 - 10. http://www.u-boote.fr/u-158.htm - 11. http://uboat.net/ops/convoys/convoys.php.

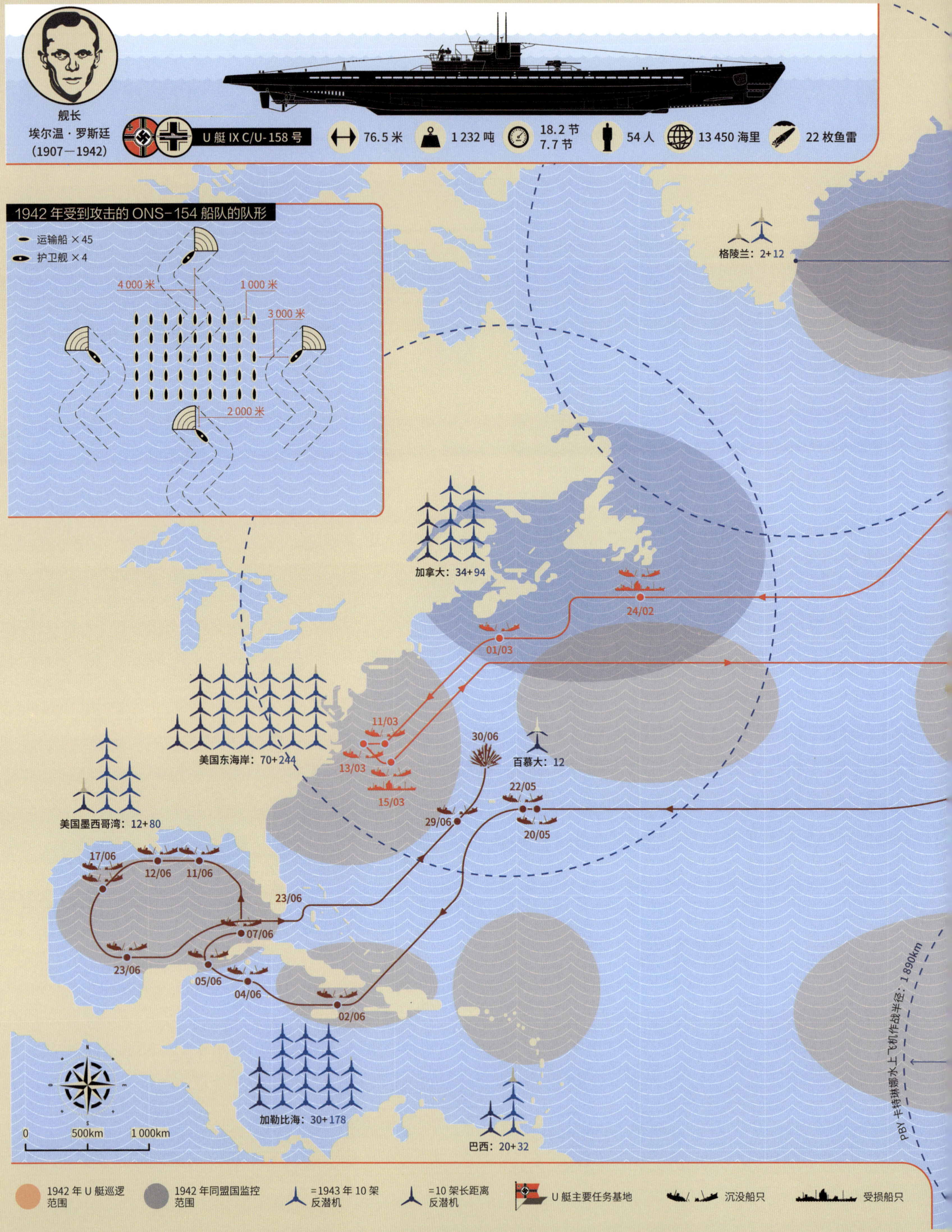

舰长
埃尔温·罗斯廷
(1907—1942)

U 艇 IX C/U-158 号

76.5 米

1 232 吨

18.2 节
7.7 节

54 人

13 450 海里

22 枚鱼雷

1942 年受到攻击的 ONS-154 船队的队形

- 运输船 ×45
- 护卫舰 ×4

4 000 米
1 000 米
3 000 米
2 000 米

格陵兰: 2+12

加拿大: 34+94

24/02

01/03

11/03

13/03

15/03

30/06

百慕大: 12

美国东海岸: 70+244

22/05

29/06

20/05

美国墨西哥湾: 12+80

17/06

12/06 11/06

23/06

07/06

23/06

05/06

04/06

02/06

0   500km   1 000km

加勒比海: 30+178

巴西: 20+32

PBY 卡特琳娜水上飞机作战半径: 1 890km

● 1942 年 U 艇巡逻
范围

● 1942 年同盟国监控
范围

=1943 年 10 架
反潜机

=10 架长距离
反潜机

U 艇主要任务基地

沉没船只

受损船只

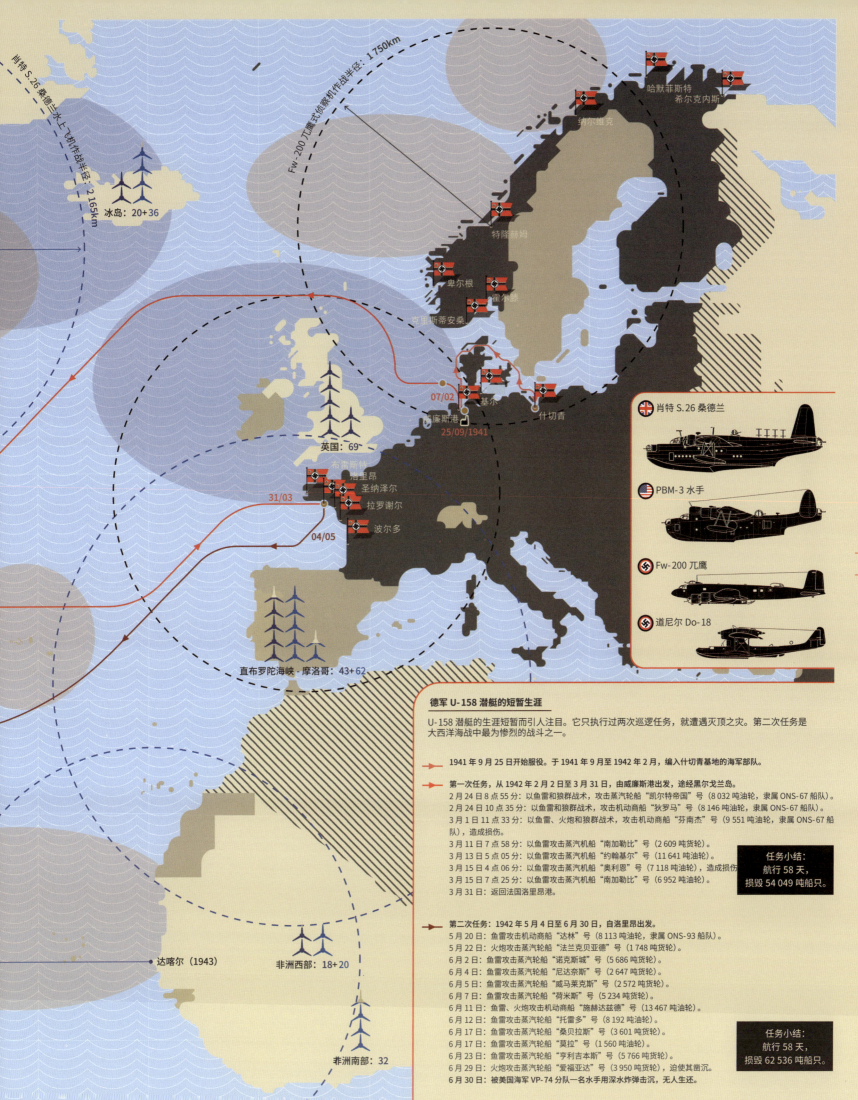

肖特 S.26 桑德兰 水上飞机作战半径：2 165km

冰岛：20+36

Fw-200 兀鹰式侦察机作战半径：1 750km

哈默菲斯特
希尔克内斯

纳尔维克

特隆赫姆

卑尔根
霍尔腾

克里斯蒂安桑

07/02

威廉斯港
25/09/1941

基尔
什切青

英国：69

布雷斯特
洛里昂
圣纳泽尔
拉罗谢尔
波尔多

31/03

04/05

直布罗陀海峡 - 摩洛哥：43+62

达喀尔（1943）

非洲西部：18+20

非洲南部：32

肖特 S.26 桑德兰	
PBM-3 水手	
Fw-200 兀鹰	
道尼尔 Do-18	

德军 U-158 潜艇的短暂生涯

U-158 潜艇的生涯短暂而引人注目。它只执行过两次巡逻任务，就遭遇灭顶之灾。第二次任务是大西洋海战最为惨烈的战斗之一。

➤ 1941 年 9 月 25 日开始服役。于 1941 年 9 月至 1942 年 2 月，编入什切青基地的海军部队。

➤ 第一次任务，从 1942 年 2 月 2 日至 3 月 31 日，由威廉斯港出发，途经黑尔戈兰岛。
2 月 24 日 8 点 55 分：以鱼雷和狼群战术，攻击蒸汽轮船"凯尔特帝国"号（8 032 吨油轮，隶属 ONS-67 船队）。
2 月 24 日 10 点 35 分：以鱼雷和狼群战术，攻击机动商船"狄罗马"号（8 146 吨油轮，隶属 ONS-67 船队）。
3 月 1 日 11 点 33 分：以鱼雷、火炮和狼群战术，攻击机动商船"芬南杰"号（9 551 吨油轮，隶属 ONS-67 船队），造成损伤。
3 月 11 日 7 点 58 分：以鱼雷攻击蒸汽机船"南加勒比"号（2 609 吨货轮）。
3 月 13 日 5 点 05 分：以鱼雷攻击蒸汽机船"约翰基尔"号（11 641 吨油轮）。
3 月 15 日 4 点 06 分：以鱼雷攻击蒸汽机船"奥利恩"号（7 118 吨油轮），造成损伤。
3 月 15 日 7 点 25 分：以鱼雷攻击蒸汽机船"南加勒比"号（6 952 吨油轮）。
3 月 31 日：返回法国洛里昂港。

任务小结：
航行 58 天，
损毁 54 049 吨船只。

➤ 第二次任务：1942 年 5 月 4 日至 6 月 30 日，自洛里昂出发。
5 月 20 日：鱼雷攻击机动商船"达林"号（8 113 吨油轮，隶属 ONS-93 船队）。
5 月 22 日：火炮攻击蒸汽轮船"法兰克贝亚德"号（1 748 吨货轮）。
6 月 2 日：鱼雷攻击蒸汽轮船"诺克斯城"号（5 686 吨货轮）。
6 月 4 日：鱼雷攻击蒸汽轮船"尼达奈斯"号（2 647 吨货轮）。
6 月 5 日：鱼雷攻击蒸汽轮船"威马莱克斯"号（2 572 吨货轮）。
6 月 7 日：鱼雷攻击蒸汽轮船"荷米斯"号（5 234 吨货轮）。
6 月 11 日：鱼雷、火炮攻击机动商船"施赫达兹德"号（13 467 吨油轮）。
6 月 12 日：鱼雷攻击蒸汽轮船"托雷多"号（8 192 吨油轮）。
6 月 17 日：鱼雷攻击蒸汽轮船"桑贝拉斯"号（3 601 吨货轮）。
6 月 17 日：鱼雷攻击蒸汽轮船"莫拉"号（1 560 吨货轮）。
6 月 23 日：鱼雷攻击蒸汽轮船"亨利吉本斯"号（5 766 吨货轮）。
6 月 29 日：火炮攻击蒸汽轮船"爱福亚达"号（3 950 吨货轮），迫使其凿沉。
6 月 30 日：被美国海军 VP-74 分队一名水手用深水炸弹击沉，无人生还。

任务小结：
航行 58 天，
损毁 62 536 吨船只。

"我们的海"？

整个地中海海域都被卷入战火之中。这一切似乎是因意大利一时兴起，主动而为；但实为必然如此。

说意大利"主动而为"，是因为墨索里尼在 1940 年 6 月 10 日向同盟国宣战。不过，他那时竟神奇地相信，自己并不用真正出兵作战。虽然意军并无战斗力，而散布于世界各地的意大利商船，有三分之一因为他的冒失举动而被同盟国扣押，墨索里尼仍不以为意。他认为，只要法国投降，战争就结束了。于是，他本着机会主义的原则，"及时"宣战，以便可以作为战胜方坐上谈判桌。至于说意大利"必然如此"，是因为法西斯主义者本身就酷爱战争。对法西斯主义者而言，

战争不仅有助于实现将整个地中海收入囊中（"我们的海"）的帝国之梦，也是一场创造"新人类"的仪式。所谓"新人类"充满了男子气概，又冷酷无情，对法西斯国家和元首忠心耿耿。自 1934 年起，意大利军队没有一年不卷入战争。

对战争的盲目迷恋使墨索里尼忽略了一个事实：意大利的经济实力与他的雄心壮志（科西嘉岛、突尼斯、埃及和巴尔干半岛）之间差距悬殊。在地中海作战必须同时夺得制空权和制海权，方能保证船队的安全。然而，意大利既没有强大的工业，又缺乏军事装备，整体军事指挥方面毫无经验，更不用说现代战争不可或缺的后

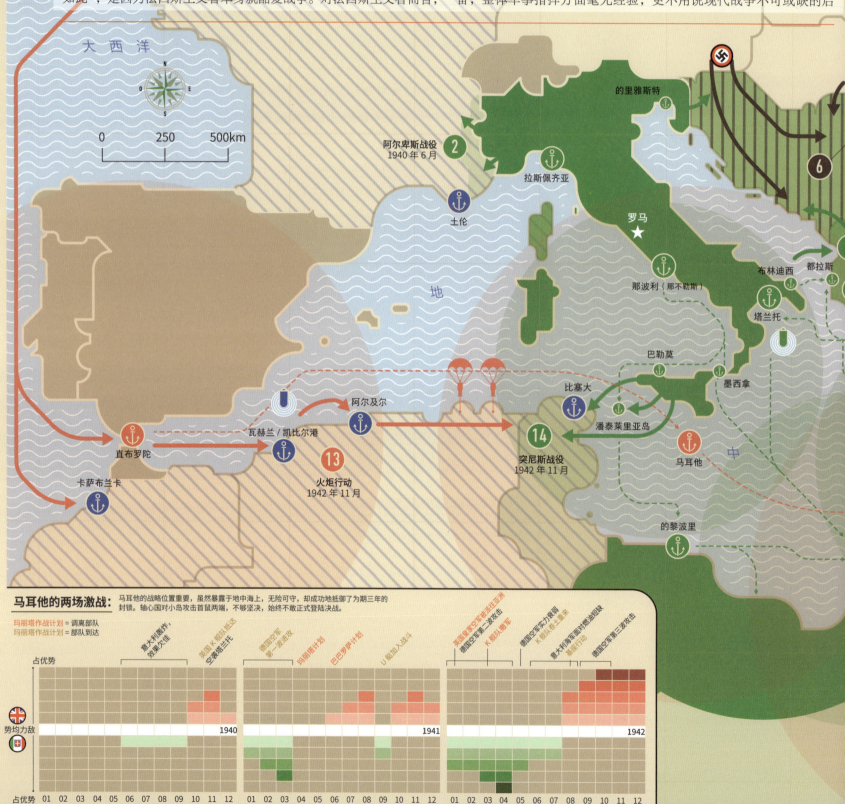

94

马耳他的两场激战： 马耳他的战略位置重要，虽然暴露于地中海上，无险可守，却成功地抵御了为期三年的封锁。轴心国对小岛攻击首鼠两端，不够坚决，始终不敢正式登陆决战。

勤组织体系了。在陆地上，北非的沙漠区域需要机械化部队，而意大利的机械化部队与它的现代化飞机一样稀缺。可是，墨索里尼无视这些问题。他打算利用法国战败的机会，发起一场独立于德国军事行动的"平行战争"，把意大利的殖民地作为进攻英属索马里、埃及和希腊的跳板。墨索里尼将最精良的部队分兵三路：10万人前往东非，18.8万人赴利比亚，16.5万人被派往阿尔巴尼亚。但是，意军的作战效果并不理想，四处碰壁。1940年12月，13万意军在利比亚被俘，次年4月，9万意军在东非成为阶下囚。希腊向意大利发起反击，攻入阿尔巴尼亚。英军则空袭塔兰托，重挫意大利海军——此后日本的珍珠港空袭就参考了这一战例。

墨索里尼在破坏地区稳定的同时，也威胁了德国的利益。希特勒被迫干预，以确保罗马尼亚石油的安全，并尽力使给自己供应矿产的土耳其保持中立。1941年1月，德国空军飞临马耳他。2月，德国的非洲军团登陆北非。4月，德国装甲师开入巴尔干半岛，曾拒绝加入轴心国的南斯拉夫在15天内陷落，而希腊只多支撑了一周时间。

意大利发动的平行战争就此结束。德国成了战场上的主角，地中海成为欧洲外围的战区。丘吉尔曾打算以此为跳板，直插轴心国的软肋；但英国的实力在此处也同样薄弱。两年内，随着各方派遣兵力的此消彼长，两大阵营在地中海轮流处于上风。双方都有些畏首畏尾，错失了一些良机。直到1942年秋天，军事实力对比彻底翻转，地中海终于成了盟军的地盘。

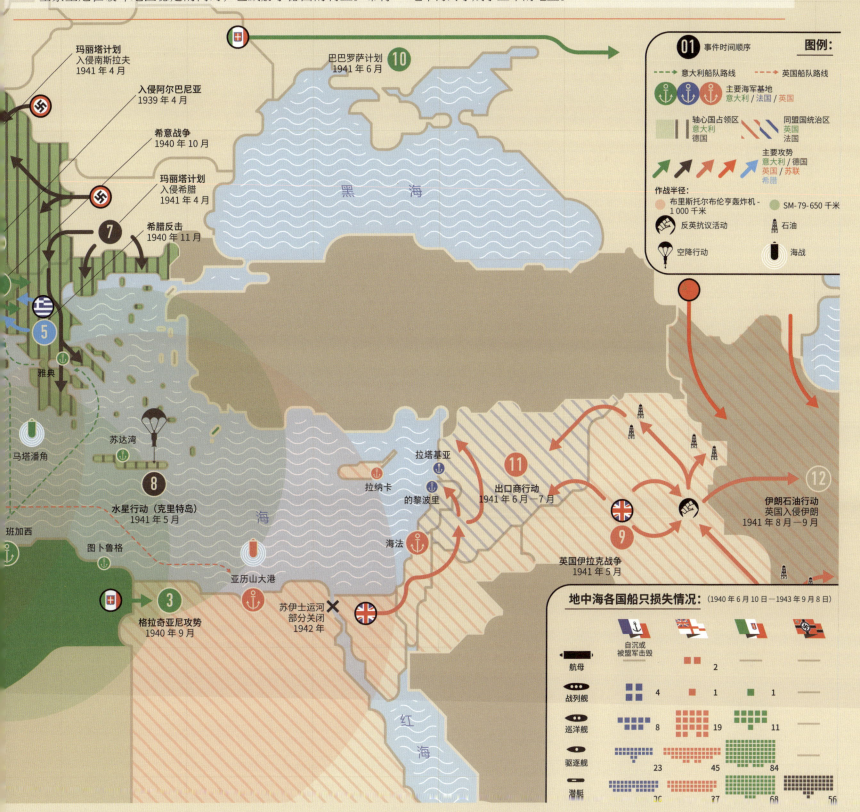

1. 另一场海上交通战（1940—1942）

英国为避免本国船队进入地中海，需要向南绕行非洲几乎一圈，才能将物资运往埃及。而轴心国的船队，则必须面对在马耳他基地的盟军潜艇、驱逐舰和飞机。1940年，虽然意大利无力攻下马耳他，但这座小岛同样需要物资补给。因此，地中海海战的主题就是护航，以及骚扰敌方补给线。海域的狭窄使双方船只无处遁形，战斗往往迅速而激烈。海面上方和下方，威胁无处不在；来自空中的打击更是越来越具有杀伤力。为船队护航，需要综合利用各种手段，从普通的护卫舰，到

航母和战列舰，不一而足。意大利为此几乎耗尽了所有的柴油储备。随着交战双方投入力量对比的变化，战况如钟摆般摇摆不定。每年的上半年，轴心国一方占有优势，而下半年则是英国占优势，没有任何一方能摧毁对手的供给路线。1942年夏天，弹尽粮绝的马耳他免于沦陷，虽部分有赖于英军的"基座行动"，但主要还是因为德国空军损耗过大。意大利海军为德国的隆美尔将军提供了80%的物资补给。

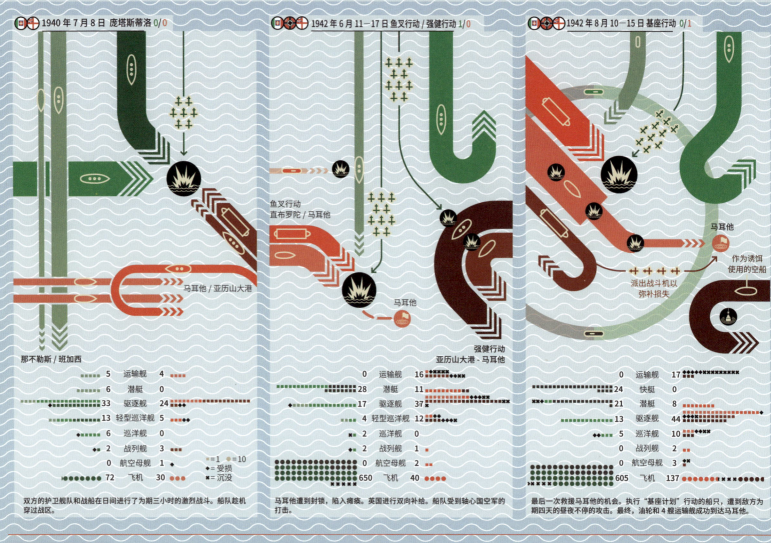

双方的护卫舰队和战船在日间进行了为期三小时的激烈战斗。船队趁机穿过战区。

马耳他遭到封锁，陷入瘫痪。英国进行双向补给。船队受到轴心国空军的打击。

最后一次救援马耳他的机会。执行"基座计划"行动的船只，遭到敌方为期四天的昼夜不停的攻击。最终，油轮和4艘运输舰成功到达马耳他。

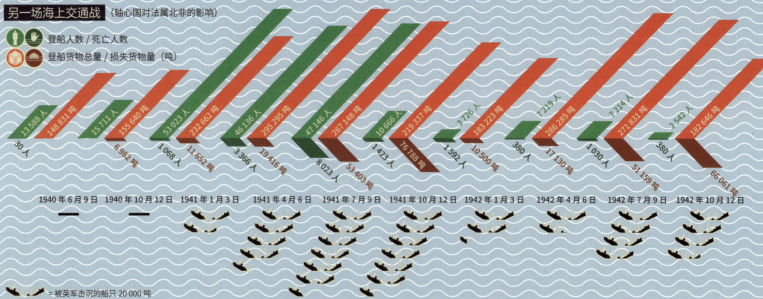

资料来源：1. T. Spooner, *Supreme Gallantry : Malta's Role in the Allied Victory, 1939–1945*, John Murray, 1996 - 2. K. Gundelach, *Die Luftwaffe im Mittelmeer*, Lang, 1981 - 3. *Das Deutsche Reich und der Zweite Weltkrieg*, vol III & VI, Deutsche Verlag-Anstalt, 1994 & 2001 - 4. A. Cocchia, *La difesa del traffico con l'Africa settentrionale, la marina italiana, data statistici*, vol.6 &7, 1958 & 1962

2. 眼高手低的墨索里尼

法西斯意大利是率先随着战神之歌翩翩起舞的欧洲国家。

早在 1935 年，意大利就发动了对埃塞俄比亚的侵略。这一胜利十分血腥（30万至 50 万平民丧生），但徒有其表：他们的对手没有重型武器，只有区区 5 万支步枪。1936 年，他对西班牙独裁者佛朗哥施以援手，帮助后者镇压国内的反抗。1939 年，意大利入侵阿尔巴尼亚。这些军事干预占用了发展军备的费用。因此，1940 年，意大利空军只有 1 000 架左右的现代化飞机，而且生产流水线的运行速度只及英国的十分之一。墨索里尼吹嘘自己有 800 万大军，但实际上只能动员 150万左右的兵力，也就是 19 个整编师的人数而已。至于他的装甲部队，只有 200 辆名副其实的坦克（M11/ 39 和 M13/ 40），其余只是装备了机关枪的履带车罢了。

意大利的海军情况稍好些：设备均衡性较好，现代化程度也较高，船只总吨数达到 50 万吨……不过，面对拥有航母、雷达和超级机密密码破译系统等王牌的英国皇家海军，他们也讨不到任何便宜。墨索里尼缺少 40% 的海军军官，柴油储备也仅可供一年之用。

意大利士兵的境遇非常糟糕。他们的武器不佳，物资供应不足，将领往往是些"政治将军"，指挥水平低下。作为最高统帅的墨索里尼，炮制"平行战争"的策略，四处分兵，但毫无军事才能。1941 年底，意大利已经失去了 22% 的士兵，也丢掉了东非的领地。但这一切并不足以阻止墨索里尼派出 10 万人前往苏联战场（只有少数人有幸归来），并派出 45 万大军出征巴尔干半岛。

97

各条战线

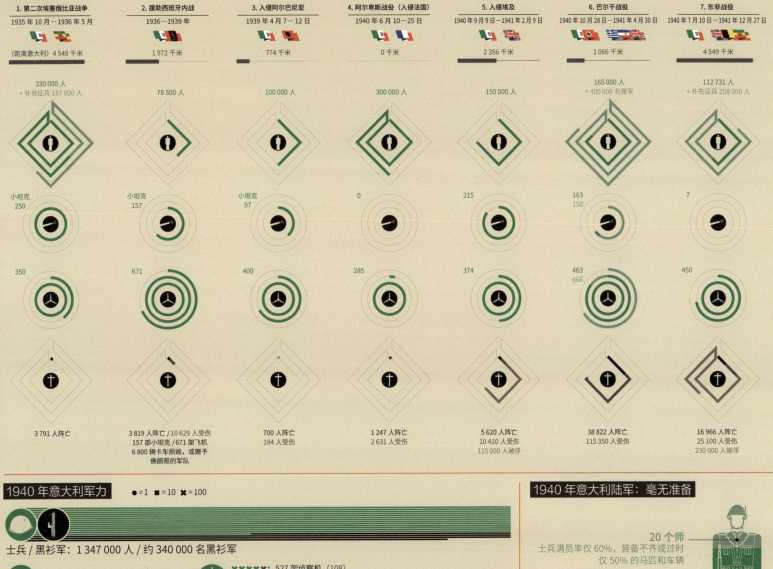

	1. 第二次埃塞俄比亚战争	2. 援助西班牙内战	3. 入侵阿尔巴尼亚	4. 阿尔卑斯战役（入侵法国）	5. 入侵埃及	6. 巴尔干战役	7. 东非战役
日期	1935 年 10 月—1936 年 5 月	1936—1939 年	1939 年 4 月 7—12 日	1940 年 6 月 10—25 日	1940 年 9 月 9 日—1941 年 2 月 9 日	1940 年 10 月 28 日—1941 年 4 月 30 日	1940 年 7 月 10 日—1941 年 12 月 27 日
距离	（距离意大利）4 549 千米	1 972 千米	774 千米	0 千米	2 356 千米	1 066 千米	4 549 千米
兵力	330 000 人 + 补充征兵 187 000 人	78 500 人	100 000 人	300 000 人	150 000 人	165 000 人 + 400 000 名援军	112 731 人 + 补充征兵 258 000 人
小坦克	250	157	97	0	215	163 / 150	?
飞机	350	671	400	285	374	463 / 666	450
伤亡	3 791 人阵亡	3 819 人阵亡 /10 629 人受伤 157 部小坦克 /671 架飞机 6 800 辆卡车损毁，或赠予佛朗哥的军队	700 人阵亡 184 人受伤	1 247 人阵亡 2 631 人受伤	5 620 人阵亡 10 410 人受伤 115 000 人被俘	38 822 人阵亡 115 350 人受伤	16 966 人阵亡 25 100 人受伤 230 000 人被俘

1940 年意大利军力

● =1　■ =10　✖ =100

士兵 / 黑衫军：1 347 000 人 / 约 340 000 名黑衫军

现代化坦克：200 辆

卡车：3 800 部

 ✖✖✖✖：527 架侦察机（108）
✖✖✖✖✖✖✖▶ 759 架战斗机（165）
✖✖✖✖✖✖✖✖✖✖▶ 1 064 架轰炸机（281）
飞机总计：2 675 架，其中 554 架无法参战，325 架位于埃塞俄比亚

● 4 艘装甲舰　●●●●●●● 7 艘巡洋舰
　　　　　　　●●●●●●●●●●●● 12 艘轻型巡洋舰
■■■■■■■■■■■■ 125 艘驱逐舰
■■■■■■■■■■■ 113 艘潜艇
舰船总计：261 艘

1940 年意大利陆军：毫无准备

20 个师
士兵满员率仅 60%，装备不齐或过时
仅 50% 的马匹和车辆

34 个师
士兵满员率 75%
装备齐整，但车辆不足

19 个师
装备完善

萨默维尔 海军上将 （1882—1949）

剑鱼式鱼雷轰炸机 MK I

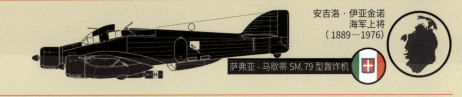

萨弗亚·马歇蒂 SM. 79 型轰炸机

安吉洛·伊亚金诺 海军上将 （1889—1976）

5. J. J. Sadkowich, *The Italian Navy in World War II*, 1994 - 6. *History of the Second World War, The Mediterranean & the Middle East*, 6 vol, 1954-1988 (la complaisante histoire officielle britannique)
7. MacGregor, Knox, *Mussolini Unleashed, 1939–1941*, Cambridge University Press, 1986.

沙漠战争

弄明白沙漠战争并不难，只需从地理角度理解就可以。首先，战线非常狭小，仅局限于地中海与撒哈拉沙漠之间数十千米的狭长地带。只有英国"远程沙漠巡逻队"等特种部队，方能冒险深入敌军后方，发动突击。沙漠上没有公路。因此，军队但凡深入就无法获得补给，只能沿海岸附近的公路（巴比亚公路）前进。这样，交通被阻断的可能性极大增加，正面攻击一些由地雷阵环护的要塞（图卜鲁格、贾扎拉、阿拉曼、马雷斯等）便成了沙漠战争的重点。在这些地方，炮兵及工兵的角色异常重要。而一旦攻破防线，摩托化甚至机械化部队就

要在运动战中大显身手了。在沙漠地区，迅速果决地主动出击，是决定战况的关键要素之一。总体而言，德军各级指挥官长期受到独立自主的战术精神熏陶，在这方面更胜一筹。隆美尔将军便是其中的佼佼者。几个小时之内，战场就会迅速纵深扩张，使缺乏机动力的部队不胜其苦。

行动距离长，是第二项必须理解的地理因素。但凡战局不利，必须以令人瞠目的距离大范围撤退。军队的补给线是漫长的：英军须航行两个月，沿着23 000千米的航线，途经开普敦才能到达战场；德

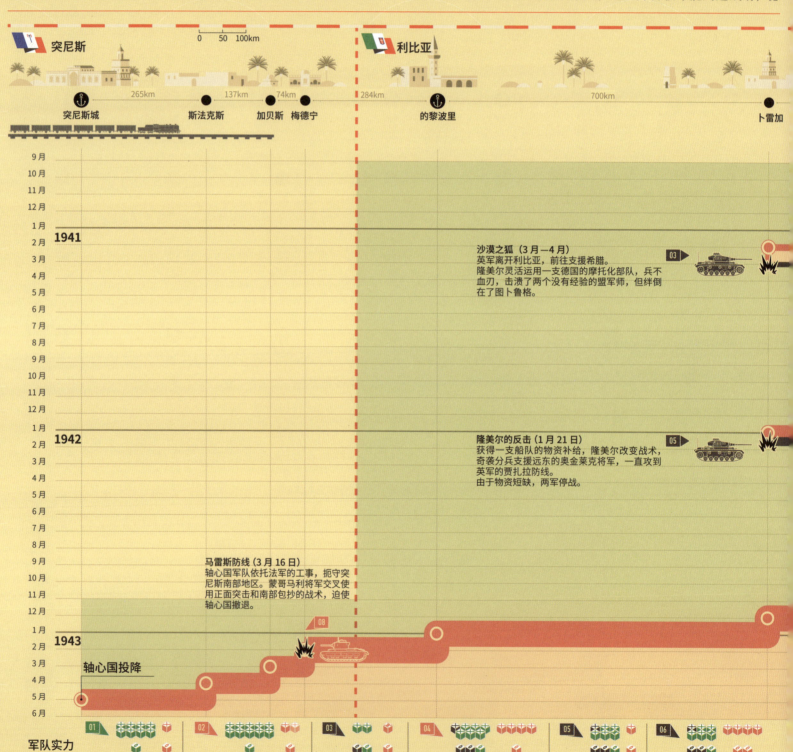

军到达北非只需 1 800 千米，但必须穿越危险的地中海海域。但是，更糟糕的还在后面。双方一旦开火，补给须闯过数百千米状况恶劣的路段才可抵达。如果没有庞大的摩托化部队保障后勤，几乎无法作战。

而战胜者的麻烦也不小：军队推进，后勤距离就更长，恐怖的天气与沙尘，使装备在数日之内便可能出现故障。维修部门压力很大。因此，双方反复拉锯，战况有如钟摆。英军曾深入利比亚 1 000 千米，却被德军和意军挡住了攻势。随后，轴心国军队在一周时间内，发动闪电般的反击，但在埃及止步。此时，短暂的停战对双方都必不可少。"主场作战"的英军又夺回优势，下一个回合周而复始。直到 1942 年 11 月 8 日，盟军登陆摩洛哥和阿尔及利亚，形成钳形攻势，夹击轴心国，方最终扭转局势。地理距离对军队的编制也有很大影响。战场离己方的港口越远，军队就越需要精简。沙漠战场上双方投入的兵力有限，倒不是因为人们忽视非洲的战略重要性。后勤补给能力有限，无法支撑庞大的军队。一份报告显示，派往非洲的军队人数已经超出了负荷能力。然而，无论如何，隆美尔只有德军十二分之一的摩托化部队和七十八分之一的兵力。对轴心国而言，攻下亚历山大港似乎是条出路——隆美尔只有占据这座扼守中东门户的大港口，才能将英国海军彻底逐出东地中海，直接威胁为英国第八集团军提供补给的海法炼油厂。因此，隆美尔决定于 1942 年夏天放手一搏，并非完全错误。这是他取得战略胜利的唯一方法，而他离最后目标的实现，只差 100 千米。

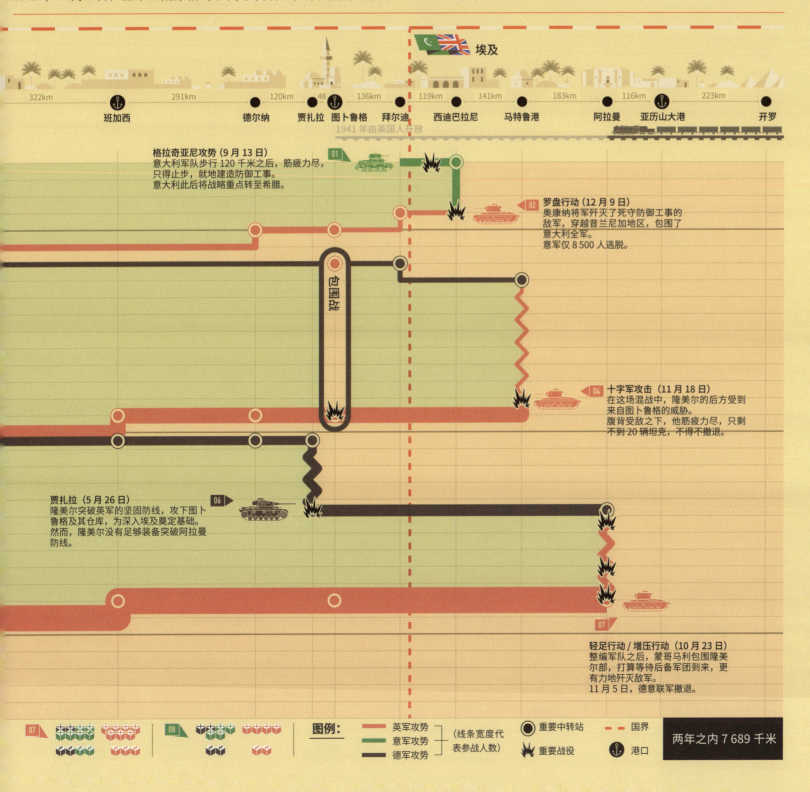

1. 代表性战役：贾扎拉，1942 年 5 月 26 日—6 月 14 日

1942 年 5 月，在距图卜鲁格数千米之处，两军经过四个月的休整，重新装备，再度交战。英军以坚固的工事网为掩体，周围布置了长达 70 千米的雷区。每个防御区内（如比尔哈基姆），有一支配有火炮的步兵旅。在其后方，装甲旅及跨兵种的空军部队随时准备防堵敌军。但隆美尔从南端绕过障碍，突然出现在英军后方，令其措手不及。不过，虽然轴心国的机械化部队能穿越沙丘，但后勤无法跟上——物资供给必经由盟军死守的比尔哈基姆。因此，等到英国回过神来，德国的非洲军团只能依靠"刺猬式"的防御阵地来抵抗。若要绝地求生，必须打通补给的通道。

6 月 1 日，他们采取行动。英军错失良机。他们的坦克数量多于敌军，却遭到重创。德军引诱英军进入反坦克炮的射程，攻击侧翼；而英军方面，缺乏统一指挥，以致武力分散。6 月 14 日，英军损失了四分之三的坦克，大部分步兵又被包围在防御点之内，里奇将军被迫下令撤退，步兵得以脱身，其中也包括比尔哈基姆的法军士兵。不过，与这一小小的幸运相比，战败的恶果要严重得多：图卜鲁格与其军火库都落入德军手中，亚历山大港门户大开。

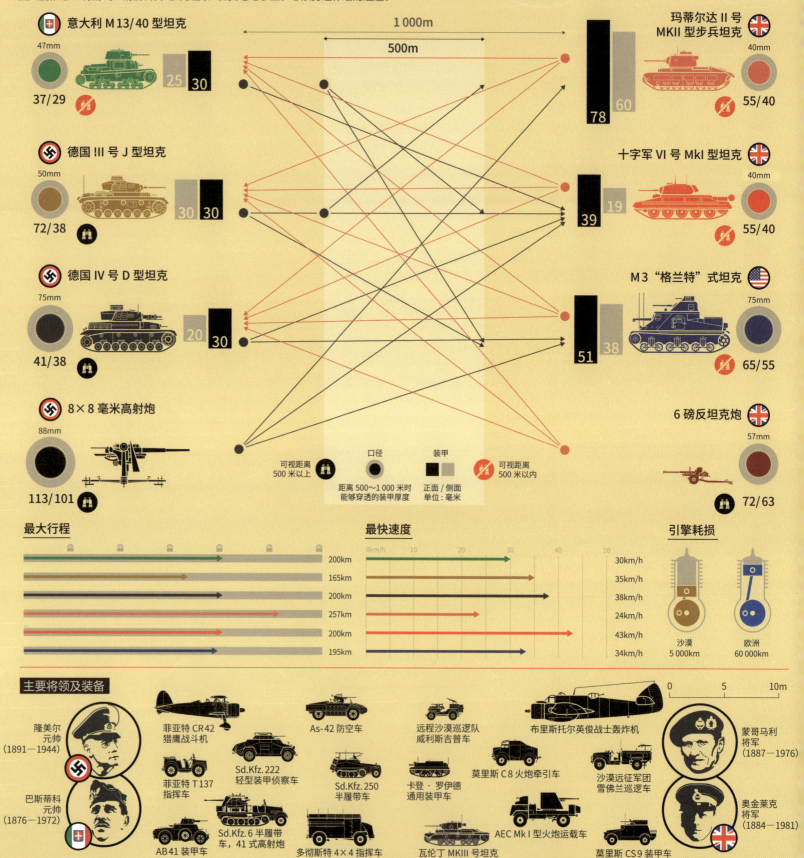

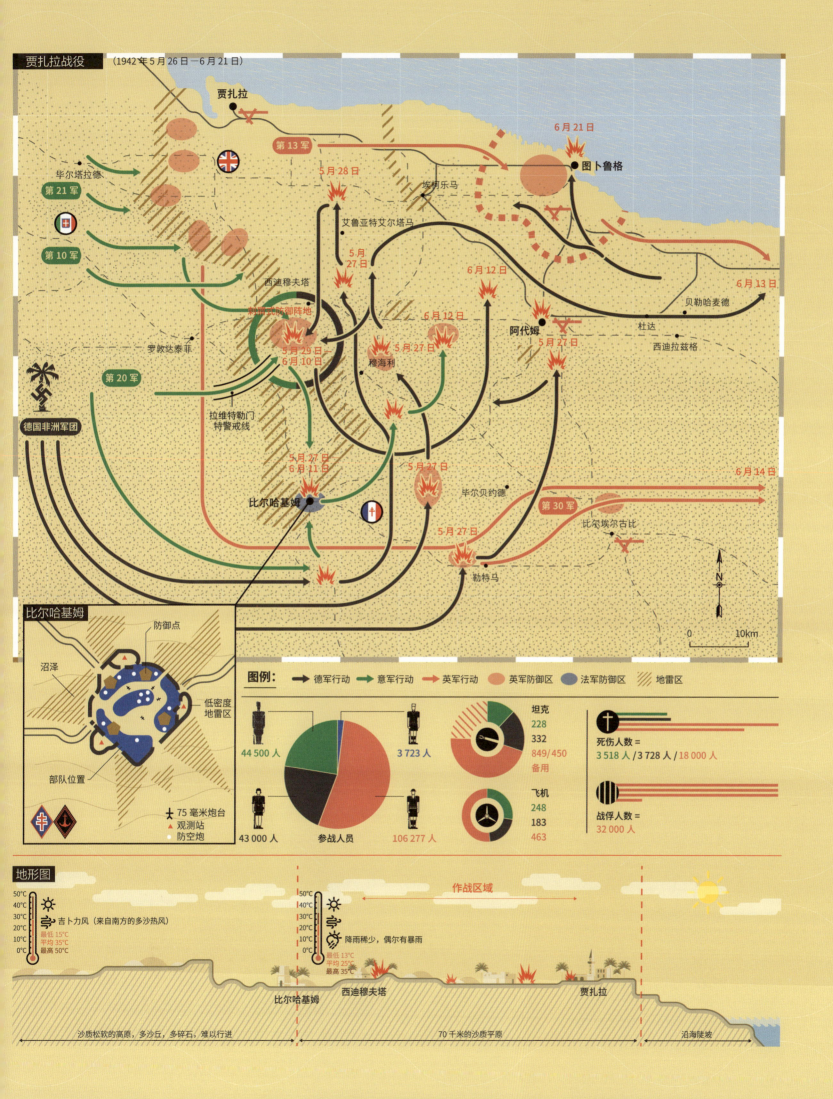

贾扎拉战役 (1942年5月26日—6月21日)

比尔哈基姆

图例：
- → 德军行动
- → 意军行动
- → 英军行动
- 英军防御区
- 法军防御区
- 地雷区

坦克
- 228
- 332
- 849/450 备用

飞机
- 248
- 183
- 463

死伤人数 = 3 518 人 / 3 728 人 / 18 000 人

战俘人数 = 32 000 人

44 500 人
3 723 人
43 000 人
参战人员
106 277 人

75 毫米炮台
观测站
防空炮

防御点
沼泽
低密度地雷区
部队位置

地形图

作战区域

吉卜力风（来自南方的多沙热风）
最低 15℃
平均 35℃
最高 50℃

降雨稀少，偶尔有暴雨
最低 13℃
平均 25℃
最高 35℃

比尔哈基姆　西迪穆夫塔　贾扎拉

沙质松软的高原，多沙丘，多碎石，难以行进
70 千米的沙质平原
沿海陡坡

2. 隆美尔的致命伤：后勤

整场战争中，隆美尔一直抱怨后勤不力，主要有三个原因。其一，货轮数量少。1940 年，墨索里尼的疏忽导致商船吨位减少三分之一，并损失了其中最大型的一批货轮。随后，又有三分之一的商船在马耳他一带沉没。1942 年，北非战场每天需要 4 480 吨物资，但海军无力确保等量的运输。其二，的黎波里港口不大，而班加西港口更为狭小。它们的码头太短，吃水也不够深。经过改造之后，在 4 月

才能获得每天装卸 5 000 吨货物的能力。其三，卡车的严重短缺是真正的致命伤。德意联军只有 6 000 到 10 000 辆卡车。即使海军能够完成隆美尔要求的运量，这些卡车也无法将货物运达前方，其运力比实际需求低三分之二！至于图卜鲁格和阿拉曼之间的铁路，每天运力仅为 332 吨。总之，就算海军表现更为优秀，物资也只能大量堆积于港口。

意大利船队的崩溃

1938/ 3 318 000 吨

1940/ 2 102 000 吨

1942/ 1 661 000 吨
其中 818 000 吨被法国扣押

1943/ 1 219 904 吨

-441 096 吨沉没

-1 216 000 吨被其他国家扣押

-1 259 000 吨沉没

后勤运转不畅

需求：4 480 吨 / 日
前线物资：3 200 吨 / 日（意军 33.5%，德国非洲军团 38%）
运输卡车需要汽油：480 吨 / 日
后方物资：560 吨 / 日

卸货：2 118 吨 / 日
前线物资：1 827 吨 / 日
后方物资：292 吨 / 日
民用物资：207 吨 / 日
海军物资：85 吨 / 日

58% 送达的黎波里
15 天路程

送达前线
1 349 吨 / 日

7 天路程
42% 送达班加西

阿拉曼

卡车数量
▶ 满足后勤要求，需 21 173 辆　▶ 最大值：10 000 辆　▶ 最小值：6 000 辆

平均每日卸货
2 118 吨

港口每日
卸货数量

最大值：
1942 年 4 月，5 322 吨 / 日

需求量：
4 480 吨 / 日

平均每日 1 349 吨物资送达前线，需 8 941 辆卡车

法属非洲境内的前线与苏联前线的距离之比较

1 069km　莫斯科　1 742km

布列斯特 - 立陶夫斯克　斯大林格勒

的黎波里　阿拉曼

1 481km

运输量低下的铁路

图卜鲁格　2 060km

4. 兵力伤亡及战略小结

与其他战役相比，沙漠战争没有那么血腥（双方阵亡人数日均仅 70）。由于实际兵力不多，而且每次战斗之间都有较长间隔（为期 32 个月的战争中，休战状态有 10 个月），记录上的每日伤亡人数不高。然而，一旦交火，战事就会异常激烈。另一特点是庞大的战俘人数：1940 年 12 月，13 万意大利人投降；而最后在突尼斯投降的军队有多达 20 万到 25 万人。虽然从绝对意义上看，两军在非洲投入的资源和设备有限，但该战役的结果，对盟军的最终胜利至关重要。此战役确保了中东的安全，并对意军造成毁灭性打击（包括东非战场在内，意军战斗减员 43.8 万人），威胁了希特勒占领的欧洲南部地区。

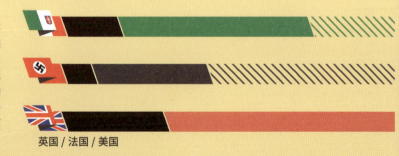

英国 / 法国 / 美国

资料来源：1. Das Deutsche Reich und der Zweite Weltkrieg, vol III & VI, Deutsche Verlag-Anstalt, 1994 & 2001 - 2. P. Battistelli, Italian Soldier in North Africa, Osprey, 2013 - 3. History of the Second World War, The Mediterranean & the Middle East, 6 vol, 1954-1988 - 4. J. Greene & A. Massignani, Rommel's North Africa Campaign, Da Capo, 1994

3. 非洲战争的结束

隆美尔在阿拉曼前线失败了两次。蒙哥马利将军接任英军指挥官之后，于1942年9月开始进攻。他深知英军不善于运动战，便策划按部就班的作战手段，希望将敌军的后备力量引蛇出洞，加以消耗。在艰苦的战斗中，英联邦军队人员消耗很大，而德国非洲军团的物资也被掏空了。如若盟军没有在法属北非登陆，分散了轴心国军队的力量，后者或许可以在利比亚好好休整一番。

而轴心国为什么后来才对当时所做的努力大吃一惊呢？事实上，保住北非的桥头堡地位，就可以确保南欧（尤其是意大利）的安全。突尼斯有几座靠近意大利的现代化港口。因此，希特勒在突尼斯突袭盟军，准备就地建立一个容易获得补给的长期阵地。在这里，西部有山脉屏障，南方又是可以封锁边界的工事，易于防守。不过，这一战略虽然合理，但不足以取胜。1943年5月，一场血战之后，轴心国在北非战败。

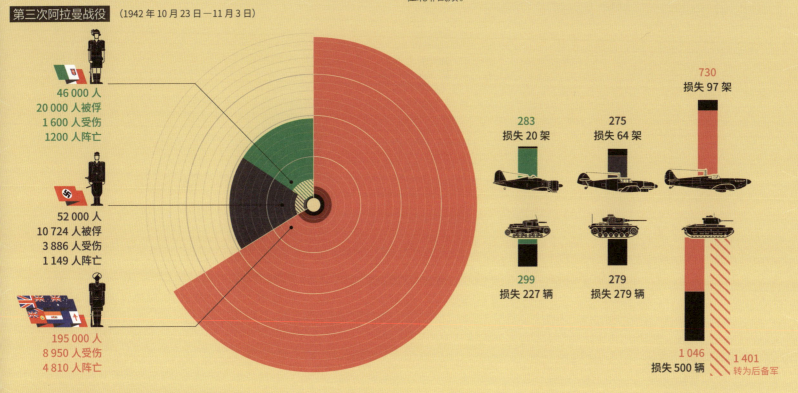

第三次阿拉曼战役 （1942年10月23日—11月3日）

46 000 人
20 000 人被俘
1 600 人受伤
1200 人阵亡

52 000 人
10 724 人被俘
3 886 人受伤
1 149 人阵亡

195 000 人
8 950 人受伤
4 810 人阵亡

283
损失 20 架

275
损失 64 架

730
损失 97 架

299
损失 227 辆

279
损失 279 辆

1 046
损失 500 辆

1 401
转为后备军

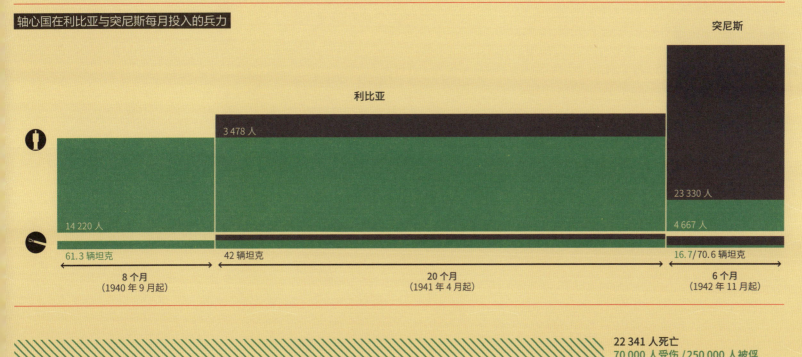

轴心国在利比亚与突尼斯每月投入的兵力

突尼斯

利比亚

3 478 人

23 330 人

14 220 人

4 667 人

61.3 辆坦克

42 辆坦克

16.7/70.6 辆坦克

8 个月
（1940 年 9 月起）

20 个月
（1941 年 4 月起）

6 个月
（1942 年 11 月起）

22 341 人死亡
70 000 人受伤 / 250 000 人被俘

12 602 人死亡
43 212 人受伤 / 121 344 人被俘

40 378 人死亡
143 158 人受伤 / 66 500 人被俘

5. BA/MA RW4/479, RW 6/556 et 6/558, RW 6/543, Instituto Centrale Statistica, *Morti e dispersi per cause belliche negli anni 1940–45*, Rome, 1957 - 6. Colin F. Baxter, *The War in North Africa, 1940–1943 : A Selected Bibliography*, Greenwood, 1996.

斯大林格勒战役

斯大林格勒战役围绕斯大林格勒城展开，是一场大规模的混战。该战役从 1942 年 7 月 11 日持续到 1943 年 2 月 2 日，可分为四个阶段。第一阶段从 1942 年 7 月 11 日到 8 月 23 日，由保卢斯装甲兵上将（后晋升元帅）率领的德国第 6 集团军向东推进 200 千米，从苏联的齐尔河经过顿河大弯曲，抵达伏尔加河。斯大林格勒正位于伏尔加河河畔，三面环水。第二阶段从 8 月 23 日到 11 月 18 日，是真正意义上的巷战。在一座长达 20 千米的大型工业城市内作战，开创了历史的先例。战斗在十个区域内展开，每条街、每栋房子、每座工厂，都可能成为双方争夺的焦点。崔可夫将军自 9 月 12 日起统率苏联第 62 集团军，严防死守。德军虽有第四装甲集团军的支援，火力充足，却无法将苏军逼出伏尔加河西岸。第三阶段是苏联反击的"天王星行动"。该军事行动准备充分，从属于一个复杂的战略计划，在 48 小时内取得成功。11 月 23 日，德国第 6 集团军和第 4 装甲集团军一部，共 33 万人被包围。第四阶段持续到次年 2 月 2 日。德国空军试图从空中补给，而曼施泰因将军试图发动奇袭，均遭到失败。最后，斯大林格勒内外的第 6 集团军全军覆没。

从双方损失的角度上看，德国虽然损失惨重，但伤亡仍远低于苏联红军。而且，1943 年 2 月底，德军也成功稳定了自己的战线。因此，苏联在该战役的胜利更多处于战略和心理层面。此后，希特勒再也没有组织过具有战略意义的大型军事行动，甚至完全放弃了在东线迅速取胜的想法。斯大林则保住了高加索和油田，获得了一条美国从伊朗方向打通的新的协助补给线。在心理方面，"德军优势巨大，且不可战胜"的神话破灭了。德国人第一次意识到自己有可能输掉战争，元首个人魅力的光环开始褪色。至于苏联方面，顶住了 1942 年夏季的斯大林格勒危机之后，斯大林对苏联的信心大涨。

1. 巷战

德军曾以四波连续的攻势，占据了斯大林格勒 90% 的土地。然而，由于兵力不足，且无法在城镇中充分发挥机动力及火力优势，各支部队消耗过大，行进速度开始变慢，伤亡人数也不断上升。苏联一边从伏尔加河对岸用炮火骚扰敌军，一边从北部的斯巴达科夫卡持续反攻，四分之一的德军几乎寸步难行。面对苏联第 62 军的夜袭和 500 名狙击手的偷袭，德国第 6 集团军无暇休整，精疲力竭。

2. 造成大量杀伤的"绞肉机"

9 月底，苏联意识到必须在巷战中困住并消耗第 6 集团军的战斗力，并在城外组织反击。为了实现这一目标，必须抓住"恰当的时机"，持续保证战斗态势。其原则好有一比：每当火堆即将熄灭时必须投入木柴，使其复燃。苏联使用前所未闻的后勤手段，增派相当于 15 个师的兵力，穿越伏尔加河，数次在第 62 集团军即将崩盘之际赶到。前来增援的军队伤亡率极高，但总能在距河数百米外挡住敌军的前进步伐。

希特勒、陆军总司令部和保卢斯指挥失当，听任最为精锐的十个师在一场意义不大的战事中消耗了两个月时间，仅由一支装备欠佳的罗马尼亚军队掩护其侧翼。而德国的情报部门，居然浑然不觉苏联在城市西北方向及南方集结军力，也是此役失败的重要原因之一。

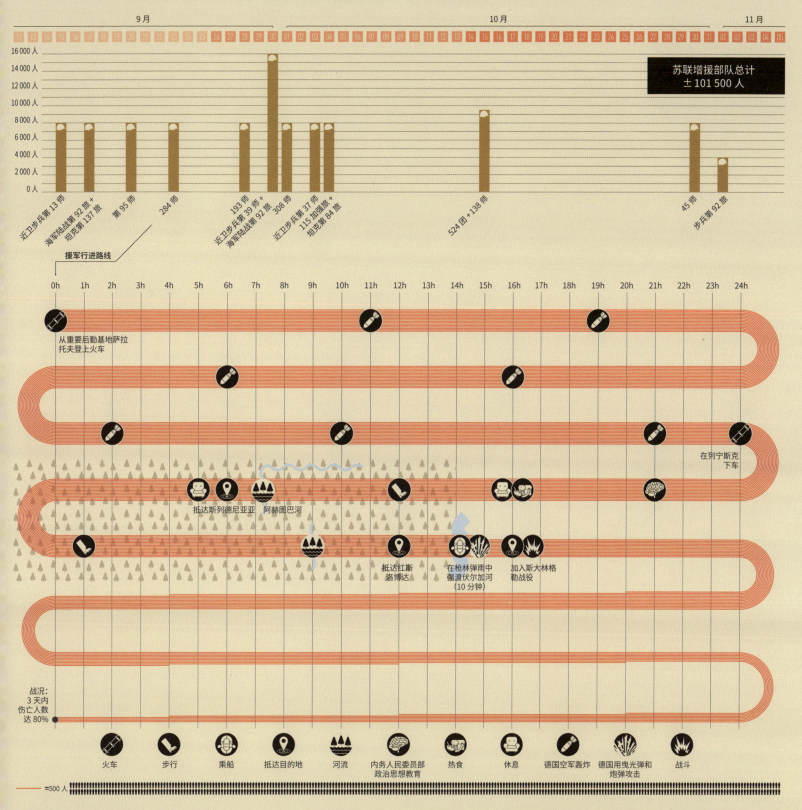

一支增援部队的死亡之旅：
　　该部队从萨拉托夫登上火车。三天的车程中，他们遭遇德国空军的数次轰炸，在距斯大林格勒 50 千米的列宁斯克下车。随后，政工人员进行长时间的思想教育，向部队解释这一战役的意义，并反复强调斯大林的命令："寸步不让！"随后，士兵们吃到最后一顿热食，并获得《巷战指南》宣传资料。晚间，士兵徒步沿阿赫图巴河前进，到达斯列德尼亚亚，穿过伏尔加河三角洲上的大片森林，抵达伏尔加河东岸的红斯洛博达。在夜色掩护下，他们分头登上小舟，用 10 分钟时间穿越枪林弹雨，强行渡河。在西西岸，他们行进到距战场 200 米外的克鲁托伊河口，全面投入战斗。三天后，战斗人员减员至 20%。此时，另一支增援部队又经由同一路线抵达战场。

3. 苏联反击

"天王星计划"旨在围困斯大林格勒一带的德国第 6 集团军。1942 年 10 月，对苏联红军而言，它并非唯一的任务，甚至算不上最重要的军事行动。在斯大林格勒北方 1 000 千米处，朱可夫必须击败德国第 9 集团军（火星计划），再进攻德国中央集团军群大部（木星计划）。苏联虽成功阻止了德军装甲师向南前进，但也付出极为惨重的代价。"天王星计划"固然大获成功，可是原计划的后续行动——夺回罗斯托夫，

摧毁德国 A、B 两大集团军群的"土星计划"，却被迫降级为"小土星计划"。之所以如此，有两个意外因素：首先，被包围的德军，无论是士兵数量还是战斗力，都超过预期；其次，曼施泰因发动"冬季风暴解围战"，一路杀到距第 6 集团军仅 48 千米处。为了避免已经到手的猎物逃脱，红军司令部只得派出原定执行"土星计划"的两个集团军来封堵曼施泰因，并占领为保卢斯提供补给的机场（"小土星计划"）。

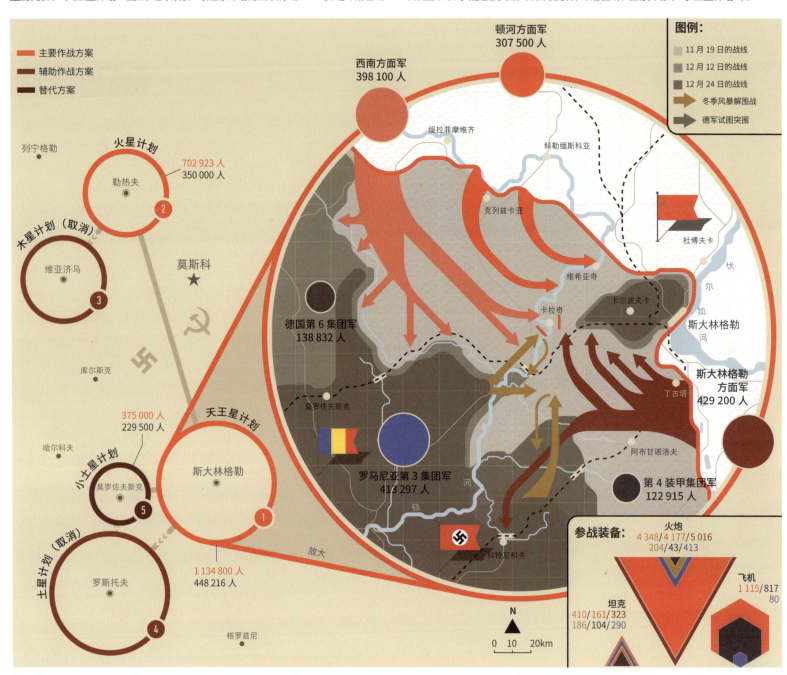

4. 德军"空桥补给"

德国空军虽然发明了"空中走廊"的战术，但仍在斯大林格勒惨败。Ju-52 运输机损失惨重，无法将物资送达被围困的部队。由于天气恶劣，苏军又用防空高射炮和战斗机进行拦截，并夺走两个空军基地，再加上德军的装备耗损严重，"空桥补给"任务失败。在此情况下，保卢斯的部队长期忍饥挨饿，炮弹和汽油告罄，无力杀出重围。

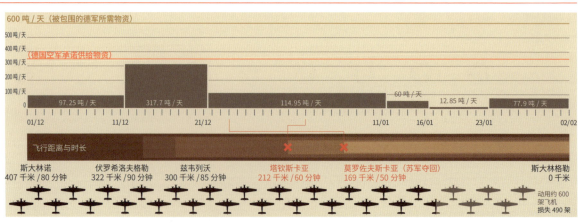

5. 战俘营

苏联用两个多月，不断缩小斯大林格勒的包围圈。决战再次在城市的废墟中展开，如同命运的嘲弄。德军没有轻易认输。不夸张地说，正是斯大林格勒德国陆军令人惊叹的顽强战力，拖住了苏联的六个集团军和两支庞大的炮兵部队，拯救了己方的 A、B 两大集团军群。他们的英勇与崔可夫率领的第 62 集团军相比，绝不逊色。最终，11 万德军被俘。忍饥挨饿两个月后，被押往火车站和临时战俘营的漫长路途，成为他们的死亡之旅。夜晚，气温降至零下 20 多摄氏度，战俘们心理防线崩溃，且伤寒肆虐，70% 的人死亡。1955 年，德国时任总理阿登纳前往莫斯科，寻访最后死里逃生的战俘。

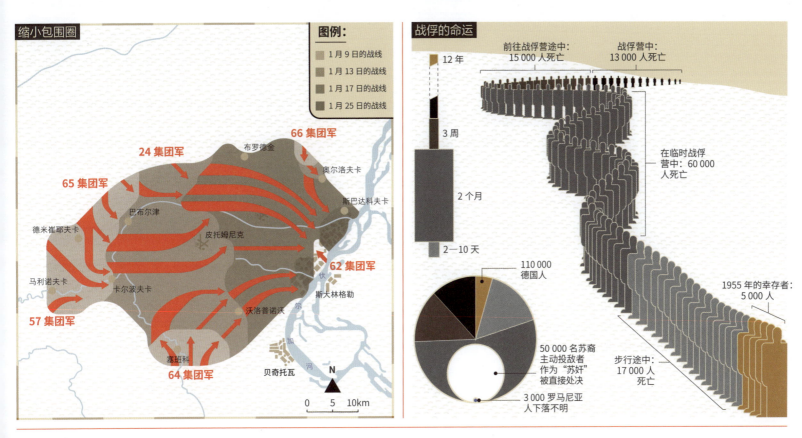

缩小包围圈

图例:
- 1 月 9 日的战线
- 1 月 13 日的战线
- 1 月 17 日的战线
- 1 月 25 日的战线

66 集团军
24 集团军
65 集团军
57 集团军
64 集团军
62 集团军

布罗德金
奥尔洛夫卡
斯巴达科夫卡
巴布尔津
德米崔耶夫卡
皮托姆尼克
马利诺夫卡
卡尔波夫卡
斯大林格勒
沃洛普诺沃
寒班科
贝奇托瓦

N
0 5 10km

战俘的命运

前往战俘营途中:15 000 人死亡
战俘营中:13 000 人死亡

12 年
3 周
2 个月
2—10 天

在临时战俘营中:60 000 人死亡

110 000 德国人

50 000 名苏裔主动投敌者作为"苏奸"被直接处决

3 000 罗马尼亚人下落不明

1955 年的幸存者:5 000 人

步行途中:17 000 人死亡

6. 小结

广义的"斯大林格勒战役"（包括在顿河中段反击匈牙利及意大利联军的战斗），造成近 200 万人伤亡。此外，还有 10 万当地市民丧生。德军虽然损失惨重，但并不像传闻中那么恐怖。不过，1942 年至 1943 年的这场冬季战争，却给德军的盟友敲响了丧钟。意大利、匈牙利和罗马尼亚都失去了大部分兵力，以及几乎所有装备。不久之后，意大利和匈牙利撤离苏联。德国对盟友态度并不友好，盟友的军队离心离德。苏联的损失虽然一如既往地惨烈，但考虑到对敌杀伤及战略战术层面的巨大成功，也还算可以接受。此役之后，苏联已经看到战胜德国的希望；不过，全面展现战胜者的实力，还须假以时日。

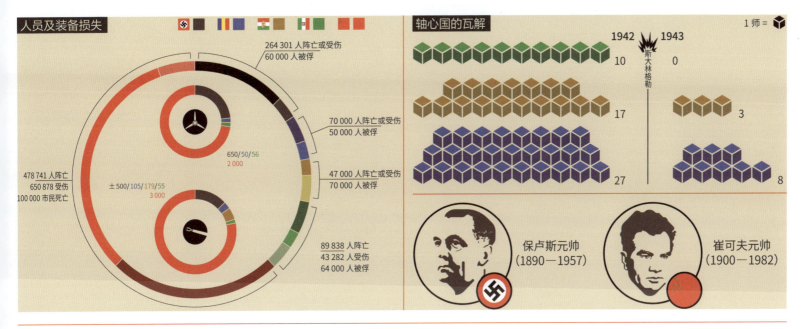

人员及装备损失

264 301 人阵亡或受伤
60 000 人被俘

650/50/56
2 000

±500/105/179/55
3 000

478 741 人阵亡
650 878 受伤
100 000 市民死亡

70 000 人阵亡或受伤
50 000 人被俘

47 000 人阵亡或受伤
70 000 人被俘

89 838 人阵亡
43 282 人受伤
64 000 人被俘

轴心国的瓦解

1 师 =

1942 1943
斯大林格勒

10 0
17 3
27 8

保卢斯元帅（1890—1957）
崔可夫元帅（1900—1982）

资料来源: *1. Manfred Kehrig, Stalingrad, Deutsche Verlags-Anstalt, 1974 - 2. J. David M. Glantz, The Stalingrad Trilogy, Hellion & Company, 2010 - 3. Das deutsche Reich und der Zweite Weltkrieg, vol. 6 - 4. G. F. Krivosheev, Grif Sekretnosty Sniat., op. cit.*

盟军收复太平洋

当同盟国走出太平洋战争最初数月手足无措的状态之后，日军在澳大利亚、马来亚和印度的扩张计划很快受到遏制。随后，1942年的大部分时间内，盟军以所罗门群岛为中心，展开了一场消耗战。在瓜达尔卡纳尔岛（简称"瓜岛"），为争夺岛屿北部的亨德森机场，一场海陆空的血战打了六个月。此外，为争夺科科达小径及原属澳大利亚托管的莫尔斯比港，双方在新几内亚也展开激战。

自1943年起，同盟国进入第二阶段的作战，逐步收回失地，并

在美国海军的支援下，四面出击。美国于1940年至1941年开展的大型工业发展计划，此时终于开花结果。以粉碎日本军力为目标的美军攻势，为了出其不意，不待所有部队集结到位，便无声无息地开始了。1942年，美军潜艇着手于全面破坏日军的交通线，虽开始阶段困难重重，但随后便取得了决定性胜利。另外，日本海军虽也体量庞大，但主攻盟军的军舰和运输船队，不但效果有限，而且从未真正威胁过盟军的物资运输。

1. 同盟国向北缓慢推进

1943年起，为了击破日本在太平洋的防御体系，美国准备双管齐下。麦克阿瑟将军主导南太平洋战区的作战，计划打穿"俾斯麦群岛屏障"，孤立拉包尔的大型日军基地之后，取道新几内亚北岸，收复菲律宾。

而在太平洋中部，尼米兹将军率领的"蓝色大舰队"采用"蛙跳战术"，绕过并孤立日军驻防的大部分岛屿，直取少数几个战略要地：塔拉瓦、埃内韦塔克、塞

班岛、天宁岛等，尤其是收复美国在参战初期失去的关岛。

第二阶段，日本舰队一毁灭，两路美军就形成钳形攻势，向日本本土推进。1945年2月至3月，美国海军艰难地攻占了隶属于日本的硫黄岛，4月，美国海军在"冰山行动"中，大举登陆冲绳。

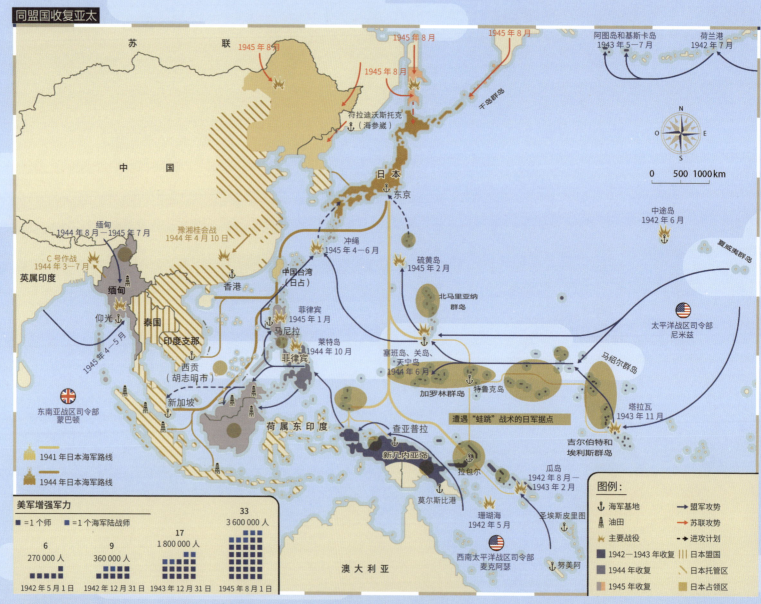

*本书地图系原书插附地图

（1943—1945）

　　"二战"的最后两年，日本的防线不断缩短，回天无术；同时，它的战争经济也在激烈的潜艇战中逐渐窒息。1944 年，日本舰队在菲律宾海战和莱特湾海战中被歼灭，占据的岛屿也逐一被美国海军陆战队攻克。眼见自己无法在海上与盟军抗衡，日本转攻中国，豫湘桂会战是日本陆军最后的胜利之一，通过此役，日本军部试图在中国战场重新掌握主动权；此外，它也发动"C 号作战计划"，试图入侵印度，但在英帕尔和科希马受阻于英国守军，宣告失败。1944 年末，除了绝望地防守本岛，在战略方面，日本已别无选择。这一阶段最为著名的作战行动，莫过于力图造成最大杀伤的"神风特攻队"——飞行员无论自愿与否，驾机对美军进行自杀性攻击。1945 年，硫黄岛、马尼拉、冲绳及仰光的一系列战役，是盟军收复失去土地的最后几个重要军事行动。入夏之后，盟军准备对日本本岛发动致命一击。

2. 日本舰队的覆灭

　　日本联合舰队曾在中途岛及所罗门群岛一带损失惨重（1942—1943 年），又在菲律宾沿海铩羽（1944 年 6 月）。1944 年 10 月，它参加了自己的最后一战——莱特湾海战。此役堪称"二战"史甚至人类历史上规模最大的一次海战。日军大胆启动"捷号计划"，给护卫菲律宾登陆行动的美军舰队设下了陷阱（0）。日本打算派出小泽将军的航母舰队为诱饵，引开美军第 3 舰队的航空母舰，再以装甲舰小心地在各岛屿之间穿行，奇袭登陆的美军，集中火力全歼。考虑到武力分散的风险（1），哈尔西将军决定在北面咬住日本放出的诱饵，追踪并消灭航母舰队（3）；在南面，美军战列舰成功地封锁了苏里高海峡（2）。25 日，在萨马岛，面对美军航母护卫舰的凶悍攻击，日军战列舰无法取胜（4），损失惨重，只得撤退。三天之内（10 月 24—26 日），日本舰队机关算尽，再也无力作战。

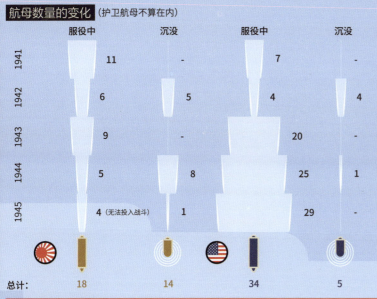

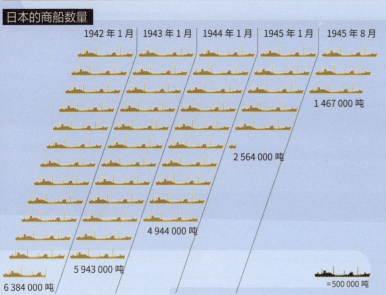

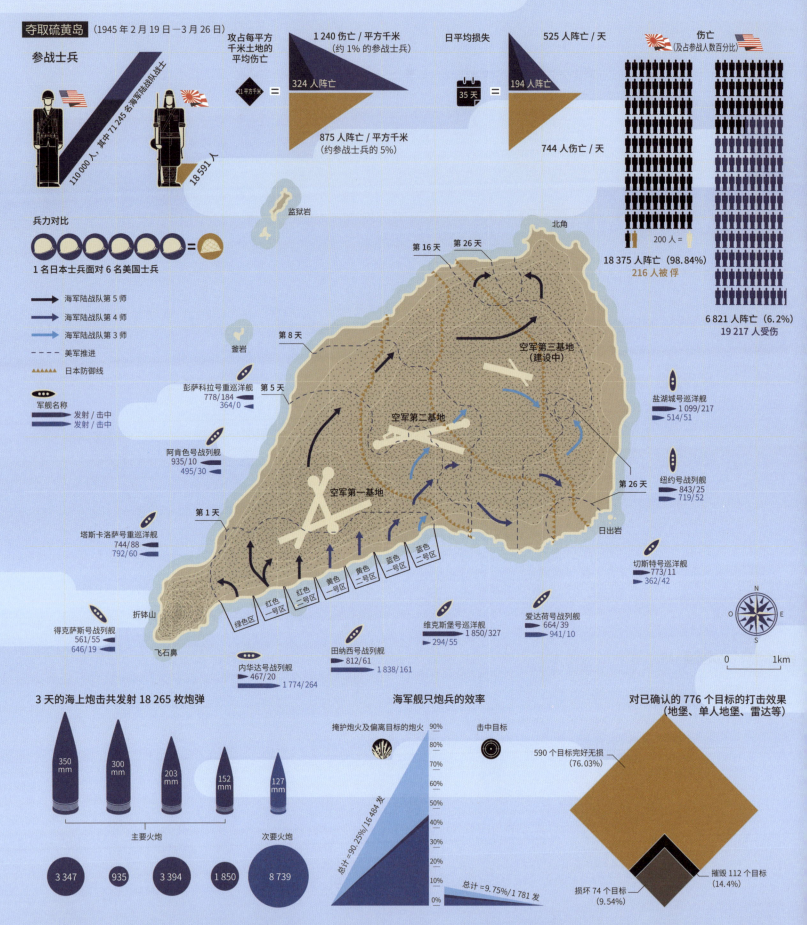

夺取硫黄岛 (1945年2月19日—3月26日)

参战士兵

110 000 人，其中 71 245 名海军陆战队战士

18 591 人

攻占每平方千米土地的平均伤亡

1 平方千米 =

1 240 伤亡 / 平方千米 (约 1% 的参战士兵)
324 人阵亡
875 人阵亡 / 平方千米 (约参战士兵的 5%)

日平均损失

35 天 =

525 人阵亡 / 天
194 人阵亡
744 人伤亡 / 天

伤亡 (及占参战人数百分比)

200 人 =

18 375 人阵亡 (98.84%)
216 人被俘

6 821 人阵亡 (6.2%)
19 217 人受伤

兵力对比

1 名日本士兵面对 6 名美国士兵

海军陆战队第 5 师
海军陆战队第 4 师
海军陆战队第 3 师
- - - 美军推进
▲▲▲ 日本防御线
🚢 军舰名称
　发射 / 击中
　发射 / 击中

监狱岩
北角
第 16 天　第 26 天
空军第三基地 (建设中)

盐湖城号巡洋舰
1 099/217
514/51

釜岩
第 8 天
第 5 天

彭萨科拉号重巡洋舰
778/184
364/0

空军第二基地

纽约号战列舰
843/25
719/52

阿肯色号战列舰
935/10
495/30

空军第一基地

第 26 天
日出岩

第 1 天

切斯特号巡洋舰
773/11
362/42

塔斯卡洛萨号重巡洋舰
744/88
792/60

绿色区　红色一号区　红色二号区　黄色一号区　黄色二号区　蓝色一号区　蓝色二号区

折钵山
得克萨斯号战列舰
561/55
646/19

飞石鼻

内华达号战列舰
467/20
1 774/264

田纳西号战列舰
812/61
1 838/161

维克斯堡号巡洋舰
1 850/327
294/55

爱达荷号战列舰
664/39
941/10

0　　1km

N
O　　E
S

3 天的海上炮击共发射 18 265 枚炮弹

350 mm　300 mm　203 mm　152 mm　127 mm

主要火炮　　　　　　　次要火炮

3 347　935　3 394　1 850　8 739

海军舰只炮兵的效率

掩护炮火及偏离目标的炮火
90% 80% 70% 60% 50% 40% 30% 20% 10% 0%
总计 = 90.25%/16 484 发

击中目标
总计 = 9.75%/1 781 发

对已确认的 776 个目标的打击效果 (地堡、单人地堡、雷达等)

590 个目标完好无损 (76.03%)

摧毁 112 个目标 (14.4%)

损坏 74 个目标 (9.54%)

太平洋战争中，夺取硫黄岛是最为艰苦与血腥的战役之一，也是美军伤亡人数高于日军的唯一一场战役。抢滩登陆战斗由美国海军陆战队发起。海军陆战队是介于海军与陆军之间的独立军种。按美军原定作战计划，先由航空兵实施为期数周的轰炸，再由海军舰船持续炮轰三日，完全摧毁日军防御体系之后，海军陆战队在五日之内占领全岛。然而，由于日军密集的防御工事深藏于地下，并未受到严重破坏，前期轰炸基本无效。日军凭借工事死守，血战一个多月，才被美军击败。

资料来源：1. N. Bernard, *La Guerre du Pacifique*, Tallandier, 2016 - 2. J. Costello, *La Guerre du Pacifique*, 2 vol., Pygmalion, rééd. 2010 - 3. S. E. Morison, *History of U.S. Naval Operations in World War II*, US Navy, rééd 2001 - 4. *Japanese monographs*, US Army, 1959 - 5. Gruner, HNSA - 6. http://www.allworldwars.com/Iwo-Jima-Naval-Gunfire-Support.html.

110

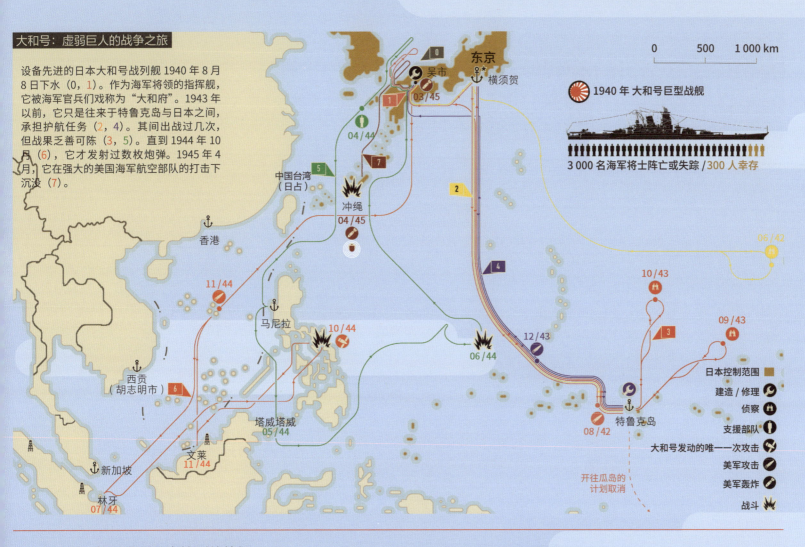

大和号：虚弱巨人的战争之旅

设备先进的日本大和号战列舰 1940 年 8 月 8 日下水（0，1）。作为海军将领的指挥舰，它被海军官兵们戏称为"大和府"。1943 年以前，它只是往来于特鲁克岛与日本之间，承担护航任务（2，4）。其间出战过几次，但战果乏善可陈（3，5）。直到 1944 年 10 月（6），它才发射过数枚炮弹。1945 年 4 月，它在强大的美国海军航空部队的打击下沉没（7）。

---

3. 太平洋：美国遭遇最为惨烈的战场

与欧洲战场或其他一些面积更大、更为分散的战场相比，太平洋战场的参战人数相对较少，但对抗激烈——在有限的时间和空间里，双方伤亡均非常惨重。首先，由于日本的军事文化中缺乏撤退或投降的传统，日军的伤亡率极高。直到冲绳岛一役，日军才首次有数千人缴械投降。日军很少有人被俘，其中多半不是因身负

重伤无法自卫者，就是士气低落的朝鲜援军。美国在太平洋战场伤亡人数的比例，远高于其他战区。从时间与伤亡人数的比例上看，美国在太平洋战争中损失的兵力，是非洲或欧洲战场的三倍。

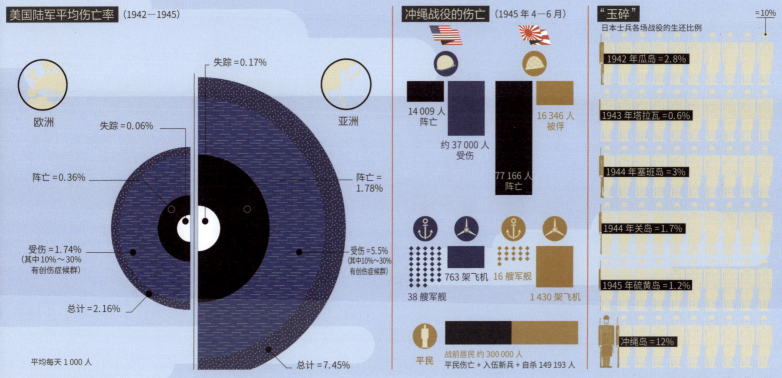

*本书地图系原书插附地图

库尔斯克：
战争转折点

1943 年春，希特勒决定以东线为主要战线；鉴于预期苏联即将反攻，德军应再次发起攻击，以保持战场上的主导地位，力求缩短战线，稳定后防。拖延了一个月之后，希特勒不大情愿地同意：5 月 1 日向库尔斯克这一突出部发动有限度的攻击。作战计划极为保守，以切断突出部为目标：莫德尔将军率领中央集团的第 9 军团军，从北面进攻库尔斯克；曼施泰因元帅麾下南方集团军群的第 4 装甲集团军和肯普夫集群，从南面进攻。德国计划一旦攻占库尔斯克，就俘虏罗科索夫斯基将军的中央方面军及瓦图京将军的沃罗涅日方面军大部——这样，他们有望以数十万苏联战俘，补充急需劳动力的德国产业。然而，进攻日期一再拖延，最终推到了 7 月 5 日。或许，希特勒确实在等待新型装甲车辆（费迪南德坦克歼击车）运抵前线；但最主要的原因，还是轴心国军队 1943 年 5 月 13 日在突尼斯的投降。由于遭到盟国意大利的背叛——倒也在希特勒的意料之中，德国必须组建一支后备军来稳定危局，无法全力投入东线战场。直到 6 月底，希特勒才安下心来，放手一搏。

苏联乐于静观其变。在双方心照不宣的两个月停火时间里，苏联抓紧时间，一方面建造坚固的工事，加强库尔斯克突出部的防御；另一方面准备了由三方相互配合的反击行动，准备一旦在库尔斯克获胜，便分别向奥廖尔、哈尔科夫和顿巴斯发起进攻。德军获悉苏联的计划，决心在南北两线集结最为精良的装甲和空军部队，快速一举拿下库尔斯克。然而一周之后，德军失利，从此失去了在东线战事的主动权。此后，他们在东线不断后退，直至最终投降。虽然德国在库尔斯克一役的士兵和装备损失远少于苏联，但他还是取得了夏季的首次败绩，哪怕动用了 20 个装甲师和最新的科技。

112

1. 德军的一次进攻和苏军的三场反攻

库尔斯克会战包括四个彼此互相影响的作战计划，战线长达 750 千米，历时 50 天。**1.** 德国执行"城堡行动"，展开钳形攻势：第 9 集团军从北面的奥廖尔向南进攻；南方集团军则从哈尔科夫向北前进。北部的攻势一度突破苏军防线，挺进 30 千米，获得首胜，但从 7 月 11 日开始步履维艰；南部推进了 50 千米之后，也在 7 月 16 日陷入胶着状态。两面进攻受阻，关键在于苏联发动的两次反攻。**2.** 苏联的第一次反攻名为"库图佐夫行动"，7 月 12 日发动，直指奥廖尔，迫使莫德尔将军调头。**3.** 第二次反攻名为"顿巴斯行动"，7 月 17 日从米乌斯河与北顿涅茨河发动。希特勒固然打算不惜代价攻占苏联的鲁尔工业区，但也只能让曼施泰因的装甲部队暂停前进。这次行动，以苏联的失败告终。但是，红军又在 8 月 3 日发动第三波反攻。**4.** 第三次反攻，名为"鲁缅采夫行动"，解放了哈尔科夫。8 月 23 日，事实上与库尔斯克没有太大关系的"库尔斯克会战"结束。

1943 年地图

城堡行动
库图佐夫行动
顿巴斯行动
鲁缅采夫行动
1943 年 7 月 4 日战线
德国最大突破
苏联最大突破
有防御工事的突出地带
参战的集团军群／方面军
沼泽地

0   100km

沃尔霍夫方面军 梅列茨科夫
诺夫哥罗德
北方集团军群 冯·屈希勒尔
西北方面军 铁木辛哥
加里宁方面军 普尔卡耶夫
莫斯科
维捷布斯克
斯摩棱斯克
西方方面军 索科洛夫斯基
布良斯克方面军 波波夫
布良斯克
中央集团军 冯·克鲁格
戈梅利
奥廖尔
库尔斯克
中央方面军 罗科索夫斯基
普洛霍罗夫卡
沃罗涅日方面军 瓦图京
别尔哥罗德
基辅
哈尔科夫
西南方面军 马林诺夫斯基
伊久姆
南方集团军 曼施泰因
尼科波尔
斯大林诺
马里乌波尔
南方面军 托尔布欣
亚速海

2. 德国坦克的优势

从库尔斯克会战的总体角度上看，苏联的坦克数量遥遥领先，但性能无法与德国坦克媲美。德国的费迪南德坦克歼击车、虎式坦克、豹式坦克，甚至配备了长身管火炮的 IV 号战车，都远较苏联的 T-34/76 坦克先进，而 T-70 轻型坦克更不值一提。以虎式坦克为例，库尔斯克会战中绝大多数苏联坦克、反坦克炮或自行火炮，无论远近，都无法对它造成伤害。SU-122 自行火炮及 57 毫米反坦克炮是个例外，但它们在 1943 年还比较罕见。不过，苏联损失的坦克数量多达德国的 6 倍，除去技术方面的差距，苏军指挥部在战术方面的薄弱，也是难辞其咎的。

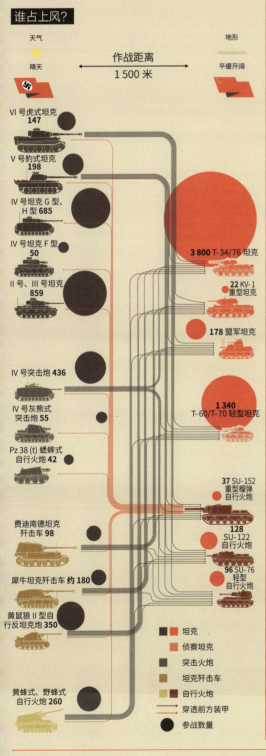

谁占上风？

3. 复杂的纵深防御体系

苏联在库尔斯克突出部建造了"二战"期间规模最大的防御工事，以三个"集团军防御环"和三道"方面军防线"保卫库尔斯克及其后方，纵深达 110 千米。其中布置了长达 9 000 千米的战壕与同样长度的铁丝网，100 万颗地雷和爆炸装置，1 000 千米的反坦克壕沟，及数百座反坦克炮防御点。

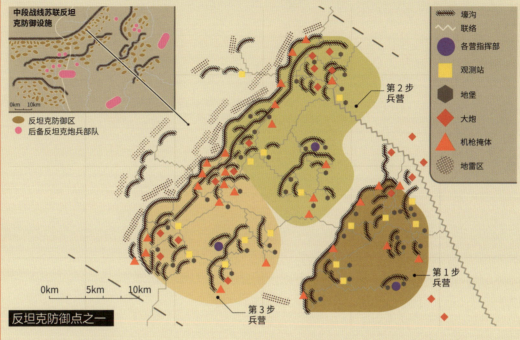

中段战线苏联反坦克炮防御设施

反坦克防御区
后备反坦克炮兵部队

反坦克防御点之一

4. 兵力与伤亡对比 （1943 年 7 月 4 日的兵力对比，及 1943 年 8 月 4 日的伤亡对比）

苏联虽赢得库尔斯克会战，但代价高昂，人员和装备都损失惨重。人员的重大伤亡，不仅因为武器装备的差距，更因为装甲部队与空军低劣的指挥水平。战场上，德国军队的诸兵种协同、无线电通信、兵力集中、整体编队程度和训练水平等，都远在苏军之上。苏联红军的最高统帅部大本营不考虑具体的战术执行，听任大量的士兵在前线无谓牺牲。这固然有文化及政治的因素，但关键原因，还在于苏军有足够的预备队代替损失的兵力；德军则没有相应的兵力。

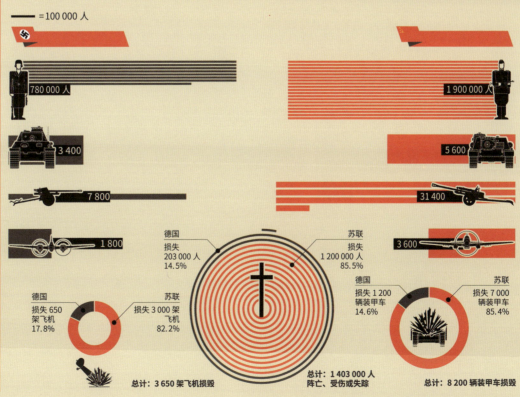

资料来源：1. Jean Lopez, *Koursk*, Economica, 2ᵉ édition, 2011 - 2. Roman Töppel, *Koursk*, Perrin, 2018 - 3. Zetterling et Frankson, *Kursk 1943. A statistical analysis*, Frank Cass, 2000.

空袭德国

何为战略轰炸？法国军事史专家塞尔日·加达尔给出定义：它意味着"对敌军权力中心的攻击，以摧毁对方军事功能或打击民心为目标"。战略轰炸的观念始于第一次世界大战。"二战"以前，意大利学者杜黑将其理论化（美国的比利·米切尔等人也做出过相关贡献），宣称空中武器在战争中可扮演决定性角色：空军能深入敌军领土，仅通

1. 从英军实施轰炸到盟军协同行动

英国早在 1939 年，便拥有一支规模不大的远程轰炸机部队。除军事目标外，英国也一直打算以平民为轰炸目标（主要锁定德国大城市的工人聚居区，特别在鲁尔一带），以期达到心理威慑及政治宣传的目的。

第一波代价高昂的空袭发动于 1939—1941 年。随后，1942 年 2 月，英国发布"区域轰炸令"，通过大量投入使用的四引擎飞机，增加了对特定地区投放燃烧弹的夜间攻击。整体而言，这些空袭缺乏精确性，效果不彰，自身又损失惨重。美国参战后，自 1943 年初开始，同盟国以德国本土及纳粹占领的欧洲地区为目标，

实施了一系列联合轰炸行动（CBO）。空袭分为几个阶段，由英美共同承担白昼及黑夜的轰炸任务，旨在摧毁德意志帝国的产能（锁定 154 个目标），打击民众心理，为登陆欧洲做好准备，并提供支援。力图摧毁德国空军潜能的大规模空袭（"零距离行动"），于当年秋天正式展开。如果说 1942 年的"千机"空袭行动的规模，在当时还令人震撼的话，1944 年就已是家常便饭了：美国在欧洲上空进行的 968 次轰炸任务中，有 68 次出动了上千架轰炸机和数百架护航战斗机，有时会同时攻击多个目标。

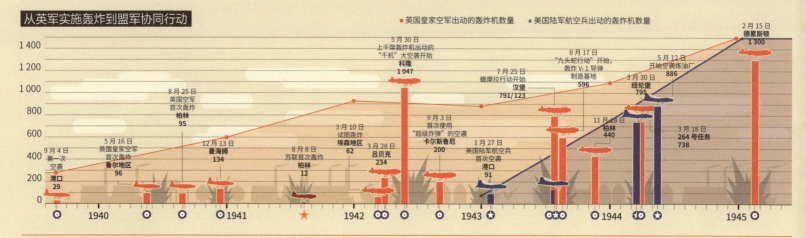

从英军实施轰炸到盟军协同行动

● 英国皇家空军出动的轰炸机数量　★ 美国陆军航空兵出动的轰炸机数量

114

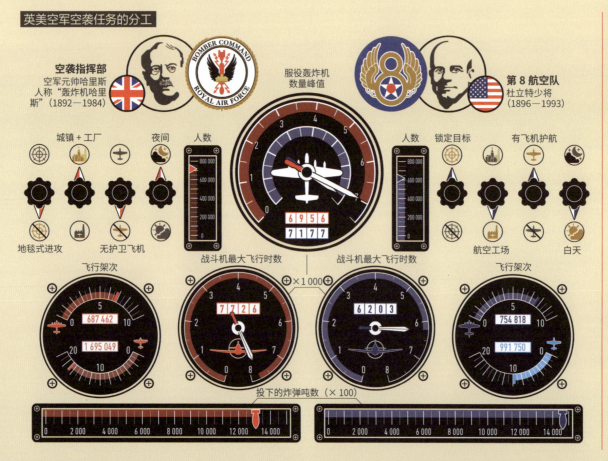

英美空军空袭任务的分工

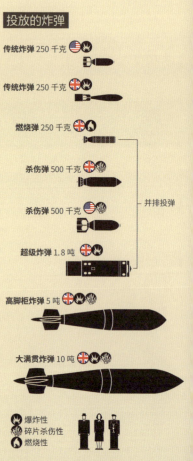

投放的炸弹

传统炸弹 250 千克
传统炸弹 250 千克
燃烧弹 250 千克
杀伤弹 500 千克
杀伤弹 500 千克　并排投弹
超级炸弹 1.8 吨
高脚柜炸弹 5 吨
大满贯炸弹 10 吨

爆炸性
碎片杀伤性
燃烧性

过战略性攻击经济目标（制造中心）及心理目标（平民），即可获得胜利。

1939 年，绝大多数人都指责轰炸城镇的战术违背了道德原则，尤其在 1937 年格尔尼卡轰炸之后。1939 年 9 月，罗斯福总统也曾发表演讲，呼吁参战各方不要轰炸平民。然而，自"二战"的第一阶段起，"道德的枷锁"纷纷落地，各方均放弃了最初克制滥用武力的决心。德国空军轰炸华沙、鹿特丹、伦敦，甚至贝尔格莱德之后，枷锁更是荡然无存。各国虽未必尽然接受杜黑的观点，但在实操层面，都优先考虑发动战略性空袭。英国自 1940 年起便对德轰炸，美国在 1942 年也开始空袭德国，准备为登陆欧洲创造条件。

2. 德国的应对

德国空军自 1940 年开始，不分昼夜地在德国上空守卫国土的安全，并采取各种手段抵御敌军轰炸机的威胁：在北海海岸以雷达网络组成卡姆胡伯贝尔防线；调整战术（采用"野猪战术"，以擅长日间作战的单引擎战斗机，在夜间拦截敌军轰炸机）；发展夜间重型战斗机（双引擎的 Bf-110，Ju-88，Do-217 等）；在战争末期推出火箭动力的拦截机（Me-163 彗星战斗机）。负责本土防御的德国空军虽在"零距离行动"中遭受重创，但仍然依托由 55 000 门防空炮组成的强大网络，协调防务，直至战争结束。为确保领空的安全，德国被迫倾尽全力，还与数百名战斗机飞行员、数以千计的飞机和重型防空炮，还有数十万军事工业工人。然而，随着同盟国空中优势的不断增加，这些投入仍然无力回天。虽然不战至最后一刻的忠勇，但自 1943 年起，德国空军的败局已经注定。

3. 破坏程度小结

在盟军轰炸中，共有近 300 万吨炸弹被投放到欧洲的土地上，其中一半落在德国本土，其余则落在德国占领区或其他轴心国。仅柏林就经历了 350 场空袭，数万人丧生。无疑，德国伤亡惨重，死亡人数可能高达 60 万人，主要城市均遭破坏（但破坏程度可能低于同盟国的预期），汉堡、德累斯顿和普福尔茨海姆更是陷入火焰风暴。然而，战略轰炸是否奏效，答案始终存在争议。一般来说，从整体而言，考虑到空袭的投入、造成的破坏及人员伤亡与最终取得的成果，人们普遍认为轰炸并不成功。预期的主要战略目标——打击德国人的抵抗意志和生产能力——从未真正实现。盟军空中打击的作用，更多在战术层面，有助于其登陆和随后的攻势。

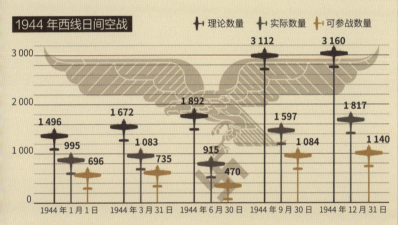

1944 年西线日间空战

图例：理论数量 / 实际数量 / 可参战数量

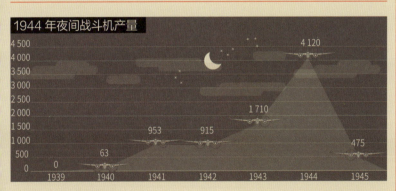

1944 年夜间战斗机产量

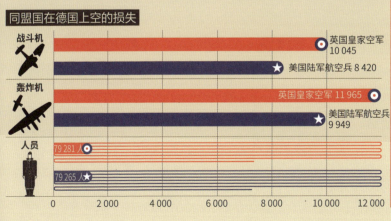

同盟国在德国上空的损失

战斗机：英国皇家空军 10 045 / 美国陆军航空兵 8 420

轰炸机：英国皇家空军 11 965 / 美国陆军航空兵 9 949

人员：79 281 人 / 79 265 人

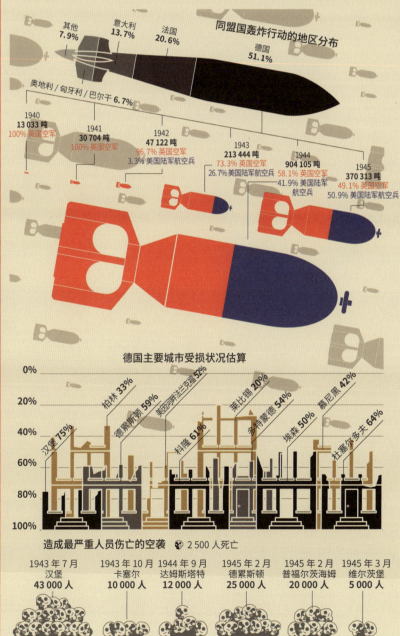

同盟国轰炸行动的地区分布

其他 7.9%　意大利 13.7%　法国 20.6%　德国 51.1%

奥地利/匈牙利/巴尔干 6.7%

1940 13 033 吨　100% 英国空军
1941 30 704 吨　100% 英国空军
1942 47 122 吨　96.7% 英国空军　3.3% 美国陆军航空兵
1943 213 444 吨　73.3% 英国空军　26.7% 美国陆军航空兵
1944 904 105 吨　58.1% 英国空军　41.9% 美国陆军航空兵
1945 370 313 吨　49.1% 英国空军　50.9% 美国陆军航空兵

德国主要城市受损状况估算

汉堡 75%　柏林 33%　德累斯顿 59%　美因河畔法兰克福 50%　科隆 61%　英比凯 20%　多特蒙德 54%　埃森 50%　慕尼黑 42%　杜塞尔多夫 64%

造成最严重人员伤亡的空袭　2 500 人死亡

1943 年 7 月 汉堡 43 000 人　1943 年 10 月 卡塞尔 10 000 人　1944 年 9 月 达姆斯塔特 12 000 人　1945 年 2 月 德累斯顿 25 000 人　1945 年 2 月 普福尔茨海姆 20 000 人　1945 年 3 月 维尔茨堡 5 000 人

D 🇺🇸 B-24M "解放者" 式轰炸机 | 392 轰炸机大队

264 号及 265 号任务

1944 年 3 月 18 日，星期六。对美国第八航空队而言，这是个寻常的一天。飞行员将照例执行战略轰炸任务。按照计划，由 738 架四引擎轰炸机组成的三个联队，在 925 架战斗机的护航下，前往德国巴伐利亚地区的多个航空工业生产基地和机场（264 号任务）；随后，他们执行次要任务，在夜间向德国占领的一些法国城市，由 B-17 轰炸机投放传单（265 号任务）。在此，我们将见证 392 轰炸机大队当天的整个空袭过程：凌晨两点，飞行员在内卡河畔文德林根基地起床；10 点，列队起飞；14 点至 14 点 30 分，轰炸腓特烈港的战略目标；19 点 45 分，最后一架飞机返回基地。392 大队这一天运气不佳，不但遭到德国防空炮及战斗机的攻击，还遭遇意外情况（12 点 33 分，轰炸机相撞）；部分飞机在瑞士迫降，机组人员被扣留。

第八航空队的组织架构 （1944 年 3 月）

第 8 航空队
- 联合指挥部
  - 第 1 轰炸师 ①
    - 第 2 轰炸机联队
    - 第 20 轰炸机联队
    - 第 14 轰炸机联队 — 第 44 轰炸机大队 Ⓐ — 第 576 轰炸机中队 / 第 577 轰炸机中队
    - 第 95 轰炸机联队
  - 第 2 轰炸师 ②
  - 第 96 轰炸机联队 — 第 392 轰炸机大队 Ⓓ — 第 578 轰炸机中队 / 第 579 轰炸机中队
  - 第 3 轰炸师 ③
- 战斗机指挥部
- 轰炸机指挥部
- 勤务指挥部

第 264 号任务成果 （B-17 及 B-24 轰炸机 = 每架飞机 10 名机组人员）

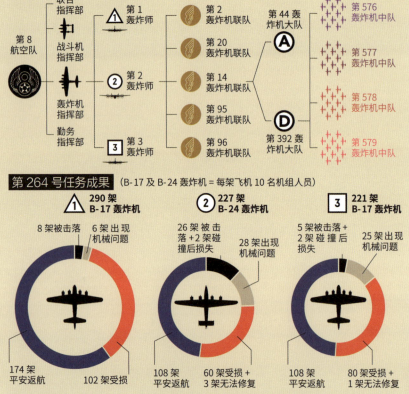

① **290 架 B-17 轰炸机**
- 8 架被击落
- 6 架出现机械问题
- 174 架平安返航
- 102 架受损

② **227 架 B-24 轰炸机**
- 26 架被击落 +2 架碰撞后损失
- 28 架出现机械问题
- 108 架平安返航
- 60 架受损 +3 架无法修复

③ **221 架 B-17 轰炸机**
- 5 架被击落 +2 架碰撞后损失
- 25 架出现机械问题
- 108 架平安返航
- 80 架受损 +1 架无法修复

2 900 名机组人员
- 25 人死亡
- 9 人受伤
- 16 人被俘
- 40 人被瑞士扣留
- 投下 583 吨炸弹

2 270 名机组人员
- 93 人死亡
- 9 人受伤
- 87 人被俘 +3 人逃脱
- 115 人被瑞士扣留
- 投下 500 吨炸弹

2 210 名机组人员
- 33 人死亡
- 4 人受伤
- 35 人被俘 +2 人逃脱
- 0 人被瑞士扣留
- 投下 453 吨炸弹

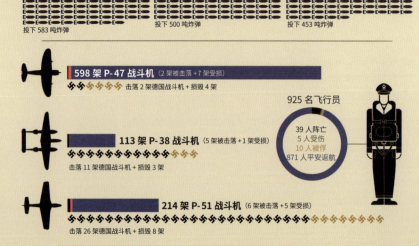

598 架 P-47 战斗机 （2 架被击落 +7 架受损）
击落 2 架德国战斗机 + 损毁 4 架

113 架 P-38 战斗机 （5 架被击落 +1 架受损）
击落 11 架德国战斗机 + 损毁 3 架

214 架 P-51 战斗机 （6 架被击落 +5 架受损）
击落 26 架德国战斗机 + 损毁 8 架

925 名飞行员
- 39 人阵亡
- 5 人受伤
- 10 人被俘
- 871 人平安返航

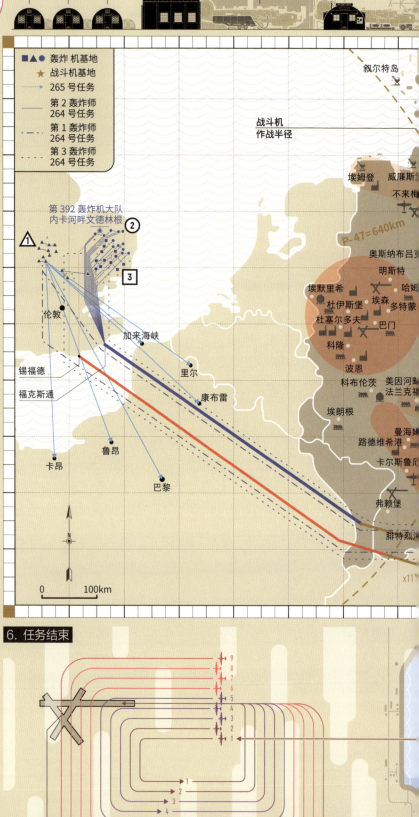

1. 准备
- 起床
- 早餐
- 加油
- 简报

02:00　03:00　04:00

轰炸机基地 ■▲●
战斗机基地 ★
265 号任务
第 2 轰炸师 265 号任务 264 号任务
第 1 轰炸师 264 号任务
第 3 轰炸师 264 号任务

战斗机作战半径

第 392 轰炸机大队 内卡河畔文德林根

P-47 = 640km

叙尔特岛
埃姆登　威廉斯
不来梅
奥斯纳布吕克
明斯特
埃默里希　哈姆
杜伊斯堡　埃森　多特蒙德
杜塞尔多夫　巴门
科隆
波恩
科布伦茨　美因河法兰克福
埃朗根
曼海姆
路德维希港
卡尔斯鲁厄
弗赖堡
腓特烈港

伦敦
加来海峡
里尔
康布雷
锡福德
福克斯通
鲁昂
卡昂
巴黎

0 — 100km

6. 任务结束

最后一架飞机降落

19:00 18:45　18:00　17:00

锡福德

资料来源：1. D. Richards & H. Saunders, *RAF 1939-1945*, 1956 - 2. M. Hastings, *Bomber Command*, 1979 - 3. W. Murray, *Strategy for Defeat*, 1983 - 4. W. Craven & J. Cate, *Army Air Forces in World War II* - 5. *Strategic Bombing Survey, Europe* - 6. D. Calwell & R. Muller, *Luftwaffe Over Germany : Defense of the Reich*, Frontline, 2014 - 7. F. Vajda et P. Dancey, *German Aircraft Industry and Production, 1933-1945*, 1998 -

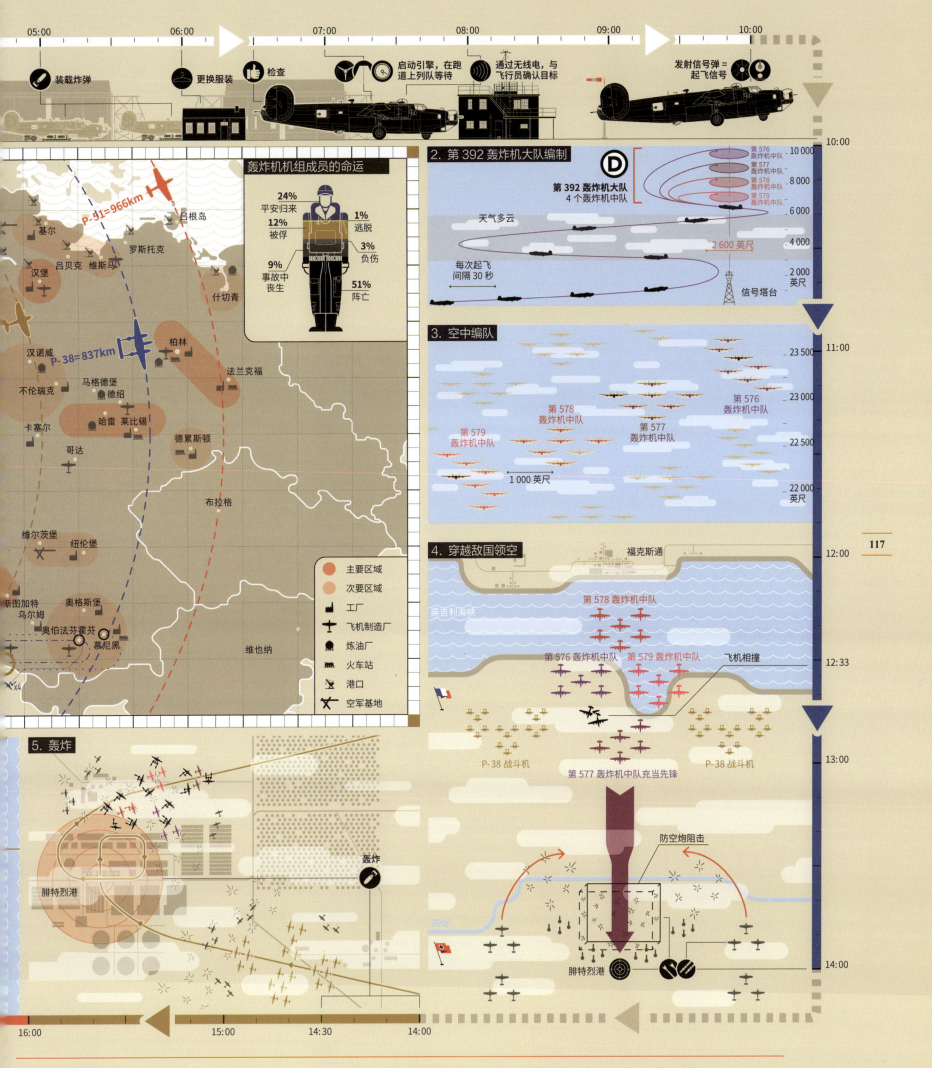

意大利陷阱

1943 年 5 月，丘吉尔说服美国，同意把突尼斯作为进入欧洲的跳板。此时，正是逼迫意大利退出战争的良机，并可能造成多米诺骨牌效应，德国的其他盟友可能会效法意大利退出。而且，这样也会让斯大林在英美 1944 年春天发动全面进攻之前，获得休整的时间。当时，盟国已积累了丰富的作战经验，但美国对战争的参与度，有下降的趋势。此后，由于缺乏清晰的战略目标，意大利战争充满了随意性、妥协和无奈。这场战争旷日持久，长达 600 天。同盟国获得的微薄战果，与付出的高昂代价不成比例。它们在意大利的伤亡高达西欧决战的 40%。

战争的第一阶段以夺取西西里岛为重点。盟军费时两个月方达到目的，显示了武力登陆的难度（缺少周密的计划、执行效率低下、低估敌军战力）。蒙哥马利与巴顿将军不和，他们的互不信任，导致轴心国的大量军队趁机脱身。不过，战争还是取得了一定的政治成果：墨索里尼下台，被意大利国王埃马努埃莱三世监禁。巴多格里奥继任首相，着手展开谈判。同盟国一度考虑在意大利投降之日，登陆罗马。然而本着谨慎的原则，他们还是在空军的掩护下，从意大利南部登陆了。德国对意大利的变节早有准备。他们迅速行动，在那不勒斯北方挡住同盟国的攻势。同时，德国在巴尔干等地扣押了多达数十万意大利官兵，强迫他们继续与自己并肩作战，并杀害了其中拒绝合作的人。

同盟国的攻势陷入困境。他们本打算让意大利退出战争，却把意大利人民推入了战火。意大利分裂了：官方政权加入同盟国的阵营；而德国救出墨索里尼，在北方成立了名为"意大利社会共和国"的傀儡政权。

丘吉尔对意大利的战略价值深信不疑：在英国的军事文化传统中，意大利位于欧洲边缘的半岛上，符合"地缘战略"的原则；况且，这里也是英军能够在军力和影响力上与美军相匹敌的唯一战场。当然，一切必须建立在胜利的基础之上。然而，盟军却受困于古斯塔夫防线。1944 年 1 月，英军司令亚历山大试图登陆安齐奥，从防线后方包抄敌军，没能成功。直到春天，法国的朱安将军率领北非山地部队参战，才突破防线。德国元帅凯塞林失利之后，后撤 400 千米，在托斯卡纳重整旗鼓。于是，盟军又再度受困于哥特防线。

由于将最精锐的部队派往法国的普罗旺斯地区，英国只能放弃从巴尔干半岛或的里雅斯特登陆、进军中欧的计划。战争仿佛没有尽头，内战的残酷达到巅峰。最后，罪魁祸首墨索里尼与妻子在逃亡途中，被意大利游击队处决。

资料来源: *1. Mediterranean Theater of Operations*, CMH, 4 vol, 1957-1977 - *2. C. D'Este, World War II in the Mediterranean 1942-1945*, Algonquin, 1990 - 3. *D. Porch, Hitler's Mediterranean Gamble : The North African and the Mediterranean Campaigns in World War II*, Weidenfeld & Nicolson, 2004 - 4. *C. D'Este, Fatal Decision, Anzio & the Battle for Rome*, Harper & Collins, 1991.

1. 法西斯主义垮台

意大利法西斯政权无力充分动员人力、能源和经济。1938 年至 1942 年，意大利的工业制造能力下跌了 11 个百分点，墨索里尼束手无策。意大利在三年内损失了近 70 万人口，国民深感压力。此外，意大利在巴尔干半岛有 50 万驻军，在法国也有 10 万大军。这样，它只有 10 个师和不足 200 辆坦克防御本土。一系列对外作战中，意军生还者寥寥：出征苏联的部队，只有 4% 回归；东非的意军全军覆没；而西西里岛的驻军也只有 17% 逃脱。为了争取"和平与面包"，罢工运动四处爆发。7 月 24 日，法西斯委员会弹劾墨索里尼；次日，国王下令逮捕他。

意大利军队在苏联又遭败绩

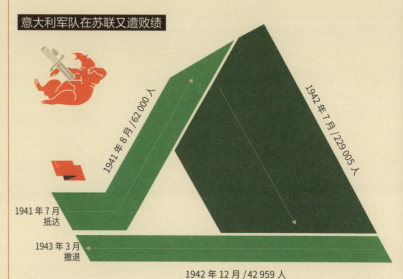

1941 年 8 月 / 62 000 人
1942 年 7 月 / 229 005 人
1941 年 7 月抵达
1943 年 3 月撤退
1942 年 12 月 / 42 959 人

229 005 人
43 282 人受伤
64 000 人被俘
（10 000 人幸存）
89 838 人阵亡

50 辆坦克
损失 43 辆

16700 部车辆
损失 14529 部

941 门大炮
损失 715 门

64 架飞机
损失 56 架

25 000 匹战马
损失 20 000 匹

西西里岛的参战人数、装备及伤亡 （1943 年 7 月 10 日—8 月 17 日）

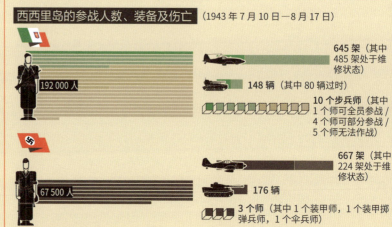

192 000 人

645 架（其中 485 架处于维修状态）
148 辆（其中 80 辆过时）
10 个步兵师（其中 1 个师可全员参战 / 4 个师可部分参战 / 5 个师无法作战）

67 500 人

667 架（其中 224 架处于维修状态）
176 辆
3 个师（其中 1 个装甲师，1 个装甲掷弹兵师，1 个伞兵师）

160 000 人

1 670 架
600 辆
美国 6 个师，英国 5 个师（其中 8 个步兵师 / 1 个装甲师 / 2 个空降师）

损失：

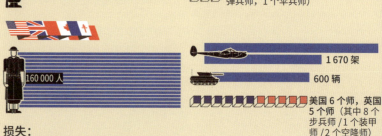

阵亡与失踪 ✝ 9 000 人 / 4 325 人 / 2 237 人 / 2 721 人

受伤 ✚ 32 500 人 / 13 500 人 / 6 471 人 / 7 939 人

被俘 116 681 人 +34 000 逃兵 / 10 106 人 / 686 人 / 2 183 人

撤退 62 182 人 / 52 000 人（包括伤员）

2. 意大利战区

意大利的地形优势利于防守：崎岖的山区、峭壁之间的湍流、冬季严酷的气候……由于战线狭窄，无法铺展大量兵力和武器，德军反而可以从容保证各个战区之间的兵力均衡。希特勒确保兵力的质量，派出比例合理的步兵、伞兵和机械化部队。德军统帅凯塞林战术灵活，并不急于将盟军赶出海岸，而选择在陆地上更有效地牵制敌人。不过，战事之所以如蜗牛般进展迟缓，同盟国方面也有自己的责任。

英国的亚历山大将军作为联军的指挥官并不称职，无法协调来自十来个国家（包括巴西、印度、波兰，甚至意大利）的士兵。由于一些重要将领（布莱德雷、巴顿将军、蒙哥马利及其亲信）被调走，一些部队和装备也撤离了（1944 年 7 月，为准备普罗旺斯的登陆计划，两支美法联军的部队撤离；1944 年春天起，不再有足量的登陆舰保证从德军后方包抄的计划），亚历山大更是手忙脚乱。

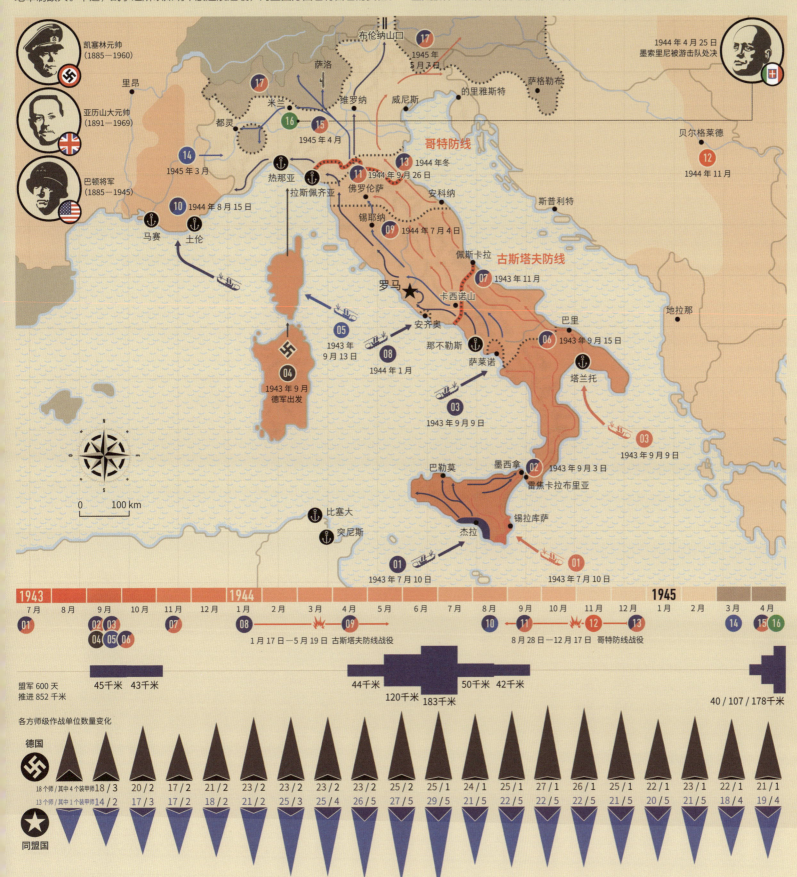

119

诺曼底登陆

无论从人们的期待值、战争的规模，还是集体记忆的想象维度来看，诺曼底登陆都是军事史上的经典一战。1944 年 6 月 6 日是光复西欧的关键一天。其实，同盟国早在 18 个月前，就已经确定要发动总攻；随后的 85 天，诺曼底变为人间地狱。登陆行动本身是一个巨大的胜利，然而，随后数周战况的发展却令人绝望，甚至让人担心盟军重蹈 1915 年达达尼尔海峡战役的覆辙，被困在滩头阵地，进退两难。当美国在法国西部的田野中陷入泥潭时，英国和加拿大的联军在卡昂城外，也难以推进。蒙哥马利担任地面部队临时总指挥。由于无法完成"三个月内将德军逼退到塞纳河对岸"的战略目标（"大君主计划"），

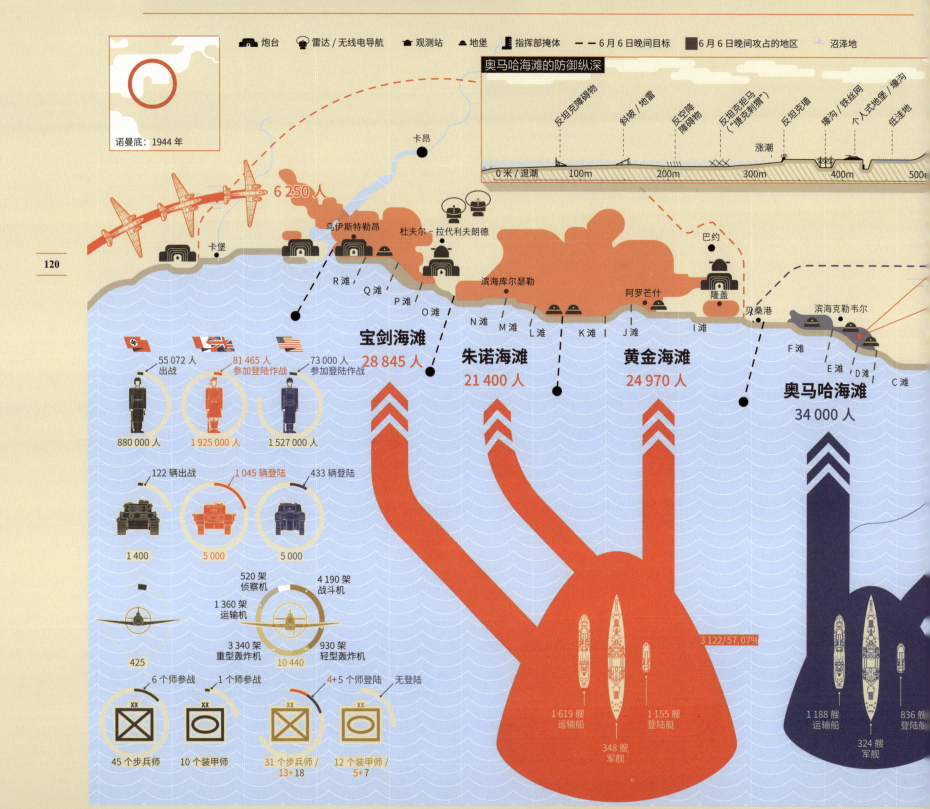

图例：🏰 炮台　📡 雷达／无线电导航　🔭 观测站　🏛 地堡　▮ 指挥部掩体　--- 6 月 6 日晚间目标　■ 6 月 6 日晚间攻占的地区　🔺 沼泽地

诺曼底：1944 年

奥马哈海滩的防御纵深

反坦克障碍物　斜坡／地雷　反空降障碍物　反坦克拒马（"捷克刺猬"）　反坦克壕　壕沟／铁丝网　个人式地堡／壕沟　低洼地

0 米／退潮　　100m　　200m　　300m（涨潮）　　400m　　500m

卡堡　乌伊斯特勒昂　杜夫尔‐拉代利夫朗德　巴约　滨海库尔瑟勒　阿罗芒什　隆盖　贝桑港　滨海克勒韦尔

卡昂

6 250 人

R 滩　Q 滩　P 滩　O 滩　N 滩　M 滩　L 滩　K 滩　J 滩　I 滩　F 滩　E 滩　D 滩　C 滩

宝剑海滩
28 845 人

朱诺海滩
21 400 人

黄金海滩
24 970 人

奥马哈海滩
34 000 人

55 072 人出战
880 000 人

81 465 人参加登陆作战
1 925 000 人

73 000 人参加登陆作战
1 527 000 人

122 辆出战　1 400
1 045 辆登陆　5 000
433 辆登陆　5 000

425

520 架侦察机
1 360 架运输机
3 340 架重型轰炸机
10 440

4 190 架战斗机
930 架轻型轰炸机

6 个师参战　45 个步兵师
1 个师参战　10 个装甲师
4+5 个师登陆　31 个步兵师／13+18
无登陆　12 个装甲师／5+7

3 122/57.07%

1 619 艘运输船
348 艘军舰
1 155 艘登陆艇

1 188 艘运输船
324 艘军舰
836 艘登陆艇

他备受批评。所幸，德军受困于后勤链失灵，而加来一带的德国驻军由于担心盟军再次登陆，始终按兵不动；苏联的"巴格拉季昂"反攻行动，又迫使德国抽调法国的预备队回防本土。诺曼底的德军终于在这场消耗战中精疲力竭。

7月25日，在圣洛南部，战局出现决定性变化。经过一波猛烈的突击，美军撕开了防线。德军缺乏燃料与弹药补给，陷入困局。这次的成功，还要归因于盟军之间难得的配合：根据英军统帅蒙哥马利的战术思想（突击狭窄的战线，预留大量预备队）制定的作战计划，由美军的快速反应部队完美实施。巴顿将军在一周内便挺进布列塔尼。

希特勒下令在莫尔坦发起反攻，试图斩断美军的攻势。然而，这场注定失败的行动只是加速了战争的结束，德军几乎已成瓮中之鳖。而盟军将领之间配合不佳，两次贻误战机（在法莱斯和塞纳河畔），四分之三的德军逃脱。诺曼底战役对德国的打击，未必能与斯大林格勒战役相提并论，但也非常沉重。德军放弃了大量装备，且精锐尽失。

盟军最终取得巨大成功。作战中，他们的计划缜密，准备细致，战术执行虽偶有失误，但总体仍算中规中矩。当蒙哥马利在9月1日将军权转交艾森豪威尔将军时，盟军已经全面渡过塞纳河，敌人溃不成军。他的表现，配得上自己的元帅头衔。

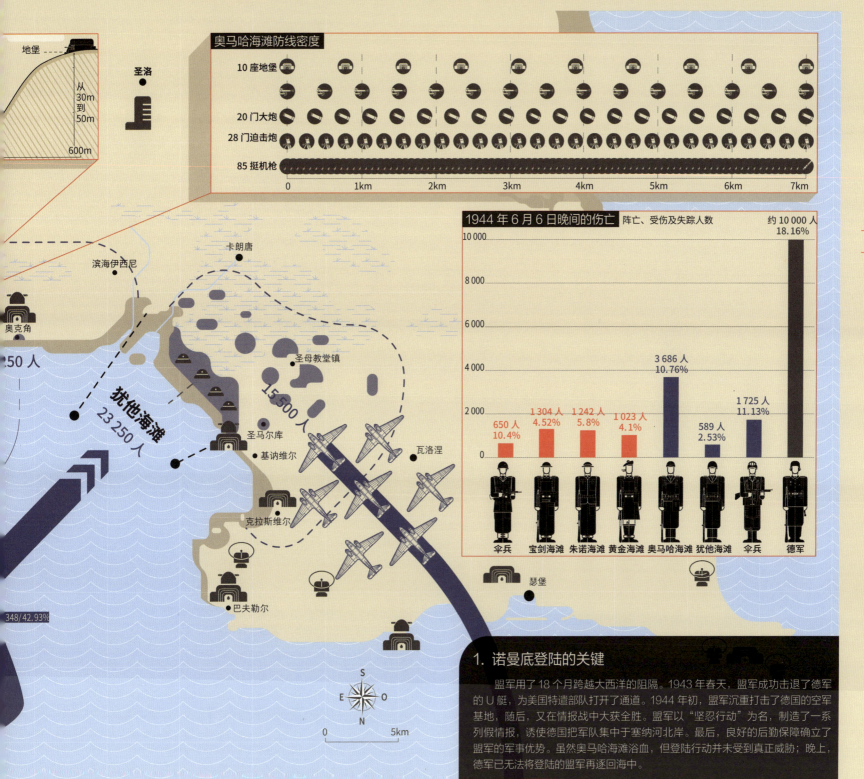

1. 诺曼底登陆的关键

盟军用了18个月跨越大西洋的阻隔。1943年春天，盟军成功击退了德军的U艇，为美国特遣部队打开了通道。1944年初，盟军沉重打击了德国的空军基地，随后，又在情报战中大获全胜。盟军以"坚忍行动"为名，制造了一系列假情报，诱使德国把军队集中于塞纳河北岸。最后，良好的后勤保障确立了盟军的军事优势。虽然奥马哈海滩浴血，但登陆行动并未受到真正威胁；晚上，德军已无法将登陆的盟军再逐回海中。

2. 诺曼底战役

对蒙哥马利而言，攻克瑟堡和布列塔尼，对后续行动至关重要。英国希望困住德军装甲师，保证美军顺利推进。德国的西线总司令部欣然接受这场角力，以沿海的卡昂平原作为组织阻击战的基地。英军缺少步兵，也缺乏诸兵种协同作战的经验，虽发动猛攻，但无法突破坚固的德军防线。在他们的西侧，美军同样困于法国西部田埂和树篱纵横的波卡基地形中。对这一状况，指挥官的经验欠缺，多少也要承担一些责任。7月中旬，战役似乎陷入了僵局。

从记录上看，双方的军力相当（盟军 38 个师，德军 39 个师），伤亡也大体接近。然而，后勤补给的悬殊差异打破了这一平衡。

海岸后勤部队的专业技能、人造港口的建设完工，以及瑟堡港口的重新投入使用，都是盟军后勤的重要保障。这使同盟国可以迅速弥补人员的损失，保持战场的主导权。隆美尔既无援军，又受困于后勤乏力，渐渐不支。

4月起，在盟军的空袭和反击之下，德军的铁路网被破。缺乏车辆的德军部队，只能零散地徒步开往前线，却因没有后续部队增援而溃败。德军士兵被迫采取守势，藏身于战壕之中，直至崩盘也无法组建后备军。

驰援

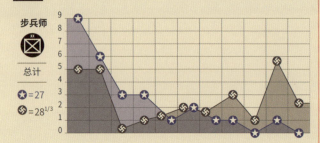

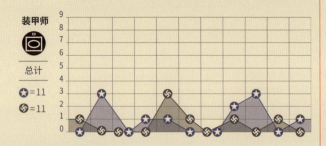

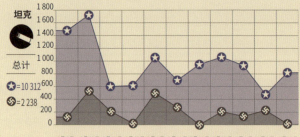

主要参与人

布莱德雷将军 （1893—1981）　　艾森豪威尔将军 （1890—1969）　　蒙哥马利元帅 （1887—1976）

五大主要战斗

3. 7 月 25 日—31 日（7 天）眼镜蛇行动，突破

这是一场漂亮的突破战。巴顿将军的装甲部队一举冲入敌军的缺口，随后，在五天内进入布列塔尼，五周内抵达洛林地区。

4. 8 月 10 日 法莱斯包围

试图在莫尔坦发起反攻的德军部队，战术上的疏忽大意，以及同盟国之间

2. 7 月 3 日—19 日（17 天）波卡基之战

面对法国西部树篱遍布的波卡基地形，美军的火力支援部队（坦克、炮兵、空军）无法发挥威力。在漫长的战线上，美军一度一筹莫展。

1. 6 月 7 日—30 日（24 天）瑟堡，重要港口的争夺

盟军以完美的军事运作，夺取了后勤要地瑟堡。

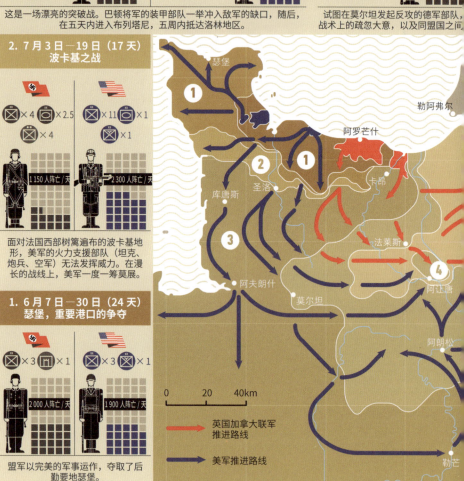

英国加拿大联军推进路线

美军推进路线

德国后勤崩盘

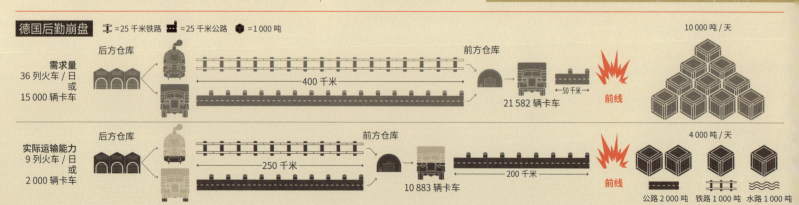

隆美尔元帅
（1891—1944）

冯·克卢格元帅
（1882—1944）

■ =100 人伤亡（受伤 / 失踪 / 死亡）

3. 代价沉重的战斗

盟军虽说伤亡惨重（平均每天 2 500 人阵亡），但人员补充并不困难（英国加拿大联军步兵除外）。德国的损失则是难以承受的：德军在西线放弃了大部分装备，失去了最精锐的部队。德国空军此时已经无法与盟军匹敌，完全是白白地流血牺牲。

人员与物资损失小结

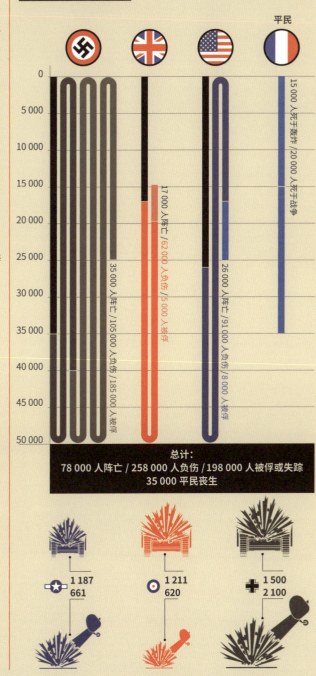

平民

15 000 人死于轰炸 / 20 000 人死于战争

35 000 人阵亡 / 105 000 人负伤 / 185 000 人被俘

17 000 人阵亡 / 62 000 人负伤 / 5 000 人被俘

26 000 人阵亡 / 91 000 人负伤 / 8 000 人被俘

总计：
78 000 人阵亡 / 258 000 人负伤 / 198 000 人被俘或失踪
35 000 平民丧生

1 187 / 661
1 211 / 620
1 500 / 2 100

---

1 日（12 天）
贻误战机

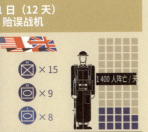

⊠ ×15
◎ ×9
◎ ×8

1 400 人阵亡 / 天

被盟军包围，成为瓮中之鳖。然而，……和，导致德国第 7 集团军大部逃脱。

5. 5 月 20 日—31 日（12 天）
塞纳河包围战

⊠ ×10
◎ ×6

2 300 人阵亡 / 天

⊠ ×11 ⊠ ×1
◎ ×7
◎ ×8

900 人阵亡 / 天

美军疲惫地开往塞纳河，而英军为了更好地在鲁昂以东渡河，
行动并不积极。205 000 德军逃脱。

7 月的士兵补充情况

● =1 名士兵退出作战   ● =1 名补充士兵

美国 =
士兵补充率 101%

英国 =
士兵补充率 80%

德国 =
士兵补充率 6%

（地图）鲁昂 巴黎 ★ 沙特尔 奥尔良

德国某师与美国某师每日补给量的对比

党卫队
第 10 装甲师

	需求	实际供应
	73 吨弹药	55 吨弹药
	140 吨汽油	35 吨汽油
	100 吨零件	15 吨零件
	40 吨食品	10 吨食品
	总计 353 吨	总计 115 吨 32.6%

	需求	实际供应
	375 吨弹药	150 吨弹药
	103 吨汽油	103 吨汽油
	137 吨零件	100 吨零件
	40 吨食品	40 吨食品
	总计 655 吨	总计 393 吨 60%

美国
第 2 装甲师

资料来源：1. Russell A. Hart, *Clash of Arms. How the Allies Won in Normandy,* Oklahoma University Press, 2001 - 2. Niklas Zetterling, *Normandy 1944. Germany Military Organization, Combat Power and Organizational Effectiveness,* J. J. Federowicz Publishing, 2000 - 3. Olivier Wieviorka, *Histoire du débarquement en Normandie,* Seuil, 2007.

美国在欧洲的军队后勤

美国为了保证在世界范围内七大战区的物资供应，必须远渡重洋，颇费一番周折。它充分意识到这一挑战，从武器设计阶段便注意控制尺寸，注重零件的标准化。为了克服各种困难，美军建立了通畅有效的管理体系，并保有一系列大型港口，能够供数千艘"自由轮"从容出入。这样，美国在发达的本土工业与战场上的军人之间建立了联系，各战区都配备了大量标准化武器装备，这并非无用功。因为运输需要长达90至120天，事先考虑到所有需求必不可少。美国最初运送了4000辆坦克前往欧洲，仅为了弥补这些坦克的耗损，就需要近2000辆谢尔曼中型坦克运往前线替换。跨洋后勤链效率极高。如果说偶尔后勤不能到位，往往也与海上的运输无干：有时是因为物资的生产速度跟不上，有时是因为物资正在港口等待卸货，或是补给线上的陆路运送出了问题。

对美军而言，陆路运输是最大的问题。由于公路不堪重负，各国军队都倚赖铁路运输，但也深受其缺乏灵活性之苦——火车总是难以跟上机械化部队的节奏。为解决这一问题，德国和苏联采取"背包"补给的方法，让士兵背负尽可能多的补给物资，延长其独立作战的时间；然而，部队往往在几天之内，便会陷入燃料短缺的困境。美国没有为突破诺曼底防线做好充分的准备，在长达六周的时间里，它被迫用公路来保证前方将士的"生命线"，直至部队休整期，效果很差。所幸，他们迅速吸取了教训。1945年春，经过反思，美军在供应链上增加了弹性运作的统筹机制，可以覆盖数百千米半径内的需求。自此，美军成为唯一一支有能力进行国际化战争的军队，拥有足够的物资与技能，能够在敌军的战略纵深区长期战斗。

1. 史上无双的军力调动

美国海上交通运输网络

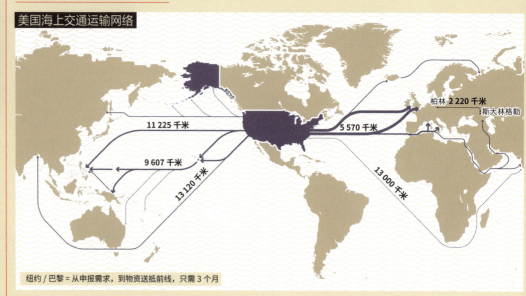

纽约 / 巴黎 = 从申报需求，到物资送抵前线，只需 3 个月

波莱罗行动：美国远征军前往英国

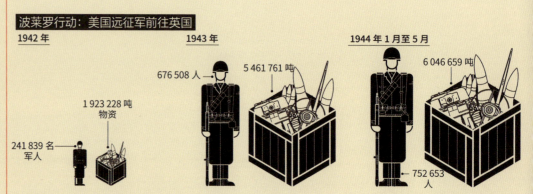

1942 年
241 839 名军人
1 923 228 吨物资

1943 年
676 508 人
5 461 761 吨

1944 年 1 月至 5 月
752 653 人
6 046 659 吨

欧洲前线美国远征军的人员及物资运输 （单位：百万）

■ 人数　■ 物资

时间	人数	物资
1944 年 6 月	452 460 人（截至当月最后一日，送往欧洲的士兵总数）	296 007 吨
1944 年 7 月	860 649 人	631 292 吨
1944 年 8 月	1 075 681 人	1 130 627 吨
1944 年 9 月	1 353 079 人	1 229 711 吨
1944 年 10 月	1 566 224 人	1 329 176 吨
1944 年 11 月	1 906 441 人	1 424 579 吨
1944 年 12 月	2 022 749 人	1 580 785 吨
1945 年 1 月	2 179 026 人	1 525 359 吨
1945 年 2 月	2 329 000 人	1 763 351 吨
1945 年 3 月	2 553 000 人	2 072 510 吨
1945 年 4 月	2 628 082 人	2 057 639 吨

0　0.5　1　1.5　2　2.5　3

自由轮

自由轮虽简陋（航速仅11节），但颇有效率（载重10 800吨）。其零件可以分开制造，只需42天，就能像乐高积木一般组装完成。"二战"期间，共有2 709艘自由轮出厂。

通用 GMC 卡车及联邦 4 吨四驱车

通用 GMC 卡车实现了综合功能和操作简易的完美结合，六轮驱动，适合在前线使用。然而在为诺曼底战役提供后勤的"红球快运"计划中，由于它的限重仅 7 吨，面临巨大困难。1944 年底，美军终于用载重量更大的牵引车取代了它。牵引车更为机动灵活，一旦备用挂车满载，可以迅速补充上一部载货挂车。

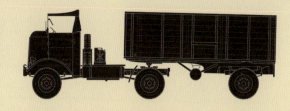

2. 美国后勤链的革命

A. 理论

1918 年，美军后勤链由两个层级构成：长距离使用铁路运输；短距离使用公路运输。这一后勤模式适合体积大而速度缓慢的情况。越野型卡车耗油量大，但运输量不高。

B. 8 月的临时方案

"眼镜蛇行动"之后，盟军在四周内推进 600 千米，没有时间重建铁路网，也无暇转移库存。因此，美军临时创建了一个单向的公路长途军需供应链（"红球快运"计划）。当然，由于通用 GMC 卡车载重量低，返修率高，流程混乱，各部门之间经常产生纠纷，该方案只能是权宜之计。而且，即使在铁道未遭破坏的部分路段上使用铁路运输，货物的装卸也费时很多。供应链经常中断，阻碍了军事行动的展开。

C. 1945 年春天的革命：三层级供应链

1945 年，为了支援拉长的供应链，美军增加了一个中间的后勤层级：统筹层级。每支部队拥有一条独立的单向公路，可以在等待损毁铁路重新开通的时候，用大型牵引车运送物资。程序得到优化，军队的库存物资被分解为几个分系统，有的属于统筹层级，有的属于前线的战术层级。

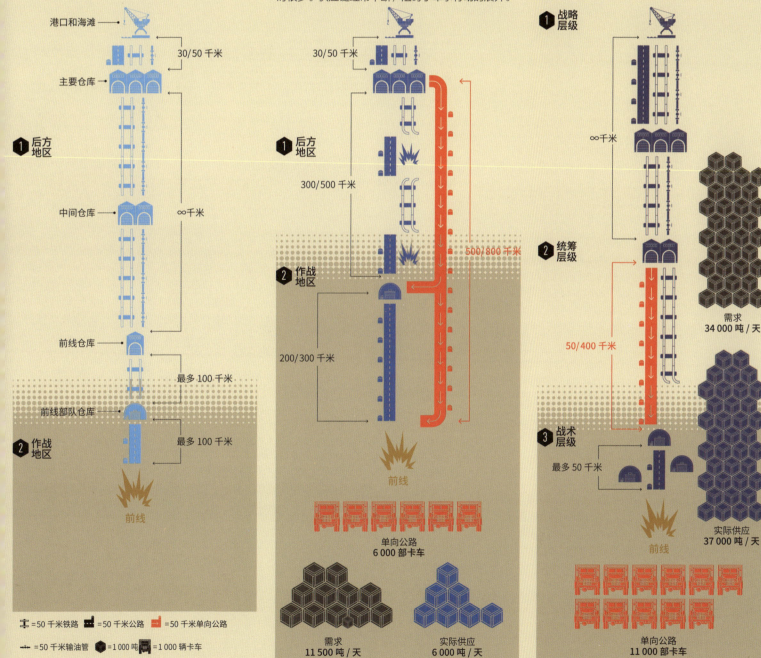

A 图说明：
港口和海滩
30/50 千米
主要仓库
① 后方地区
中间仓库
∞ 千米
前线仓库
最多 100 千米
前线部队仓库
② 作战地区
最多 100 千米
前线

B 图说明：
30/50 千米
① 后方地区
300/500 千米
500/800 千米
② 作战地区
200/300 千米
前线
单向公路
6 000 部卡车
需求
11 500 吨/天
实际供应
6 000 吨/天

C 图说明：
① 战略层级
∞ 千米
② 统筹层级
50/400 千米
③ 战术层级
最多 50 千米
前线
需求
34 000 吨/天
实际供应
37 000 吨/天
单向公路
11 000 部卡车

图例：
= 50 千米铁路　= 50 千米公路　= 50 千米单向公路
= 50 千米输油管　= 1 000 吨　= 1 000 辆卡车

125

资料来源：*1. Nicolas Aubin, Les Routes de la liberté,* Histoire & Collections, 2014 - *2. Roland G. Ruppenthal, Logistical Support of The Armies,* CMH, 1952, 2 vol.

巴格拉季昂
行动

1944 年 6 月 22 日，苏联根据"巴格拉季昂计划"发起反攻，这天是德国入侵苏联的三周年纪念日。巴格拉季昂行动的战事持续两个多月，最终歼灭了德国的中央集团军群，给德军造成了"二战"开战以来的最大损失。从此，前线的整体局势完全倒向苏联，并间接导致了被困于波罗的海地区疲弱不堪的北方集团军群的灭亡，以及南乌克兰集团军群在罗马尼亚的覆灭。苏联红军向西挺进 600 千米，到达东普鲁士边界，兵临华沙、匈牙利和南斯拉夫。军事方面的成功也产生了令人瞩目的政治影响：芬兰、罗马尼亚和保加利亚纷纷改弦易辙，而后两个国家更是加入了共产主义阵营；波兰的解放进程极大加速。不了解三个因素，就无法理解巴格拉季昂行动：

（1）从此，苏联红军的兵力与装备（甚至包括空军）完全压倒了德军。苏军缩小了在军队指挥和调度方面的差距；而且，由于获得美军卡车的补给，机动性大大增强——反观德国，在这方面却一蹶不振。

（2）这一优势使红军得以在从芬兰到黑海的广阔战线，发动六次系列攻势，军事及政治意义深远。巴格拉季昂行动是其中最耀眼的一战。

（3）1943 年的德黑兰会议上，斯大林就已从罗斯福总统处获得重要情报：盟军将在 1944 年 5 月或 6 月登陆欧洲。因此，德国无法像往年一般，将兵力由西线抽调至东线。美国就此向斯大林请求，希望他同时发动攻势，这也是东西两线战场第一次真正协调行动。苏联领导层终于可以放下心来，实施一个攻势强于以往二至三倍的战略穿插计划。斯大林之所以如此冒险，还有一个重要原因：他担心英美登陆之后，同盟关系可能会发生变化——而这也是希特勒指望的事情。7 月 20 日，德国发生了一起暗杀希特勒行动。斯大林认为这也是巴格拉季昂行动的后果之一。然而，暗杀的失败非但没有撼动德意志帝国的统治，反而使它的内部更为团结，一直负隅顽抗到灭亡的一刻。

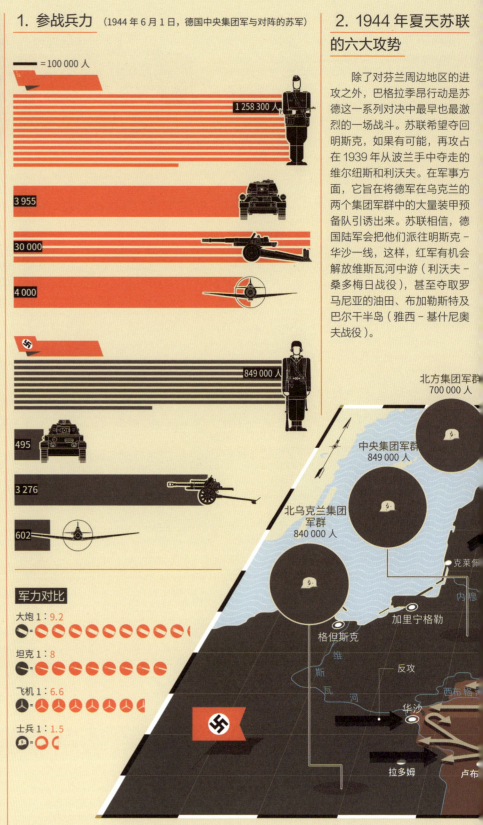

1. 参战兵力 （1944 年 6 月 1 日，德国中央集团军与对阵的苏军）

= 100 000 人

1 258 300 人

3 955

30 000

4 000

849 000 人

495

3 276

602

军力对比

大炮 1：9.2

坦克 1：8

飞机 1：6.6

士兵 1：1.5

2. 1944 年夏天苏联的六大攻势

除了对芬兰周边地区的进攻之外，巴格拉季昂行动是苏德这一系列对决中最早也最激烈的一场战斗。苏联希望夺回明斯克，如果有可能，再攻占在 1939 年从波兰手中夺走的维尔纽斯和利沃夫。在军事方面，它旨在将德军在乌克兰的两个集团军群中的大量装甲预备队引诱出来。苏联相信，德国陆军会把他们派往明斯克 - 华沙一线，这样，红军有机会解放维斯瓦河中游（利沃夫 - 桑多梅日战役），甚至夺取罗马尼亚的油田、布加勒斯特和巴尔干半岛（雅西 - 基什尼奥夫战役）。

北方集团军群
700 000 人

中央集团军群
849 000 人

北乌克兰集团
军群
840 000 人

克莱佩

加里宁格勒

格但斯克

内穆

斯

瓦

河

反攻

西布

华沙

拉多姆

卢布

3. 小结

1944 年夏天，德军遭受了开战以来最大的损失：40 万大军在白俄罗斯被歼，东线核心战力的 28 个师和 8 个军崩溃。其后补充上来的兵员，无论在心理素质、军事素养，还是在对敌军的了解方面，都无法与他们的前辈相比。巴格拉季昂行动之后，德军就像他们在 1918 年春天之后的表现一样，耗尽了人员潜能，作战效率下降，陷入不断蔓延的混乱。他们面对自己的敌人自信尽失，充满了恐惧。对德国而言，此役在军事、心理和地缘政治方面造成的伤害，远在斯大林格勒之上。

资料来源： 1. Jean Lopez, *Opération Bagration. La revanche de Staline (été 1944)*, Economica, 2014.

系列攻势

1. 进攻芬兰。
2. 巴格拉季昂行动＝引诱/分散德军。
3. 德军装甲部队大规模移动，准备反击。
4. 封锁北方集团军群。
5. 科韦利-卢布林战役＝包围德军。
6. 利沃夫-桑多梅日战役。
7. 德军装甲部队反击。
8. 雅西-基什尼奥夫战役＝包围德军装甲部队的预备队。

次要战线 芬兰集团军群
卡累利阿/列宁格勒方面军 ① 6月9日

次要战线 北方集团军群
波罗的海第3方面军 ④
波罗的海第2方面军 7月10日
波罗的海第1方面军
白俄罗斯第3方面军 ② 6月22日

中央集团军群 明斯克 ③
白俄罗斯第2方面军
白俄罗斯第1方面军的一半兵力
华沙
卢布林
桑多梅日 维斯瓦河 科韦利 白俄罗斯第1方面军的一半兵力 ⑤ 7月13日
装甲师 北乌克兰集团军群 利沃夫 乌克兰第1方面军 ⑥ 7月18日
克拉科夫 ⑦
装甲师 南乌克兰集团军群 乌克兰第2方面军 ⑧
布加勒斯特 乌克兰第3方面军 8月20日

苏联各场攻势比较：代价与推进距离

| | 莫斯科 1942 34天 | 斯大林格勒 1943 76天 | 哈尔科夫 1943 21天 | 巴格拉季昂 1944 68天 |

0km — 0人阵亡/km²
100km — 1人阵亡/km²
200km — 2人阵亡/km² 5.1千米/天 2.3千米/天
6.6千米/天
300km — 3人阵亡/km²
400km — 4人阵亡/km²
500km — 5人阵亡/km²
600km — 6人阵亡/km² 8.4千米/天

前线平均推进速度　每平方千米损失

波罗的海第3方面军 258 000人
波罗的海第2方面军 391 000人
波罗的海第1方面军 359 000人
白俄罗斯第3方面军 579 300人
白俄罗斯第2方面军 319 000人
白俄罗斯第1方面军 1 071 000人

里加 叶尔加瓦 奥波奇卡 库姆姆 维尔纽斯 列佩利 奥尔沙 鲍里索夫 明斯克 莫吉廖夫 巴布鲁伊斯克 斯卢茨克 布列斯特 亚韦斯托夫

沼泽
▨ 1944年6月22日战线
■ 6月28日苏联的推进
■ 6月29日—7月4日苏联的推进
■ 7月5日—17日苏联的推进
■ 7月18日—31日苏联的推进
■ 8月1日—29日苏联的推进

0km　100km　200km

地图说明：
从军事层面上，巴格拉季昂行动的复杂性，在一系列攻势中抢占先机。苏联的波罗的海第一方面军直接向西进攻，计划包围德国北方集团军群，或伺机攻入东普鲁士。白俄罗斯第2方面军的任务是困住德国第4集团军，而第三方面军则向明斯克进发，计划与第1方面军的右翼包围德军。第一方面军为主力，兵分两路：东路直驱华沙，西路发起科韦利-卢布林行动。然而，8月初，他们在华沙一带碰壁，遭遇德国装甲部队的反击。而在明斯克东部，苏军围歼德国第4集团军的战役，是苏联在斯大林格勒之后赢得的又一场包围战，俘虏德军15万人。

阵亡及失踪
139 320名德军士兵阵亡
178 459名苏军士兵阵亡

负伤
110 136名德军士兵负伤
587 254名苏军士兵（负伤或患病）

俘虏
约150 000德军士兵被俘

共计：
317 779人阵亡
697 390人负伤，150 000人被俘

诺曼底登陆与巴格拉季昂的损失人数比较

（参战人数/阵亡+负伤+失踪+俘虏）

盟军 1 500 000人 13.98%损失
德军 640 000人 39.06%损失
849 000人 47.05%损失
苏军 2 329 300人 32.8%损失

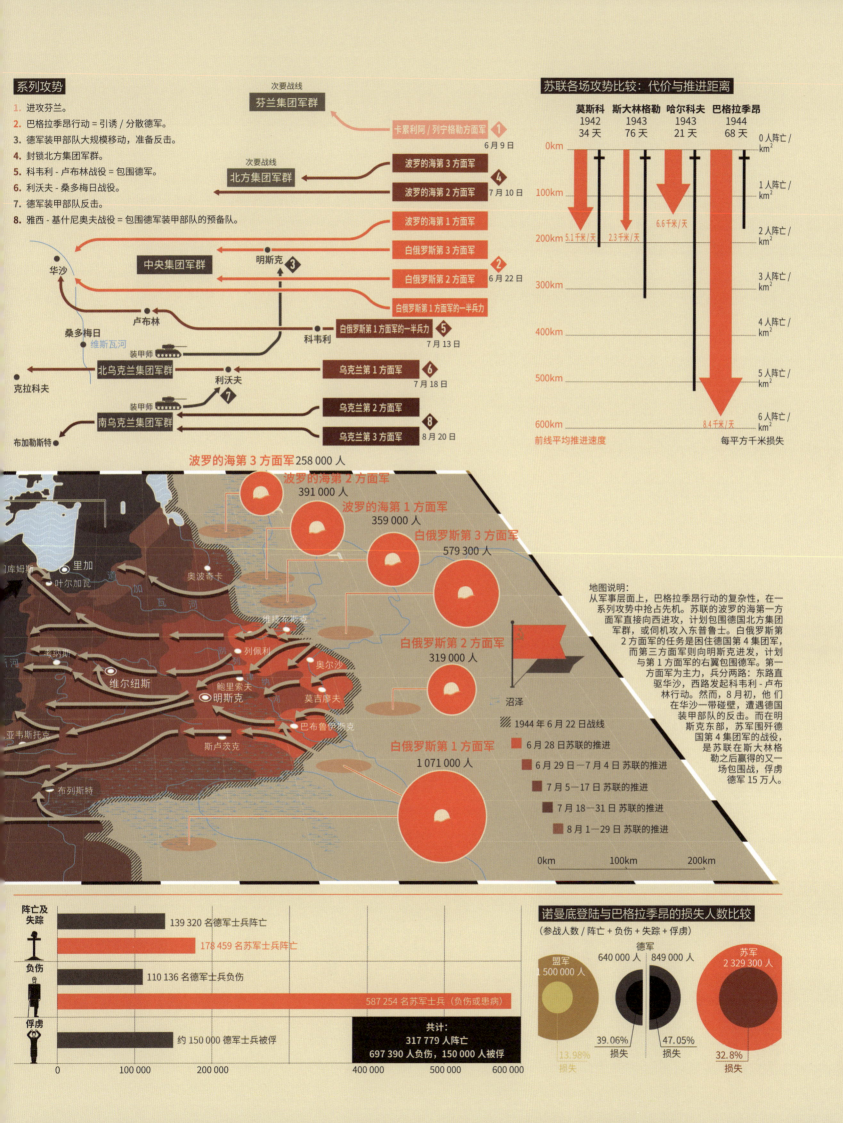

德国战役

德国在阿登地区的反击失败，使纳粹最后的希望破灭。不过，要想降伏希特勒这个不甘心放弃权力的恶魔，还需要一百多天时间。他的统治每多一天，就会有更多的犹太人丧生。在最后几周，希特勒甚至迁怒于德国人：他们没资格在他死后继续生存，应当为他陪葬！他不愿意谈判或停火，一心想着战斗。由于身患重疾，四面楚歌，他只能住在潮湿的地下室里，但仍然不放弃煽动民众，直到4月30日，他才饮恨自杀。当然，柏林会战的惨败不应只归因于希特勒，

这场战役只有在官僚机构和纳粹军队的共同作用下才有可能实现。这些人因同样的世界观聚集在一起，做着荒唐的事情。

因此，这四个月成为整个战争中最血腥的时期。平均每日3万人丧生。其中，有被纳粹用各种手段杀害的"奴隶"和"寄生虫"；有无辜的平民；更有各个战场上的将士。从军事上看，柏林会战并非一场胜负已判的屠杀，战斗非常激烈。直到最后一刻，纳粹德国还在征召新兵，只有4月的燃油荒，才真正瓦解了他们绝望而顽强的抵抗。

1. 盟军

1945年，美国的军事理论领先于英国。这一理论，可用格兰特的一句话总结："胜利的关键，在于利用天时地利，集中火力，以优势兵力歼灭敌军。"

还要补充一点：军队应有强烈的意愿，在军力对比占据优势的所有地方发动进攻，摧毁敌军。因此，带来胜利的是战斗本身，而非谋略。在广阔的战线上，艾森豪威尔实践了这一军事理论，该理论需要保证战术和装备方面的优势。1945年的战场，美军实力对比占优，该理论的实践更是淋漓尽致。

战略目标
歼灭德军

任务制定

- 在莱茵河以西摧毁德军。
- 铺开兵力渡过莱茵河，令守军疲于应付。
- 直取德国的经济心脏鲁尔区，以沉重打击敌军。
- 占领德国全境。

具 体 操 作

1 2月8日—3月10日
发动"真实行动"和"手榴弹行动"，粉碎德国西线部队的核心。

2 2月18日—3月23日
德军被削弱之后，美军向莱茵河挺进。

3 3月22日—4月3日
鲁尔包围战。

4 4月4日—5月8日
乘胜追击。

西线兵力对比

士兵 1：**5.7**（420 000人面对 2 420 000人）

坦克 1：**6.5**（1 832辆面对 12 000辆）

飞机 1：**9.7**（1 900架面对 18 500架——其中 6 400架重型轰炸机）

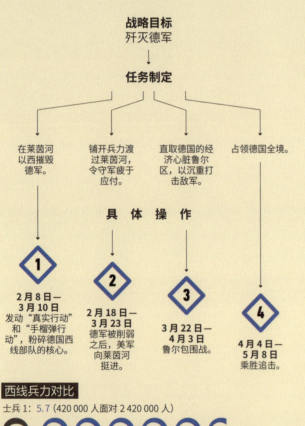

1945年1月17日前线
3月22日
4月19日
5月6日

进攻方向 →

1945年5月7日缩减的德国　中立国

阿姆斯特丹　伦敦　敦刻尔克　科科　安特卫普　亚琛　杜塞尔多夫　里尔　布鲁塞尔　波恩　科布伦茨　卢森堡　美因河畔法兰克福　纽伦堡　巴黎　斯特拉斯堡　慕尼黑　国斯布鲁克　伯尔尼　维希　里昂　米兰　博洛尼亚　威尼斯　萨格勒布　汉堡　吕贝克　不来梅　汉诺威　柏林　法兰克福　波茨坦　莱比锡　德累斯顿　布拉格　比尔森　维也纳　哥本哈根

0km 100km 200km

1945年1月的兵力

挪威　库尔兰　东线　意大利　西线　大西洋

4 500人 0.9%
225 000人 15.6%
1 200 000人 83.5%
1 438 000人

4 500人 0.3%
375 000人 28%
960 000人 71.7%
1 339 500人

47 600人 15.5%
260 000人 84.5%
307 600人

95 000人 3.2%
350 000人 11.8%
420 000人 14.1%
500 000人 16.9%
151 000人 5.1%
1 450 000人 48.9%
2 966 000人

4 000 000人 100% 在东线

盟军军事水准的发挥也达到了巅峰。在布达佩斯周边，苏联红军顶住了德军装甲部队最后的反攻，证明自己终于在攻防两端都压倒了对手。在德国的东线，苏联发起大规模攻势，集中数百万雄师，投入数万辆坦克，深入敌境 500 千米，仅 11 天就攻占了严防死守的欧洲当时第三大城市——柏林。苏联的胜利，首先是其军事思想（"碾压战术"）的成功。

盟军在西线的胜利，更多源于战术使用到位。英国的战法与美国的灵活指挥相结合，通过各种精巧的军事操作，在莱茵河以西大量歼灭德军。在这些战役中，先进武器悉数登场，我们仿佛能看到 20 世纪下半叶的军火库，加强了各兵种之间的合作。跨越莱茵河作战的计划由美国最早提出，英国具体制定，大获成功；而鲁尔包围战更成为经典——如果不是艾森豪威尔另做决定，这场战役的胜利，本可保证盟军率先进入柏林。费德曼和马斯认为：这位美国外交家既不想惹火斯大林，又不愿让处于有利地势的蒙哥马利将军拔得头筹。如果 20 世纪 50 年代发生第三次世界大战，最后一场对抗纳粹的柏林会战则必定和第三次世界大战的准则相同。

希特勒
纳粹德国元首
（1889－1945/4/30
自杀）

2. 苏联

苏联的军事思想颇具创新性。它并非简单地将敌人当作一支必须毁灭的军队，而是将其视作一个有待于消灭行动能力并肢解的体系。因此，需要分期并分区域地综合采用一系列军事行动，以达到最后目标。

与针对特定地点的包围战或消耗战相比，苏联更倾向于发动系列攻势，寻求战略纵深，以确保瓦解敌人。这就是被称为"战争艺术"的"碾压战术"。

苏联的胜利，与其说应归功于他们在人员与装备方面的优势（西线的盟军在这方面更为明显），不如说是他们在军事思想方面的先进。

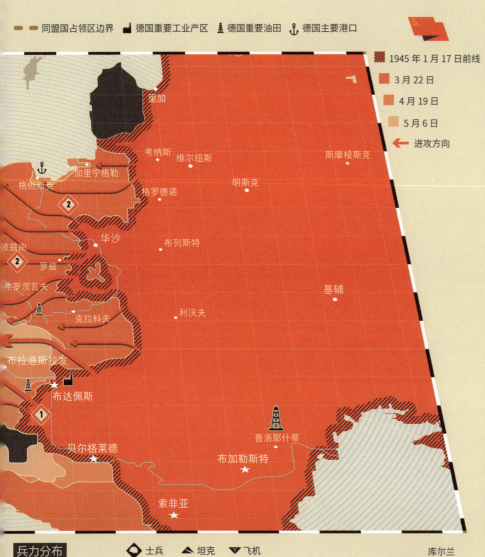

- ▬ ▬ 同盟国占领区边界　◼ 德国重要工业产区　⚒ 德国重要油田　⚓ 德国主要港口

- ◼ 1945 年 1 月 17 日前线
- ◼ 3 月 22 日
- ◼ 4 月 19 日
- ◼ 5 月 6 日
- ← 进攻方向

129

里加
考纳斯　维尔纽斯　斯摩棱斯克
加里宁格勒
格但斯克　格罗德诺　明斯克
华沙
艾兹南
罗兹　布列斯特
弗罗茨瓦夫
克拉科夫　利沃夫　基辅
布拉迪斯拉发
布达佩斯　普洛耶什蒂
贝尔格莱德　布加勒斯特
索非亚

战略目标

摧毁纳粹体系，剥夺其战略纵深和经济资源，阻断其通往波罗的海和政治中心的通路。确保对东欧的控制。

任务制定

| 在两翼（匈牙利和东普鲁士）发动进攻，拉开敌军防线。 | 中路突破。 | 发动柏林决战。 |

具体操作

1
1944 年 10 月 1 日—1945 年 3 月 15 日
苏联红军在布达佩斯附近包围德军的王牌装甲部队。1 月初，德军发动了三次反攻，试图突围；3 月，又发动两次反攻，希望阻止苏军向轴心国控制的最后一座油田推进。

2
1 月 12 日—2 月 3 日
维斯瓦河 - 奥得河战役的系列攻势，从波罗的海到西里西亚一线击溃德国东线部队。

3
4 月 16 日—5 月 9 日
发动对柏林的系列攻击，到达易北河，攻占德国首都。

兵力分布

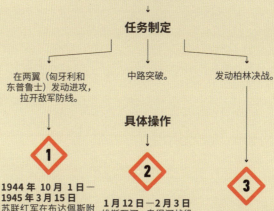

◇ 士兵　▲ 坦克　▽ 飞机

大西洋　西线　东线　挪威　库尔兰　意大利

东线兵力对比

士兵 1: 2（1 950 000 人面对 4 000 000 人）

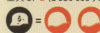

坦克 1: 2.4（4 091 辆面对 10 000 辆）

飞机 1: 4.3（1 875 架面对 8 000 架）

3. 纵深作战的大师：苏联红军

为彻底击溃德国，苏联红军展开了庞大的攻势，在维斯瓦河－奥得河一线，动用了 340 万大军和 8 500 辆坦克，其气势非盟军可比。灵活调度四个方面军的大兵团作战，需要非凡的指挥能力。苏联点燃了 500 千米战线上的战火。在这一漫长的战线上，苏联的实际操作，还是将兵力集中于几个 30 千米左右的重点区域内，分为"突破、穿越和深入"三个阶段，发动系列攻势。

每一阶段都由不同兵种负责实施。后备部队起到决定性作用：出兵过早，必然造成壅阻；出兵过晚，则可能给敌人留下填补缺口的可乘之机。苏联的唯一问题是后勤的效率。一旦部队携带的库存物资耗竭，攻势就将被迫暂停。否则，红军本可在 2 月兵临柏林城下。

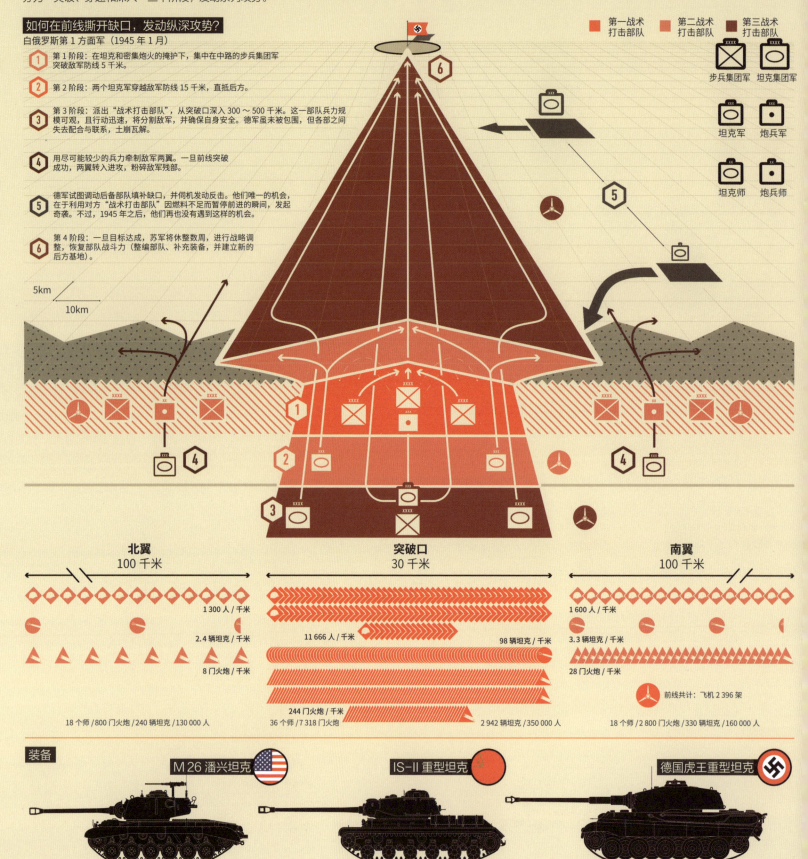

如何在前线撕开缺口，发动纵深攻势？
白俄罗斯第 1 方面军（1945 年 1 月）

1. 第 1 阶段：在坦克和密集炮火的掩护下，集中在中路的步兵集团军突破敌军防线 5 千米。

2. 第 2 阶段：两个坦克军穿越敌军防线 15 千米，直抵后方。

3. 第 3 阶段：派出"战术打击部队"，从突破口深入 300 ~ 500 千米。这一部队兵力规模可观，且行动迅速，将分割敌军，并确保自身安全。德军虽未被包围，但各部之间失去配合与联系，土崩瓦解。

4. 用尽可能较少的兵力牵制敌军两翼。一旦前线突破成功，两翼转入进攻，粉碎敌军残部。

5. 德军试图调动后备部队填补缺口，并伺机发动反击。他们唯一的机会，在于利用对方"战术打击部队"因燃料不足而暂停前进的瞬间，发起奇袭。不过，1945 年之后，他们再也没有遇到这样的机会。

6. 第 4 阶段：一旦目标达成，苏军将休整数周，进行战略调整，恢复部队战斗力（整编部队、补充装备，并建立新的后方基地）。

■ 第一战术打击部队　■ 第二战术打击部队　■ 第三战术打击部队

步兵集团军　坦克集团军
坦克军　炮兵军
坦克师　炮兵师

5km
10km

北翼
100 千米
1 300 人 / 千米
2.4 辆坦克 / 千米
8 门火炮 / 千米
18 个师 / 800 门火炮 / 240 辆坦克 / 130 000 人

突破口
30 千米
11 666 人 / 千米
98 辆坦克 / 千米
244 门火炮 / 千米
36 个师 / 7 318 门火炮 / 2 942 辆坦克 / 350 000 人

南翼
100 千米
1 600 人 / 千米
3.3 辆坦克 / 千米
28 门火炮 / 千米
前线共计：飞机 2 396 架
18 个师 / 2 800 门火炮 / 330 辆坦克 / 160 000 人

装备
M 26 潘兴坦克
IS-II 重型坦克
德国虎王重型坦克

资料来源：1. J. Lopez, *Berlin. Les Offensives géantes de l'Armée rouge Vistule-Oder-Elbe (12 janvier-9 mai 1945)*, Economica, 2010 - 2. D. Feldmann & C. Mas, *La Campagne du Rhin. Les Alliés entrent en*

战役主要将领

塔西尼将军
(1889—1952)

克里勒将军
(1888—1965)

辛普森将军
(1888—1980)

莫德尔元帅
(1891—1945)

海因里希大将
(1886—1971)

魏德林炮兵上将
(1891—1955)

朱可夫元帅
(1896—1974)

科涅夫元帅
(1897—1973)

罗科索夫斯基元帅
(1896—1968)

4. 比较柏林围城战与其他围城战

除了双方动员的兵力之外，柏林围城战与其他围城战没有明显不同，也是一场大军被困于复杂地形之中的血腥巷战。苏军虽攻势凶猛，伤亡率却并不高。此外，攻方的损失往往低于守方，令人吃惊。难道这是主动进攻带来的好处？另一组数据表明，如果拿解放法国布雷斯特的围城战与东线战事相比，防守方在西线的伤亡本来要小些：在布雷斯特 10% 的守军阵亡比例，在苏联战场一般达到 25%～50%。

五场围城战 （人口密度，根据战前的人口及建筑物稠密地区之比计算）

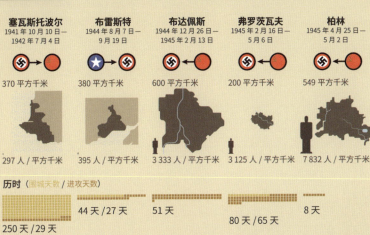

塞瓦斯托波尔
1941 年 10 月 10 日—
1942 年 7 月 4 日

370 平方千米

297 人 / 平方千米

布雷斯特
1944 年 8 月 7 日—
9 月 19 日

380 平方千米

395 人 / 平方千米

布达佩斯
1944 年 12 月 26 日—
1945 年 2 月 13 日

600 平方千米

3 333 人 / 平方千米

弗罗茨瓦夫
1945 年 2 月 16 日—
5 月 6 日

200 平方千米

3 125 人 / 平方千米

柏林
1945 年 4 月 25 日—
5 月 2 日

549 平方千米

7 832 人 / 平方千米

历时 （围城天数 / 进攻天数）

250 天 / 29 天　　44 天 / 27 天　　51 天　　80 天 / 65 天　　8 天

战损

92 000 人
18 000 人阵亡
65 000 人被俘

40 000 人
4 000 人阵亡
23 000 人被俘

79 000 人
39 000 人阵亡
40 000 人被俘

50 000 人
6 000 人阵亡
44 000 人被俘

92 000 人
22 000 人阵亡
70 000 人被俘

204 000 人
7 660 人阵亡
28 197 人负伤

52 000 人
2 000 人阵亡
7 000 人负伤

177 000 人
44 000 人阵亡
100 000 人负伤

70 000 人
7 000 人阵亡
15 000 人负伤

400 000 人
13 000 人阵亡
65 000 人负伤

进攻节奏 （攻占面积与进攻天数之比）

12.75 平方千米 / 天
14.1 平方千米 / 天
11.76 平方千米 / 天
3.07 平方千米 / 天
68.63 平方千米 / 天

消耗 （每平方千米阵亡人数）

20.7 人阵亡 / 平方千米
48.6 人阵亡 / 平方千米

65 人阵亡 / 平方千米
73.3 人阵亡 / 平方千米

5.3 人阵亡 / 平方千米
10.5 人阵亡 / 平方千米

30 人阵亡 / 平方千米
35 人阵亡 / 平方千米

40.1 人阵亡 / 平方千米
23.7 人阵亡 / 平方千米

5. 小结

"二战"收官战役的高昂代价，并非只是因为战况的激烈。新武器的面世和大批量使用，以及战俘在东线恶劣又致命的生存条件，也是人员伤亡的主因。德国在两场消耗战中（布达佩斯战役和盟军在莱茵河以西的军事行动）元气大伤；而东线的维斯瓦河－奥得河战役及西线的鲁尔包围战，更是给德国致命一击。

德军的四场致命败仗

莱茵河西岸
1945 年 2—3 月

120 000 人
阵亡及负伤

280 000 人
被俘

布达佩斯
1944 年 12 月 29 日—1945 年 2 月 13 日

52 000 人
阵亡及负伤

138 000 人
被俘

鲁尔包围战
1945 年 4 月 4 日—4 月 21 日

105 000 人
阵亡及负伤

325 000 人
被俘

维斯瓦河 - 奥得河
1945 年 1 月 12 日—2 月 4 日

420 000 人
阵亡及负伤

120 000 人
被俘

德军在两条战线的参战人数及四场败仗的伤亡

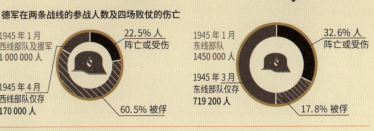

1945 年 1 月
西线部队及援军
1 000 000 人

22.5% 人
阵亡或受伤

1945 年 4 月
西线部队仅存
170 000 人

60.5% 被俘

1945 年 1 月
东线部队
1 450 000 人

32.6% 人
阵亡或受伤

1945 年 3 月
东线部队仅存
719 200 人

17.8% 被俘

总结 1945 年的死伤人数

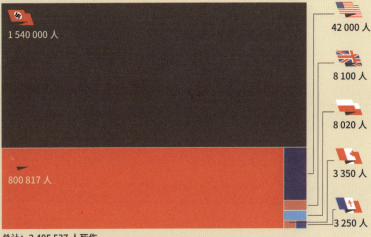

1 540 000 人

800 817 人

42 000 人

8 100 人

8 020 人

3 350 人

3 250 人

总计：2 405 537 人死伤

Allemagne (janvier-mai 1945), Economica, 2016 - 3. K. Ungvary, *Battle for Budapest, 100 Days in World War II*, I.B. Tauris, 2003 - 4. Krivosheev, *Soviet Casualties and Combat Losses in the Twentieth Century*, Greenhill Books, 1997.

日本的末路

传统的看法是：日本投降的原因是美国在广岛和长崎投下了两颗原子弹。然而，实际情况比这复杂得多，应当是一个复杂的过程。

1945 年夏天，由于遭受美军长达数月的系统化战略轰炸，日本的主要城市和重要工业中心已经濒临崩溃。7 月，盟军要求日本无条件投降，而日本军部内，决心顽抗到底的势力反而不减反增。这一派人士认识到大势已去，但仍准备在盟军登陆日本本岛时，打出最后一张牌：派出以"神风特攻队"为代表的数千名飞行员死士，给美军制造大量伤亡（最后并未付诸实施的"没落行动"），动摇美国公众舆论对战争的看法，并通过苏联的调停，争取最为有利的和谈条件（如保留天皇的地位等）。然而，8 月 6 日和 9 日，美国先后在广岛和长崎投下原子弹，苏联又在中国东北、朝鲜和库页岛速胜，威胁北海道。看到日本帝国已经土崩瓦解，甚至本土不保，日本加速投降步伐。裕仁天皇首次发表广播讲话，宣布投降；其亲信则迅速镇压了近卫师团少壮派军官的叛乱。美军很快占领日本。9 月 2 日，日本在"密苏里"号军舰上正式递交降书。"二战"结束后不久，美国特别委员会调研了战略轰炸的效果，在报告中写道："经仔细研究事态，并经日本相关领袖人物的证词验证，委员会认定：即使不投放原子弹，且苏联没有参战，日本也很有可能在 1945 年 11 月 1 日之前，或必然在 1945 年 12 月 31 日之前投降。"

资料来源：1. US Strategic Bombing Survey, Pacific, US Army, 1946
2. N. Bernard, La Guerre du Pacifique, Tallandier, 2016 - 3. J. Costello, La Guerre du Pacifique, 2 vol., Pygmalion, rééd. 2010 - 4. R. Overy, The Air War 1939-1945, Potomac, 2005 - 5. Japanese monographs, US Army, 1959.

1. 日本经济的崩溃

20 世纪 30 年代末，日本经济虽发展迅速，但仍然比较脆弱，高度依赖原材料和石油的进口，生产潜能远在英国之下。不过，日本军备先进（尤其是海军航空兵），且早已磨刀霍霍，面对准备不足的西方国家，日本军部认为有望在数月之内取得太平洋的控制权，获得必要的发展空间，在力量对比上占据优势，这一想法显然大错特错。在美国的压力下，日本的经济在 1943—1945 年渐渐崩盘。

国内生产总值发展的比较 （以 1938 年的数值为 100）

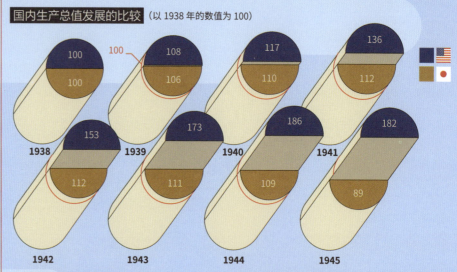

日本部分产品的产量 （百万吨）

战争的命脉：大米 （千吨）

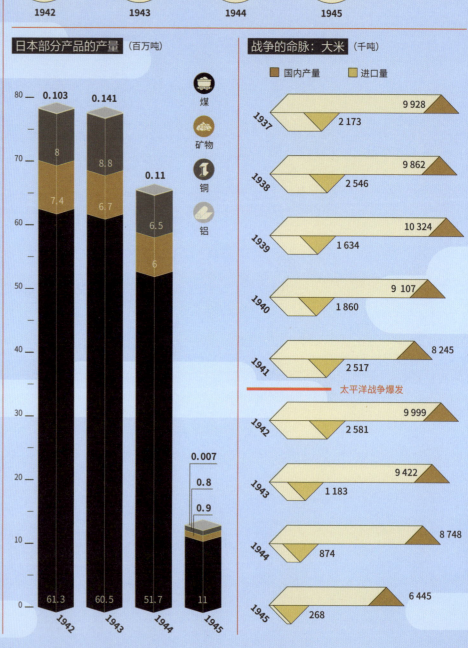

2. 火焰中的日本

原子弹投放之前，美国陆军航空兵第 21 航空队已经动用 B-29"超级堡垒"轰炸机轰炸了日本的数十个工业城市。美国早有实施战略轰炸的计划。然而，除了 1942 年象征性的"杜立特空袭"行动之外，受到后勤和地理条件的限制，战略空袭计划直到 1944 年下半年，才得以在中国的空军基地发起实施。不过，这些定点精确打击的空袭行动，效率低下，又代价高昂，很快被美军摒弃。1945 年 2 月起，李梅将军开始以在马里亚纳群岛上夺得的海军基地为依托，在晚间用凝固汽油弹实施"地毯式轰炸"。这一战术，对以轻型建筑为主的城市和工业中心城市都造成了巨大的破坏。日本的战斗机和防空炮，对来自高空的袭击均无能为力。"二战"中伤亡人数最大的空袭，是 1945 年 3 月 9 日的东京大轰炸，造成了超过 10 万人死亡。而日本北部的工业城市富山（15 万居民），90% 的土地在 8 月 1 日夜间的空袭中，被夷为平地。这些轰炸共造成至少 33 万人死亡，美军也付出了 414 架 B-29 轰炸机和 2 600 名机组人员的代价。

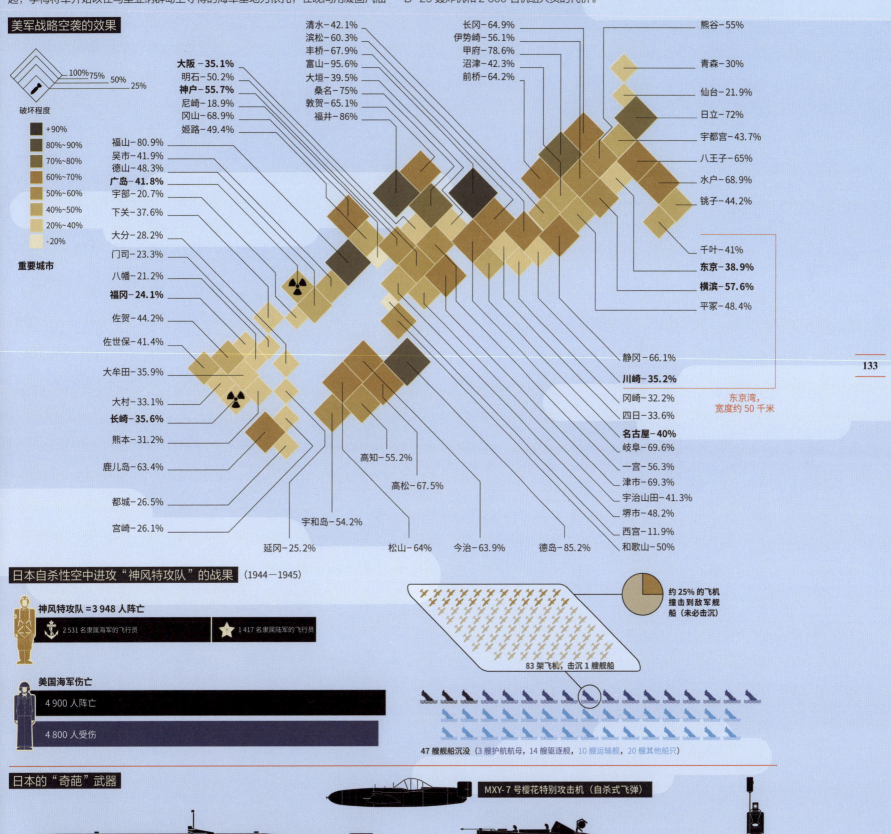

美军战略空袭的效果

破坏程度

	+90%
	80%~90%
	70%~80%
	60%~70%
	50%~60%
	40%~50%
	20%~40%
	-20%

重要城市

清水 - 42.1%
滨松 - 60.3%
丰桥 - 67.9%
富山 - 95.6%
大垣 - 39.5%
桑名 - 75%
敦贺 - 65.1%
福井 - 86%

长冈 - 64.9%
伊势崎 - 56.1%
甲府 - 78.6%
沼津 - 42.3%
前桥 - 64.2%

熊谷 - 55%
青森 - 30%
仙台 - 21.9%
日立 - 72%
宇都宫 - 43.7%
八王子 - 65%
水户 - 68.9%
铫子 - 44.2%

千叶 - 41%
东京 - 38.9%
横滨 - 57.6%
平冢 - 48.4%

大阪 - **35.1%**
明石 - 50.2%
神户 - 55.7%
尼崎 - 18.9%
冈山 - 68.9%
姬路 - 49.4%

福山 - 80.9%
吴市 - 41.9%
德山 - 48.3%
广岛 - 41.8%
宇部 - 20.7%
下关 - 37.6%
大分 - 28.2%
门司 - 23.3%
八幡 - 21.2%
福冈 - 24.1%
佐贺 - 44.2%
佐世保 - 41.4%
大牟田 - 35.9%
大村 - 33.1%
长崎 - 35.6%
熊本 - 31.2%
鹿儿岛 - 63.4%
都城 - 26.5%
宫崎 - 26.1%
延冈 - 25.2%

高知 - 55.2%
高松 - 67.5%
宇和岛 - 54.2%
松山 - 64%
今治 - 63.9%
德岛 - 85.2%

静冈 - 66.1%
川崎 - 35.2%
冈崎 - 32.2%
四日 - 33.6%
名古屋 - 40%
岐阜 - 69.6%
一宫 - 56.3%
津市 - 69.3%
宇治山田 - 41.3%
堺市 - 48.2%
西宫 - 11.9%
和歌山 - 50%

东京湾，
宽度约 50 千米

133

日本自杀性空中进攻"神风特攻队"的战果（1944—1945）

神风特攻队 = 3 948 人阵亡

2 531 名隶属海军的飞行员　　1 417 名隶属陆军的飞行员

约 25% 的飞机撞击到敌军舰船（未必击沉）

83 架飞机，击沉 1 艘舰船

美国海军伤亡

4 900 人阵亡

4 800 人受伤

47 艘舰船沉没（3 艘护航航母，14 艘驱逐舰，10 艘运输舰，20 艘其他船只）

日本的"奇葩"武器

MXY-7 号樱花特别攻击机（自杀式飞弹）

回天 1 型（小型自杀式潜艇）

震洋艇（自杀式摩托艇）

伏龙（自杀式潜水员）

第四部分　战争总结与战后的裂痕

军人与平民的损失

战后 70 年来，准确统计这场惨绝人寰的悲剧所造成的人员损失，始终是一个难以实现的目标。研究人员充其量只能根据各国提供的资料，逐一统计并叠加，最终得出精确度不一的估算数字。一般来说，军人的死亡人数（阵亡、病故，或死于战俘营）最易于统计。但即便如此，统计不同国家、地区和军队的死亡人口，也因资料来源和统计方法的不同而大相径庭。更何况，是否将某些"准军事人员"（如从事抵抗运动者）或直面战争的非军事人员（如商船水手、美国海岸防卫

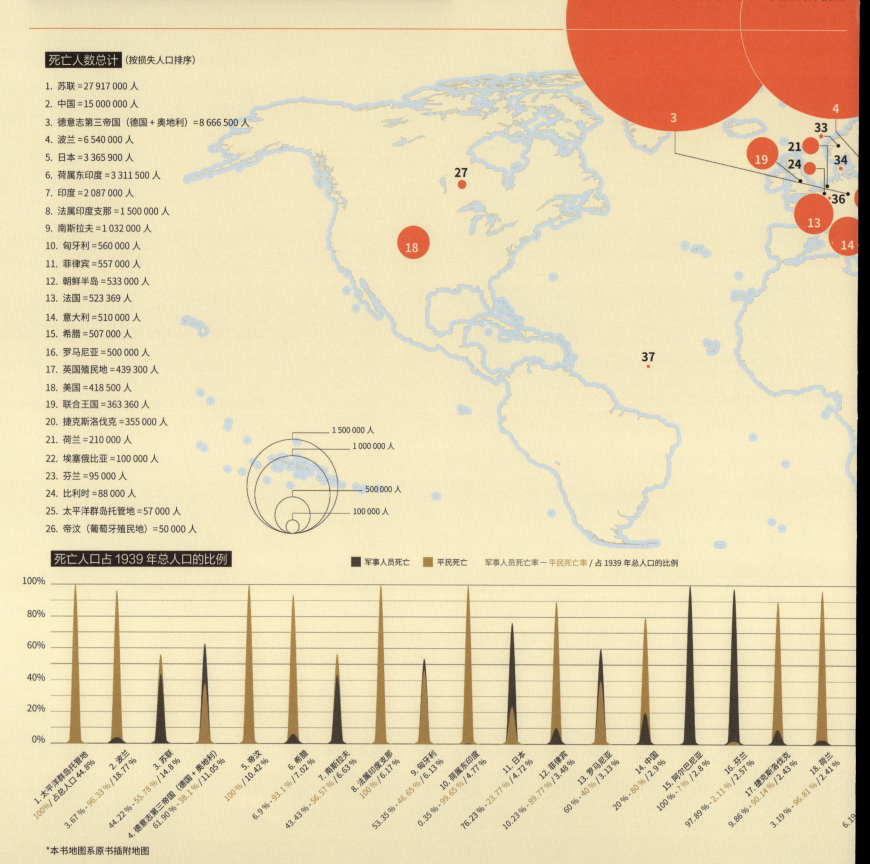

死亡人数总计（按损失人口排序）

1. 苏联 = 27 917 000 人
2. 中国 = 15 000 000 人
3. 德意志第三帝国（德国 + 奥地利）= 8 666 500 人
4. 波兰 = 6 540 000 人
5. 日本 = 3 365 900 人
6. 荷属东印度 = 3 311 500 人
7. 印度 = 2 087 000 人
8. 法属印度支那 = 1 500 000 人
9. 南斯拉夫 = 1 032 000 人
10. 匈牙利 = 560 000 人
11. 菲律宾 = 557 000 人
12. 朝鲜半岛 = 533 000 人
13. 法国 = 523 369 人
14. 意大利 = 510 000 人
15. 希腊 = 507 000 人
16. 罗马尼亚 = 500 000 人
17. 英国殖民地 = 439 300 人
18. 美国 = 418 500 人
19. 联合王国 = 363 360 人
20. 捷克斯洛伐克 = 355 000 人
21. 荷兰 = 210 000 人
22. 埃塞俄比亚 = 100 000 人
23. 芬兰 = 95 000 人
24. 比利时 = 88 000 人
25. 太平洋群岛托管地 = 57 000 人
26. 帝汶（葡萄牙殖民地）= 50 000 人

1 500 000 人
1 000 000 人
500 000 人
100 000 人

死亡人口占 1939 年总人口的比例

■ 军事人员死亡　■ 平民死亡　军事人员死亡率—平民死亡率 / 占 1939 年总人口的比例

1. 太平洋群岛托管地 100% / 占总人口 44.8%
2. 波兰 3.67% - 96.33% / 18.77%
3. 苏联 44.22% - 55.78% / 14.8%
4. 德意志第三帝国（德国 + 奥地利）61.90% - 38.1% / 11.05%
5. 帝汶 100% / 10.42%
6. 希腊 6.9% - 93.1% / 7.02%
7. 南斯拉夫 43.43% - 56.57% / 6.63%
8. 法属印度支那 100% / 6.17%
9. 匈牙利 53.35% - 46.65% / 6.13%
10. 荷属东印度 0.35% - 99.65% / 4.77%
11. 日本 76.23% - 23.77% / 4.72%
12. 菲律宾 10.23% - 89.77% / 3.48%
13. 罗马尼亚 60% - 40% / 3.13%
14. 中国 20% - 80% / 2.9%
15. 阿尔巴尼亚 100% - ?% / 2.8%
16. 芬兰 97.89% - 2.11% / 2.57%
17. 捷克斯洛伐克 9.86% - 90.14% / 2.43%
18. 荷兰 3.19% - 96.81% / 2.41%
6.19

*本书地图系原书插附地图

136

队）计入死亡人数中，一直存在争议。在方法论上也存在不同的学派：伤亡人口的计算，应该综合各项伤亡统计的战报，还是从宏观的人口数据切入？同样莫衷一是。不同年代，不同研究工作所提出的估算数字，差距之大，常令人目瞪口呆。

更为棘手的是，除了直接死于军事行动、强制劳动及相关罪行的人口之外，因持续的烽火而陷入贫困、饥荒和疾病的大量间接死亡人数，更是无从统计。各国与各方都可能因为计算参数的差异，给出截然不同的数值。传统的"二战"死亡人数估算，一般在 4 000 万～5 000 万人。而如今我们认为，该数字应该不会低于 7 500 万人；如果进一步扩大统计范围（如亚洲和非洲在战争中的间接受害者），甚至能达到 8 000 万人以上。无论如何，伤亡人数占 1940 年全球人口的 3.5% 以上。根据这一比例，万一今日世界爆发同等破坏程度的战争，将有不少于 2 亿人丧生。

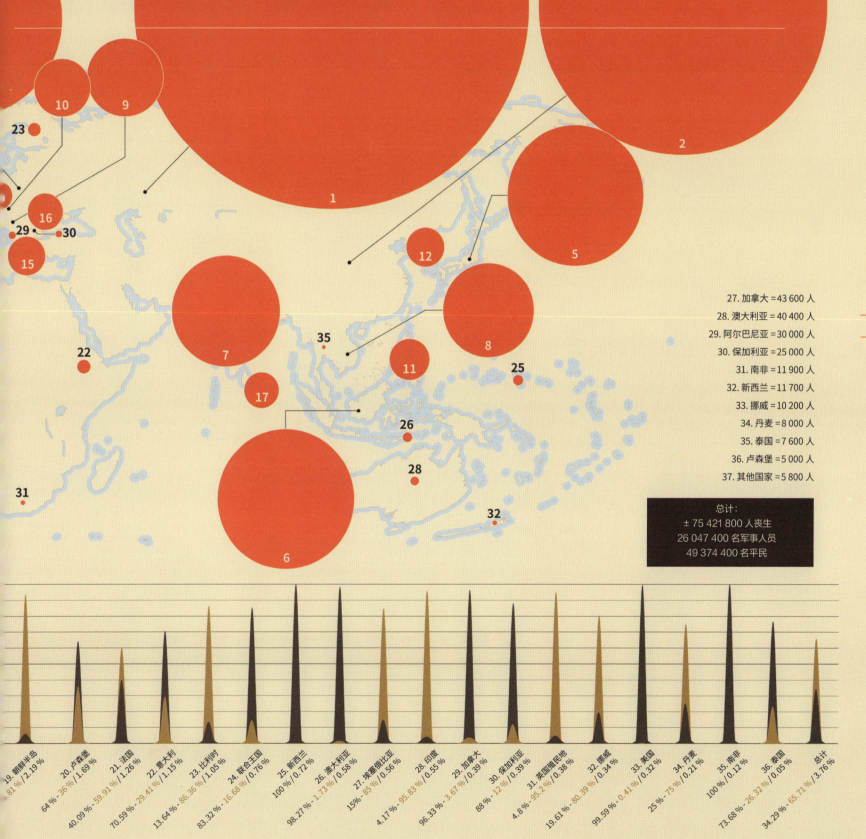

27. 加拿大 = 43 600 人
28. 澳大利亚 = 40 400 人
29. 阿尔巴尼亚 = 30 000 人
30. 保加利亚 = 25 000 人
31. 南非 = 11 900 人
32. 新西兰 = 11 700 人
33. 挪威 = 10 200 人
34. 丹麦 = 8 000 人
35. 泰国 = 7 600 人
36. 卢森堡 = 5 000 人
37. 其他国家 = 5 800 人

总计：
± 75 421 800 人丧生
26 047 400 名军事人员
49 374 400 名平民

19. 朝鲜半岛 ...81 % / 2.19 %
20. 卢森堡 64% - 36% / 1.69 %
21. 法国 40.09% - 59.91% / 1.26 %
22. 意大利 70.59% - 29.41% / 1.15 %
23. 比利时 13.64% - 86.36% / 1.05 %
24. 联合王国 83.32% - 16.68% / 0.76 %
25. 新西兰 100% / 0.72 %
26. 澳大利亚 98.27% - 1.73% / 0.58 %
27. 埃塞俄比亚 15% - 85% / 0.56 %
28. 印度 4.17% - 95.83% / 0.55 %
29. 加拿大 96.33% - 3.67% / 0.39 %
30. 保加利亚 88% - 12% / 0.39 %
31. 英国殖民地 4.8% - 95.2% / 0.38 %
32. 挪威 19.61% - 80.39% / 0.34 %
33. 美国 99.59% - 0.41% / 0.32 %
34. 丹麦 25% - 75% / 0.21 %
35. 南非 100% / 0.12 %
36. 泰国 73.68% - 26.32% / 0.05 %
总计 34.29% - 65.71% / 3.76 %

1. 军事人员伤亡

　　"军事人员伤亡"的概念比较模糊，经常误导判断和比较数据的人。因此，我们有必要给出一个明确的定义。"军事人员伤亡"涉及暂时或永远无法返回战场的军事人员，包括阵亡、负伤、患病、蒙受精神创伤、被俘或失踪（命运不详者）的将士。除了阵亡者外，经过一段时间的治疗或休养，仍无法重回战场者（包括致残者与退伍士兵），也被计入"永久性损失"的行列。然而，具体的统计标准，在不同时期与不同的军队中，差异也很大。例如，1945 年，奄奄一息的德国作困兽之斗，将仍在养伤中的士兵再度派往前线，令美国人大吃一惊。此外，在计算中，一般也会将战场或作战区域中的伤亡人数，与后方因事故、疾病和自杀而丧生的人数，加以区分。诺曼底登陆的死亡人数，直至今日，都在不停调整，反映了统计的复杂性。1944 年 6 月 6 日，超过 10000 名盟军士兵在战场上倒下，但只有不到 3 000 人阵亡；大部分伤员在接受治疗之后，恢复了健康；极少数人成为战俘。以整支美军为例："二战"期间伤亡总数超过 100 万人，但在其中 40 多万死亡者中，真正捐躯沙场的，只有 292 000 人。这些因素，加上各国计算方式的差异和掌握档案资料的不同，使各方提供的数据之间

差异甚大。更何况，"二战"以来，各国版图多次变迁，更令误差重重。精确也好，有所保留也罢，"二战"中伤亡的军事人员总数，应不低于 2 500 万人，远远高于"一战"的 1 000 万人。不过，各国的伤亡情况差距不小。法国在"一战"期间，失去了从军年龄段上的 150 万人口，尤其是青年人；但"二战"的伤亡却小了很多（20 万人）。"一战"中，德国和沙俄各损约 200 万士兵；"二战"中仍然伤亡惨重——德国死亡超过 500 万军人，苏联则为 1 100 万左右。而"一战"中人员伤亡甚小的中国和日本，在"二战"中血流成河，各自损失了大约 300 万和 250 万士兵。中国的情况有些特殊：由于资料来源五花八门残缺不全，且在"二战"结束后很快陷入内战，伤亡数字很难准确估计。总之，在"二战"中，苏联、德国、中国和日本的军事人员伤亡最大，姑且不论伤亡军人相对全国人口的百分比，其绝对数量是远超其他参战国的。至于英美等主要战胜国，虽也确实付出了牺牲，但军事损失相对较小。美国的情况更好些，几乎没有平民伤亡。

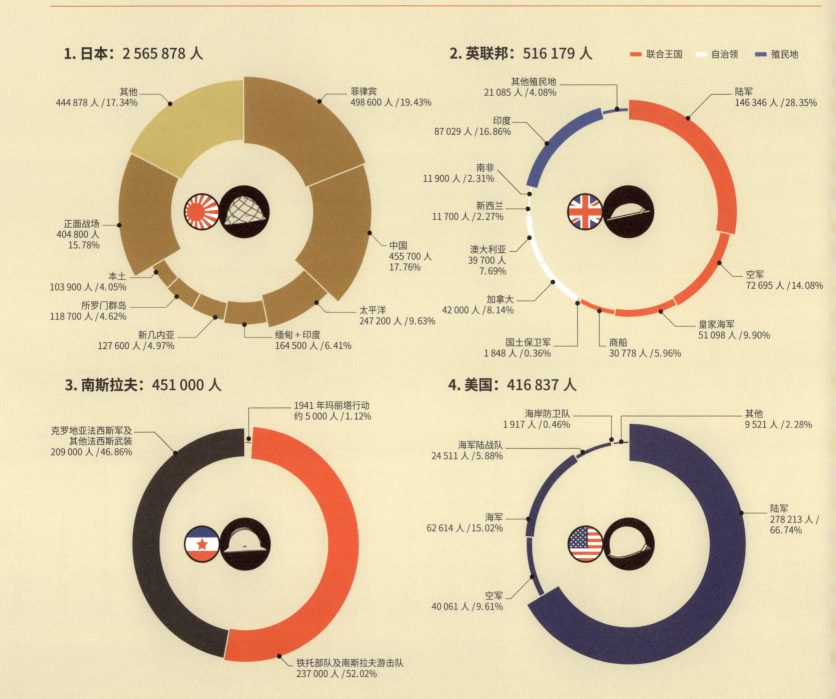

1. 日本：2 565 878 人

菲律宾 498 600 人 / 19.43%
其他 444 878 人 / 17.34%
中国 455 700 人 17.76%
太平洋 247 200 人 / 9.63%
缅甸 + 印度 164 500 人 / 6.41%
新几内亚 127 600 人 / 4.97%
所罗门群岛 118 700 人 / 4.62%
本土 103 900 人 / 4.05%
正面战场 404 800 人 15.78%

2. 英联邦：516 179 人　　联合王国　自治领　殖民地

陆军 146 346 人 / 28.35%
空军 72 695 人 / 14.08%
皇家海军 51 098 人 / 9.90%
商船 30 778 人 / 5.96%
国土保卫军 1 848 人 / 0.36%
加拿大 42 000 人 / 8.14%
澳大利亚 39 700 人 7.69%
新西兰 11 700 人 / 2.27%
南非 11 900 人 / 2.31%
印度 87 029 人 / 16.86%
其他殖民地 21 085 人 / 4.08%

3. 南斯拉夫：451 000 人

1941 年玛丽塔行动 约 5 000 人 / 1.12%
克罗地亚法西斯军及其他法西斯武装 209 000 人 / 46.86%
铁托部队及南斯拉夫游击队 237 000 人 / 52.02%

4. 美国：416 837 人

海岸防卫队 1 917 人 / 0.46%
其他 9 521 人 / 2.28%
陆军 278 213 人 / 66.74%
空军 40 061 人 / 9.61%
海军 62 614 人 / 15.02%
海军陆战队 24 511 人 / 5.88%

5. 意大利：360 000 人

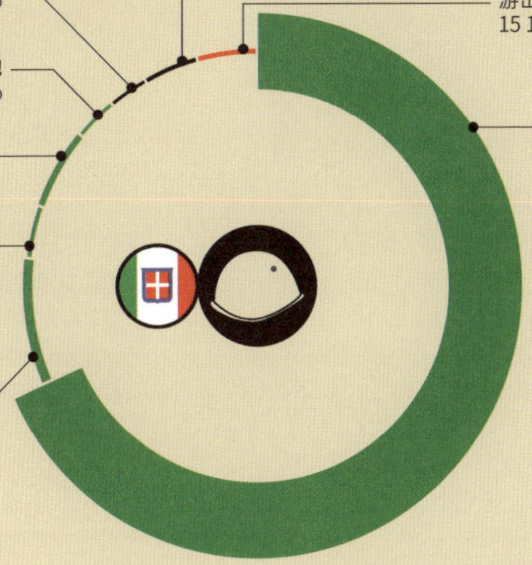

黑衫军
10 006 人 / 2.78%

近卫队 / 意大利社会共和国
13 021 人 / 3.62%

游击队
15 197 人 / 4.22%

其他
10 787 人 / 3%

非洲殖民地当地
士兵 + 殖民部队
20 000 人 / 5.56%

意大利陆军
246 432 人 /
68.45%

空军
13 210 人 / 3.67%

海军
31 347 人 /
8.70%

6. 罗马尼亚：296 648 人

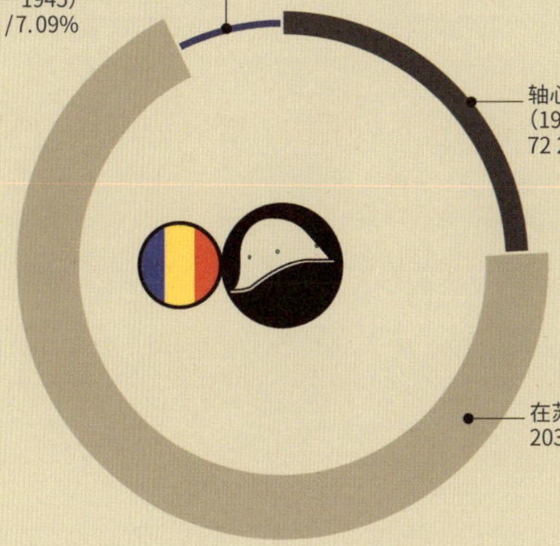

同盟国阵营
（1944－1945）
21 035 人 / 7.09%

轴心国阵营
（1941－1944）
72 291 人 / 24.37%

在苏联的战俘
203 322 人 / 68.54%

7. 波兰：239 000 人

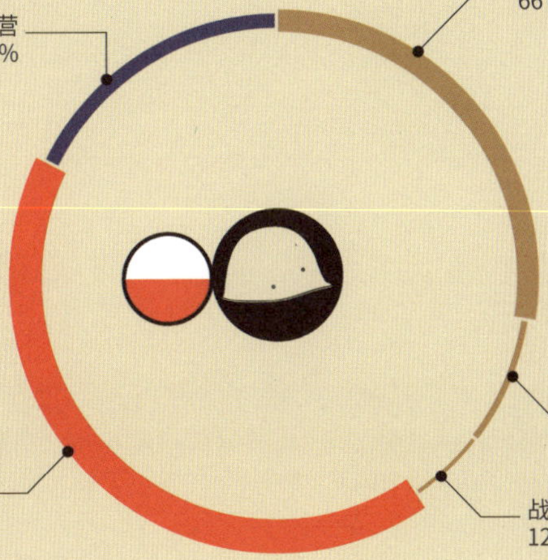

同盟国阵营
42 000 人 / 17.57%

1939 年
66 000 人 / 27.62%

卡廷森林惨案
19 000 人 / 7.95%

抵抗运动
100 000 人 / 41.84%

战俘
12 000 人 / 5.02%

8. 法国：218 103 人

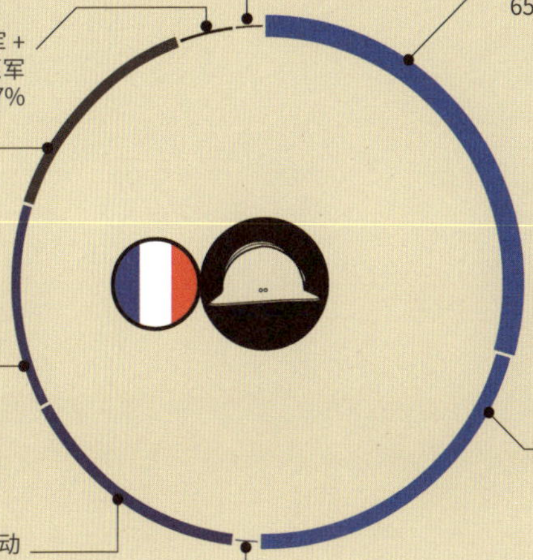

民兵
4 333 人 / 1.9%

近卫军 +
反布尔什维克志愿军
8 000 人 / 3.7%

附敌者
32 000 人 / 14.6%

1939－1940 年
65 000 人 / 29.7%

"自由法国"武装
（1944－1945）
27 570 人 / 12.6%

战俘
45 000 人 / 20.6%

抵抗运动
33 000 人 / 15.4%

"自由法国"武装
（1940－1943）
3 200 人 / 1.5%

9. 芬兰：93 000 人

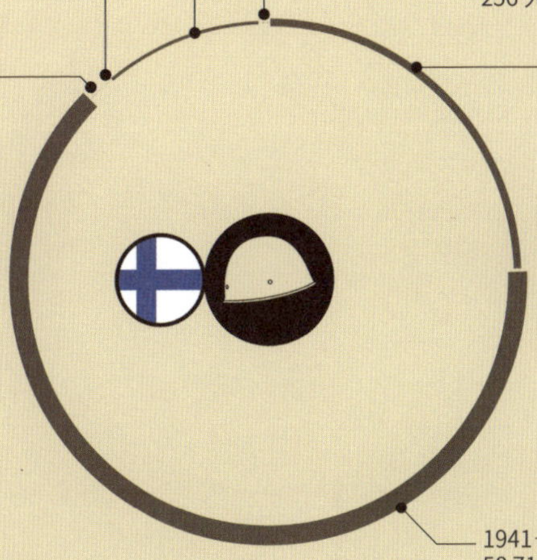

战俘
403 人 / 0.43%

其他
9 760 人 / 10.49%

近卫军
256 人 / 0.28%

1944－1945 年
1 036 人 / 1.11%

1939－1940 年
22 830 人 / 24.55%

1941－1944 年
58 715 人 / 63.13%

10. 希腊：35 000 人

1940－1941 年
13 327 人 / 38.08%

抵抗运动
20 573 人 / 58.78%

同盟国阵营
（1941－1945 年）
1 100 人 / 3.14%

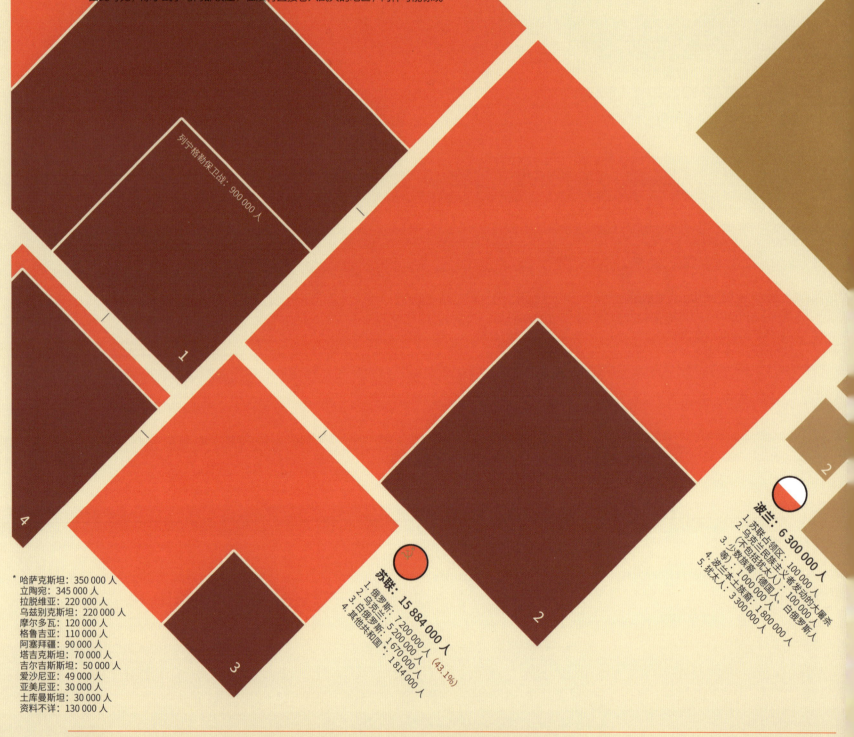

2. 持续多年的人间炼狱：平民伤亡

　　"二战"中最为触目惊心的悲惨事实之一，是平民的伤亡人数，在历史上首次大大超过军人伤亡。人们当然会首先想到纳粹集中营。在那里，来自欧洲各国的500万到600万犹太人，遭遇纳粹有组织而成体系的种族灭绝行动，堪称史无前例。然而，"二战"期间，并非只有德国和中欧，大批平民才可能直接或间接地死于战争。纳粹的种族清洗，共造成不少于1000万直接受害者——除了占领区的犹太人外，还包括数百万来自中欧和东欧的斯拉夫人、吉卜赛人/茨冈人；此外，至少20万残疾人被强制执行安乐死。因政治原因，或因参加抵抗运动而被杀害者，还不在上述数字之列。亚洲估计有500万平民直接丧生于日本的野蛮占领，其中至少有300万中国人。在日本的诸多暴行中，最具代表性的，莫过于负责细菌战的731部队。在苏联，除了纳粹德国占领期间的数百万受害者，至少还有100万人被流放到西伯利亚的劳改农场；而非敌占区里，也有600万人死于饥荒和动荡。

　　由此可见，除了战争与内部镇压，在没有直接卷入战火的地区，同样可能惊现战争间接带来的超高死亡率。从地理的角度看，苏联至少有高达1500万平民死亡；中国1200万平民（直接遇难者700万到800万）（编者注：据中国军事科学院编、解放军出版社1993年出版的《中国抗日战争史》，中国军队伤亡380余万人，平民牺牲2000余万人，伤亡总数达3500万人以上）；波兰约600万（330万犹太人，200多万非犹太人）；荷属东印度300万，印度200万，而法属印度支那150万。

　　战败国的平民也付出了巨大的伤亡代价：300万德国人因战争或其后续事件（驱逐居民等）而丧生；日本的100万平民伤亡，主要来自美军的轰炸。

　　以上伤亡统计，虽属最近的研究成果，但仍争议不断，未必完整，更谈不上盖棺论定。这些令人惊骇的数据，尤其是其中最高的数值，往往对我们的认知广度和研究工作，提出了新的挑战。

列宁格勒保卫战：900 000 人

* 哈萨克斯坦：350 000 人
立陶宛：345 000 人
拉脱维亚：220 000 人
乌兹别克斯坦：220 000 人
摩尔多瓦：120 000 人
格鲁吉亚：110 000 人
阿塞拜疆：90 000 人
塔吉克斯坦：70 000 人
吉尔吉斯斯坦：50 000 人
爱沙尼亚：49 000 人
亚美尼亚：30 000 人
土库曼斯坦：30 000 人
资料不详：130 000 人

苏联：15 884 000 人 (43.1%)
1. 俄罗斯：7 200 000 人
2. 乌克兰：5 200 000 人
3. 白俄罗斯：1 670 000 人
4. 其他共和国：1 814 000 人

波兰：6 300 000 人
1. 苏联占领区：100 000 人被斯大林的大屠杀
2. 乌克兰正统民族主义者发动的大屠杀（不包括犹太人）：100 000 人
3. 处决死亡：1 000 000 人
4. 被送往德国（德国人、白俄罗斯人）：1 800 000 人
5. 犹太人：3 300 000 人

资料来源：*1.* Services de statistiques nationales (ex : US Census Bureau Statistics) - *2.* Services historiques (ex : SHD français) - *3.* Rapports de commissions spécialisées par pays (ex : *Blackbook of the Occupation*, Athènes, 2006, pour la Grèce) - *4.* Tamás Stark, *Hungary's Human Losses in World War II*, Uppsala University, 1995 - *5.* Micheal Clodfelter, *Warfare and Armed Conflicts : A Statistical Reference to Casualty and Other Figures*, McFarland, 1992 - *6.* Grigori F. Krivosheev, *Soviet Casualties and Combat Losses in the Twentieth Century*, Greenhill Books, 1997 - *7.* John Keegan, *La Seconde Guerre mondiale,*

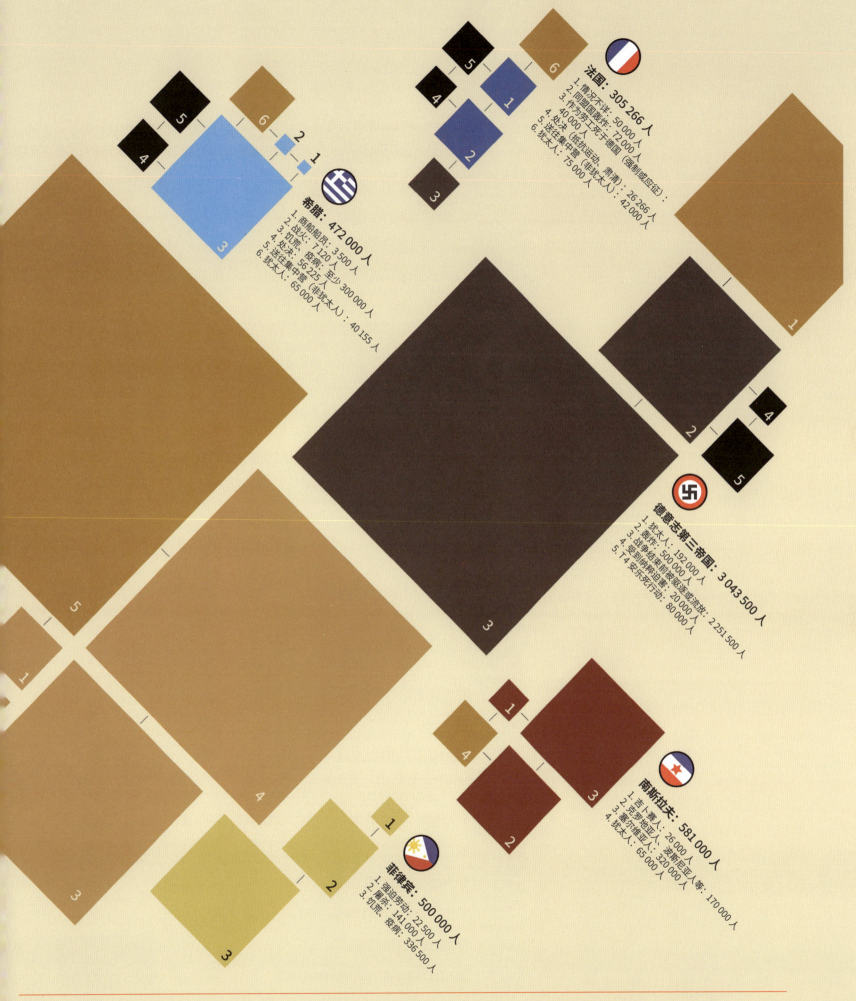

法国：305 266 人
1. 情况不详：50 000 人
2. 同盟国袭作：72 000 人
3. 作为劳工死于德国（强制或应征）：
40 000 人
4. 处决（非抗运动、肃清）：26 266 人
5. 送往集中营：42 000 人
6. 抗太人：75 000 人

希腊：472 000 人
1. 商船船员：3 500 人
2. 战火：7 120 人
3. 饥荒、疫病：至少 300 000 人
4. 处决：56 225 人
5. 送往集中营（非抗太人）：40 155 人
6. 抗太人：65 000 人

德意志第三帝国：3 043 500 人
1. 抗太人：192 000 人
2. 新作：500 000 人
3. 战争结果新被吸逐或流放：2 251 500 人
4. 苏维消枪迫害：20 000 人
5. T4 安乐死行动：80 000 人

南斯拉夫：581 000 人
1. 克罗地亚人：26 000 人
2. 属宗、塞尔维亚人：320 000 人
3. 波斯尼亚人等：170 000 人
4. 抗太人：65 000 人

菲律宾：500 000 人
1. 强迫劳动：22 500 人
2. 属宗：141 000 人
3. 饥荒、疫病：336 500 人

Tempus, 2011 - 8. Rüdiger Overmans, *Deutsche militärische Verluste im Zweiten Weltkrieg,* Oldenbourg, 2004 - 9. Martin Gilbert, *The Routledge Atlas of the Second World War,* Routledge, 2009
10. Jean-François Muracciole et Guillaume Piketty (dir.), *Encyclopédie de la Seconde Guerre mondiale,* Robert Laffont, Bouquin, 2015 - 11. Jean-Luc Leleu, Françoise Passera, Jean Quellien, Michel
Daeffler, *La France pendant la Seconde Guerre mondiale, Atlas historique,* Fayard, ministère de la Défense, 2010.

德国的军事人员损失

德国在"二战"中有 530 万军事人员阵亡，比 1914—1918 年的"一战"更为惨烈（200 万）。其中，德军 3 万名来自其他国家的志愿兵还未计算在内。两项数据值得特别关注：三分之二的阵亡士兵死于苏联战场；而一半的阵亡士兵死于"二战"最后的 12 个月内，尤其在 1945 年 1 月至 4 月（每天 1 万人阵亡）。非洲军团 27 个月内的阵亡人数，尚不及中央集团军在 1944 年夏天巴格拉季昂战役中头三天的损失。在阵亡总人数中，陆军占五分之四。这并不令人吃惊：陆军在德军中所占比重最大，且大量被派往东线战场。飞行员和 U 艇上的海军也有大量伤亡，尤其是在 1943 年之后。

1919—1920 年出生，时年 20~25 岁的青年人，死亡率最高（40%）。总体上看，达到入伍年龄的德国人中（1900—1928 年出生的人口），16.8% 的人被战争的洪流卷走。

德国全境被同盟国占领，所有军事设施被摧毁，战俘人数高达 1 100 万。"二战"最后一年，三分之二以上的军人成为战俘，损失尤为惨重。不过令人惊奇的是，60% 的德军与苏联作战，红军手中的德军战俘，只占总数的 28%。最后三个月的数据可以说明：西线德军大部投降之时，东线的士兵不是战死，便是逃脱之后向美国投降。

1. 德军的伤亡人数

德军伤亡人数的变化颇有规律：随着战事的持续，伤亡人数逐年上升。仅战争最后四个月的阵亡人数，高于"二战"前四年阵亡人数的总和。从兵种的角度看，党卫队的死亡率最高，达 34.86%；陆军相差不多（30.9%）。苏联前线的死亡率远高于其他战区。以季度而论，死亡率最高的时段依次为 1945 年 1—3 月（苏联的冬季攻势）、1944 年 6—8 月（夏季攻势）及 1942 年 12 月—1943 年 2 月（斯大林格勒战役）。这九个月，见证了东线战场上一半阵亡将士的最后命运。

阵亡人数小计 = 5318731 人阵亡

按年度统计：

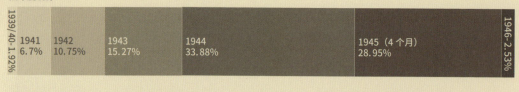

按兵种统计： 海军 2.6% 国民突击队 1.47% 警察 1.18% 防空部队 / 希特勒青年团 / 冲锋队等 1.71%

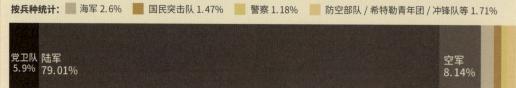

参战军事人员与阵亡比例（国民突击队、警察及准军事组织，不计算在内）18 200 000 人参军

2. 德国战俘 （1939—1945）

英美手中的德国战俘，只有 0.7% 在羁押期间死亡。而法国人手中的德国战俘，死亡率达 3.62%，其中部分战俘死于从事危险工作。

战俘

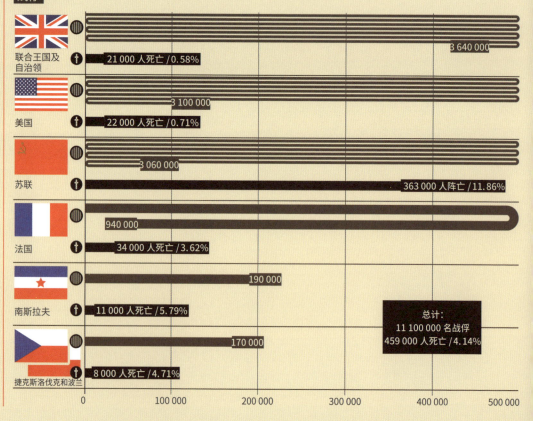

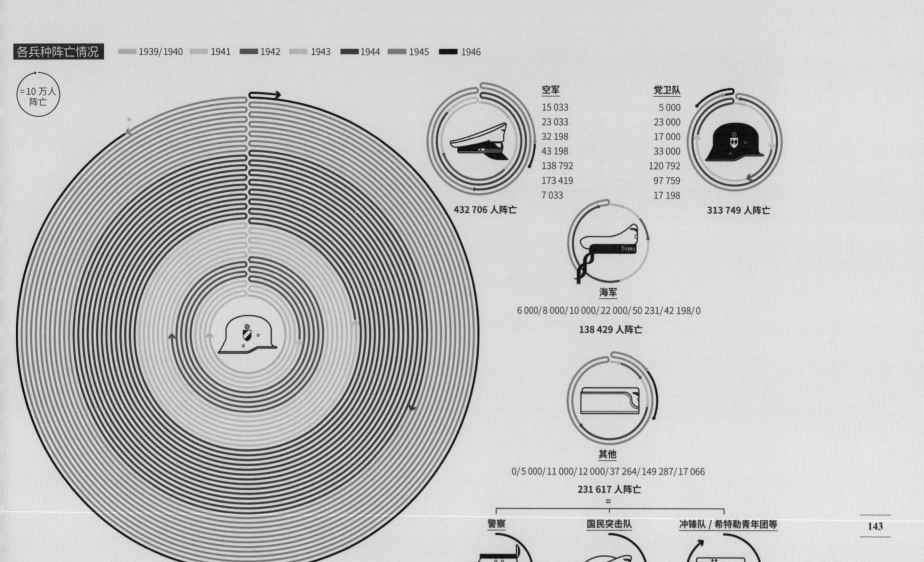

空军
15 033
23 033
32 198
43 198
138 792
173 419
7 033
432 706 人阵亡

党卫队
5 000
23 000
17 000
33 000
120 792
97 759
17 198
313 749 人阵亡

海军
6 000/8 000/10 000/22 000/50 231/42 198/0
138 429 人阵亡

其他
0/5 000/11 000/12 000/37 264/149 287/17 066
231 617 人阵亡
=

警察
63 000 人阵亡

国民突击队
78 000 人阵亡

冲锋队 / 希特勒青年团等
90 617 人阵亡

陆军
76 000/297 495/501 782/701 851/1 454 707/1 077 065/93 330
4 202 230 人阵亡

各战区阵亡情况

= 25 000 人阵亡

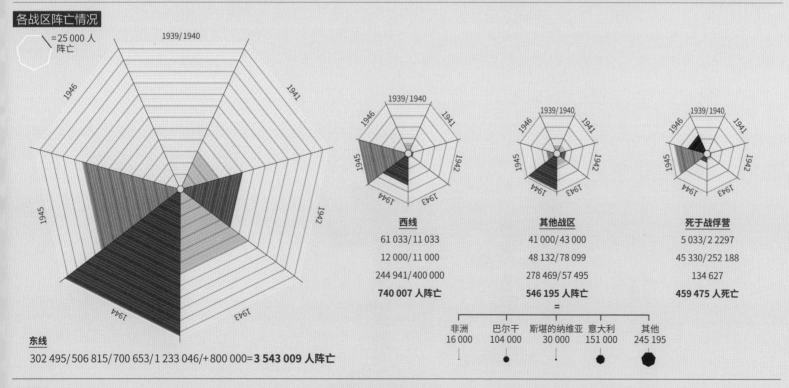

东线
302 495/506 815/700 653/1 233 046/+800 000=**3 543 009 人阵亡**

西线
61 033/11 033
12 000/11 000
244 941/400 000
740 007 人阵亡

其他战区
41 000/43 000
48 132/78 099
278 469/57 495
546 195 人阵亡
=

非洲 16 000
巴尔干 104 000
斯堪的纳维亚 30 000
意大利 151 000
其他 245 195

死于战俘营
5 033/2 2297
45 330/252 188
134 627
459 475 人死亡

资料来源: *1. Rüdiger Overmans, Deutsche militärische Verluste im Zweiten Weltkrieg, Oldenbourg, 2004.*

苏联的军事人员损失

苏德战争中，红军究竟损失了多少陆军和海军战士？直到苏联解体之后，相关档案资料才正式披露。1993年，叶利钦执政期间，克里夫施耶夫将军公布的研究结果最为全面。虽然饱受批评，这一著作至今仍无可取代，提供了目前最为严谨的相关数据。官方档案本身就有明显的缺陷：首先，苏德战争初期，苏军溃败，但伤亡数字暂付阙如；其次，数十万逃兵后来的命运也无人知晓。

如果确有真相大白的一天，无论目前的数据在多大程度上符合事实，苏联红军的重大牺牲仍不难窥见。红军的阵亡人数是敌对轴心国阵营的两倍；直到第二次世界大战结束，伤亡人数仍然很高。除了纳粹德国及其仆从国的残忍杀戮外，还有几个原因：许多苏联指战员不喜欢机动穿插和协调火力，而是在前线强行发动无效的猛攻；由于战况吃紧，许多新兵缺乏训练，在高度机械化的战场炼狱中难以生存。

此外，在纳粹集中营里，苏联战俘的死亡率也很高：数百万人死于饥饿、寒冷、疾病和处决。另有一些犹太人、政治委员和伤员，被俘之后就直接遇害。在纳粹的迫害下，苏联医院往往缺乏资金和必要的卫生条件，常年受饥荒之苦，只能眼看着大量伤员和病人死亡。除此之外，苏联军队中还有因过度饮酒和暴力行为造成的意外伤亡。

1. 苏联军事人员阵亡数量

对红军而言，苏德战争的前18个月损失最为惨重。1941年的"巴巴罗萨行动"、1942年的哈尔科夫和克里米亚战役中，也有大量苏军被俘。1944—1945年，苏联军队的人数增多，装备水平提高，但伤亡率仍没有下降。不过，在出兵中国东北的战争中，日本关东军一触即溃，苏军损失甚小。

容易想见，多数出身农民的步兵部队，伤亡率最高。装甲兵伤亡率也不低：苏军的403 272名装甲兵中，310 487人牺牲，96 500辆坦克及自行火炮被摧毁。

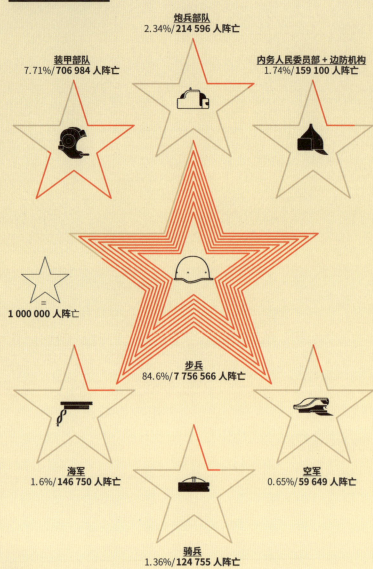

各兵种的阵亡人数

炮兵部队
2.34%/214 596人阵亡

装甲部队
7.71%/706 984人阵亡

内务人民委员部＋边防机构
1.74%/159 100人阵亡

1 000 000 ＝ 人阵亡

步兵
84.6%/7 756 566人阵亡

海军
1.6%/146 750人阵亡

空军
0.65%/59 649人阵亡

骑兵
1.36%/124 755人阵亡

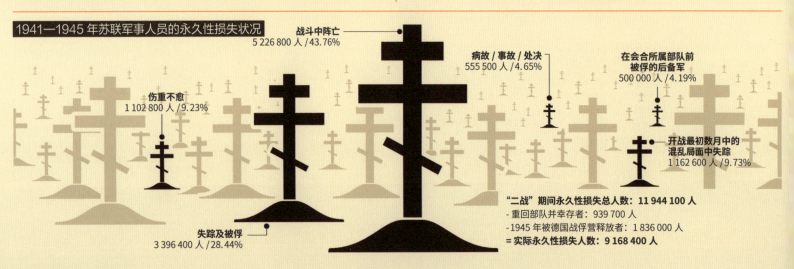

1941—1945年苏联军事人员的永久性损失状况

战斗中阵亡
5 226 800人/43.76%

病故/事故/处决
555 500人/4.65%

在会合所属部队前被俘的后备军
500 000人/4.19%

伤重不愈
1 102 800人/9.23%

开战最初数月中的混乱局面中失踪
1 162 600人/9.73%

失踪及被俘
3 396 400人/28.44%

"二战"期间永久性损失总人数：11 944 100人
- 重回部队并幸存者：939 700人
-1945年被德国战俘营释放者：1 836 000人
＝实际永久性损失人数：9 168 400人

各季度军事人员损失情况（阵亡、失踪、被俘）

=100 人

1941 年
第三季度
2 129 677 人

1941 年
第四季度
1 087 996 人

1942 年
第一季度
675 315 人

1942 年
第二季度
824 898 人

1942 年
第三季度
1 224 495 人

1942 年
第四季度
515 508 人

1943 年
第一季度
726 714 人

1943 年
第二季度
191 904 人

1943 年
第三季度
803 856 人

1943 年
第四季度
589 955 人

1944 年
第一季度
570 761 人

1944 年
第二季度
344 258 人

1944 年
第三季度
510 790 人

1944 年
第四季度
338 083 人

1945 年
第一季度
557521 人

1945 年
第二季度
243 296 人

1945 年出兵中国东北 = **12 031 人**

总计：**11 285 058 人**，及 499 942 名后备军战士、159 100 名边防人员和人数不详的内务委员

美军在"二战"期间损失人数 = **416 837 人** / 3.61%

2. 女兵阵亡人数

88% 的女性军事人员，在 1942—1943 年兵源不足时入伍。女性较少直接投入战斗。阵亡的女性，主要在前线从事接线员、护士、驾驶员、秘书、公路调度员等工作。

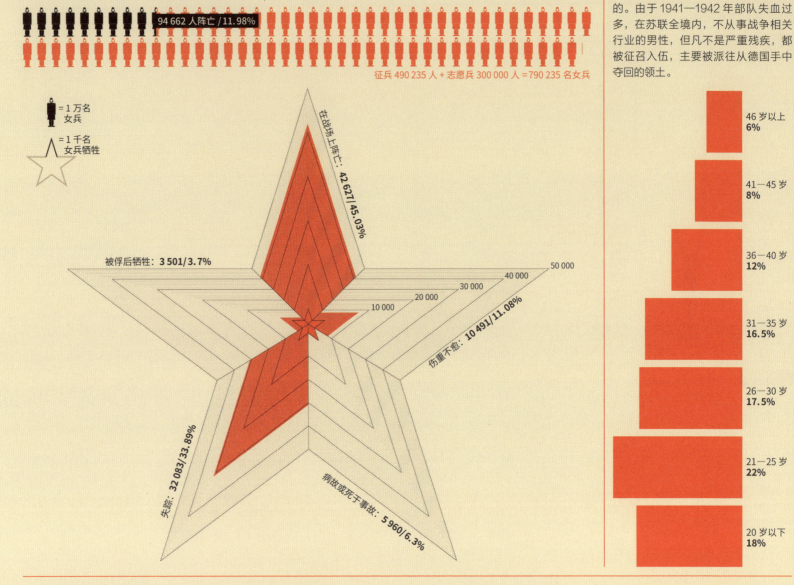

94 662 人阵亡 / 11.98%

征兵 490 235 人 + 志愿兵 300 000 人 = 790 235 名女兵

= 1 万名
女兵

= 1 千名
女兵牺牲

在战场上阵亡：42 627 / 45.03%

被俘后牺牲：3 501 / 3.7%

50 000
40 000
30 000
20 000
10 000

伤重不愈：10 491 / 11.08%

失踪：32 083 / 33.89%

病故或死于事故：5 960 / 6.3%

3. 阵亡士兵的年龄层

与其他各国（尤其是德国）相比，苏联 40 岁以上士兵的死亡率是最高的。由于 1941—1942 年部队失血过多，在苏联全境内，不从事战争相关行业的男性，但凡不是严重残疾，都被征召入伍，主要被派往从德国手中夺回的领土。

46 岁以上
6%

41—45 岁
8%

36—40 岁
12%

31—35 岁
16.5%

26—30 岁
17.5%

21—25 岁
22%

20 岁以下
18%

4. 阵亡士兵的民族 （百分比）

比较不同民族阵亡士兵的比例与该民族在总人口中所占的比重，并非易事：1939 年人口普查的数字误差甚大；而 1939—1941 年征召的 2 000 万士兵，没有与民族相关的资料。

不过，既然俄罗斯人占苏联总人口的 56%，按比例计算，他们在苏德战争中的牺牲自然也是最大的。这也是我们唯一能够确知的一点。当时，犹太人占苏联人口的 2%，也是苏联官方确认的第五大少数民族。

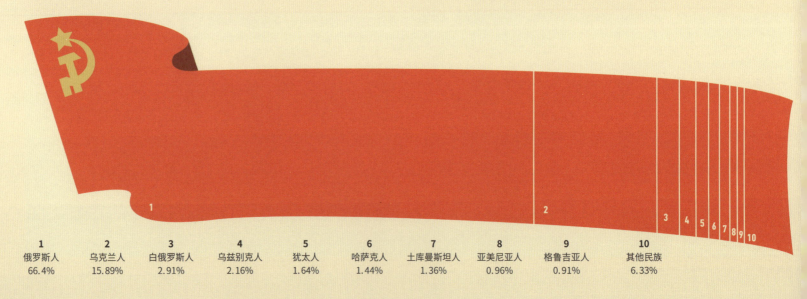

1	2	3	4	5	6	7	8	9	10
俄罗斯人	乌克兰人	白俄罗斯人	乌兹别克人	犹太人	哈萨克人	土库曼斯坦人	亚美尼亚人	格鲁吉亚人	其他民族
66.4%	15.89%	2.91%	2.16%	1.64%	1.44%	1.36%	0.96%	0.91%	6.33%

5. 伤员人数

苏联士兵负伤或生病之后，死亡率是德军的两倍，更是英美军队的 4 倍。　　　1943 年，美国援助的药品和医疗器材运抵苏联之后，卫生状况有很大改善。

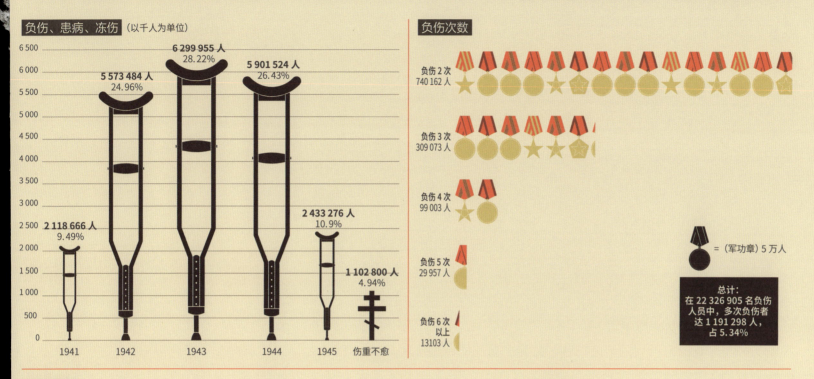

负伤、患病、冻伤（以千人为单位）

- 6 299 955 人　28.22%　（1943）
- 5 901 524 人　26.43%　（1944）
- 5 573 484 人　24.96%　（1942）
- 2 118 666 人　9.49%　（1941）
- 2 433 276 人　10.9%　（1945）
- 1 102 800 人　4.94%　（伤重不愈）

负伤次数

- 负伤 2 次　740 162 人
- 负伤 3 次　309 073 人
- 负伤 4 次　99 003 人
- 负伤 5 次　29 957 人
- 负伤 6 次以上　13 103 人

= （军功章）5 万人

总计：
在 22 326 905 名负伤人员中，多次负伤者达 1 191 298 人，占 5.34%

负伤部位（占总数百分比）

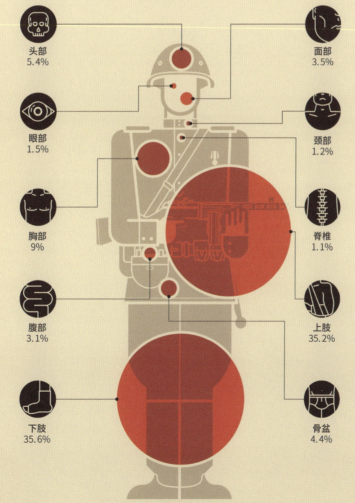

- 头部　5.4%
- 面部　3.5%
- 眼部　1.5%
- 颈部　1.2%
- 胸部　9%
- 脊椎　1.1%
- 腹部　3.1%
- 上肢　35.2%
- 下肢　35.6%
- 骨盆　4.4%

永久性伤残：2 576 000 人 / 占伤员总数 11.54%

资料来源：1. Colonel-général Grigori F. Krivosheev, *Grif sekretnosti sniat*, Moscou, 1993.

纳粹集中营

1933 年，党卫队、冲锋队和盖世太保建立数百座拘留所（大部分为临时搭建），用来关押反纳粹人士。后来，希姆莱打算将这一专制体系合理化和系统化，决定扩大其职能，并对其进行专项管理，由党卫队独享其利。此外，他还打算将此体系打造为"教育基地"，把党卫队培养得更加冷酷无情，使其适应德意志第三帝国的种族观念和政治理念。1933 年 3 月建立的达豪集中营，是希姆莱心中的"集中营典范"：一座集中了 5 000～6 000 个"居民"的小镇，从无到有，通过恐怖措施及强制劳动进行管理。1936 年后，每年至少有一座新的集中营

平地而起。除了政治犯外，营内关押的还有"耶和华见证人"教派的信众、"反社会分子"、"社会寄生虫"、罪犯甚至一些传教士。1938 年 11 月"水晶之夜"后，德国及奥地利的大批犹太人被送进集中营，虽然不久便获释，但仍有 700 人被虐待而死。从 1938 年夏天开始，集中营的生活条件就不断恶化，死亡率大幅增加，于 1943 年达到峰值；后来，情况略有好转，但在 1945 年，问题再度爆发。1938 年 6 月，一名党卫队军官遇刺之后，希姆莱在布痕瓦尔德集中营，亲自主持了一场正式的处决行动，打开了集中营内暴力行为的阀门。随着战事的发

1. 党卫队集中营的囚犯人数

1934—1937 年，集中营的人数增长了 3 倍；从 1938 年开始，随着大批奥地利的异议人士和"反社会分子"被捕，人数在短短数月之间又增长了 3 倍。1939—1940 年，集中营人数再次翻番，主要是由于奥斯维辛集中营的成立。该集中营始建于 1940 年 6 月 14 日，最初用于关押波兰人。1941 年之后，纳粹在欧洲

各地镇压抵抗运动，并将数百万劳工送往集中营强制劳动（多由盖世太保所为），集中营人数激增 10 倍。1943 年的增幅最为惊人。1944 年夏天之后，欧洲许多国家解放，斩断了集中营囚犯的来源。然而，盖世太保清空监狱，华沙起义中被捕的人士和自东部来的犹太人，又被持续押至，集中营的人数仍不减反增。

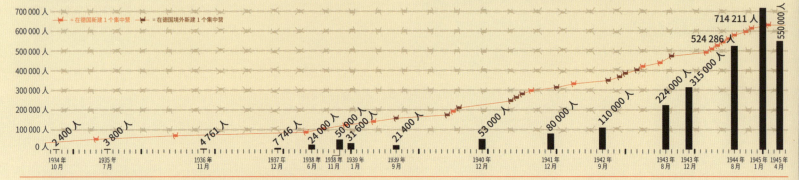

2. 党卫队主要集中营：投入使用期间及囚犯人数

"二战"前设立的"旧集中营"，全部位于德国境内。设立于波兰西里西亚地区的奥斯维辛集中营，规模最大，囚犯死亡率也最高。它与马伊达内克集中营一样，既是"传统"的集中营，又是犹太人的"灭绝营"。

1944 年秋天之后，奥斯维辛集中营的活跃度降低，布痕瓦尔德成为最大的集中营。弗洛森比格和奥地利的毛特豪森集中营，主要承担经济职能：开采花岗岩。后者的工作条件之艰苦，令人难以想象，更使其成为西欧死亡率最高的集中营。

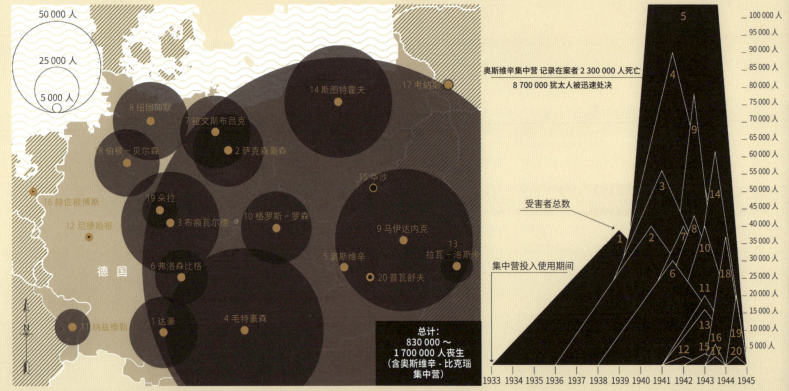

展，被送往集中营的外国人也不断增加：西班牙的共和党人、波兰人、捷克人、塞尔维亚人、苏联人、法国人、比利时人、荷兰人、希腊人……共来自30个不同的国家。纳粹开始利用囚犯进行医学实验，近两万名囚犯被杀害或截肢。6 000名患病或伤残的囚犯被有计划地杀害，随后，数万名苏联战俘遇难。纳粹"清理"身体虚弱的犯人的频率越来越高，以便为新囚徒空出位置——他们的身体更强壮，也能创造更高的生产力。1945年，越来越多的集中营被盟军解放，纳粹不断把其中关押的囚犯转移到后方的集中营，令后者人满为患，不堪

重负。集中营和犹太人的"灭绝营"之间，界限愈益模糊。1945年1月1日至4月15日，贝尔森集中营的囚犯增加了3倍，达到45 500人以上，其中三分之一在3月死于饥饿和疾病。此时，各集中营都关押着犹太人。他们的死亡率最高，但其他类型的囚犯也相差不远。同盟国攻入德国之后，集中营开始放逐囚犯，让他们踏上"死亡行军之路"；但被恐惧支配的党卫队，还是发动了数百起"清理"行动。在这场最后的疯狂中，千辛万苦熬到光明前夜的囚犯，又有三分之一丧生。

3. 布痕瓦尔德体系

布痕瓦尔德集中营的扩展程度最高。它有132个外部营区（整个德国有560个类似营区）。这些外部营区类似于子公司，隶属于"主营区"。这也是集中营关押囚犯人数众多的主要原因。

集中营有如工蜂蜂巢般的体系，符合德国对全国经济总动员的"总体战"战略。为此，施佩尔专门与党卫队的经济负责人奥斯瓦尔德·波尔，于1942年9月

签订了协议。党卫队并没有在布痕瓦尔德进行工业布局，而是将集中营的囚犯安置在现有的各大工厂附近。波尔的算盘是用尽可能少的口粮，逼迫囚犯从事尽可能多的工作。这一政策转变，是1943年集中营死亡率短暂下滑（与犹太人无关）的主要原因。1938年，11 000名囚徒由500名囚监管理——后者同为囚徒，但被党卫队赋予了生杀大权。此后，囚监的人数大为增加，而党卫队的人则不断下降。

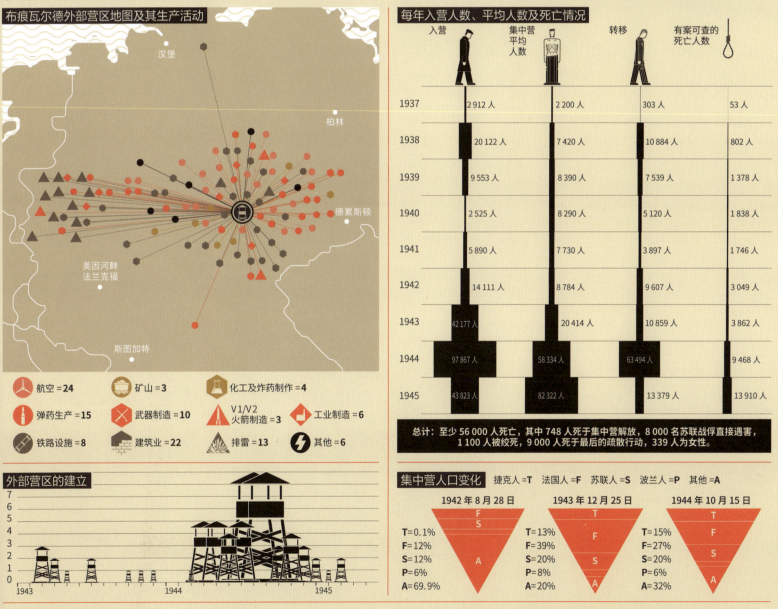

布痕瓦尔德外部营区地图及其生产活动

汉堡
柏林
德累斯顿
美因河畔法兰克福
斯图加特

航空 = 24　弹药生产 = 15　铁路设施 = 8
矿山 = 3　武器制造 = 10　建筑业 = 22
化工及炸药制作 = 4　V1/V2火箭制造 = 3　排雷 = 13
工业制造 = 6　其他 = 6

外部营区的建立

1943　1944　1945

每年入营人数、平均人数及死亡情况

	入营	集中营平均人数	转移	有案可查的死亡人数
1937	2 912 人	2 200 人	303 人	53 人
1938	20 122 人	7 420 人	10 884 人	802 人
1939	9 553 人	8 390 人	7 539 人	1 378 人
1940	2 525 人	8 290 人	5 120 人	1 838 人
1941	5 890 人	7 730 人	3 897 人	1 746 人
1942	14 111 人	8 784 人	9 607 人	3 049 人
1943	42 177 人	20 414 人	10 859 人	3 862 人
1944	97 867 人	58 334 人	63 494 人	9 468 人
1945	43 823 人	82 322 人	13 379 人	13 910 人

总计： 至少 56 000 人死亡，其中 748 人死于集中营解放，8 000 名苏联战俘直接遇害，1 100 人被绞死，9 000 人死于最后的疏散行动，339 人为女性。

集中营人口变化　捷克人 = T　法国人 = F　苏联人 = S　波兰人 = P　其他 = A

1942 年 8 月 28 日	1943 年 12 月 25 日	1944 年 10 月 15 日
T=0.1%	T=13%	T=15%
F=12%	F=39%	F=27%
S=12%	S=20%	S=20%
P=6%	P=8%	P=6%
A=69.9%	A=20%	A=32%

资料来源：1. Steffen Grimm, *Die SS-Totenkopfverbände im Konzentrationslager Buchenwald*, Diplomica Verlag, 2011 - 2. Nikolaus Wachsmann, *Die Geschichte der nationalsozialistischen Konzentrationslager*, Siedler - 3. http://totenbuch.buchenwald.de/information - 4. https://asso-buchenwald-dora.com/.

希特勒或希姆莱究竟何时开始盘算将欧洲犹太人赶尽杀绝？目前史学界尚无共识。不过，我们不难从这两个纳粹头目身上，找到这一想法在意识形态、"种族"，乃至经济方面的原因。清除犹太人的具体方法与模式因势而异。最初，他们打算采用种族隔离的政策，通过强制移民，将德国的犹太人逐出第三帝国的领土。1938 年之后，随着德国的领土扩张，越来越多的犹太人进入他们的控制范围。1939 年战争爆发之后，让如此庞大的人群离开欧洲几无可能。于是，1940 年起，希特勒首先从最大的犹太人社群——波兰犹太人——下手，将其关押到犹太人隔离区，准备伺机将其送往东方。反犹行动真正的转折点，在苏德战争爆发之后到来。1941 年 6 月 22 日，德国入侵苏联。纳粹随之制定了"摧毁犹太 - 布尔什维克国家"的目标，并推出一个"死亡等式"：犹太人＝布尔什维克＝威胁占领区安全。在党卫队、警察和德军的配合下，以四处杀害犹太人为目标的"特别行动队"，开始射杀所有达到入伍年龄的犹太男子。希姆莱和海德里希下达的命令非常宽泛，可以任由各"特别行动队"的队长们自行解读。执行者们为了积极表现，在各行动队之间，甚至在上下级之间展开竞争，不断将

残忍推向极致。8 月，他们开始对妇孺大开杀戒。10 月，乌克兰基辅附近的娘子谷大屠杀，标志着纳粹全面突破了最后的底线：当地的犹太人群体被斩尽杀绝，不留活口。在 6 个月内，50 万苏联的犹太人惨遭杀害，尸骨堆积如山。此时，屠杀在光天化日，众目睽睽之下进行，还处于相当原始的形态。能否以同样简单粗暴的方式，灭绝西欧与中欧的犹太人社区？纳粹对整个体制做出反思。随后，他们在欧洲四处搜捕犹太人，用车皮将其送往位于波兰偏远地区的死亡工厂。在那里，他们使用当时最新的科技手段展开屠杀：先在移动卡车或固定的毒气室内，用毒气（一氧化碳、齐克隆 B 等）毒死大批受害者，再用火葬炉焚尸灭迹，或直接掩埋在乱葬坑中。1942 年 3 月，法国和斯洛伐克也向波兰送出了首批犹太人；与此同时，人数十倍更甚的波兰犹太人，也在"莱茵哈德行动"中被捕。1944 年夏天，位于匈牙利的最后一个大型犹太人社区被清除。希姆莱不断将犹太人押至各集中营。直至战争结束的前夕，成千上万的犹太人在集中营中遇难；还有许多犹太人在盟军解放集中营之前，被送上"死亡行军之路"。截至 1945 年，战前的 1 150 万欧洲犹太人中，已有 600 万人丧生。

1. 逐渐落入纳粹德国魔掌的欧洲犹太人

随着德意志第三帝国的扩张，越来越多的犹太人落入纳粹直接或间接的控制之中。这一人数在四年内从 50 万飙升至 800 万人。1940 年，纳粹的反犹政策还不明朗，尚在放逐（送往东方或马达加斯加）和羁押（关入境内的犹太隔离区）两个方案之间举棋不定。大屠杀最早开始于德国以东的波兰和苏联德占区——当时，

这些地区的当地政权已被德军摧毁，处于无政府状态。一些附庸国（罗马尼亚、斯洛伐克、克罗地亚）和极端的民族主义者（乌克兰、巴尔干）也积极参与，推波助澜。在西欧，特别是法国，当地政府和行政部门在犹太人的抓捕行动中充当了帮凶。

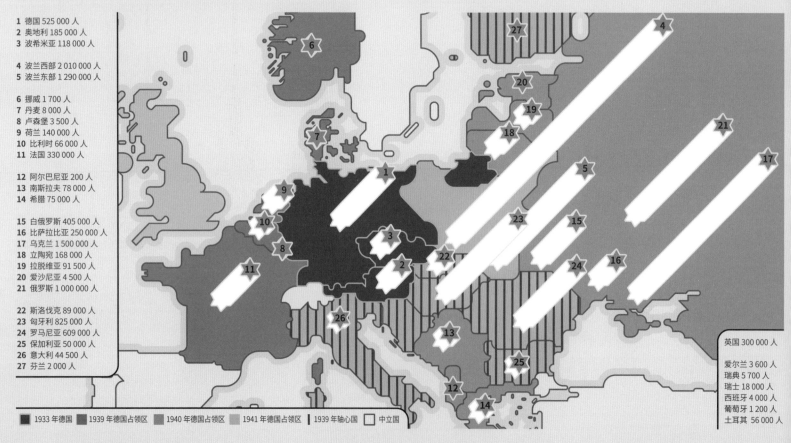

1 德国 525 000 人
2 奥地利 185 000 人
3 波希米亚 118 000 人

4 波兰西部 2 010 000 人
5 波兰东部 1 290 000 人

6 挪威 1 700 人
7 丹麦 8 000 人
8 卢森堡 3 500 人
9 荷兰 140 000 人
10 比利时 66 000 人
11 法国 330 000 人

12 阿尔巴尼亚 200 人
13 南斯拉夫 78 000 人
14 希腊 75 000 人

15 白俄罗斯 405 000 人
16 比萨拉比亚 250 000 人
17 乌克兰 1 500 000 人
18 立陶宛 168 000 人
19 拉脱维亚 91 500 人
20 爱沙尼亚 4 500 人
21 俄罗斯 1 000 000 人

22 斯洛伐克 89 000 人
23 匈牙利 825 000 人
24 罗马尼亚 609 000 人
25 保加利亚 50 000 人
26 意大利 44 500 人
27 芬兰 2 000 人

英国 300 000 人

爱尔兰 3 600 人
瑞典 5 700 人
瑞士 18 000 人
西班牙 4 000 人
葡萄牙 1 200 人
土耳其 56 000 人

■ 1933 年德国　■ 1939 年德国占领区　■ 1940 年德国占领区　■ 1941 年德国占领区　▨ 1939 年轴心国　□ 中立国

社会经济领域的迫害 | 司法迫害 | 驱逐出境 | 劫掠财物 | 强制劳动 | 犹太隔离区/生活贫困/饥饿/疾病 | 大屠杀 | 枪杀 | 集中营 | 劳累而死 | 毒气 | 解放

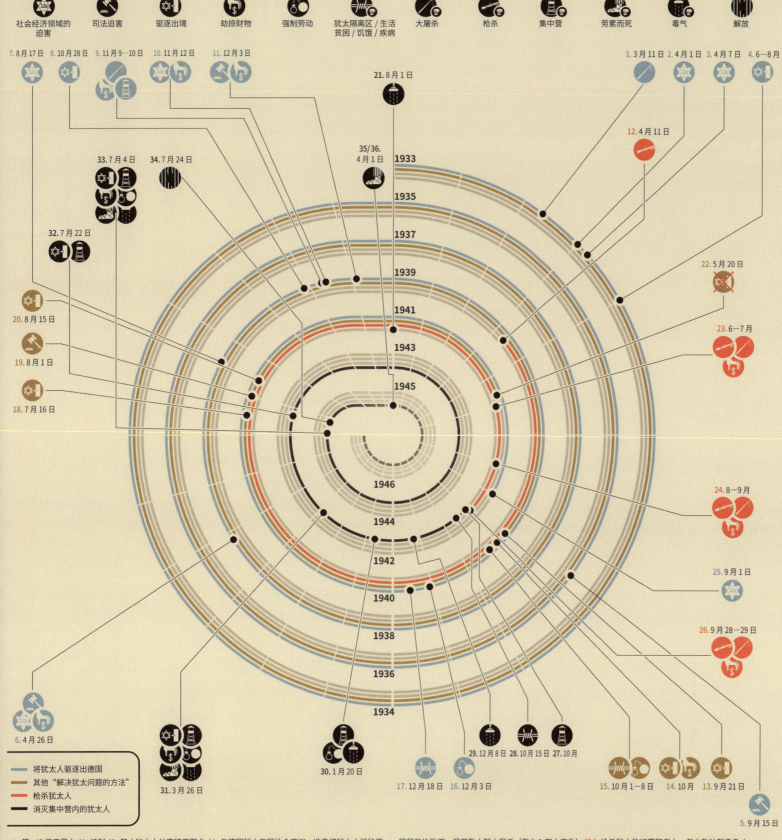

7. 8月17日　8. 10月28日　9. 11月9—10日　10. 11月12日　11. 12月3日

21. 8月1日

1. 3月11日　2. 4月1日　3. 4月7日　4. 6—8月

12. 4月11日

33. 7月4日　34. 7月24日

32. 7月22日

35/36. 4月1日

22. 5月20日

20. 8月15日

19. 8月1日

23. 6—7月

18. 7月16日

1933　1935　1937　1939　1941　1943　1945

1946

1944

1942

1940

1938

1936

1934

24. 8—9月

25. 9月1日

26. 9月28—29日

6. 4月26日

31. 3月26日

30. 1月20日

29. 12月8日　28. 10月15日　27. 10月

17. 12月18日　16. 12月3日

15. 10月1—8日　14. 10月　13. 9月21日

5. 9月15日

将犹太人驱逐出德国
其他"解决犹太问题的方法"
枪杀犹太人
消灭集中营内的犹太人

1. 第一次使用暴力 /2. 抵制 /3. 禁止犹太人从事特定职业 /4. 与德国犹太复国协会商议，准备将犹太人送往巴勒斯坦 /5. 纽伦堡法案：剥夺犹太人公民权 /6. 立法没收犹太人的财物 /7. 强制犹太人改变姓名 /8. 1.5 万名波兰出生的犹太人被赶出德国 /9. 水晶之夜：洗劫犹太人，烧毁犹太教堂，逮捕 3 万人 /10. 全面没收财物 /11. 立法禁止犹太人在德国从事经济活动 /12. 特别行动队枪杀波兰精英（其中包含犹太人），共 5 万人丧生 /13. 将波兰犹太人驱逐出德国占领区 /14. 尼斯科行动：将奥地利及捷克的犹太人驱逐到波兰 /15. 将波兰的犹太人关入隔离区 /16. 强制德国所有犹太人劳动 /17. 减少犹太人的口粮配额 /18. 将阿尔萨斯、洛林、萨尔、帕拉丁及巴登等地的犹太人，送往法国的非占领区 /19. 波兰傀儡政府实施德国的种族法令 /20. 艾希曼计划：将犹太人放逐到马达加斯加 /21. T4 行动：在移动卡车中，用毒气杀害犹太残疾人（共 8 万人），树立种族灭绝行动的"典范" /22. 禁止犹太人离开德国 /23. 在苏联的德国占领区枪杀 14—65 岁的犹太男性，并在当地

居民的协助下，展开数十起大屠杀（至少 1 万人丧生）/24. 枪杀犹太的妇孺和老人，仅少数社群幸免 /25. 强制犹太人佩戴六角星标志 /26. 在基辅娘子谷大屠杀之后，摧毁所有犹太社群 /27. 在波兰建立一系列灭绝营（贝乌热茨、马伊达内克、海乌姆诺、奥斯维辛 - 比克瑙集中营、索比堡、特雷布林卡）/28. 开始将德国犹太人送往波兰、波罗的海国家及白俄罗斯的犹太隔离区 /29. 首次用毒气卡车杀害大批犹太人 /30. 万湖会议，政府各部门协调对犹太种族灭绝的方案 /31. 欧洲的犹太人开始被送往灭绝营处死；6 万名斯洛伐克犹太人被关入集中营 /32. 华沙犹太隔离区的犹太人被转往集中营 /33. 最后一批受害者从匈牙利被送往集中营（45 万人死亡）/34. 苏联红军解放首座集中营——马伊达内克 /35. 红军解放奥斯维辛集中营 /36. 集中营最后的行动：犹太人路上"死亡行军之路"

3. 罗兹犹太隔离区

波兰第二大工业城市罗兹，在 1939 年 11 月 8 日并入德国，并改名为充满德国色彩的"利茨曼恩市"。城中的 23 万犹太居民饱受不公正的待遇，财产受到侵占，出于恐惧，他们希望移居德占的波兰地区。但纳粹任命的波兰总督汉斯·法郎克表示反对。于是，在等待找到最终"解决方案"之时，临时建立了一座犹太隔离区。1940 年，由于德国政府榨干了犹太人的资产，而黑市又受到严格经济管控政策的打击，有犹太人开始因饥饿而死。纳粹又需要寻找"解决方案"了。在德国资本家汉斯·比博和犹太居民委员会主席莫得哈伊·鲁姆科夫斯基的推动下，犹太隔离区变成一座昼夜运转的代工工厂。那里，工作条件恶劣，工资微薄。不过，鲁姆科夫斯基虽因专横备受指摘，却总算维持了隔离区内的教育与卫生制度，甚至保证了活跃的文化活动。1941 年起，犹太工厂的收入，稍稍减缓了死亡率的增长速度。表面上看，罗兹确实是唯一幸存至 1944 年的犹太人隔离区，但纳粹却从未放过它。1942 年，隔离区的 7 万名犹太人被送往附近的海乌姆诺灭绝营，在特制的卡车中被毒死。该集中营本于 1943 年关闭，又在 1944 年重启，杀害了 7 000 名罗兹的犹太人。此后，党卫队不满于海乌姆诺的"效率"，将隔离区的最后 54 000 名幸存者，直接送入奥斯维辛集中营。

152

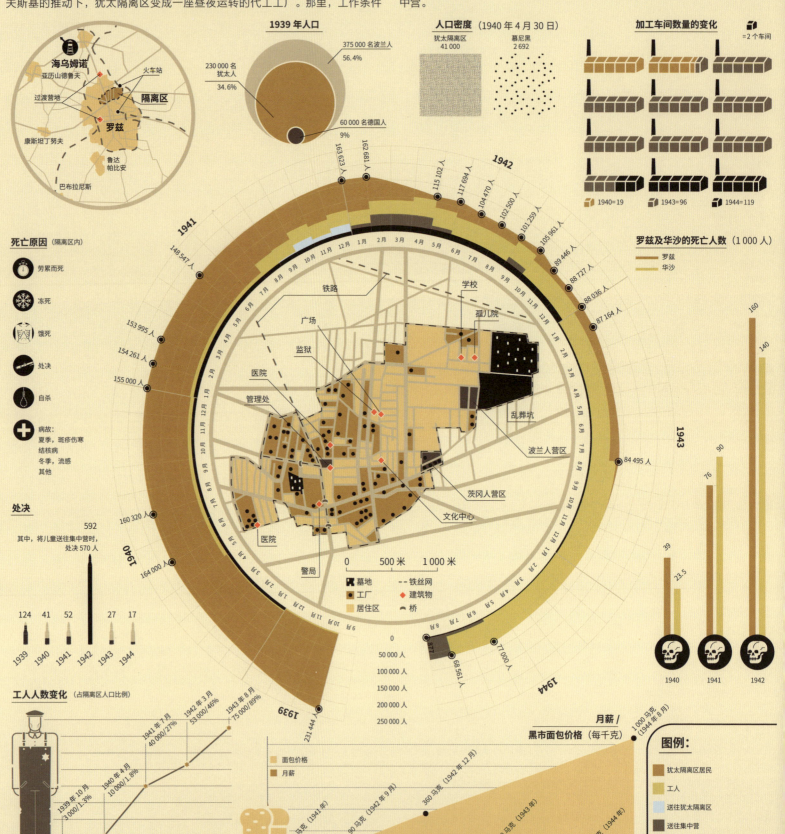

图例：
- 集中营
- 临时营地
- 过渡营地
- 主要隔离区
- 主要大屠杀
- 犹太人的反抗
- 德国占领区
- 犹太抵抗运动地区
- 转移的主要路线

地名：
塔林
克卢加
爱沙尼亚
里加
拉脱维亚
苏 联
立陶宛
考纳斯
维尔纽斯
维捷布斯克
俄 罗 斯
明斯克
莫吉廖夫
玛里特罗斯特尼茨
波纳利
耶德瓦布内
比亚维斯托克
格罗德诺
佳特洛沃
涅斯维日
巴布鲁伊斯克
特雷布林卡
斯洛尼姆
克列茨克
斯卢茨克
白俄罗斯
柏林
瓦尔塔兰
海乌姆诺
华沙
布列斯特-立陶夫斯克
平斯克
拉瓦尔
德 国
罗兹
拉多姆
卢布林
卢茨克
图利钦
罗夫诺
基辅
霍罗尔
琴斯托霍瓦
克拉科夫
索比堡
贝乌热茨
杰诺斯卡
马伊达内克
波兰总督府
捷兹诺波尔
利沃夫
博尔希夫
文尼察
乌 克 兰
特莱西恩施塔特
布拉格
韦斯特博克
梅赫伦
德朗西
维也纳
布拉迪斯拉发
奥斯维辛-比克瑙集中营
斯洛伐克
穆卡切沃
切尔诺夫第
莫吉廖夫-波多利斯基
博尔扎诺
福索利拘留营
意大利
布达佩斯
奥拉迪亚
克卢日-纳波卡
匈牙利
雅西
基希纳乌
尼诺茨明达
敖德萨
萨格勒布
亚赛诺瓦茨
塞姆林
贝尔格莱德
克罗地亚
塞尔维亚
比托拉
塞萨洛尼基
罗马尼亚
布加勒斯特

4. 集中营、隔离区、大屠杀、起义

　　被纳粹杀害的 600 万犹太人，大部分丧生于蒂莫西·斯奈德所谓"血染的土地"上。这一区域位于东欧，包括从波罗的海诸国到黑海沿岸的广大土地，包括了 1939 年波兰的大部分领土、白俄罗斯和乌克兰。它本为欧洲最大的犹太人聚居区。由于国家政权在战争中解体，而且盛行反犹主义，1941 年夏天，苏联西部发生多起针对犹太人的屠杀，杀人凶手们肆无忌惮地实施种族灭绝计划。苏联的犹太人在自己的住所附近，被德军支持的"特别行动队"杀害。比萨拉比亚和敖德萨的犹太人，则被罗马尼亚政府和军队联手屠杀。波兰的犹太人在隔离区中大批死于饥饿和疾病，幸存者被送入大城市周边的灭绝营（罗兹的海乌姆诺、华沙的特雷布林卡、卢布林的马伊达内克等）。德国、奥地利和捷克的大批犹太人，则流放到苏联死于非命。西欧、匈牙利和希腊的大部分犹太人，通过铁路运输，被押往奥斯维辛-比克瑙集中营，用齐克隆 B 毒死。集中营内的犹太囚徒发动过数十次起义，最悲壮的一次，莫过于 1944 年 10 月 7 日的行动——灭绝营特遣队管辖的数百名囚犯，成功炸毁了一座火葬炉（共四座）。在苏联境内的集中营起义，为始终坚持战斗的犹太游击队提供了有力的支持。

5. 1941 年 C 号特别行动队：真实的大屠杀

自 1941 年 6 月起，由警察与党卫队组成的 4 支特别行动队，在侵苏德军的后方展开行动。每支部队 1 000 人左右，全面摩托化，执行屠杀犹太人的任务。7 月时，行动队主要屠杀 15~50 岁的犹太男子；8 月到 9 月，则对所有犹太人大开杀戒，连妇女、儿童和病人都不放过。C 号行动队下属若干特遣队（SK）

及执行小组（EK）。他们在乌克兰北部的血腥之旅，在下图中清晰可见。在奥托·拉施的指挥下，该部队在 1941 年 7 月至 10 月，使用步枪与机关枪，杀害了 10 万犹太人，其中包括创血腥纪录的基辅娘子谷大屠杀（48 小时内杀害 33 000 多人）。

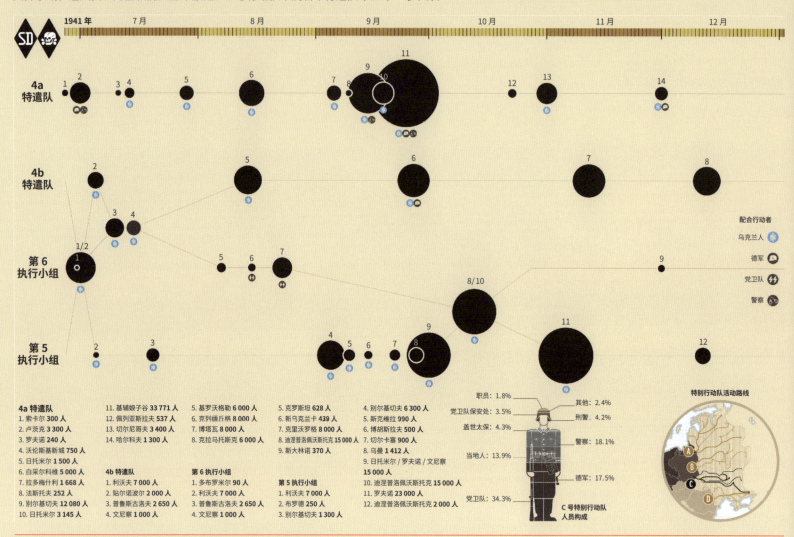

4a 特遣队
1. 索卡尔 300 人
2. 卢茨克 3 300 人
3. 罗夫诺 240 人
4. 沃伦斯基新城 750 人
5. 日托米尔 1 500 人
6. 白采尔科维 5 000 人
7. 拉多梅什利 1 668 人
8. 法斯托夫 252 人
9. 别尔基切夫 12 080 人
10. 日托米尔 3 145 人
11. 基辅娘子谷 33 771 人
12. 佩列亚斯拉夫 537 人
13. 切尔尼哥夫 3 400 人
14. 哈尔科夫 1 300 人

4b 特遣队
1. 利沃夫 7 000 人
2. 贴尔诺波尔 2 000 人
3. 普鲁斯古洛夫 2 650 人
4. 文尼察 1 000 人

5. 基罗沃格勒 6 000 人
6. 克列缅丘格 8 000 人
7. 博塔瓦 8 000 人
8. 克拉马托尔斯克 6 000 人

第 6 执行小组
1. 多布罗米尔 90 人
2. 利沃夫 7 000 人
3. 普鲁斯古洛夫 2 650 人
4. 文尼察 1 000 人

5. 克罗斯坦 628 人
6. 新乌克兰 439 人
7. 克里沃罗格 8 000 人
8. 迪涅普洛佩沃斯克 15 000 人
9. 斯大林诺 370 人

第 5 执行小组
1. 利沃夫 7 000 人
2. 布罗德 250 人
3. 别尔基切夫 1 300 人

4. 别尔基切夫 6 300 人
5. 克罗斯坦 628 人
6. 博胡斯拉夫 500 人
7. 切尔卡塞 900 人
8. 乌曼 1 412 人
9. 日托米尔／罗夫诺／文尼察 15 000 人
10. 迪涅普洛佩沃斯克 15 000 人
11. 罗夫诺 23 000 人
12. 迪涅普洛佩沃斯克 2 000 人

C 号特别行动队人员构成
职员：1.8%
党卫队保安处：3.5%
盖世太保：4.3%
当地人：13.9%
党卫队：34.3%
其他：2.4%
刑警：4.2%
警察：18.1%
德军：17.5%

配合行动者
乌克兰人
德军
党卫队
警察

特别行动队活动路线

6. 纳粹如何杀害犹太人？

一半以上的犹太人是在毒气卡车和固定的毒气室里丧生的。特别行动队在苏联的枪杀行动，造成的遇难者人数（其中包括就地杀害的数万名犹太裔红军战士），紧随其后。死于犹太隔离区和其他集中营，主要原因有饥饿、疾病、寒冷、劳累和

虐待，实为慢性谋杀。1945 年，希特勒打算把集中营的囚犯作为与同盟国谈判的筹码，下令将东、西两线关押的犹太人运往帝国中部。结果，10 万犹太人死于此途中的公路上或火车中，史称"死亡行军之路"。

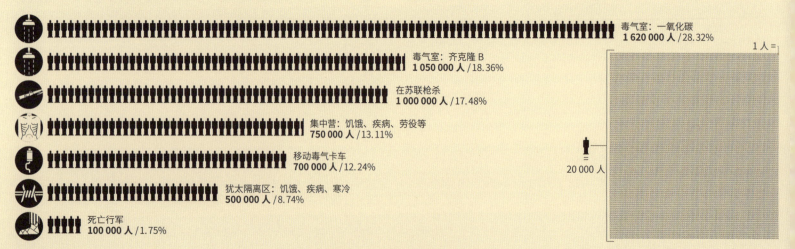

毒气室：一氧化碳
1 620 000 人 /28.32%

毒气室：齐克隆 B
1 050 000 人 /18.36%

在苏联枪杀
1 000 000 人 /17.48%

集中营：饥饿、疾病、劳役等
750 000 人 /13.11%

移动毒气卡车
700 000 人 /12.24%

犹太隔离区：饥饿、疾病、寒冷
500 000 人 /8.74%

死亡行军
100 000 人 /1.75%

1 人 =
20 000 人

资料来源：1. Isaiah Trunk, *Lodzher geto : a historishe un sotsyologishe shtudye,* Yivo, 1962 - 2. Lucjan Dobroszycki, *The Chronicle of the Łódź Ghetto, 1941-1944,* Yale University Press, 1984 - 3. Elie Wiesel, Shmuel Spector et Geoffrey Wigoder, *The Encyclopedia of Jewish Life Before and During the Holocaust,* New York University Press, 2001 - 4. Patrick Montague, *Chelmno,* Calmann-Lévy, 2016 - 5. Lucy Dawidowicz, *The War Against the Jews, 1933-1945,* Bantam Books, 1986 - 6. Raul Hilberg, *Destruction of European Jews,* Holmes & Meier Publishers, 1985

7. 各国死亡人数小结 （总数及百分比）

专家学者对犹太人死亡人数的估算结果各有不同，但一般都在 560 万～580 万。以国别而论，受害者占全国犹太人口的比例，与该国社会状况密切相关。无论从绝对数字，还是从相对比例的角度来看，波兰犹太人付出的生命代价最为惨重（阿尔巴尼亚除外）。波兰很早就把犹太人聚居在隔离区，易于集中逮捕。希腊犹太人的高死亡率也是同理：他们大都聚居于塞萨洛尼基。在波罗的海诸国，当地居民对犹太人充满敌意，极端民族主义的民兵积极充当了纳粹清除犹太人的帮凶。荷兰的犹太人大多住在阿姆斯特丹和鹿特丹。由于国家狭小而地势平坦，他们无处藏匿，很快纷纷落入帝国总督赛斯－英夸特的网中。相反，由于法国国土辽阔，德国占领军很难控制农村地区与山区，而且数万名非犹太裔的法国人积极投入救援，法籍犹太人的死亡率较低。不过，在法国居住的外籍犹太人则比较悲惨，他们在受害者中的所占比例高达三分之二。在意大利，墨索里尼较晚开始推行反犹政策，应者寥寥；直到 1943 年 9 月墨索里尼下台之后，犹太人才被押往德国的集中营。三分之二的苏联犹太人在"二战"中幸存——他们没有住在德军占领区，或者在 1941 年夏天之前已经逃离。德国和奥地利犹太人死亡比例较低，是因为许多人在 1933—1939 年就已移居国外。

各国犹太人死亡人数及死亡率

总计：5 720 000 人丧生，
占全欧犹太人口的 58.41%

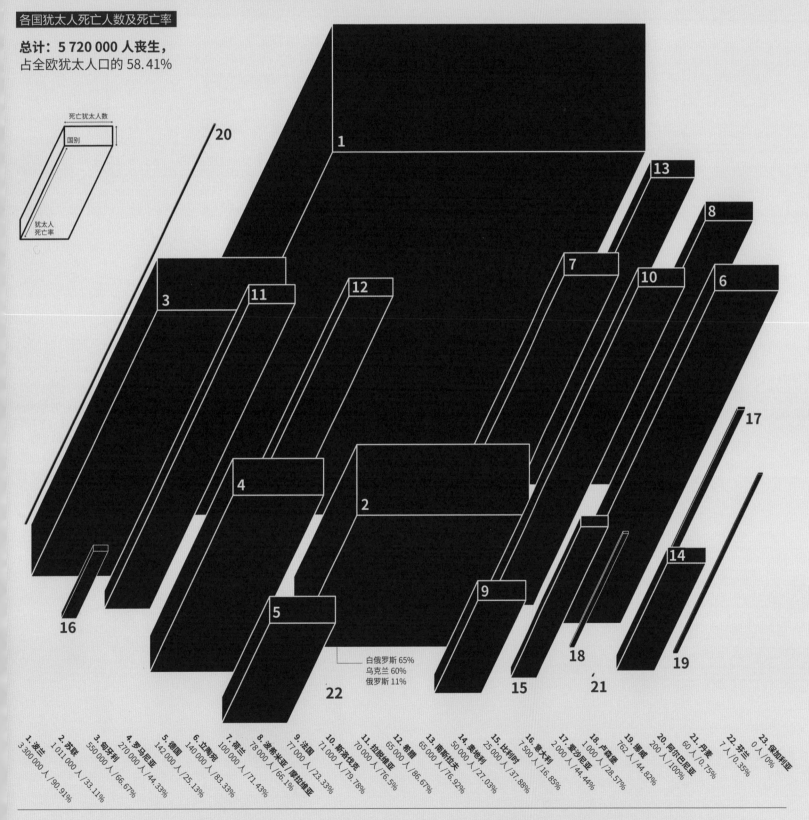

死亡犹太人数
国别
犹太人死亡率

白俄罗斯 65%
乌克兰 60%
俄罗斯 11%

1. 波兰 3 300 000 人/90.91%
2. 苏联 1 011 000 人/33.11%
3. 匈牙利 550 000 人/66.67%
4. 罗马尼亚 270 000 人/44.33%
5. 德国 142 000 人/25.13%
6. 立陶宛 140 000 人/83.33%
7. 荷兰 100 000 人/71.43%
8. 波希米亚/摩拉维亚 78 000 人/66.1%
9. 法国 77 000 人/23.33%
10. 斯洛伐克 71 000 人/79.78%
11. 拉脱维亚 70 000 人/76.5%
12. 希腊 65 000 人/86.67%
13. 南斯拉夫 65 000 人/76.92%
14. 奥地利 50 000 人/27.03%
15. 比利时 25 000 人/37.88%
16. 意大利 7 500 人/16.85%
17. 爱沙尼亚 2 000 人/44.44%
18. 卢森堡 1 000 人/28.57%
19. 挪威 762 人/44.82%
20. 阿尔巴尼亚 200 人/100%
21. 丹麦 60 人/0.75%
22. 芬兰 7 人/0.35%
23. 保加利亚 0 人/0%

7. Daniel Blatman, The Death Marches, Harvard University Press, 2011 - 8. Klaus Michael Mallmann, Andrej Angrick, Jürgen Matthäus, Martin Cüppers, Die Ereignismeldungen UdSSR 1941, WBG, 2011 - 9. Timothy Snyder, Terres de sang : l'Europe entre Hitler et Staline, Gallimard, 2012 - 10. https://kehilalinks.jewishgen.org/lodz/holocaust.htm - 11. http://www.yadvashem.org/untoldstories/database - 12. https://www.cairn.info/revue-les-cahiers-de-la-shoah-2003-1-page-15.htm.

155

纳粹"欧洲新秩序"

1942 年，纳粹德国已经横扫欧洲大陆，奴役 2.38 亿人口。占领区的政治、经济和人力资源，对德国而言，是继续发动战争所不可或缺的要素。德国需要合作伙伴。"合作"的程度和表现方式各有不同：有自愿者，有情势所逼者，也有武力所迫者，各国的背景和传统不一，具体的行为自然也千差万别。在各种情况中，国家层面的"合作"影响最大，最能促进"合作精神"，因而也最引人注目。那么，它始于何时？如果被迫签订不平等的经济协定，是否已经算是"通敌合作"？如果这一协定会使德国在境外采购更多，便能积累更多的境内财富，是否应当被算作"通敌合作"呢？

为了蝇头小利的回报，贝当政权便从纳粹德国的利益出发，维持社会治安，参与种族清洗，组织强制劳动部门，向德国提供 8 600 亿法郎的经济援助，鼓动 3 万法国人加入德军……与其说贝当"为法国而献身"，不如说他"让法国为德国而牺牲"。为何如此？他的作为，除了愚昧，更多还是出于个人野心和意识形态的投机主义。贝当借国难之机，推行自己的"国民革命"方针。他深知这一政体，只有在德国统治下的欧洲才能存在。德国在法国缺乏真正的合作机构，只

1. 国家层面的"合作"

保加利亚、罗马尼亚、匈牙利和芬兰加入轴心国阵营，只因它们深信自己的未来取决于"欧洲新秩序"——它既可以抵挡共产主义的洪流，又能有效解决东欧诸多的领土冲突。除了芬兰之外，其他三国都变为德国的"卫星国"，军事上协助，经济上依赖，且在种族清洗方面助纣为虐。希望适度与德国保持距离者，必将大难临头。1944 年春天，匈牙利便被希特勒置于"托管国"地位。即使墨索里尼在入主傀儡政权"意大利社会共和国"之后，也只成为希特勒的一枚棋子。在占领国中，丹麦是个特例，坚持维持民主政体直至 1943 年，宁可消亡，也绝不同流合污。除它以外，各占领国政体，不是反动（如维希政府），就是法西斯化（如克罗地亚和斯洛伐克），无一不被"合作"的旋涡吞噬。而各"中立国"也都被纳入了德国的经济轨道，屈从于第三帝国的需求。

战争赔款协议

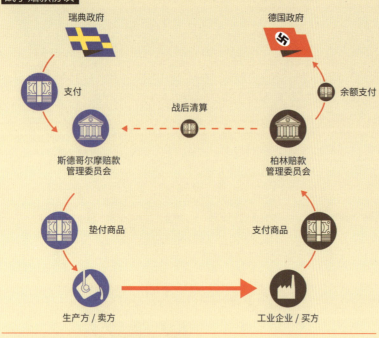

瑞典政府

德国政府

支付

余额支付

战后清算

斯德哥尔摩赔款管理委员会

柏林赔款管理委员会

垫付商品

支付商品

生产方 / 卖方

工业企业 / 买方

德国从协议中共获利 4 000 亿法郎！

法国共提供 1 600 亿法郎（占总额 40%）

其他国家共提供 2 400 亿法郎（占总额 60%）

由于赔款协议，德国外债累计 4 000 亿法郎。

1941 年与纳粹"合作"的政治地图

- 同盟国
- 中立国
- 德国
- 保护国
- 总督辖区及总督政府
- 意大利占领区
- 德国占领并军管的地区
- 作为德国盟友的独立国家
- 作为德国卫星国的独立国家
- 作为德国托管地的独立国家

1 比利时
2 荷兰
3 丹麦
4 瑞士
5 波希米亚 – 摩拉维亚
6 斯洛伐克
7 匈牙利
8 克罗地亚
9 塞尔维亚
10 阿尔巴尼亚
11 黑山

内部的 “合作”

能依赖当地政府管理。当然，“合作”政府倒不难招揽人才：为微不足道的权力而趋附者固然不少；更多的人，或许只是希望重启经济与行政的管理机器，为社会服务。

在比利时，以加洛潘为代表的一些高级官员、法律人士和资产阶级，组成了一个“合作主义”的小圈子。而在荷兰，由于当地的法西斯主义者缺乏能力与口碑，纳粹统治者情愿与各类专业人士结盟。在东线，纳粹并不喜欢回应波罗的海诸国和乌克兰的民族主义者们的诉求，以免为未来的东方殖民地打开建立独立国家的大

门。在这些地方，德国既无计划，也没有指定的管理机构，“合作”更为复杂，充满随机性。许多彼此处于竞争关系的组织，为了争取最大利益，摩擦频生，以致大打出手。

尽管问题多多，欧洲各国的“合作”还是产生了重大影响：它帮助纳粹掠夺占领国的资源，减轻了德国独自维持 300 万大军的压力，也推动了反犹情绪的发展。

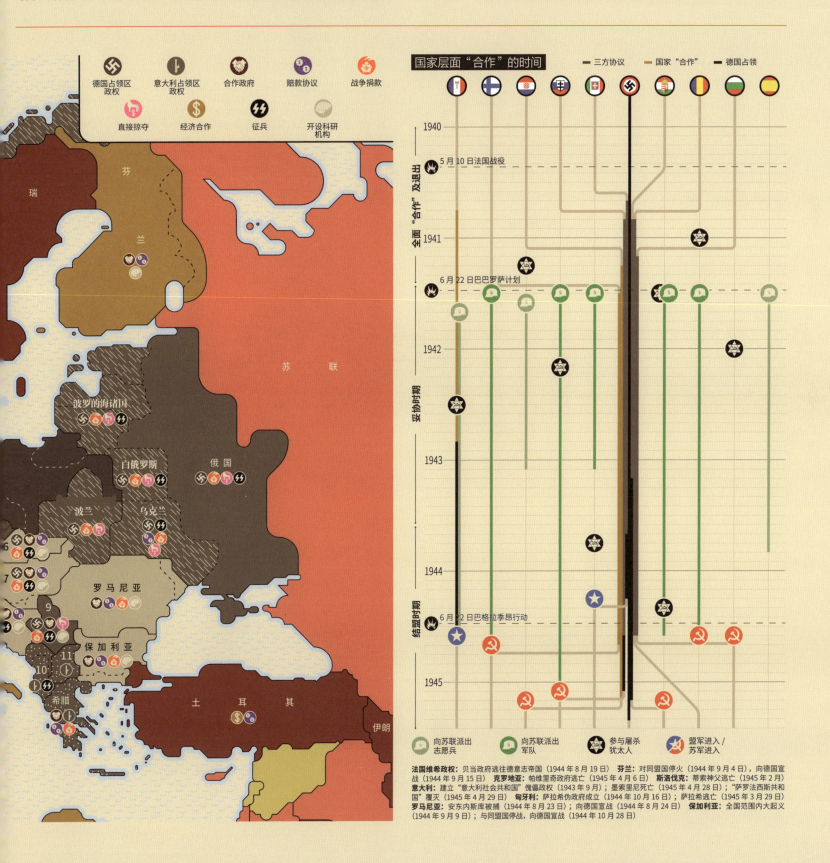

法国维希政权：贝当政府逃往德意志帝国（1944 年 8 月 19 日） **芬兰**：对同盟国停火（1944 年 9 月 4 日），向德国宣战（1944 年 9 月 15 日） **克罗地亚**：帕维里奇政府逃亡（1945 年 4 月 6 日） **斯洛伐克**：蒂索神父逃亡（1945 年 2 月）
意大利：建立“意大利社会共和国”傀儡政权（1943 年 9 月）；墨索里尼死亡（1945 年 4 月 28 日）；“萨罗法西斯共和国”覆灭（1945 年 4 月 29 日） **匈牙利**：萨拉希伪政府成立（1944 年 10 月 16 日）；萨拉希逃亡（1945 年 3 月 29 日）
罗马尼亚：安东内斯库被捕（1944 年 8 月 23 日）；向德国宣战（1944 年 8 月 24 日） **保加利亚**：全国范围内大起义（1944 年 9 月 9 日）；与同盟国停火，向德国宣战（1944 年 10 月 28 日）

2. "军事合作"

　　纳粹仆从国抱着扩张领土的野心参与入侵南斯拉夫的军事行动，并随德军入侵苏联。它们为德军增加了三分之一的兵力。此外，一些与纳粹保持友善关系的政权也派出志愿兵（如法国志愿军团、西班牙蓝师等），身着德国军装，与德军并肩作战。1942年开始，德国从囚犯与苏联的德国占领区内征兵53万人，作为后方的辅助人员（志愿助理），并组建了21万人的"民族军团"（土库曼斯坦人、鞑靼人等）。后者甚至参加了诺曼底战役。党卫队有60万外籍成员（一半为海外德裔）——最初均为志愿加入，后期也有征召入伍。为了维持欧洲德占区的社会秩序，德国人也需要倚仗数十万名从当地招募的民兵成立保安部队。后者与游击队作战，并参与灭绝犹太人的种族行动。对他们而言，与纳粹的"合作"，正是种族清洗与政治清算的好时机。

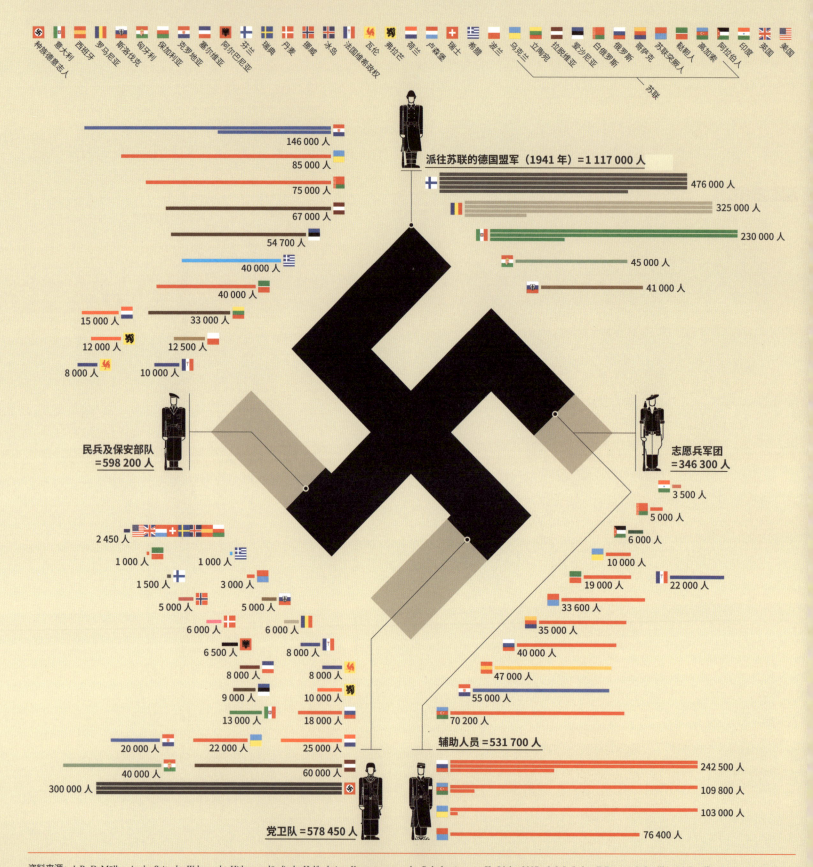

种族德意志志愿 意大利 西班牙 罗马尼亚 斯洛伐克 匈牙利 保加利亚 克罗地亚 塞尔维亚 阿尔巴尼亚 芬兰 瑞典 丹麦 挪威 冰岛 法国维希政权 瓦伦 弗兰芒 荷兰 卢森堡 瑞士 希腊 波兰 乌克兰 立陶宛 拉脱维亚 爱沙尼亚 白俄罗斯 俄罗斯 哥萨克 苏联突厥人 鞑靼人 高加索 阿拉伯人 印度 英国 美国

苏联

派往苏联的德国盟军（1941年）= 1 117 000人

146 000人
85 000人
75 000人
67 000人
54 700人
40 000人
40 000人
15 000人
33 000人
12 000人
12 500人
8 000人
10 000人

476 000人
325 000人
230 000人
45 000人
41 000人

民兵及保安部队 = 598 200人

志愿兵军团 = 346 300人

2 450人
1 000人
1 000人
1 500人
3 000人
5 000人
5 000人
6 000人
6 000人
6 500人
8 000人
8 000人
8 000人
9 000人
10 000人
13 000人
18 000人
20 000人
22 000人
25 000人
40 000人
60 000人
300 000人

3 500人
5 000人
6 000人
10 000人
19 000人
22 000人
33 600人
35 000人
40 000人
47 000人
55 000人
70 200人

辅助人员 = 531 700人

242 500人
109 800人
103 000人
76 400人

党卫队 = 578 450人

资料来源：*1.* R.-D. Müller, *An der Seite der Wehrmacht, Hitlers ausländische Helfer beim «Kreuzzug gegen den Bolschewismus»,* Ch. Links, 2007 - *2.* J.-L. Leleu, F. Passera, J. Quellien, M. Daeffler, *La France pendant la Seconde Guerre mondiale, Atlas historique,* Fayard, ministère de la Défense, 2010 - *3.* F. Broche & J.-F. Muracciole, *Histoire de la collaboration,* Tallandier, 2017 - *4.* Y. Durand, *Le Nouvel Ordre européen nazi,* Complexe,

3.“合作运动”的多元化和复杂性

与纳粹“合作”的人们并非一块铁板，而是分成了许多阵营。其中，有因为不想死于饥饿而加入德军的苏联战俘，有在日常生活中“通敌”的机会主义者（企业家、志愿劳动的工人、告密者等），也有期待“欧洲新秩序”的“合作主义”信徒。贝当选择了全力与德国合作，自以为能够就此在德意志帝国内部扮演重要的角色。谁知，他的权威很快受到来自内部的挑战：赖伐尔和达尔朗领衔的政府，影响力日益增大。

巴黎出现“合作政党”的模式。这些政党人员不多（成员不到10万人），主要的领导人物多里奥、德亚特和布卡尔等人，互相仇视。被贝当政权排除在外后，他们大搞阴谋诡计，在占领者面前争宠，希望得到赏识，以获得些许权力。德国大使奥托·阿贝茨在他们之间煽风点火，使德国从中渔利。法国一直四分五裂，没有真正的发言权。其实，德国占领军也来自不同势力，内部同样不和。但无能的法国政客们却没有好好利用这一点。

参加“合作运动”的不同原因（摘自华纳·林思的《与敌共处：希特勒治下欧洲的适应与反抗》(1979)）

“我同意加入敌人阵营，因为我不想丧失生命。”

“我仇视纳粹主义和纳粹德国，但我仍然要与他们合作。我这么做，是因为我希望使我的国家摆脱外国的奴役，重获个人的自由，并尽可能避免无辜的大众惨遭屠戮……”

“我认为，人生必须继续。我知道自己的利益所在：即使不认同占领者的原则，我也只能直接或间接地为他们工作。我的立场取决于形势，而对后者，我无能为力。我想在战争中生存下来，也想在战败之后继续生活。”

“我与占领者合作，我只认同他们的某些纳粹学说内容。虽然有所保留，但我做好了忠诚合作的准备，因为我想改变迫使我选择这个立场的形势。”

“我全力与占领者合作，因为我认同他们的原则和理想。我的立场，来自我对纳粹主义的赞赏。”

法国的“合作”

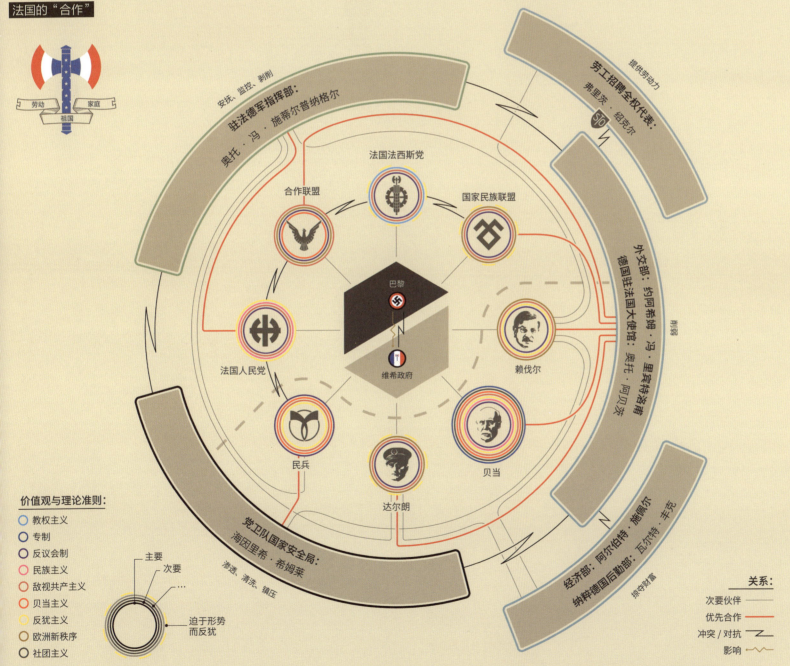

1990 - 5. M. Mazower, *Hitler's Empire : Nazi Rule in Occupied Europe*, Penguin, 2008 - 6. Götz Aly, *Comment Hitler a acheté les Allemands*, Flammarion, 2005 - 7. J. Blanc, *Pouvoirs et monnaie durant la Seconde Guerre mondiale en France : la monnaie subordonnée au politique*, halshs.archives-ouvertes.fr.

159

欧洲的
抵抗运动

与法国一样，欧洲各国以往都有将抵抗运动理想化的倾向。今天，历史学家们勾勒出了抵抗运动的新轮廓——比过去少了一分溢美，却更贴近于人性：不甘屈服，敢于挺身而出，拒绝向纳粹输诚者（其实只是少数人）；而只有这少数人，才是抵抗运动真正的主角。抵抗运动有三种形式，因地而异，也可反映出纳粹在各占领区镇压体系的区别：在西欧和北欧，人们反抗效忠纳粹；在中欧，人们为生存而战；而在苏联，抵抗主要是为了牵制德军的兵力。德国占领西欧，并未威胁当地人的生存（犹太人除外）。因此，在这些国家，抵抗运动更多是平民个人行为，集中在城市。人们反抗占领者，是为捍卫民主、人道主义及爱国主义的价值观而战；至于国家的解放，他们更多寄望于外部力量。英国特别行动局的成员巴兹尔·戴维森指出："在那个悲惨的年代，抵抗运动为民众营造了一个保持体面和尊严的空间，甚至推动了社会进步。"他们的抵抗行动主要包括：帮助被纳粹追捕的人士、宣传、罢工和拒绝合作（1942 年，挪威 60% 的教师因不愿向纳粹宣誓效忠而辞职）。在军事方面，他们大多从事情报工作和破坏行动，而非直接参加游击战。

在中欧和东欧（捷克斯洛伐克、波兰、南斯拉夫、希腊及 1943 年后的意大利），以前的国家政权消失，纳粹及其帮凶以骇人听闻的暴力手段肢解着整个社会。因此，个人和民族如果希望继续存活，就不得不奋起抗争。在这些地方，抵抗运动一呼百应（波兰救国军多达 38 万人），且往往采取军事和政党斗争的形式。反抗者组织了一些游击战；1941 年在南斯拉夫，1944 年在华沙和斯洛伐克，也先后发动过起义，但都被无情镇压。他们在波兰城市的地窖中，在南斯拉夫和希腊的山区里，建立了一些地下组织，拥有自己的法律、司法、教育和文化体系。当然，这些抵挡运动彼此间的差距也很大。在波兰，运动的领导更为制度化，流亡政府、军人和大学教授试图保留战前的体系。而在南欧国家，抵抗运动是对旧秩序的重新洗牌，人们推倒一切重来，共产党就此获得领导地位。希腊人民解放军力图建立一个包括青年和女性在内的自治社会。但希腊在光复之后，又陷入内战。

在苏联，数万人逃离纳粹的魔爪，隐藏在偏僻的地区。斯大林发动他们参与军事和政治行动：以游击战形式尽可能分散德军，并在民众中继续宣传共产主义理想。前一任务的效果一般，但后者对德占区的光复，厥功至伟。

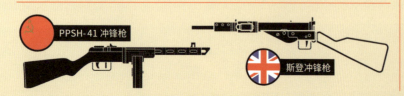

PPSH-41 冲锋枪

斯登冲锋枪

1. 苏联的游击战

苏联在战后的政治宣传中，声称游击队在"二战"中扮演了重要角色：100 多万游击队员，消灭了 50 万纳粹党徒。然而，解密的档案资料却揭示了完全不同的现实。游击队成员包括掉队的士兵、共产党员、犹太人、失地农民，甚至以前的"合作主义者"。他们的装备低劣，游击战打得也很少。1943 年以前，他们在白俄罗斯的沼泽中艰辛地生存着，影响力微乎其微。虽然游击队此后更为活跃，但由于远离主战场，对整个战役没有起到决定性作用。不过，游击队对占领区内敌军的骚扰，毕竟造成了德军的心理恐慌，迫使他们减轻了对当地居民的压榨，也坚定了人民对共产主义的信心。德军见无利可图，便准备采取"焦土政策"，清空森林地区。然而，此举似乎更多针对平民，而非游击队；德军启动屠杀当地斯拉夫人的计划，应是想为日后的德国殖民做准备。

游击队员人数估值及铁道战（据解密档案资料）

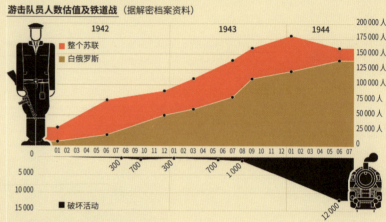

以布良斯克森林的抵抗运动和镇压为例

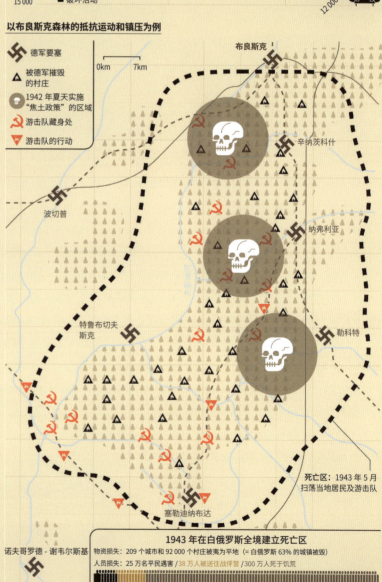

1943 年在白俄罗斯全境建立死亡区

物资损失：209 个城市和 92 000 个村庄被夷为平地（＝白俄罗斯 63% 的城镇被毁）
人员损失：25 万名平民遇害/38 万人被送往战俘营/300 万人死于饥荒

2. 南斯拉夫的抵抗运动 （由于该问题涉及巴尔干诸国的历史记忆，一直饱受争议。我们所提供的，是学术界公认的估算数字）

1941 年，南斯拉夫解体。"乌斯塔沙"组织在克罗地亚（包括波斯尼亚）建立恐怖政权，并组织可怕的清洗行动，屠杀塞尔维亚人和犹太人。纳粹则四处清洗犹太人和茨冈人，通过设立总督管辖区，将塞尔维亚德国化；并打算将这一趋势推及作为附庸的斯洛文尼亚。在巴尔干，抵抗运动是一场"生存之战"。在流亡政府和英国的支持下，米哈伊洛维奇建立了名为"南斯拉夫祖国军"的首支游击武装。然而，该游击队在政治上亲塞尔维亚，且敌视共产主义，最后选择了妥协德国占领军，发动了对克罗地亚人、穆斯林和共产党人的一系列屠杀。第二支游击武装由共产党领导，喊出了推翻"三座大山"的政治口号，团结更多的民众。多山的地形给游击队提供了建设野外地下组织的基地。他们占据了一些工业城市，逼迫敌军陷入令人筋疲力尽的"清剿"行动。1943 年，同盟国无法继续与祖国军维持友好关系，转而支持铁托，使后者政治地位提升。1944 年秋，当苏联红军开进南斯拉夫时，轴心国只保有少数北方的城市。1945 年，德军败走，留下尸骨如山。

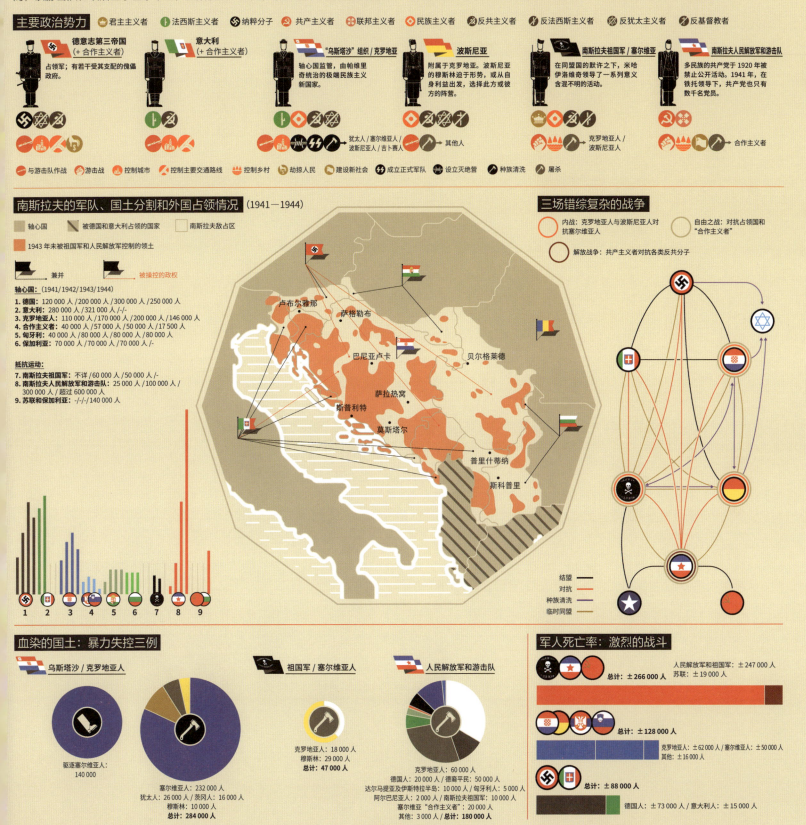

主要政治势力
君主主义者　法西斯主义者　纳粹分子　共产主义者　联邦主义者　民族主义者　反共主义者　反法西斯主义者　反犹太主义者　反基督教者

- 德意志第三帝国 （+ 合作主义者）：占领军；有若干受其支配的傀儡政府。
- 意大利 （+ 合作主义者）
- "乌斯塔沙"组织 / 克罗地亚：轴心国监管，由帕维里奇统治的极端民族主义新国家。
  - 犹太人 / 塞尔维亚人 / 波斯尼亚人 / 吉卜赛人　其他人
- 波斯尼亚：附属于克罗地亚。波斯尼亚的穆斯林迫于形势，或从自身利益出发，选择此方或彼方的阵营。
- 南斯拉夫祖国军 / 塞尔维亚人：在同盟国的默许之下，米哈伊洛维奇领导了一系列意义含混不明的活动。
  - 克罗地亚人 / 波斯尼亚人
- 南斯拉夫人民解放军和游击队：多民族的共产党于 1920 年被禁止公开活动。1941 年，在铁托领导下，共产党也只有数千名党员。
  - 合作主义者

与游击队作战　游击战　控制城市　控制主要交通路线　控制乡村　劫掠人民　建设新社会　成立正式军队　设立灭绝营　种族清洗　屠杀

南斯拉夫的军队、国土分割和外国占领情况（1941—1944）

- 轴心国
- 被德国和意大利占领的国家
- 南斯拉夫敌占区
- 1943 年未被祖国军和人民解放军控制的领土
- 兼并　被操控的政权

轴心国：（1941 / 1942 / 1943 / 1944）
1. 德国：120 000 人 / 200 000 人 / 300 000 人 / 250 000 人
2. 意大利：280 000 人 / 321 000 人 / -/-
3. 克罗地亚人：110 000 人 / 170 000 人 / 200 000 人 / 146 000 人
4. 合作主义者：40 000 人 / 57 000 人 / 50 000 人 / 17 500 人
5. 匈牙利：40 000 人 / 80 000 人 / 80 000 人 / 80 000 人
6. 保加利亚：70 000 人 / 70 000 人 / 70 000 人 / -

抵抗运动：
7. 南斯拉夫祖国军：不详 / 60 000 人 / 50 000 人 / -
8. 南斯拉夫人民解放军和游击队：25 000 人 / 100 000 人 / 300 000 人 / 超过 600 000 人
9. 苏联和保加利亚：-/-/-/ 140 000 人

地图城市：卢布尔雅那、萨格勒布、巴尼亚卢卡、贝尔格莱德、萨拉热窝、斯普利特、莫斯塔尔、普里什蒂纳、斯科普里

三场错综复杂的战争

- 内战：克罗地亚人与波斯尼亚人对抗塞尔维亚人
- 自由之战：对抗占领国和"合作主义者"
- 解放战争：共产主义者对抗各类反共分子

结盟　对抗　种族清洗　临时同盟

血染的国土：暴力失控三例

乌斯塔沙 / 克罗地亚人
- 驱逐塞尔维亚人：140 000
- 塞尔维亚人：232 000 人
- 犹太人：26 000 人 / 茨冈人：16 000 人
- 穆斯林：10 000 人　总计：284 000 人

祖国军 / 塞尔维亚人
- 克罗地亚人：18 000 人
- 穆斯林：29 000 人　总计：47 000 人

人民解放军和游击队
- 克罗地亚人：60 000 人
- 德国人：20 000 人 / 德裔平民：50 000 人
- 达尔马提亚及伊斯特拉半岛：10 000 人 / 匈牙利人：5 000 人
- 阿尔巴尼亚人：2 000 人 / 南斯拉夫祖国军：10 000 人
- 塞尔维亚"合作主义者"：20 000 人
- 其他：3 000 人　总计：180 000 人

军人死亡率：激烈的战斗

- 总计：±266 000 人
  - 人民解放军和祖国军：±247 000 人
  - 苏联：±19 000 人
- 总计：±128 000 人
  - 克罗地亚人：±62 000 人 / 塞尔维亚人：±50 000 人
  - 其他：±16 000 人
- 总计：±88 000 人
  - 德国人：±73 000 人 / 意大利人：±15 000 人

资料来源：1· M. Cerovic, Les Enfants de Staline. La guerre des partisans soviétiques (1941-1944), Seuil, 2018 - 2. G. Eismann & S. Martens (dir.), Occupation et répression militaire allemandes (1939-1945), Autrement, 2007 - 3. V. Geiger, «Human losses of the Croats in World War II and the immediate post-war period caused by the Chetniks and the Partisans and the Yugoslav communiste authorities numerical indicators», Review of Croatian History, n° 1, 2012, pp. 77-121 - 4. M. Mazower, Hitler's Empire. Nazi Rule in Occupied Europe, Penguin, 2008 - 5. O. Wieviorka, Une histoire de la Résistance en Europe occidentale, Perrin, 2017.

法国抵抗运动

1940 年夏，法国抵抗运动尚未成形。6 月 18 日，戴高乐还在设想纯军事的抵抗行动，呼吁战士和工程师与他联络。"自由法国"组织正式成立，有 1 万名志愿者。他们大多为专业人士，其中 20% 是外国人。相对于战争期间动员的庞大军队规模而言，这些志愿者的人数似乎微不足道。然而正是他们的付出，才保证了"自由法国"的存在。在该组织未来的成员中，75% 是身居海外的法国人；而居住在法国的成员中，40% 来自沿海地区，尤其是布列塔尼一带。此后，不少殖民地加盟。1940 年，瓦努阿图群岛、法属赤道非洲、喀麦隆、太平洋殖民地和法属印度支那，都纷纷投往"自由法国"旗下。它们不但提供了人力、自然资源、军事基地和税收，而且赋予"自由法国"以合法性。当然，直到盟军夺回北非，"自由法国"军队与非洲军团联手，获得美国的武器装备，法国解放委员会（1944 年更名为法兰西共和国临时政府）才拥有了一支名副其实的军队。1945 年，法军人数占同盟国军队的 10%，但在盟军阵营中仍处于从属地位。

1940 年法国惨败之时，国内的抵抗一般以个人行为为主，随意性较强，只是为了"做些事情"而已。参与者组织爱国主义示威活动，偶尔进行小范围的破坏。同年秋天，一些早期的抵抗组织方才露头。它们试图联系伦敦，但很快被一网打尽。1941 年，抵抗运动迎来第一个转折点：法国共产党组织了一系列反抗纳粹的武装斗争。但由于志愿者人数过少（在巴黎甚至不到 50 人），团体规模有限，且缺乏军事素养和装备，这些"影子军团"遭遇以维希政府警方为主的严厉镇压，没有持续发挥影响力。1943 年下半年，第二个转折点到来。抵抗运动在四个方面发生了剧变：政治上，国家抵抗运动委员会凝聚起社会各界的力量；意识形态上，抵抗运动已获得公众舆论的支持和信任，足以挑战维希政权；地理上，随着游击队的成立，由最初的城市为主开始转入农村；军力上，"自由法国"军队达 10 万人以上。"自由法国"的本土军团也发动了多次起义，为法国解放做出了自己的贡献。与"二战"之后的美化宣传不同，抵抗运动的政治意义远大于军事意义。但是，抵抗人士的鲜血并没有白流。事实上，运动团结了各方的力量，重构了国民的身份认同，延续了共和国的价值理念。1944 年，维希政府覆灭后，抵抗人士及时成立临时政府，使法国免于陷入国家权力真空的风险，并成功跻身战胜国的行列。

1. 抵抗运动参与者的人数

"自由法国"运动早在 1940 年 7、8 月间便开始招兵买马；进入叙利亚（1941 年夏）和北非（1943 年）之后，它又获得大量当地军民的加盟，直至非洲军团成立。法国本土抵抗人士的规模，难以准确估计。有句话说得好："1940 年，有几千人；1942 年，几万人；1944 年，几十万人。"事实上，"抵抗运动志愿战士"头衔的获得者中，只有不到 4% 的人在 1940 年参加抵抗运动（其中甚至还有水分）。1943 年之后，随着战场局势的逆转和民众对强制劳工的反抗，抵抗运动的人数才开始激增。当然，在胜利前夕投身运动者不计算在内。

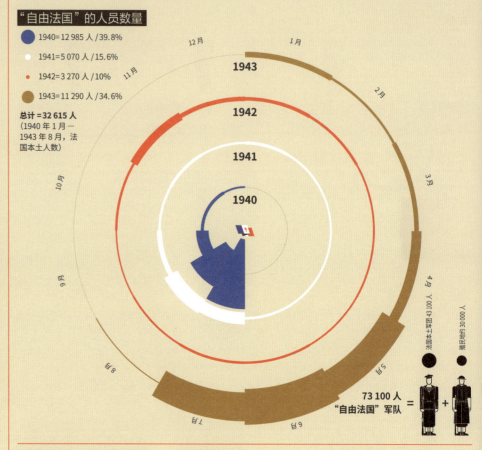

"自由法国"的人员数量

● 1940 = 12 985 人 / 39.8%
○ 1941 = 5 070 人 / 15.6%
● 1942 = 3 270 人 / 10%
● 1943 = 11 290 人 / 34.6%

总计 = 32 615 人
（1940 年 1 月－
1943 年 8 月，法
国本土人数）

73 100 人
"自由法国"军队 = ＋

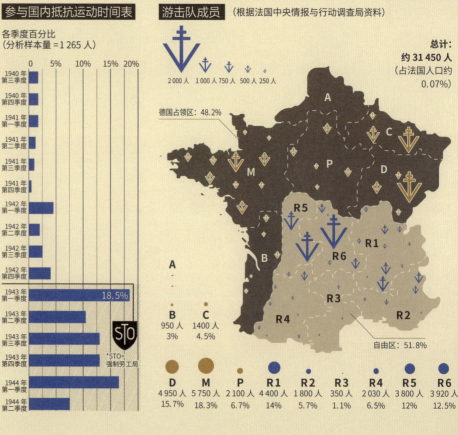

参与国内抵抗运动时间表

各季度百分比
（分析样本量 = 1 265 人）

	0	5%	10%	15%	20%
1940 年第三季度					
1940 年第四季度					
1941 年第一季度					
1941 年第二季度					
1941 年第三季度					
1941 年第四季度					
1942 年第一季度					
1942 年第二季度					
1942 年第三季度					
1942 年第四季度					
1943 年第一季度				18.5%	
1943 年第二季度					
1943 年第三季度					
1943 年第四季度					
1944 年第一季度					
1944 年第二季度					

*STO
强制劳工局

游击队成员 （根据法国中央情报与行动调查局资料）

2 000 人　1 000 人　750 人　500 人　250 人

**总计：
约 31 450 人**
（占法国人口约
0.07%）

德国占领区：48.2%

自由区：51.8%

	D	M	P	R1	R2	R3	R4	R5	R6
A									
B	950 人 3%								
C	1400 人 4.5%								
	4 950 人 15.7%	5 750 人 18.3%	2 100 人 6.7%	4 400 人 14%	1 800 人 5.7%	350 人 1.1%	2 030 人 6.5%	3 800 人 12%	3 920 人 12.5%

2. 抵抗运动的人员构成

抵抗运动的参与者以城市年轻男性居民为主,这一情况在海外尤为明显。"自由法国"军队平均年龄 24 岁,本土军团 34 岁。海外军队成员大多来自富裕家庭,受过良好教育,政治倾向不强,或当时偏于右翼。让·弗朗索瓦·穆哈乔勒指出:"1940 年,法国精英显然极少来到伦敦加入'自由法国',但他们的子女却表现得很积极。"本土军团的成员则更为多元化。但需要注意:农民比例同样相对较低,而社会上层的参与度较高。有趣的是,在相对的"合作运动"阵营中,阶层的分布情况竟也与此类似。研究同样表明:一般认为,工人阶级在运动中占有"领导地位";但与事实不符。被捕的抵抗运动成员,确有三分之一来自法国共产党,但工人不到 20%——共产党团结了法国的各个社会阶层。

"自由法国"成员的社会背景

▨ 1936 年的法国　▮ "自由法国"军队　▯ 德国占领区

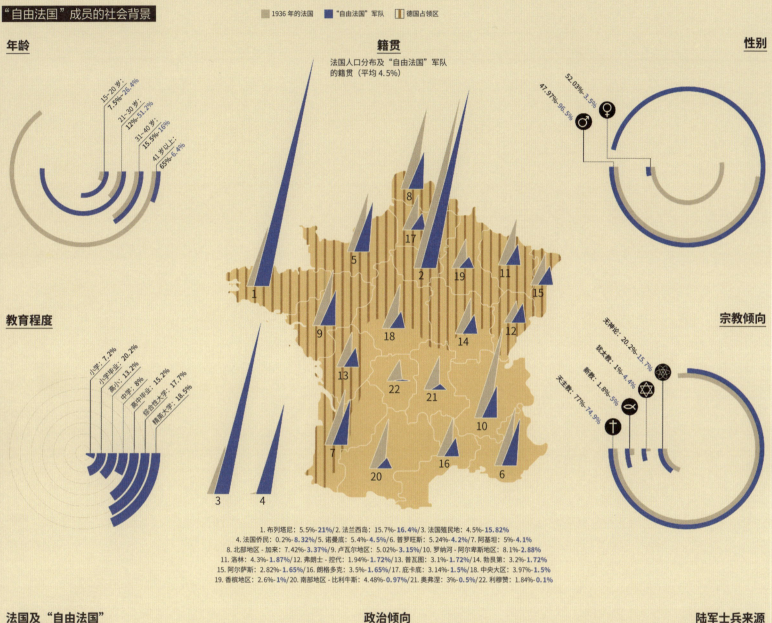

年龄

- 15-20 岁:7.5%-26.4%
- 21-30 岁:12%-51.2%
- 31-40 岁:15.5%-16%
- 41 岁以上:65%-6.4%

教育程度

- 小学毕业:7.2%
- 初小:20.2%
- 高小:13.2%
- 中学:8%
- 高中毕业:15.2%
- 综合性大学:17.7%
- 精英大学:18.5%

籍贯

法国人口分布及"自由法国"军队的籍贯(平均 4.5%)

1. 布列塔尼:5.5%-**21%**/2. 法兰西岛:15.7%-**16.4%**/3. 法国殖民地:4.5%-**15.82%**
4. 法国侨民:0.2%-**8.32%**/5. 诺曼底:5.4%-**4.5%**/6. 普罗旺斯:5.24%-**4.2%**/7. 阿基坦:5%-**4.1%**
8. 北部地区-加来:7.42%-**3.37%**/9. 卢瓦尔地区:5.02%-**3.15%**/10. 罗纳河-阿尔卑斯地区:8.1%-**2.88%**
11. 洛林:4.3%-**1.87%**/12. 弗朗士-控代:1.94%-**1.72%**/13. 普瓦图:3.1%-**1.72%**/14. 勃艮第:3.2%-**1.72%**
15. 阿尔萨斯:2.82%-**1.65%**/16. 朗格多克:3.5%-**1.65%**/17. 庇卡底:3.14%-**1.5%**/18. 中央大区:3.97%-**1.5%**
19. 香槟地区:2.6%-**1%**/20. 南部地区-比利牛斯:4.48%-**0.97%**/21. 奥弗涅:3%-**0.5%**/22. 利穆赞:1.84%-**0.1%**

性别

- ♂ 47.97%-95.5%
- ♀ 52.03%-3.5%

宗教倾向

- † 天主教:77%-74.9%
- 新教:1.8%-5%
- 犹太教:1%-4.4%
- 无神论:20.2%-15.7%

法国及"自由法国"军队的社会构成

- 失业者:3%-0.9%
- 农民及牧民:31.6%-2%
- 工人:31.3%-10%
- 职员:13.8%-10.8%
- 自由职业者:16%-4.3%
- 干部/学生:1.5%-37.2%
- 军人:2.8%-33.9%

政治倾向

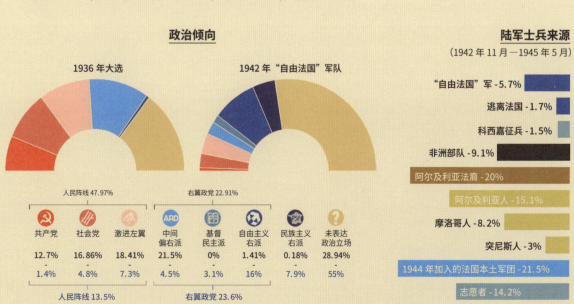

1936 年大选

人民阵线 47.97%

	共产党	社会党	激进左翼
	12.7%	16.86%	18.41%

右翼政党 22.91%

中间偏右派	基督民主派	自由主义右派	民族主义右派	未表达政治立场
ARD				
21.5%	0%	1.41%	0.18%	28.94%

1942 年"自由法国"军队

人民阵线 13.5%

	共产党	社会党	激进左翼
	1.4%	4.8%	7.3%

右翼政党 23.6%

中间偏右派	基督民主派	自由主义右派	民族主义右派	未表达政治立场
4.5%	3.1%	16%	7.9%	55%

陆军士兵来源

(1942 年 11 月—1945 年 5 月)

- "自由法国"军 -5.7%
- 逃离法国 -1.7%
- 科西嘉征兵 -1.5%
- 非洲部队 -9.1%
- 阿尔及利亚法裔 -20%
- 阿尔及利亚人 -15.1%
- 摩洛哥人 -8.2%
- 突尼斯人 -3%
- 1944 年加入的法国本土军团 -21.5%
- 志愿者 -14.2%

3. 抵抗运动的战斗

抵抗运动的不朽传奇始于非洲战场。在从达喀尔、东非，到地中海东岸的广大地区，"自由法国"发动了一系列反抗维希政权的外围战斗。直至1942年春天的比尔哈基姆战役，它才正式走向战争的第一线。不过，即使算上来自撒哈拉地区的勒克莱尔将军所部，在整个盟军中，"自由法国"的角色还只是个点缀。1942年底，情势发生改变：随着非洲军团的加入，当年同室操戈的兄弟，终于捐弃前嫌，并肩作战。1943年，在这支新的军队中，88%的兵员来自殖民地的民众和北非的法国殖民者后裔。法军重回盟军阵营，参加了各大战区的战事——一支部队登上意大利战场，另一支25万人的大军则杀回法国。因此，纳粹德国的最终投降，也必须为法国记上一功。

在法国本土，抵抗运动包括了一系列不同性质的计划与行动：收集情报、帮助受通缉的人士、动员民众等等。最初，这些行动规模较小；1942年之后就逐渐发展壮大起来。当然，它们的性质，与真正的武装抵抗还有所不同。对敌军物资与设施的破坏活动，直到1944年春天之后，在诺曼底登陆部队的配合下，方获得更多的成功。从1941年8月23日（共产党员皮埃尔·乔治为惩戒德军入侵苏联，在巴黎巴贝斯地铁站刺杀德国海军莫泽少尉）到1944年6月6日，只有0.02%的德国人命丧法国。抵抗士人刺杀的法国人（"法奸"或有"法奸"嫌疑的人、维希政权的军官），比德国人多得多。1944年夏天的起义，影响也很有限。幸亏盟军在诺曼底和普罗旺斯登陆，两线夹攻德军，才使起义免于失败命运。为了重建国家，战后的法国不得不刻意美化这段历史。

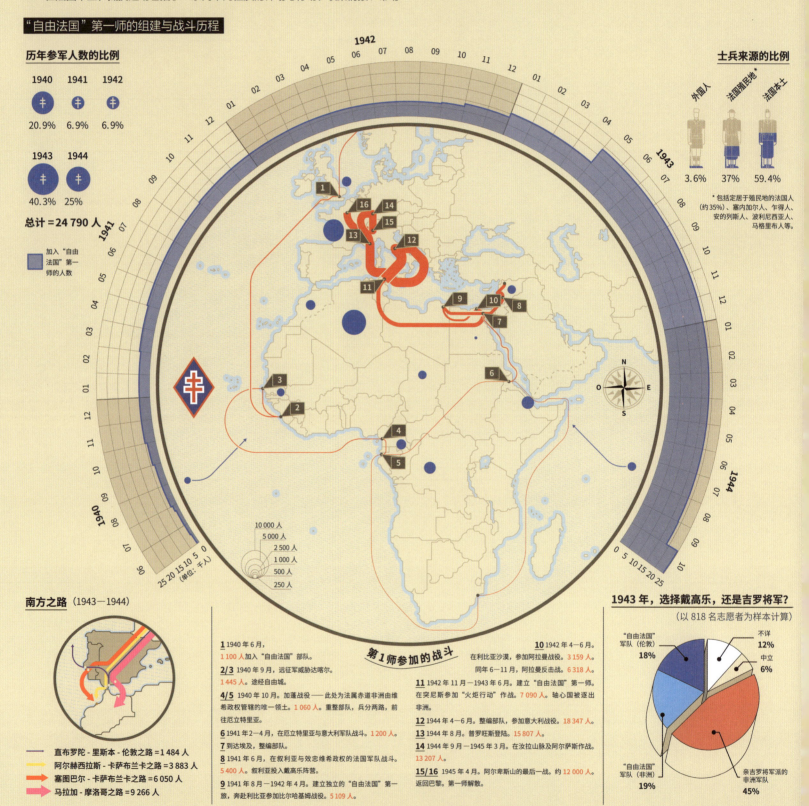

"自由法国"第一师的组建与战斗历程

历年参军人数的比例

1940	1941	1942
20.9%	6.9%	6.9%

1943	1944
40.3%	25%

总计 = 24 790 人

加入"自由法国"第一师的人数

士兵来源的比例

外国人　法属殖民地　法国本土

3.6%　37%　59.4%

* 包括定居于殖民地的法国人（约35%）、塞内加尔人、乍得人、安的列斯人、波利尼西亚人、马格里布人等。

1942
1943
1941
1944
1940

10 000 人
5 000 人
2 500 人
1 000 人
500 人
250 人
（单位：千人）25 20 15 10 5 0

南方之路（1943—1944）

—— 直布罗陀 - 里斯本 - 伦敦之路 = 1 484 人
—— 阿尔赫西拉斯 - 卡萨布兰卡之路 = 3 883 人
→ 塞图巴尔 - 卡萨布兰卡之路 = 6 050 人
→ 马拉加 - 摩洛哥之路 = 9 266 人

第1师参加的战斗

1 1940年6月，1 100人加入"自由法国"部队。

2/3 1940年9月，远征威胁达喀尔。1 445人。途经自由城。

4/5 1940年10月。加蓬战役——此处为法属赤道非洲由维希政权管辖的唯一领土。1 060人。重整部队，兵分两路，前往厄立特里亚。

6 1941年2—4月，在厄立特里亚与意大利军队战斗。1 200人。

7 到达埃及，整编部队。

8 1941年6月，在叙利亚与效忠维希政权的法国军队战斗。5 400人。叙利亚谈判戴高乐阵营。

9 1941年8月—1942年4月。建立独立的"自由法国"第一旅，奔赴利比亚参加比尔哈基姆战役。5 109人。

10 1942年4—6月。在利比亚沙漠，参加阿拉曼战役。3 159人。同年6—11月，阿拉曼反击战。6 318人。

11 1942年11月—1943年6月。建立"自由法国"第一师。在突尼斯参加"火炬行动"作战。7 090人。轴心国被逐出非洲。

12 1944年4—6月。整编部队，参加意大利战役。18 347人。

13 1944年8月。普罗旺斯登陆。15 807人。

14 1944年9月—1945年3月。在孚日山脉与阿尔萨斯作战。13 207人。

15/16 1945年4月。阿尔卑斯山的最后一战。约12 000人。返回巴黎。第一师解散。

1943年，选择戴高乐，还是吉罗将军？

（以818名志愿者为样本计算）

"自由法国"军队（伦敦）18%
不详 12%
中立 6%
亲吉罗将军派的非洲军队 45%
"自由法国"军队（非洲）19%

资料来源：*I.* J.-L. Leleu, F. Passera, J. Quellien, M. Daeffler, *la France pendant la Seconde Guerre mondiale, Atlas historique*, Fayard, ministère de la Défense, 2010 - *2.* François Marcot (dir.), *Dictionnaire historique de la Résistance*, Robert Laffont, 2006 - *3.* Jean-François Muracciole, *Les Français libres, l'autre Résistance*, Tallandier, 2009 - *4.* Olivier Wieviorka, *Histoire de la Résistance, 1940-1945*, Perrin, 2013

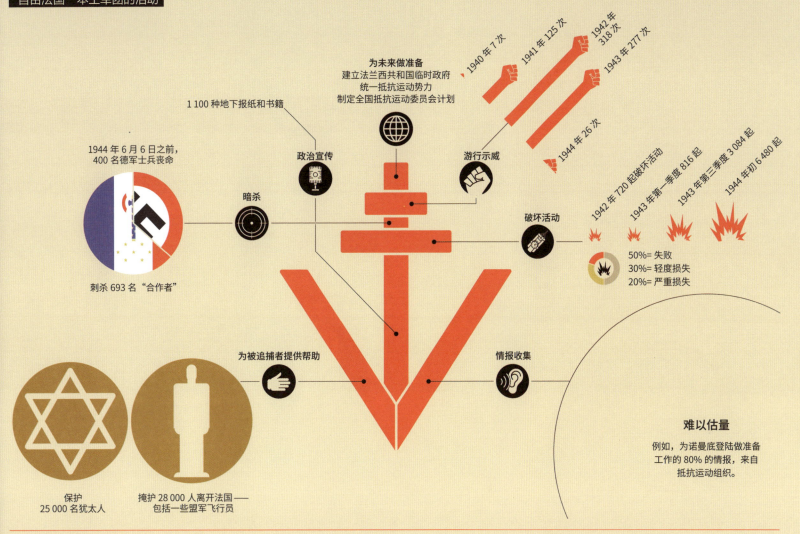

1944 年 6 月 6 日之前，400 名德军士兵丧命

刺杀 693 名"合作者"

政治宣传

暗杀

1 100 种地下报纸和书籍

为未来做准备
建立法兰西共和国临时政府
统一抵抗运动势力
制定全国抵抗运动委员会计划

游行示威

1940 年 7 次
1941 年 125 次
1942 年 318 次
1943 年 277 次
1944 年 26 次

破坏活动

1942 年 720 起破坏活动
1943 年第一季度 816 起
1943 年第二季度 3 084 起
1944 年初 6 480 起

50%= 失败
30%= 轻度损失
20%= 严重损失

为被追捕者提供帮助

情报收集

保护
25 000 名犹太人

掩护 28 000 人离开法国——
包括一些盟军飞行员

难以估量

例如，为诺曼底登陆做准备
工作的 80% 的情报，来自
抵抗运动组织。

165

4. 牺牲人数

壮烈牺牲不仅是个人参与抵抗运动的行为，在"二战"之后，更成为一张爱国主义的证书。法国共产党一直宣称，共 75 000 名抵抗人士被枪杀。这不过是历史记忆的建构而已。在所有档案资料中，我们只发现了不到 4 000 名被处决者。然而，万勿得出"占领者被较为宽容"的结论。一方面，在这一数字上，必须加上被关入集中营的 5 万名法国人（有时只是为了收听了英国 BBC 电台的广播），其中 18 000 人没能活着走出来；另一方面，鉴于真正的抵抗人士本来人数有限——至少在 1941—1942 年如此，4 000 人的人员损失已经令人触目惊心了。初期的抵抗人士，在"二战"结束之后，鲜有幸存。抵抗运动各网络的负责人前仆后继，大多牺牲。1944 年夏季的起义也十分血腥（约 12 000 人牺牲）。

海外抵抗运动和"自由法国"军队，同样付出了惨重的生命代价：1940 年至 1942 年，3 200 名"自由法国"成员牺牲；1943 年至 1945 年，25 000 名"自由法国"的军人捐躯。

抵抗人士

总计 = 约 50 万人参加 – 33 734 人牺牲 / 6.75%

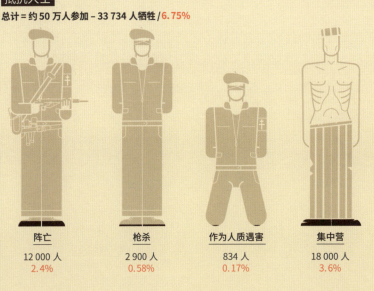

阵亡	枪杀	作为人质遇害	集中营
12 000 人	2 900 人	834 人	18 000 人
2.4%	0.58%	0.17%	3.6%

"自由法国"军队

总计 = 75 823 人负伤 / 25 370 人牺牲

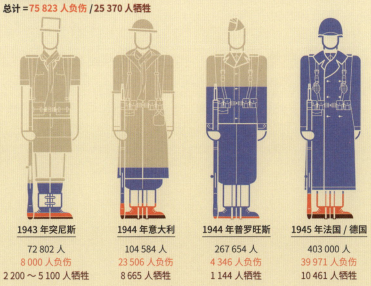

1943 年突尼斯	1944 年意大利	1944 年普罗旺斯	1945 年法国 / 德国
72 802 人	104 584 人	267 654 人	403 000 人
8 000 人负伤	23 506 人负伤	4 346 人负伤	39 971 人负伤
2 200 ～ 5 100 人牺牲	8 665 人牺牲	1 144 人牺牲	10 461 人牺牲

5. Jean-Louis Crémieux-Brilhac, La France libre, de l'appel du 18 juin à la Libération, 2 tomes, « Folio Histoire », Gallimard, 2014 - 6. Franck Liaigre, Les FTP. Nouvelle histoire d'une résistance, Perrin, 2016
7. F. Broche, G. Caïtucoli, J.-F. Muracciole, M. Gallo, La France au combat, Perrin, 2007 - 8. Fabrice Grenard, Maquis noirs et faux maquis, Vendémiaire, 2013 - 9. www.francaislibres.net.

战后欧洲的

第二次世界大战的一个重要的特点，就是平民大规模的迁徙：1939—1945 年，仅欧洲就有 4 000 万人背井离乡，流离失所。同盟国意识到必须要为这些难民提供照顾、医疗、食物，并帮助他们安置回乡。但整个流动人口的规模确是始料未及的。为此，同盟国于 1943 年特别成立了联合国善后救济总署。总署统领其他的善后组织救济各国难民，其行动也需要依赖军事部门的协助。德国投降后，同盟国在德国境内共统计出 1 200 万～1 300 万名外国劳工、战俘以及集中营中的囚徒。但是这些都只是估算数字——随着第三帝国的崩溃，准确的统计数据已经无从考证。雪上加霜的是，还有数以百万计的德国难民也离开原籍，散落于德国境内各处：一部分是为躲避空袭（约 480 万人），另一部分是为了避开苏联红军的反攻（600 万人～900 万人）。德国难民在饱受战火蹂躏的国土上，一队队踏上了返乡的归途。同盟国的善后救济总署已经超负荷运转，并且在难民安置问题上措施匮乏；此外，总署也无法在苏联占领区开展工作。战后，从贝尔森集中营解救的囚徒中，仍有 14 000 人在重获自由后死亡（传染病和健康问题，死于英军设立的医疗站）。短短 6 个月内，各盟国政府将如此大规模的难民集中安置，并将其中大部分遣返回国，这是何等的奇迹！不过，即使如此，仍有 150 万名波兰人、乌克兰人、波罗

1. 庞大的回归人口 （由于第三帝国的崩溃，无法统计准确数字，所有数据皆为估值）

1945 年 4 月 30 日，德意志第三帝国领土上的外国人 （总计 1 200 万～1 300 万人）

国籍
类别

1. 苏联人 = 6 936 000　2. 法国人 = 1 690 200　3. 波兰人 = 1 403 000　4. 意大利人 ≈ 700 000
5. 比利时人 ≈ 500 000　6. 荷兰人 ≈ 402 000　7. 捷克人 ≈ 350 000　8. 南斯拉夫人 ≈ 328 000
9. 英美两国人 ≈ 275 000　10. 波罗的海诸国人 ≈ 100 000　11. 其他 ≈ 315 800

1. 劳工 = 8 000 000　2. 战俘 = 3 584 200（包括 1 836 000 名苏联人 / 937 000 名法国人 / 300 000 名波兰人 / 275 000 名英国和美国人）
3. 惩治镇压原因被关押 = 1 000 000　4. 种族原因被关押 = 100 000
5. 其他 = 315 800

归心似箭的法国人　单位：千人

月份			各类人员
1945 年 3 月	30 000 人	618 700 人	强制劳动
1945 年 4 月	310 000 人	937 000 人	士兵
1945 年 5 月	880 000 人		被强行征召的阿尔萨斯和摩泽尔人
1945 年 6 月	270 000 人	93 000 人	
1945 年 7 月	90 000 人	39 000 人	法国内务部队
1945 年 8 月	30 000 人		
1945 年 9 月	80 200 人	2 500 人（在 75 000 人中）	犹太人

中央：1 690 200 人 背井离乡或被囚禁

1 000　800　600　400　200　0　0　200　400　600　800　1 000

1946 年 3 月 1 日 苏联归国人员的境遇　根据甄别营和集中点的数据 / 总计 4 200 000 人

其中有 2 800 000 人下落不明，主要原因：资料未公开（至少有 800 000 人）、在归国前离世、甄别营没有相关记录、拒绝遣返（被西方国家解救的苏联人中，过半数的人没有返回苏联）。

100 000 = 士兵　= 100 000 劳工

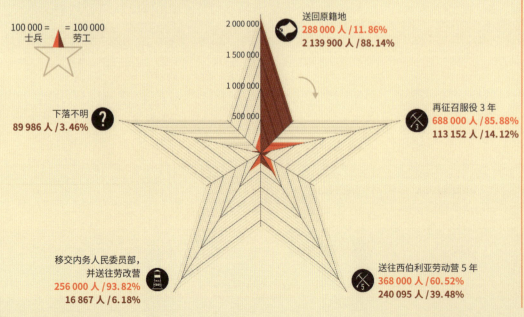

送回原籍地
288 000 人 / 11.86%
2 139 900 人 / 88.14%

下落不明
89 986 人 / 3.46%

再征召服役 3 年
688 000 人 / 85.88%
113 152 人 / 14.12%

移交内务人民委员部，并送往劳改营
256 000 人 / 93.82%
16 867 人 / 6.18%

送往西伯利亚劳动营 5 年
368 000 人 / 60.52%
240 095 人 / 39.48%

2. 人口置换

这波被动的人口迁移浪潮以波兰为中心：一方面，苏联占领了它的部分领土；另一方面，作为补偿，国境线略向西移动，将旧日德国的某些领土插入。境内各族民众也只能随着国境的变更而迁移。但是，各国在所谓"种族清洗"方面，都颇下了一番功夫。整个欧洲境内，经过三十年的"经验"积累，"清洗"手段大同小异，不外乎恐吓、歧视、暴力、拘禁（在苏联、波兰、南斯拉夫等地，共 300 万德国人被捕，其中有四分之一死亡）或驱除出境（让其步行或用火车车皮运走）。这些事件主要发生在 1948 年以前。但直到 1954 年，仍有某些国家在组织一系列的民族排斥、稀释（强迫各民族在境内迁移，如波兰的 140 000 名乌克兰人、苏联的 258 000 名乌克兰人和 82 000 名立陶宛人），及同化运动。

日耳曼裔的人口流动

被接收人数
？= 数字未知

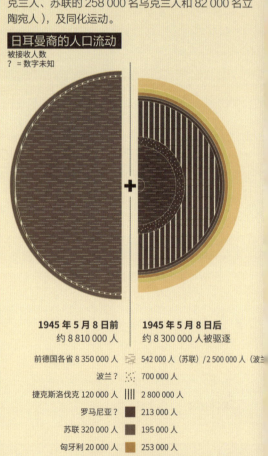

1945 年 5 月 8 日前	1945 年 5 月 8 日后
约 8 810 000 人	约 8 300 000 人被驱逐
前德国各省 8 350 000 人	542 000 人（苏联）/ 2 500 000 人（波兰）
波兰？	700 000 人
捷克斯洛伐克 120 000 人	2 800 000 人
罗马尼亚？	213 000 人
苏联 320 000 人	195 000 人
匈牙利 20 000 人	253 000 人
南斯拉夫？	335 000 人
其他欧洲地区？	762 000 人

500 000 ～ 2 251 500 人死亡
总计：17 110 000 人迁徙各地

人口流动

的海国家难民以及犹太人无法返回祖国。他们被重新安置在兵营或改造后的集中营中。这些营区人满为患、拥挤杂乱，卫生条件恶劣。所有人都在等待着签证——起程归乡遥遥无期（最后一座安置营直到1959年才被关闭）。随着东欧被驱逐人口的激增，这些安置营内收留的人数也在增加。事实上，在斯大林时代或者希特勒的纳粹德国时期，有大量人口背井离乡。这些无家可归的难民彻底打破了以定居的社区为基础的欧洲传统社会框架。人口此时变成了一个可供政治家调节的变量。西方列强无视《大西洋宪章》，试图通过建立一个个单一民族国家，实现一劳永逸的和平——在这一点上，它们的

想法与斯大林不谋而合。正如丘吉尔号召的"好好打扫一下"，一场史无前例的国家重组浪潮就此展开，波及人口达1 200万～1 600万人。

在整个过程中，居住欧洲各地的德国人受到的冲击最大（900万人被赶回德国，至少50万人死亡）。不过，他们至少还算是落叶归根，有机会见证德国的经济奇迹。而其他流离失所的人，最后则被安置到了贫困落后的异国他乡。战后，东欧国家人口损失惨重，社会动荡，经济失调。而大量的流放人口，更给这些国家的衰败埋下了祸根。

最大规模的"种族清洗"行动（1945年5月—1953年）

中立国
亲西方国家
苏联
卫星国
中立的社会主义国家
旧国界　　德国

- 德国 9 327 000/ 47.2 %
  捷克斯洛伐克 2 800 000
  前德国领土 3 042 000
  从民主德国迁往联邦德国 1 500 000
  波兰 700 000
  苏联 466 000
  南斯拉夫 350 000
  匈牙利 253 000
  罗马尼亚 213 000
  荷兰 3 000
- 波兰人 4 183 000 / 21.1 %
  国内流动 3 000 000
  乌克兰 782 000
  白俄罗斯 232 000
  立陶宛 169 000
- 俄罗斯人 2 300 000 / 11.6 %
- 乌克兰人 482 000 / 2.4 %
- 波罗的海诸国人 200 000/1% 迁往国外
- 捷克斯洛伐克人 1 978 000 / 10.1 %
  国内流动 1 800 000
  乌克兰境内的斯洛伐克人 118 000
  匈牙利 60 000
- 匈牙利人 110 000 / 0.56 %
  捷克斯洛伐克 70 000
  南斯拉夫 40 000
- 意大利人 350 000 / 1.8 %
- 芬兰人 400 000 / 2 %
- 塞尔维亚人 40 000 / 0.21 %
- 希腊人 240 000 / 1.23 %
  躲避内战逃往保加利亚 150 000
  逃往希腊 90 000
- 土耳其人 154 000 / 0.8 %

167

资料来源：1. Timothy Snyder, *Terres de sang : l'Europe entre Hitler et Staline*, Gallimard, 2012 - 2. Catherine Gousseff, *Échanger les peuples : le déplacement des minorités aux confins polono-soviétiques*, Fayard, 2015 - 3. Nicolas Werth, « Le grand retour, URSS 1945-1946 », *Histoire@politique. Politique, culture, société*, n°3, 2007 - 4. Ben Shephard, *Le Long Retour (1945-1952)*, *L'histoire tragique des « déplacés » de l'après-guerre*, Albin Michel, 2014 - 5. Keith Lowe, *L'Europe barbare (1945-1950)*, Perrin, 2013 - 6. Malcolm J. Proudfoot, *European Refugees (1939-1952). A Study in Forced Population Movement*, Northwestern University Press, 1956 - 7. Jessica Reinisch & Elizabeth White (éd.), *The Disentanglement of Populations : Migration, Expulsion and Displacement in Post-War Europe, 1944-49*, Palgrave Macmillan, 2011 - 8. Mark Wyman, *DPs : Europe's Displaced Persons, 1945-1951*, Cornell University Press, 1998 - 9. Gerhard Reichling, *Die deutschen Vertriebenen in Zahlen. Umsiedler, Verschleppte, Vertriebene, Aussiedler*, Kulturstiftung der deutschen Vertriebenen, 1985 - 10. R. M. Douglas, *Les Expulsés*, Flammarion, 2012.

*本书地图系原书插附地图

战争经济统计

大战刚结束时，欧洲在世人面前展开了一幅悲惨凄凉、满目疮痍的灾难画卷。从当时的照片和纪录片中，我们可以看到那些无家可归的平民的人潮——他们流浪在城镇的残垣断壁和荒芜的土地之中。——托尼·朱特（英国历史学家）

德国基本上处于全面瘫痪中。货币已经不值钱了，没有商品售卖，没有食品，也没有工作。"除了混乱和艰难求生外，别无其他"（基思·罗威，英国历史学家）。史无前例的深重灾难降临于欧洲。人们甚至担心欧洲将陷入 20 年以上内战蔓延的黑暗严冬。而亚洲的景象也同样悲惨，废墟中的日本陷入了饥荒。不过，日本和欧洲逐渐摆

1. 残垣断壁

整个欧洲在废墟中痛哭！巴黎、罗马奇迹般地幸免于难，但柏林、华沙、明斯克等其他城市却都已化为废墟。东欧的惨状则更加难以想象。从东普鲁士到莫斯科，连小村镇也难逃厄运，仅苏联就有 70 000 个村镇和 1 700 座城市被摧毁。处在战场边缘的地区，同样无法独善其身：1 000 个希腊村镇在"二战"期间化为废墟。相比之下，西欧国家似乎损失较小，但事实却并非如此。比空袭和战争破坏更加可怕的，是对平民的屠杀和焦土政策——后两者才是摧毁欧洲的最主要原因。欧洲的交通受到严重破坏：塞纳河流经巴黎下游河段的桥梁均不复存在；而莱茵河上只剩下一座桥；法国原有 12 800 辆火车头，在战争中毁了 10 000 辆；苏联则损失了 15 000 辆——经济网络因此完全瘫痪。

房屋被毁的比例及无家可归的人数（估计值）

= 10% 完好无损房屋
= 10% 受损房屋
= 10% 彻底损毁房屋

苏联：25 000 000 人
（占总人口的 14.3%）
= 1 000 000 人

受损 7%/彻底损毁 15%

2. 饥荒

农村也是在劫难逃。荷兰 11% 的农业用地被海水浸没并盐碱化，南斯拉夫损失了 25% 的葡萄园、50% 的牲畜、75% 的犁。载人或驮运货物的牲口损失惨重，交通网络全都不复存在。欧洲只能依赖美国支援的粮食来支撑。柏林人在 1944 年打趣道："尽情享受战争吧，和平降临的时候才真正可怕。"而在 1945—1946 年严冬之际，柏林的粮食供给比 1943 年足足少了四分之一。到了夏季，有的街区的婴儿死亡率甚至高达 66%。东欧开始暴发传染病，并随着大规模的人口流动一发不可收拾。1948 年数据显示，日本 10 万人死于饥荒。苏联的情况更为严峻。1946—1947 年苏联西部新的加盟共和国也发生大饥荒，造成 150 万人死亡。正因如此，东欧国家预想中的"婴儿潮"一直没有发生。欧洲各地，一直要再等 3~5 年才可以摆脱配给制。

战争损失与国内财富比较 / 交通网被破坏情况

- 10% 国内生产总值 — 比利时 — 剩余 40%
- 33% 国内生产总值 — 荷兰 — 剩余 40% ?
- 50% 国内生产总值 — 英国 — 剩余 95% ?
- 50% 国内生产总值 — 意大利 — 剩余 70%
- 150% 国内生产总值 — 德意志第三帝国 — 剩余 50%
- 150% 国内生产总值 — 法国 — 剩余 55%
- 300% 国内生产总值 — 南斯拉夫 — 剩余 2%
- 300% 国内生产总值 — 波兰 — 剩余 2% ?
- 540% 国内生产总值 — 苏联 — 剩余 40%

卡路里平均摄取量
1 名工人最低摄取量为 2 150 大卡

	1938	1946	1947	1948	1949
1					
2					
3					
4					
5					
6					

1. 丹麦 3 400 大卡 / **1 470** / 3 100 / 3 060 / 3 180
2. 德国 2 960 大卡 / **1 450** / 2 190 / 2 530 / 2 690
3. 法国 2 830 大卡 / **1 160** / 2 210 / 2 690 / 2 680
4. 意大利 2 510 大卡 / **850** / 2 200 / 2 340 / 2 370
5. 捷克斯洛伐克 2 700 大卡 / **1 510** / 1 629 / 2 441 / 2 690
6. 日本 2 180 大卡 / **1 581** / 1 960 / 2 050 / 2 000

脱了困境——战后仅仅用了十几年，两个地区就在一片废墟之上培育出繁荣的花朵。意料之外，却又在情理之中。首先，这些地区的工业体系尚存，很快就得到恢复；其次，深重的灾难也催生了新的前景：英国、法国、意大利、捷克斯洛伐克等国，完成了从民主国家向福利国家的蜕变。所有人都意识到：为了实现国家和民族的复兴，必须首先脱离贫困，摆脱文化凋敝和社会不平等的状况，铲除独裁专制的萌芽。国家加强了经济与社会行为的干预。对战争中发国难财者的清算，在东欧推动了土地改革；在其他地区也同样促进了国有化的发展。国家根据产业的恢复和发展情况调整经济计划，以刺激经济增长；

同时也提供资金支持，弥补私人资本的不足，逐步制定各项法规，增加社会公共支出。战后重建也是进一步实现现代化的契机。国家层面的积极政策重塑了公共凝聚力，安定了社会氛围。但维持经济活力的条件，在于供给能够满足持续上涨的需求。至少需要五年时间，才可以逐步实现供求平衡。然而，1947 年，社会危机集中爆发，那些看似美好的重建计划濒临破产。唯一的希望就是来自美国及新的国际组织（联合国善后救济总署和国际复兴开发银行）提供的大量资金和物资支持。

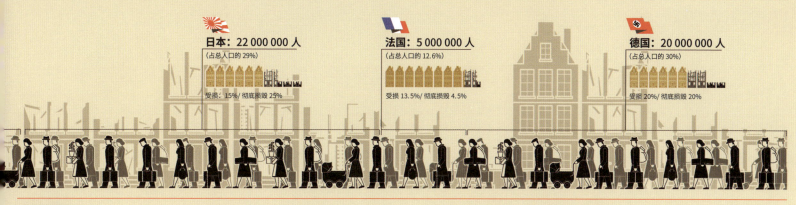

日本：22 000 000 人
（占总人口的 29%）
受损：15%/ 彻底损毁 25%

法国：5 000 000 人
（占总人口的 12.6%）
受损 13.5%/ 彻底损毁 4.5%

德国：20 000 000 人
（占总人口的 30%）
受损 20%/ 彻底损毁 20%

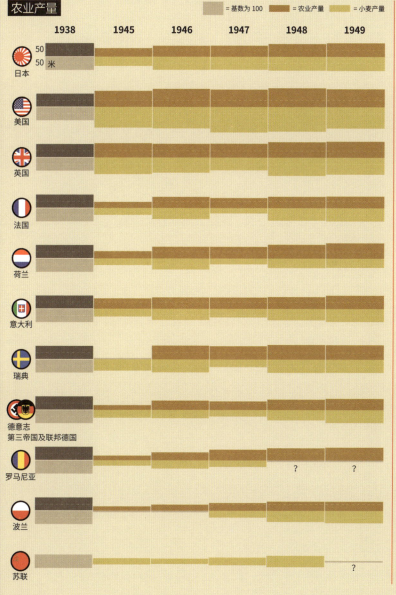

农业产量

= 基数为 100　= 农业产量　= 小麦产量

	1938	1945	1946	1947	1948	1949
日本	50 50 米					
美国						
英国						
法国						
荷兰						
意大利						
瑞典						
德意志第三帝国及联邦德国						
罗马尼亚					?	?
波兰						
苏联						?

3. 一次人类史上最昂贵的战争

由于各国之间缺乏一致的统计方法，而苏联又对其统计数据讳莫如深，所以很难比较战争中各国的花销。这里引用的数据，都来自美国研究人员的估算。虽然数据可能比较保守，不尽完美，但我们仍然能从中得出两项结论：第一，尽管德意志第三帝国的经济实力跟美国相差甚远，但前者的军费支出却大于后者；第二，战争中的军费开支要远远超过战后重建的花费。纵观美国历史，如果考虑军费占国民生产总值的比例，"二战"无疑是美国参加的最昂贵的一场战争——但以整体军事费用的绝对数字而论，近代战争的军费开支明显高于"二战"。

（战争支出，1945 年币值）

国内生产总值
军费开支

日本：560 亿美元
（65.5%）

美国：2 960 亿美元
（军费开支占 69.6%）

意大利：940 亿美元
（18.1%）

英国：1 200 亿美元
（68%）

苏联：1 920 亿美元

德国：2 720 亿美元
（57.4%）

对美国而言最昂贵的战争
（此处金额也考虑到了通货膨胀的影响 / 军费开支占国民生产总值的比例）

美国内战南北战争
占国民生产总值的 11.7%
45 199 000 美元

第一次世界大战
占国民生产总值的 14.1%
253 000 000 美元

第二次世界大战
占国民生产总值的 37.5%
4 114 000 000 美元

越战
占国民生产总值的 9.5%
686 000 000 美元

波斯湾战争
占国民生产总值的 4.6%
96 000 000 美元

反恐战争（2001—2014）
占国民生产总值的 11.8%
4 400 000 000 美元

4. 经济损失与重建

1945 年，战败国的工业已完全停滞。法国的工业产能不到战前的 50%。所幸，各国工业系统被破坏的程度低于 20%。在捷克斯洛伐克和匈牙利，由于国内工业设施在战争期间被德国人重组升级，战后的工业化程度反而高于战前。工厂等待开工，但没有工人、原料和能源，一切只能是空谈。重中之重是交通网络的恢复，而恢复过程足足花费了两年的时间。在东欧，苏联红军带来了大量的物资和人力，加快了战后重建的步伐。然而，在 1947 年，作为欧洲传统的贸易中心，德国被盟军一分为四。另外，由于同盟国对是否重启德国工业生产的问题犹豫不决，经济的重建计划一拖再拖。

屋漏偏逢连夜雨，欧洲也没有足够的经济实力，来为从美国进口的物资埋单。刚刚重拾希望准备重建家园的民众，又在大萧条中动摇迷茫。满目疮痍的欧洲却极其缺乏重建所需的物资供给。

声势浩大的社会运动集中爆发，欧洲社会动荡加剧。马歇尔计划的出台和英、法、美建立联邦德国的决议，避免了欧洲局势的进一步恶化。

马歇尔计划的内容是：在未来的数年内，美国向欧洲提供总计 130 亿美元的经济援助，支援欧洲经济的重建。该援助是有条件的：欧洲各国共同实施一项具体促进产能投资的计划，并进口等值的美国设备。毋庸置疑，从阿伦·米尔沃德（英国经济史学家）的研究以及我们现在所掌握的数据来看，在马歇尔计划实施以前，欧洲的经济已经开始复苏。但必须承认，该计划加快并促进了整个重建的进程。从社会心理上来讲，它为欧洲打开了新的局面——1947 年时，没有人会相信欧洲在 20 年之内能够重整旗鼓。西欧快速迈入了一个前所未有的高速发展时代。

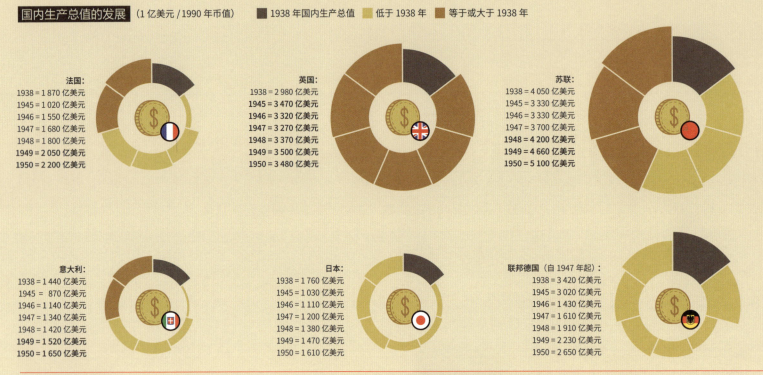

国内生产总值的发展（1 亿美元/1990 年币值）　■ 1938 年国内生产总值　低于 1938 年　等于或大于 1938 年

法国：
1938 = 1 870 亿美元
1945 = 1 020 亿美元
1946 = 1 550 亿美元
1947 = 1 680 亿美元
1948 = 1 800 亿美元
1949 = 2 050 亿美元
1950 = 2 200 亿美元

英国：
1938 = 2 980 亿美元
1945 = 3 470 亿美元
1946 = 3 320 亿美元
1947 = 3 270 亿美元
1948 = 3 370 亿美元
1949 = 3 500 亿美元
1950 = 3 480 亿美元

苏联：
1938 = 4 050 亿美元
1945 = 3 330 亿美元
1946 = 3 330 亿美元
1947 = 3 700 亿美元
1948 = 4 200 亿美元
1949 = 4 660 亿美元
1950 = 5 100 亿美元

意大利：
1938 = 1 440 亿美元
1945 = 870 亿美元
1946 = 1 140 亿美元
1947 = 1 340 亿美元
1948 = 1 420 亿美元
1949 = 1 520 亿美元
1950 = 1 650 亿美元

日本：
1938 = 1 760 亿美元
1945 = 1 030 亿美元
1946 = 1 110 亿美元
1947 = 1 200 亿美元
1948 = 1 380 亿美元
1949 = 1 470 亿美元
1950 = 1 610 亿美元

联邦德国（自 1947 年起）：
1938 = 3 420 亿美元
1945 = 3 020 亿美元
1946 = 1 430 亿美元
1947 = 1 610 亿美元
1948 = 1 910 亿美元
1949 = 2 230 亿美元
1950 = 2 650 亿美元

工业产能的变化

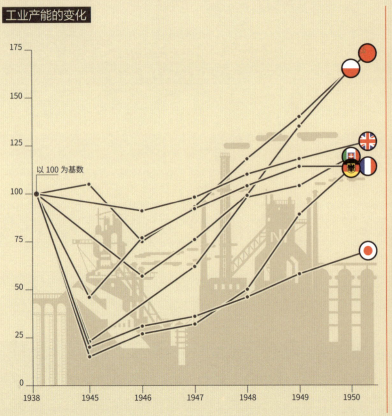

以 100 为基数

失业人数的变化（以千人为单位）

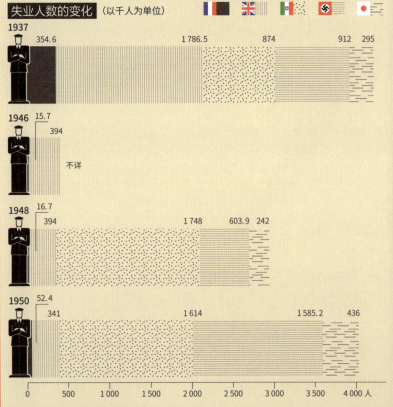

1937　354.6　1 786.5　874　912　295

1946　15.7　394　不详

1948　16.7　394　1 748　603.9　242

1950　52.4　341　1 614　1 585.2　436

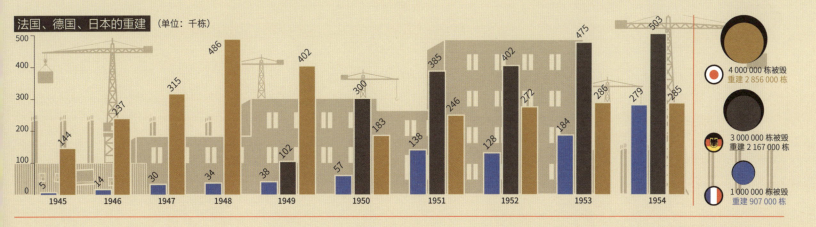

法国、德国、日本的重建 （单位：千栋）

4 000 000 栋被毁
重建 2 856 000 栋

3 000 000 栋被毁
重建 2 167 000 栋

1 000 000 栋被毁
重建 907 000 栋

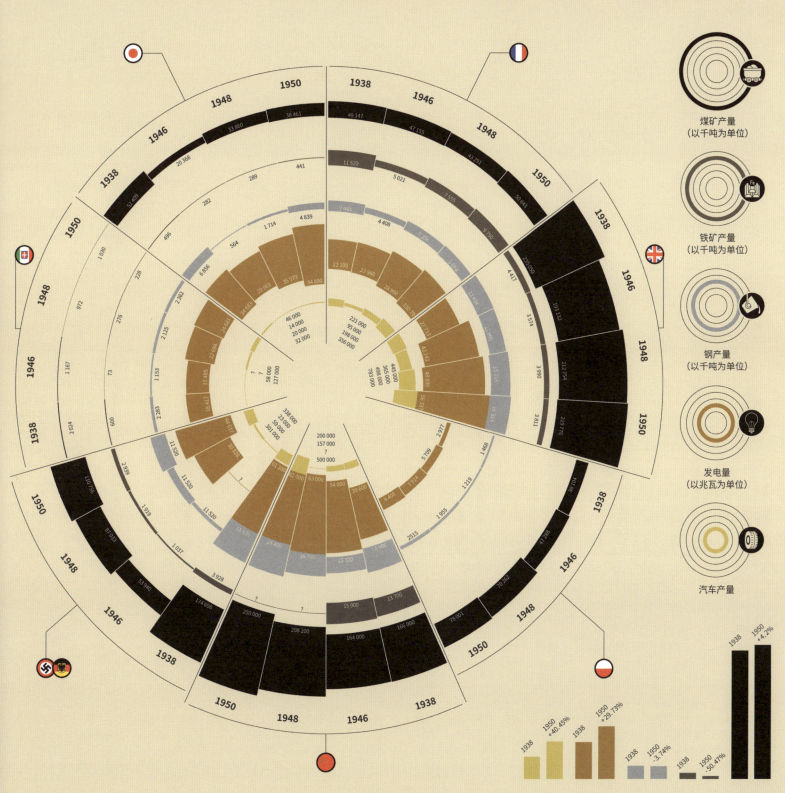

煤矿产量
（以千吨为单位）

铁矿产量
（以千吨为单位）

钢产量
（以千吨为单位）

发电量
（以兆瓦为单位）

汽车产量

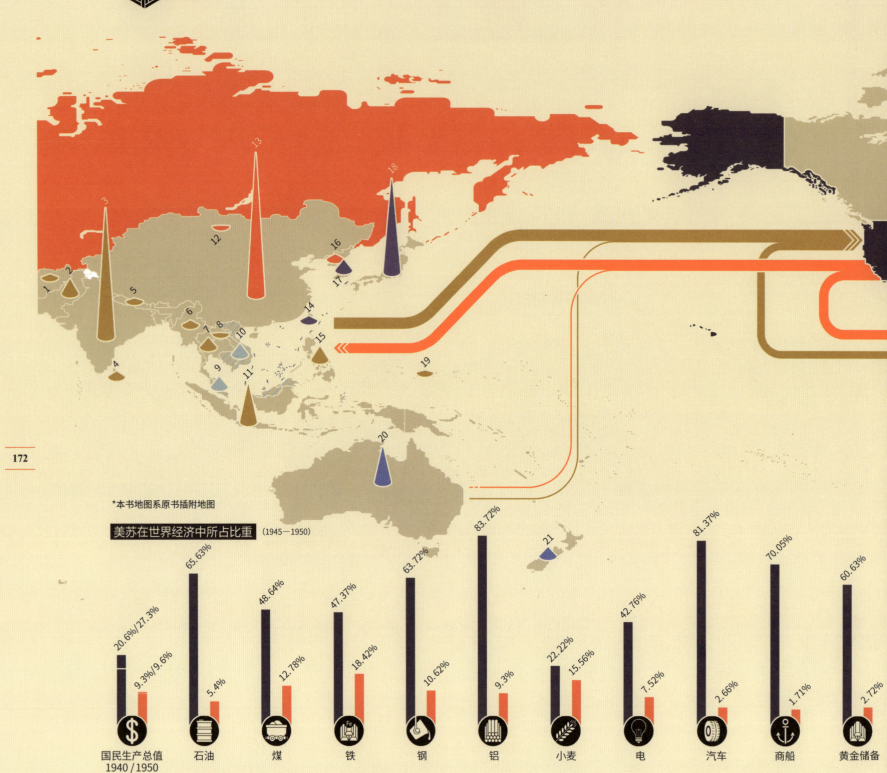

1950 年美国的对外贸易 （以百万美元为单位） ■ 进口 ■ 出口

	欧洲	南美	非洲	加拿大	亚洲	墨西哥	大洋洲
进口	1 387	1 962	494	1 961	1 962	1 138	208
出口	2 893	1 347	349	1 995	1 504	1 418	133

172

*本书地图系原书插附地图

美苏在世界经济中所占比重（1945—1950）

指标	苏联	美国
国民生产总值 1940/1950	20.6%/27.3%	9.3%/9.6%
石油	65.63%	5.4%
煤	48.64%	12.79%
铁	47.37%	18.42%
钢	63.72%	10.62%
铝	83.72%	9.3%
小麦	22.22%	15.56%
电	42.76%	7.52%
汽车	81.37%	2.66%
商船	70.05%	1.71%
黄金储备	60.63%	2.72%

5. 美国夺得"经济世界"的霸权

　　法国历史学家费尔南·布罗代尔在 1949 年提出"经济世界"的概念。他将其定义为："地球上的一个独立的经济区域（包含一个核心统治国家和周边数个被统治的国家），其内部各部分的联系和交易形成了一个有机统一的整体。"20 世纪初，美国的"经济世界"逐渐赶超了英国的"经济世界"，但直到第二次世界大战，人们才真正见证了两者无可争议的换位。在 1945 年，没有一个国家具备和美国一样的影响力和压倒性的经济优势。美国掌握了全球 60% 的黄金储备、超过 50% 的产值（其人口仅占全球 6%）；世界其他国家和地区（包括苏联）掌握了剩下的那部分。废墟之中的欧洲和亚洲为了重建，不得不从美国进口大量物资——这也使美国成为加速全球化进程的核心。1944 年，布雷顿森林体系将美元定为国际交易通用货币；在 1947 年缔结的关税与贸易总协定（GATT）则标志着全球自由贸易的开端。"美国生活方式"也渐渐风靡全球。1947 年，欧洲对美国的进口总额是其出口额的 6 倍。英国一半的进口商品来自美国。为了购买煤炭和谷物，各国只能向超级大国——美国寻求巨额贷款（英国借了 44 亿美元，法国借了 19 亿美元，就连苏联也向美国借了数亿美元），欧洲对美国的贸易逆差翻了一番。美苏之间的紧张氛围加剧，欧洲也到了破产的边缘。经过深思熟虑，马歇尔提出了一个能够有效摆脱经济危机的方法。短期内，马歇尔计划能够铲除欧洲社会危机的萌芽；另外，该计划可以将西欧及其殖民地彻底纳入美国的"经济世界"，而美国企业亦有利可图。从长远来看，该计划也有可能扶持出美国未来的贸易竞争对手。但面对潜在风险，具备强大创新能力的美国有自信能够保持领先地位。美国凭借一系列高明的策略迎来了冷战阶段。在接下来的数年，同盟国的军事网络最终演变成为以华盛顿和纽约两极为中心的西方世界。

资料来源：*1. Annuaires statistiques annuels ONU (année 1948 à 1953) - 2. Statistical Abstract of the United States*, 1953 - *3. World Economic Report*, ONU, 1949 - *4. Dominique Barjot, Rémi Baudouï, Danièle Voldman (dir.), Les Reconstructions en Europe (1945-1949)*, Éditions Complexe, 1997

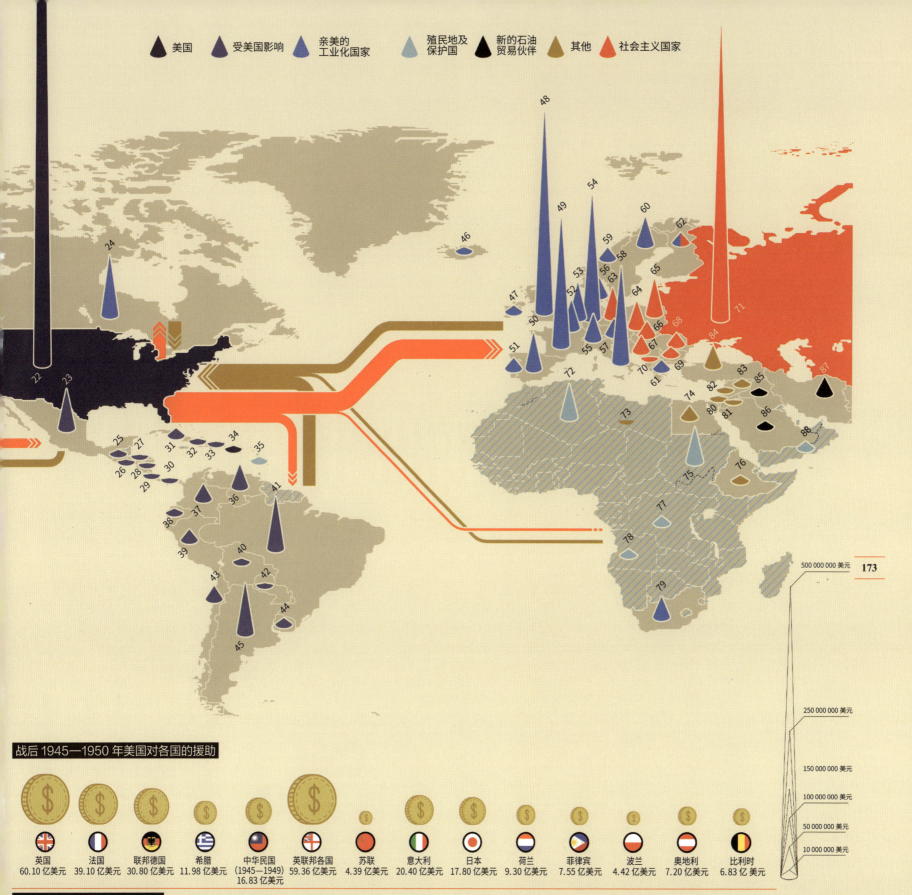

美国　受美国影响　亲美的工业化国家　殖民地及保护国　新的石油贸易伙伴　其他　社会主义国家

173

500 000 000 美元
250 000 000 美元
150 000 000 美元
100 000 000 美元
50 000 000 美元
10 000 000 美元

战后 1945—1950 年美国对各国的援助

| 英国 60.10 亿美元 | 法国 39.10 亿美元 | 联邦德国 30.80 亿美元 | 希腊 11.98 亿美元 | 中华民国 (1945—1949) 16.83 亿美元 | 英联邦各国 59.36 亿美元 | 苏联 4.39 亿美元 | 意大利 20.40 亿美元 | 日本 9.30 亿美元 | 荷兰 17.80 亿美元 | 菲律宾 7.55 亿美元 | 波兰 4.42 亿美元 | 奥地利 7.20 亿美元 | 比利时 6.83 亿美元 |

1950 年全球各地的生产总值 （单位：1 亿美元 / 1990 年币值）

1. 阿富汗：52.55 亿 #2. 巴基斯坦：253.66 亿 #3. 印度：2222.22 亿 #4. 斯里兰卡：94.38 亿 #5. 尼泊尔：44.62 亿 #6. 缅甸：77.11 亿 #7. 泰国：94.38 亿 #8. 老挝：11.56 亿 -
9. 英国在亚洲的殖民地：172.62 亿 #10. 法属印度支那：188.36 亿 #11. 印度尼西亚：663.58 亿 #12. 蒙古：3.39 亿 #13. 中华人民共和国：2 449.85 亿 #14. 中国台湾：73.78 亿
15. 菲律宾：52.55 亿 #16. 朝鲜：80.87 亿 #17. 韩国：178.00 亿 #18. 日本：1 609.66 亿 #19. 亚洲其他国家：38.71 亿 #20. 澳大利亚：612.74 亿 #21. 新西兰：161.36 亿 #22. 美
国：14 559.16 亿 #23. 墨西哥：673.68 亿 #24. 加拿大：1 021.64 亿 #25. 危地马拉：61.90 亿 #26. 萨尔瓦多：28.88 亿 #27. 洪都拉斯：18.80 亿 #28. 尼加拉瓜：17.74 亿 #29.
哥斯达黎加：17.02 亿 #30. 巴拿马：17.10 亿 #31. 古巴：118.37 亿 #32. 海地：32.54 亿 #33. 多米尼克：24.16 亿 #34. 波多黎各：47.55 亿 #35. 安的列斯群岛：82.42 亿 #36.
委内瑞拉：373.77 亿 #37. 哥伦比亚：249.55 亿 #38. 厄瓜多尔：67.28 亿 #39. 秘鲁：176.13 亿 #40. 玻利维亚：53.09 亿 #41. 巴西：893.42 亿 #42. 巴拉圭：23.38 亿 #43. 智
利：223.52 亿 #44. 乌拉圭：102.24 亿 #45. 阿根廷：855.24 亿 #46. 欧洲其他国家：58.80 亿 #47. 爱尔兰：102.31 亿 #48. 英国：3 478.50 亿 #49. 法国：2 204.92 亿 #50. 西班牙：
614.29 亿 #51. 葡萄牙：176.15 亿 #52. 比利时：471.90 亿 #53. 荷兰：606.42 亿 #54. 联邦德国：2 139.42 亿 #55. 瑞士：425.45 亿 #56. 丹麦：296.54 亿 #57. 奥地利：257.02
亿 #58. 意大利：1 649.54 亿 #59. 挪威：177.28 亿 #60. 瑞典：472.69 亿 #61. 希腊：144.89 亿 #62. 芬兰：170.51 亿 #63. 东德：514.12 亿 #64. 捷克斯洛伐克：433.68 亿 #65. 波兰：
607.42 亿 #66. 匈牙利：231.58 亿 #67. 南斯拉夫：252.77 亿 #68. 罗马尼亚：192.79 亿 #69. 保加利亚：119.71 亿 #70. 阿尔巴尼亚：12.29 亿 #71. 苏联：5 102.43 亿 #72. 法属
非洲殖民地：578.28 亿 #73. 利比亚：8.69 亿 #74. 埃及：199.23 亿 #75. 英属非洲殖民地：592.04 亿 #76. 埃塞俄比亚：84.17 亿 #77. 比利时属非洲殖民地：99.16 亿 #78. 葡萄牙属
非洲殖民地：116.96 亿 #79. 南非：344.65 亿 #80. 以色列：36.23 亿 #81. 约旦：12.33 亿 #82. 黎巴嫩：33.13 亿 #83. 叙利亚：84.18 亿 #84. 土耳其：342.79 亿 #85. 伊拉克：70.41
亿 #86. 沙特阿拉伯：86.10 亿 #87. 伊朗：281.28 亿 #88. 英国保护国：172.62 亿

- 5. Jean Chardonnet, *Les Conséquences économiques de la guerre (1939-1946)*, Hachette, 1947 - 6. Tony Judt, *Après-guerre, une histoire de l'Europe depuis 1945*, A. Colin, 2007.

曼哈顿计划：历史的断层

1939 年，世界上的主要强国都开展了各自的原子研究计划。法国和德国在该领域一度领先，但后来都遇到了资金和技术（特别是同位素浓缩技术）上的难题。一般认为，由于在短时间内无法突破，纳粹对原子弹研究失去了兴趣。但是，现在也有人提出：在"二战"结束前，纳粹德国已经搞过原子弹相关实验。由弗雷德里克·约里奥–居里主持的法国原子研究计划被迫转移到英国，并且获得了挪威生产的重水，但依然没有很大进展。同时，英国的"合金管"原子研究工程陷入资源短缺的困境之后，被秘密整合到美国的研究之中。美国的相关研究起步较晚，众所周知，爱因斯坦于 1939 年主持起草了一封联名信，提醒罗斯福总统：如果美国政府再不重视核武器的研发，纳粹很可能会率先造出原子弹。美国政府恍然大悟，虽然起步晚，但决心在原子弹研究上尽可能加大投入。在这种背景下，作为最高机密的庞大工程——曼哈顿计

1.《薄伽梵歌》——"我即死神……"（一项不如想象中浩大的工程）

曼哈顿工程动员了全美甚至是加拿大的众多机构——共计 50 万人参加研究。1945 年，仅洛斯阿拉莫斯国家实验室，就有 400 名科学家和 6 000 名军方人员。如果只统计研究这几枚核弹的成本的话，可能会觉得美国不惜工本，耗资巨大（当

时共动用 19 亿美元，折合当今 250 亿美元）。但和整个"二战"中美国的消耗相比，这一资金就显得微不足道了——核弹研发费用仅占战争拨款的 0.6%。该计划开创了科技、军事以及人类社会的新纪元，并且为新的战略格局奠定了基础。

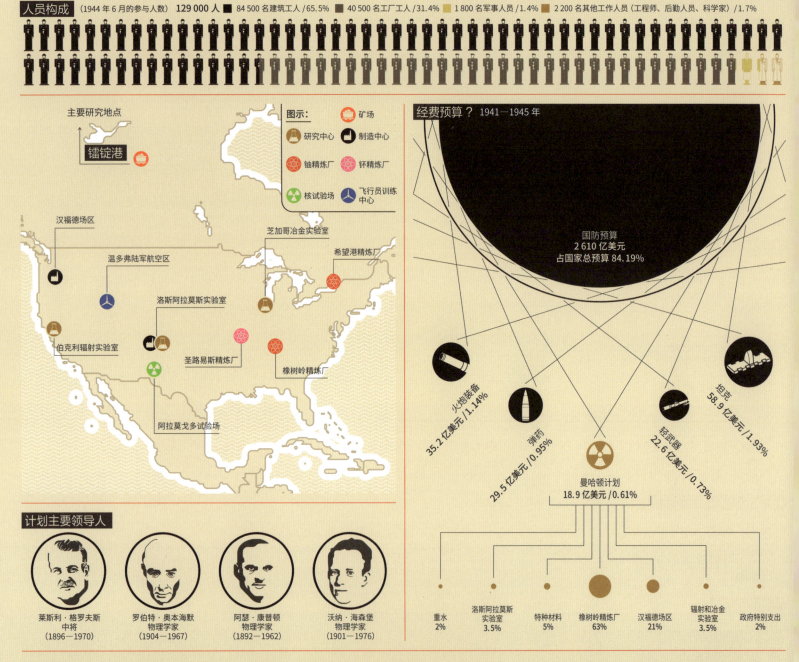

人员构成 （1944 年 6 月的参与人数）129 000 人 ■ 84 500 名建筑工人 /65.5% ■ 40 500 名工厂工人 /31.4% ■ 1 800 名军事人员 /1.4% ■ 2 200 名其他工作人员（工程师、后勤人员、科学家）/1.7%

主要研究地点
镭锭港

图示：
矿场
研究中心
制造中心
铀精炼厂
钚精炼厂
核试验场
飞行员训练中心

汉福德场区
温多弗陆军航空区
芝加哥冶金实验室
希望港精炼厂
洛斯阿拉莫斯实验室
伯克利辐射实验室
圣路易斯精炼厂
橡树岭精炼厂
阿拉莫戈多试验场

计划主要领导人

莱斯利·格罗夫斯
中将
（1896—1970）

罗伯特·奥本海默
物理学家
（1904—1967）

阿瑟·康普顿
物理学家
（1892—1962）

沃纳·海森堡
物理学家
（1901—1976）

经费预算？ 1941—1945 年

国防预算
2 610 亿美元
占国家总预算 84.19%

火炮装备
35.2 亿美元 /1.14%

弹药
29.5 亿美元 /0.95%

坦克
58.9 亿美元 /1.93%

轻武器
22.6 亿美元 /0.73%

曼哈顿计划
18.9 亿美元 /0.61%

重水 2% ｜ 洛斯阿拉莫斯实验室 3.5% ｜ 特种材料 5% ｜ 橡树岭精炼厂 63% ｜ 汉福德场区 21% ｜ 辐射和冶金实验室 3.5% ｜ 政府特别支出 2%

资料来源：1. Statistical Review, World War II : A Summary of ASF Statistics, Army Service Forces, U.S. War Department, 1946 - 2. United States Strategic Bombing Survey (Pacific War), Washington DC, 1946 - 3. Historical Statistics of the United States from Colonial Times to 1970, U.S. Census Bureau, 1975 - 4. S. Schwartz, Atomic Audit, The Costs and Consequences of U.S. Nuclear Weapons Since 1940, 1998.

划，最终立项实施。该计划召集了全世界的专家，研究预算高达 10 亿美元，是英国同类计划的 1 000 倍。在奥本海默的领导下，1943—1945 年，研究人员全力研发出了两型原子弹：一型是铀-235 弹，设计简洁可靠，但制造工艺复杂（1945 年 8 月 6 日投放在广岛的"小男孩"就是该型原子弹）；另一型是钚-239 弹，设计较为复杂但可以大规模量产，其代表就是代号为"胖子"的原子弹（该型曾于 1945 年 7 月 16 日在新墨西哥沙漠进行试验，随后在 8 月 9 日被投放到长崎，并将这座城市夷为平地）。战争结束后，整个世界陷入由核武器制造的恐怖氛围之中。

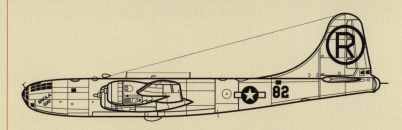

波音公司 B-29-45-MO "超级堡垒" 轰炸机

2. "……世界的毁灭者"（广岛和长崎）

　　1945 年 8 月 6 日和 9 日，广岛和长崎先后遭到原子弹的核打击。根据各种不同版本的伤亡统计材料，估计有 10 万至 25 万人死于核轰炸（1945 年 8—12 月）。如果不考虑轰炸的特殊性质，这两次核打击造成的损失与常规轰炸并没有太大区别（1943 年汉堡大轰炸，60 000 人丧生；1945 年德累斯顿大轰炸，40 000 人丧生；

1945 年东京大轰炸，100 000 人丧生。需要注意的是，当时美国已经在日本各地进行战略轰炸。所以，人们可能过度解读了原子弹轰炸和日本投降之间的关系。尽管如此，这两枚核轰弹所带来的威慑和恐惧，还是揭开了地缘战略的新纪元。只要一枚核弹，就可以将敌国的一座城市或地区夷为平地。

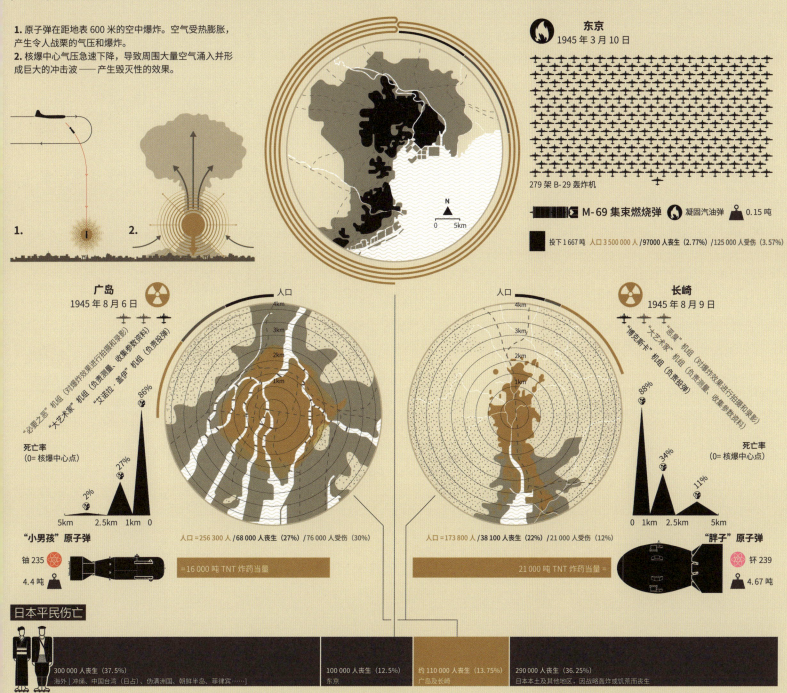

1. 原子弹在距离地表 600 米的空中爆炸。空气受热膨胀，产生令人窒息的气压和爆炸。
2. 核爆中心气压急速下降，导致周围大量空气涌入并形成巨大的冲击波——产生毁灭性的效果。

东京
1945 年 3 月 10 日

279 架 B-29 轰炸机

M-69 集束燃烧弹　　凝固汽油弹　　0.15 吨

投下 1 667 吨　人口 3 500 000 人 /97000 人丧生（2.77%）/125 000 人受伤（3.57%）

广岛
1945 年 8 月 6 日

长崎
1945 年 8 月 9 日

死亡率
(0= 核爆中心点)

死亡率
(0= 核爆中心点)

人口 =256 300 人 /68 000 人丧生（27%）/76 000 人受伤（30%）

人口 =173 800 人 /38 100 人丧生（22%）/21 000 人受伤（12%）

"小男孩"原子弹
铀 235
4.4 吨

= 16 000 吨 TNT 炸药当量

21 000 吨 TNT 炸药当量 =

"胖子"原子弹
钚 239
4.67 吨

日本平民伤亡

300 000 人丧生（37.5%）
海外 [冲绳、中国台湾（日占）、伪满洲国、朝鲜半岛、菲律宾……]

100 000 人丧生（12.5%）
东京

约 110 000 人丧生（13.75%）
广岛及长崎

290 000 人丧生（36.25%）
日本本土及其他地区，因战略轰炸或饥荒而丧生

欧洲冷战的萌发

1947—1989 年，西方国家和苏联剑拔弩张的形势，并不是"二战"的产物。这种对立源自意识形态和全球扩张野心的冲突——共产主义和资本主义的对抗在所难免。

从 20 世纪 20 年代开始，西方各国就开始武装干预苏联。而对世界构成巨大威胁的纳粹主义是这两大敌对阵营的共同敌人。迫于形势，双方临时组建了同盟——不过，这只是面对纳粹威胁的权宜之计。虽然，"二战"不能算是引起冷战的原因，但它无疑将双方力态势重新洗牌。即使"二战"没有爆发，苏联成为超级强国的势头仍然无可阻挡。但是，击败希特勒使苏联获得了绝佳的优势：它正式成为世界强权，并且扩大了广大领土（那时，根据英法的判断，苏联的力量还不及波兰）。而对于美国来说，"二战"在另一个层面产生了重大影响：美国最终掌控了全球经济和金融的霸权、制空权和制海权，也成为世界上唯一拥有核武器的国家（即使当时核弹产量还不大）。随着德国的战败、法国的衰弱、英国金融地位的丧失，美国登上了世界强权的顶峰。另外，"二战"即将结束之际，南斯拉夫、希腊、波罗的海诸国在 1945 年 5 月后接连爆发武装冲突，混乱局势一直持续到冷战时期。

那么，国际舞台上的大国领袖们是否意识到了事态的发展？直到逝世，罗斯福始终怀揣一个梦想：实现由美、苏、英、中四国主导的国际合作体系，以共同维护世界和平；并给苏联充分的时间，使其缓和强硬政策。该战略的主要目的，在于打消斯大林在领土和国家安全问题上的疑虑——雅尔塔会议就是这种倾向的集中体现。美国无意与苏联瓜分欧洲，期望通过民主制度和大国之间的协定为欧洲带来崭新的秩序。本着这种精神，德国由美、英、法、苏四国组建的委员会共管，以实现民主化进程。在东欧，罗斯福自认为已经将苏联的盟友拔除干净——至少可通过建立联合政府的模式，使这些国家能够相对于苏联保持独立地位（这一模式最终只在芬兰实现）。斯大林则希望将利益最大化。法国历史学家乔治－亨利·苏图认为，"当时欧洲政治整体'左倾'化的大环境，有利于苏联在整个欧亚大陆实现其称霸野心……而资本主义出现的危机，正是斯大林实现扩张政策的契机"。由于战前西欧的保守派一直对纳粹实行绥靖政策，西欧战后的政治天平开始向左倾斜。这一时期势力最大的三个党派分别是：重获生机的基督教民主主义政党、老牌的社会民主主义政党和手握一到三成选票的共产主义政党。

英国失势，美国希望尽快撤军，欧洲社会经济气候不景气，一切国际局势尽在斯大林眼中。他在阻力较小的地区迅速扩大势力范围，其他地区则以保护为主。他在中国和伊朗采取了积极的战略态势，在土耳其则相对谨慎。尽管他在希腊、土耳其和伊朗遭遇强烈反弹，被迫收手，但丝毫没有改变美苏之间愈演愈烈的紧张关系。情况不同，美国对苏联战略推进的反应也截然不同。在伊朗问题上，美国坚决地反对苏联；而在巴尔干问题上美国却又袖手旁观，坐视"铁幕"拉下。1947 年 3 月美国总统杜鲁门正式宣布了新的战略政策（即后来众所周知的杜鲁门主义），在全球范围内遏制共产主义运动的发展。冷战从此正式拉开帷幕。

战后的欧洲

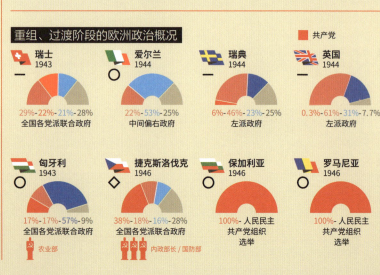

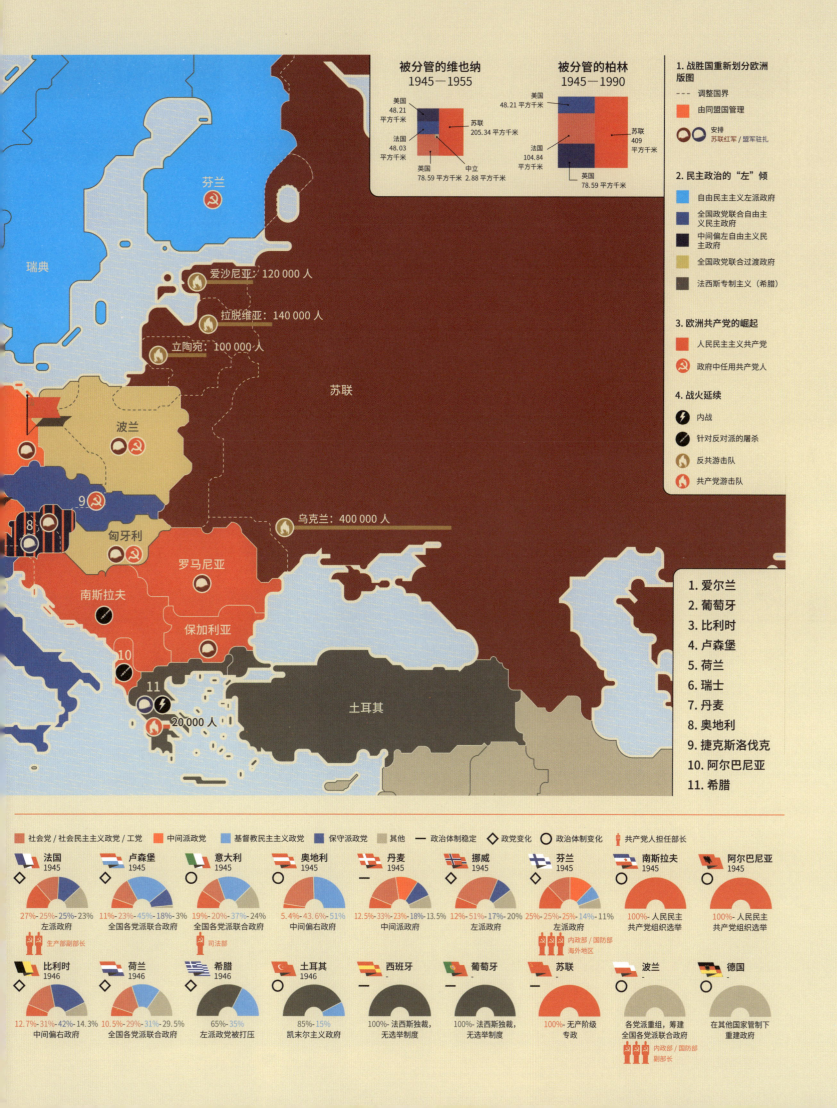

被分管的维也纳
1945—1955

被分管的柏林
1945—1990

美国
48.21
平方千米

苏联
205.34 平方千米

法国
48.03
平方千米

英国
78.59 平方千米

中立
2.88 平方千米

美国
48.21 平方千米

苏联
409
平方千米

法国
104.84
平方千米

英国
78.59 平方千米

1. 战胜国重新划分欧洲版图

- - - 调整国界

由同盟国管理

安排
苏联红军 / 盟军驻扎

2. 民主政治的"左"倾

自由民主主义左派政府

全国政党联合自由主义民主政府

中间偏左自由主义民主政府

全国政党联合过渡政府

法西斯专制主义（希腊）

3. 欧洲共产党的崛起

人民民主主义共产党

政府中任用共产党人

4. 战火延续

内战

针对反对派的屠杀

反共游击队

共产党游击队

芬兰

瑞典

爱沙尼亚：120 000 人

拉脱维亚：140 000 人

立陶宛：100 000 人

苏联

波兰

9

8

匈牙利

乌克兰：400 000 人

罗马尼亚

南斯拉夫

保加利亚

10

11

土耳其

20 000 人

177

1. 爱尔兰
2. 葡萄牙
3. 比利时
4. 卢森堡
5. 荷兰
6. 瑞士
7. 丹麦
8. 奥地利
9. 捷克斯洛伐克
10. 阿尔巴尼亚
11. 希腊

社会党 / 社会民主主义政党 / 工党　　中间派政党　　基督教民主主义政党　　保守派政党　　其他　　—— 政治体制稳定　　◇政党变化　　○政治体制变化　　共产党人担任部长

法国
1945

27%-25%-25%-23%
左派政府

生产部副部长

卢森堡
1945

11%-23%-45%-18%-3%
全国各党派联合政府

意大利
1945

19%-20%-37%-24%
全国各党派联合政府

司法部

奥地利
1945

5.4%-43.6%-51%
中间偏右政府

丹麦
1945

12.5%-33%-23%-18%-13.5%
中间派政府

挪威
1945

12%-51%-17%-20%
左派政府

芬兰
1945

25%-25%-25%-14%-11%
左派政府

内政部 / 国防部
海外地区

南斯拉夫
1945

100%-人民民主
共产党组织选举

阿尔巴尼亚
1945

100%-人民民主
共产党组织选举

比利时
1946

12.7%-31%-42%-14.3%
中间偏右政府

荷兰
1946

10.5%-29%-31%-29.5%
全国各党派联合政府

希腊
1946

65%-35%
左派政府被打压

土耳其
1946

85%-15%
凯末尔主义政府

西班牙

100%-法西斯独裁，
无选举制度

葡萄牙

100%-法西斯独裁，
无选举制度

苏联

100%-无产阶级
专政

内政部 / 国防部
副部长

波兰

各党派重组，筹建
全国各党派联合政府

德国

在其他国家管制下
重建政府

战后殖民帝国体系的动摇和瓦解

"一战"期间，在欧洲的战场上，从各殖民地征召来的军队损失惨重（如法国的北非军团和英国的印度军团），严重削弱了各殖民帝国的实力；第二次世界大战，对殖民帝国体系造成了更加沉重的打击。非洲（特别是在阿尔及利亚和马达加斯加）爆发了严重的问题。而在东南亚形势更加紧张："二战"期间，东南亚被日本占领，导致战后西方国家在亚洲的殖民体系迅速崩溃。亚洲爆发了战后第一次反殖民运动的浪潮：朝鲜半岛独立出两个国家，但很快就进入敌对状态；战后第一波独立战争，在荷属东印度（苏加诺领导的印度尼西亚民族独立运动）和法属印度支那（胡志明领导的越南独立战争）首先打响。英属印度帝国在 1939 年就已经计划"解放"，准备开启独立进程；然而，印度和巴基斯坦之间的分歧严重，独立之后便分道扬镳。这些独立运动，是此后数十年世界民族解放和殖民地独立运动的先声。

1. 战争期间的殖民帝国

战争中，从殖民地征召的部队在战场上付出了巨大牺牲。但他们的巨大贡献，却被宗主国所忽视。这也在战争后期激起了各殖民地人民的独立意识。

1939 年，法国殖民地部长乔治·曼德尔曾经承诺，将从殖民地征召 200 万名士兵和 50 万名劳工。但现实数据远不能达到预期。整个欧洲（特别是英国、法国、意大利，甚至荷兰）总共从殖民地征召了 100 万名士兵。这些士兵成为撒哈拉以南非洲战场上的重要驻军，同时也参与了北非一系列鏖战。印度军队畸形扩张的例子，有助于我们理解战后印度坚定争取独立的现象：1939 年，印度殖民地部队只有不到 20 万人，其中三分之一是英国的士兵和军官；而在"二战"中，英国却从印度征召超过 250 万人，编成 30 余个步兵师，派往东南亚战场，甚至中东和意大利。

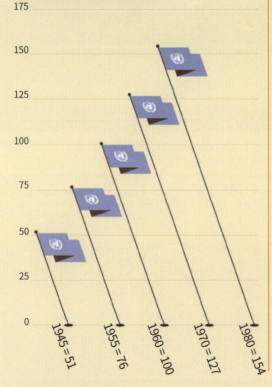

加入联合国的主权独立国家

- 1945 = 51
- 1955 = 76
- 1960 = 100
- 1970 = 127
- 1980 = 154

*本书地图系原书插附地图

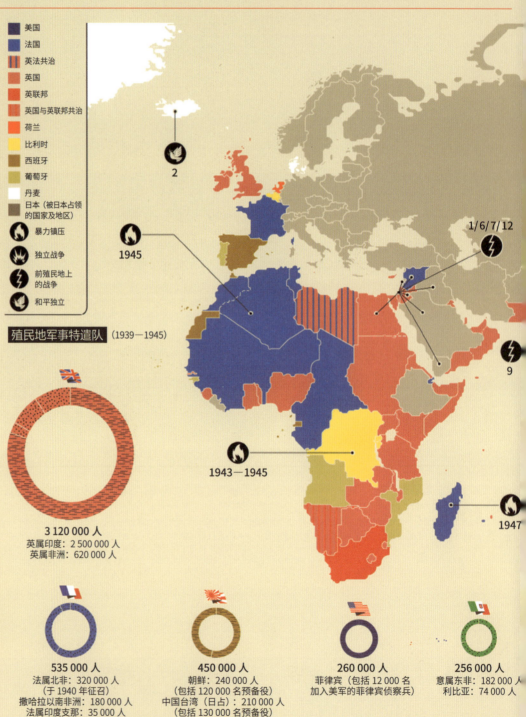

图例

- 美国
- 法国
- 英法共治
- 英国
- 英联邦
- 英国与英联邦共治
- 荷兰
- 比利时
- 西班牙
- 葡萄牙
- 丹麦
- 日本（被日本占领的国家及地区）
- 暴力镇压
- 独立战争
- 前殖民地上的战争
- 和平独立

殖民地军事特遣队 （1939—1945）

3 120 000 人
英属印度：2 500 000 人
英属非洲：620 000 人

535 000 人
法属北非：320 000 人（于 1940 年征召）
撒哈拉以南非洲：180 000 人
法属印度支那：35 000 人

450 000 人
朝鲜：240 000 人（包括 120 000 名预备役）
中国台湾（日占）：210 000 人（包括 130 000 名预备役）

260 000 人
菲律宾（包括 12 000 名加入美军的菲律宾侦察兵）

256 000 人
意属东非：182 000 人
利比亚：74 000 人

1945

2

1/6/7/12

9

1943—1945

1947

2. 法属阿尔及利亚：以鲜血换取的"十年和平"

自1920年开始，法属阿尔及利亚的独立浪潮激荡。欧洲战事告一段落后，这里爆发了大规模骚乱。1945年5月及6月，塞提夫、盖勒马、海拉塔三地发生抗议活动。抗议过程中，100多名欧洲人被杀害。事后，殖民当局盲目执行了血腥镇压政策，造成数千人死亡、数千人被捕的惨剧。法国的杜瓦尔将军宣称，这次血腥镇压"为阿尔及利亚换来了十年和平"，同时呼吁殖民政府进行更深层次的改革。但不到十年，阿尔及利亚战争于1954年爆发。1962年，阿尔及利亚独立。

暴动统计：

被杀欧洲人 =102 人（90 人死于塞提夫）/ 受伤 =110 人

1946 年 2 月 28 日镇压

4 500 人被捕 / 2 000 人被判刑

99 人被判处死刑 /22 人被处决　　　64 人被判强制劳动

军事镇压的结果，在统计数字上的多方博弈：

= 1 000 名阿尔及利亚人死亡　●法国官方观点 =1 000 人死亡　●历史学家观点 =3 000～8 000 人死亡　●阿尔及利亚民族解放阵线观点 =45 000 人死亡

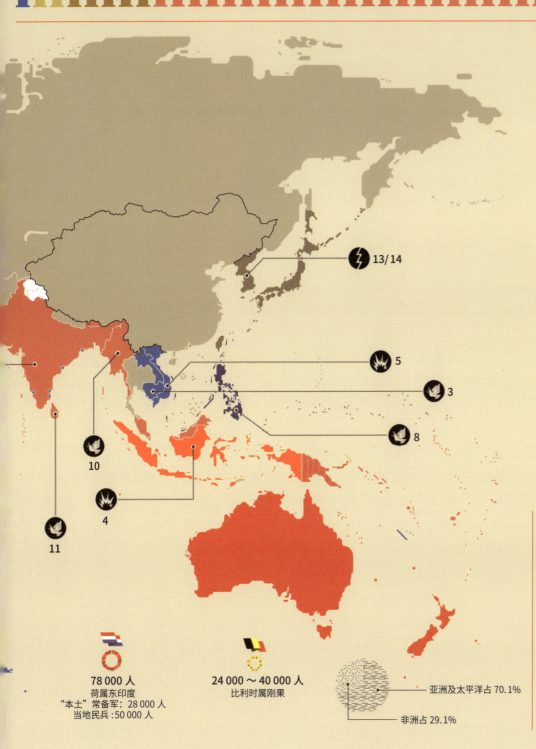

独立国家

1. 黎巴嫩
1943 年 11 月 22 日
第一次中东战争
1948—1949 年

2. 冰岛
1944 年 6 月 17 日

3. 老挝
1945 年 4 月 8 日
1953 年被承认

4. 印度尼西亚
1945 年 8 月 17 日
1945—1949 年 独立战争

5. 越南
1945 年 9 月 2 日
1946—1954 年
越法战争

6. 叙利亚
1946 年 4 月 17 日
1948—1949 年
第一次中东战争

7. 约旦
1946 年 5 月 25 日
1948—1949 年
第一次中东战争

8. 菲律宾
1946 年 7 月 4 日
1936 年已取得实质性独立

9. 印度及巴基斯坦
1947 年 8 月 15 日
1947—1948 年
第一次克什米尔战争

10. 缅甸
1948 年 1 月 4 日

11. 斯里兰卡
1948 年 2 月 4 日

12. 以色列
1948 年 5 月 14 日
1948—1949 年
第一次中东战争

13. 韩国
1948 年 8 月 15 日
1950—1953 年
朝鲜战争

14. 朝鲜
1948 年 9 月 9 日
1950—1953 年
朝鲜战争

圣雄甘地
（1869—1948）

苏加诺
（1901—1970）

胡志明
（1890—1969）

迈萨力·哈吉
（1898—1974）

78 000 人
荷属东印度
"本土"常备军：28 000 人
当地民兵：50 000 人

24 000 ～ 40 000 人
比利时属刚果

亚洲及太平洋占 70.1%

非洲占 29.1%

资料来源：*1. B. Droz, Histoire de la décolonisation au xxᵉ siècle*, « Points Histoire », Points, 2009 - *2. A. Axelrod & J. Kingston, Encyclopedia of World War II*, Facts on File Inc., 2007 - *3. J.-F Muracciole & G. Piketty (dir), Encyclopédie de la Seconde Guerre mondiale*, Robert Laffont, 2015 - *4. D. Killingray, Fighting for Britain, African Soldiers in the Second World War*, James Currey, 2012 - *5. J.-L. Planche, Sétif 1945 : histoire d'un massacre annoncé*, Perrin, 2006 - *6. 1940 : Des coloniaux dans l'armée régulière et la Résistance*, Musée de l'Histoire de l'immigration, Palais de la Porte-Dorée, Paris.

美国 英国 苏联 德国 日本 意大利 法国 捷克斯洛伐克 瑞典 澳大利亚 加拿大 比利时 荷兰 匈牙利 罗马尼亚 南斯拉夫

Dornier Do 335

Douglas DC-3

Yakovlev Yak-3

CANT Z.1007 Alcione

Lockheed P-38 Lightning

Grumman J2F Duck

Fokker D.XXI

Hawker Typhoon

Potez-631

Caterpillar D7 Dozer

SU-76

Morris Commercial CDSW 6X4

Churchill Bobbin Mk.II

Flakpanzer IV W

Fiat SPA Autoprotetto S37

D-12 152 mm

Laffly W15 TCC

Skoda

Type-2 Ho-I

Pacific M26 Dragon Wagon Tank Transporter + M8 Greyhound

SLC 227 Maiali

M5 Stuart

320mm à glissement Mlle 1917 ALVF

S.Sp.Pz.Draisine Kanonenwagen + Funkwagen

0 1m 5m 10m

人员运输 货运 救护/医疗 特殊作业 无线电设备 指挥 侦察 两栖/水上飞机 原型机 装甲工程 装甲车辆

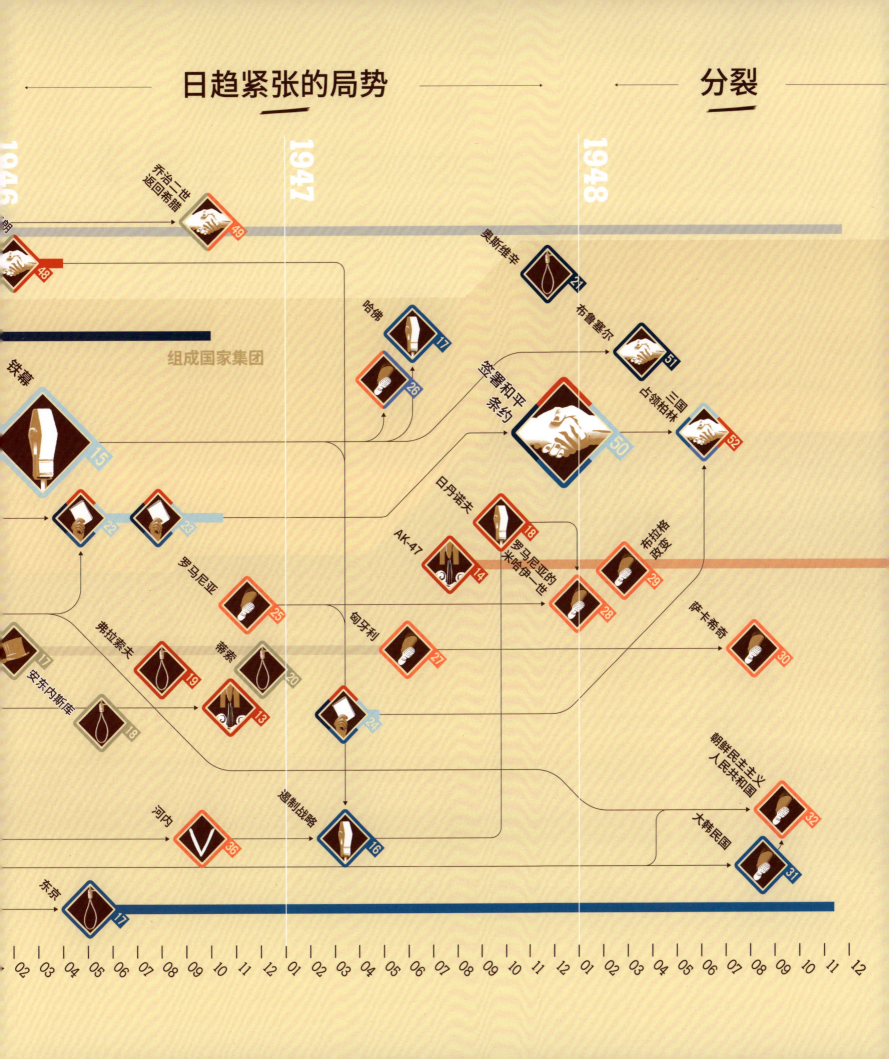

1946　　　1947　　　1948

乔治二世
返回希腊 49

48

铁幕 15

组成国家集团

哈佛 17

26

奥斯维辛 21

布鲁塞尔 51

签署和平
条约 50

占领柏林 三国 52

22 23

日丹诺夫 18

罗马尼亚的
米哈伊一世

AK-47 14

布拉格
政变 29

28

罗马尼亚 25

萨卡希奇 30

弗拉索夫 19

蒂索 20

13

匈牙利 21

24

安东内斯库 18

朝鲜民主主义
人民共和国 32

河内 36

遏制战略 16

大韩民国 31

东京 17

登陆/两栖作战

01- 1940年5月13日：英法联军登陆比耶克维克。

02- 1940年6月4日：英法联军敦刻尔克大撤退结束。

03- 1941年2月12日：非洲军团登陆非洲。

04- 1941年3月7日：英军登陆希腊。

05- 1942年8月19日：加拿大军队登陆迪耶普。

06- 1942年11月8日："火炬行动"，英美两军登陆北非。

07- 1943年7月10日："赫斯基行动"，盟军登陆西西里岛。

08- 1943年9月3日：盟军登陆意大利。

09- 1943年11月1日：苏军在刻赤海峡行动。

10- 1943年11月23日—1944年2月17日：美军在吉尔伯特和马绍尔群岛行动。

11- 1943年12月：美军登陆新不列颠岛。

12- 1944年1月22日：盟军登陆安齐奥。

13- 1944年6月6日：D-Day，盟军登陆诺曼底。

14- 1944年6月15日—11月27日：马里亚纳群岛战事。

15- 1944年6月19日—7月10日：塞班岛之战。

16- 1944年8月15日："龙骑兵行动"，代号"铁砧"，盟军登陆普罗旺斯。

17- 1945年2月19日—3月25日：硫黄岛战役。

18- 1945年4月1日：美军登陆冲绳岛。

19- 1945年5月1日—7月21日：婆罗洲战役。

20- 1945年8月18日：千岛群岛战役。

空中作战

01- 1940年5月10日—14日：德国伞兵空降荷兰。

02- 1941年5月20日—30日：克里特岛，德军发动"水星行动"。

03- 1942年1月18日—2月28日：苏军在维亚济马的空降行动。

04- 1942年3月：苏军发动"空降行动"，缩小德米扬斯克包围圈。

05- 1943年7月9日—10日：英国在西西里岛的拉德布罗克行动。

06- 1943年9月12日：橡树行动，德国空降兵营救墨索里尼。

07- 1943年9月24日：苏联空降兵行动，增援布克林桥头堡。

08- 1944年9月17日—25日：荷兰的"市场花园行动"。

09- 1945年3月24日："大学行动"，盟军越过莱茵河。

包围/占领城市

01- 1937年7月29日：日军占领北平。

02- 1937年11月12日：日军占领上海。

03- 1938年10月27日：日军占领武汉。

04- 1939年1月26日：国民军占领巴塞罗那。

05- 1939年3月28日：国民军占领马德里。

06- 1939年9月8日—28日：德军围攻华沙。

07- 1941年2月7日：英军占领班加西。

08- 1941年4月4日：轴心国军队夺回班加西。

09- 1941年6月22日—29日：德军围攻布列斯特-立陶夫斯克。

10- 1941年6月24日：德军占领维尔纽斯。

11- 1941年7月16日：德军占领斯摩棱斯克。

12- 1941年8月8日—10月16日：德军围攻敖德萨。

13- 1941年9月8日—1944年1月27日：德军围攻列宁格勒。

14- 1941年9月19日：德军占领基辅。

15- 1941年12月25日：英军占领班加西。

16- 1942年1月2日：日军占领马尼拉。

17- 1942年1月23日：日军占领拉包尔。

18- 1942年3月7日：日军占领仰光。

19- 1942年6月11日：轴心国军队占领比尔哈基姆。

20- 1942年6月21日：轴心国军队攻占图卜鲁格。

21- 1942年7月3日：轴心国军队占领塞瓦斯托波尔。

22- 1943年1月23日：英国占领的黎波里。

23- 1943年2月8日：苏军夺回库尔斯克。

24- 1943年2月16日：苏军夺回哈尔科夫。

25- 1943年2月18日：苏军夺回罗斯托夫。

26- 1943年3月1日：苏军夺回德米扬斯克。

27- 1943年3月15日：德军占领哈尔科夫。

28- 1943年8月23日：苏军夺回哈尔科夫。

29- 1943年9月9日：德军占领罗马。

30- 1943年9月25日：苏军夺回斯摩棱斯克。

31- 1943年11月5日：苏军夺回基辅。

32- 1944年5月9日：苏军夺回塞瓦斯托波尔。

33- 1944年6月4日：盟军占领罗马。

34- 1944年6月27日：盟军夺回瑟堡。

35- 1944年7月3日：苏军夺回明斯克。

36- 1944年7月19日：盟军夺回卡昂。

37- 1944年8月25日：盟军夺回巴黎。

38- 1944年10月12日：英军夺回雅典。

39- 1944年10月20日：苏军和南斯拉夫游击队占领贝尔格莱德。

40- 1944年10月22日：盟军占领亚琛，第一个德国城市。

41- 1944年11月23日：盟军夺回斯特拉斯堡。

42- 1944年11月28日：盟军夺回安特卫普。

43- 1944年12月20日—27日：盟军围攻巴斯托涅。

44- 1944年12月29日—1945年2月13日：苏军围攻布达佩斯。

45- 1945年3月3日：美军占领马尼拉。

46- 1945年4月9日：苏军攻占柯尼斯堡（今加里宁格勒）。

47- 1945年4月13日：苏军占领维也纳。

48- 1945年4月20日：盟军占领纽伦堡。

49- 1944年9月15日—1945年5月9日：盟军夺回敦刻尔克。

50- 1945年5月11日：苏军占领布拉格。

51- 1945年9月12日：英军夺回新加坡。

轰炸

01- 1937年4月26日：格尔尼卡。

02- 1937年8月14日：上海。

03- 1937年9月21日：南京。

04- 1938年3月16日：巴塞罗那。

05- 1938年2月：对重庆的第一次轰炸。

06- 1939年9月13日：弗兰波尔，波兰。

07- 1940年7月14日：根西岛。

08- 1940年8月24日：对伦敦的第一次轰炸。

09- 1940年8月26日：对柏林的第一次轰炸。

10- 1940年9月7日—1941年5月21日：闪电战，对英国进行了130次轰炸。

11- 1940年11月14日：考文垂。

12- 1940年12月22日：曼彻斯特。

13- 1941年6月5日：重庆。

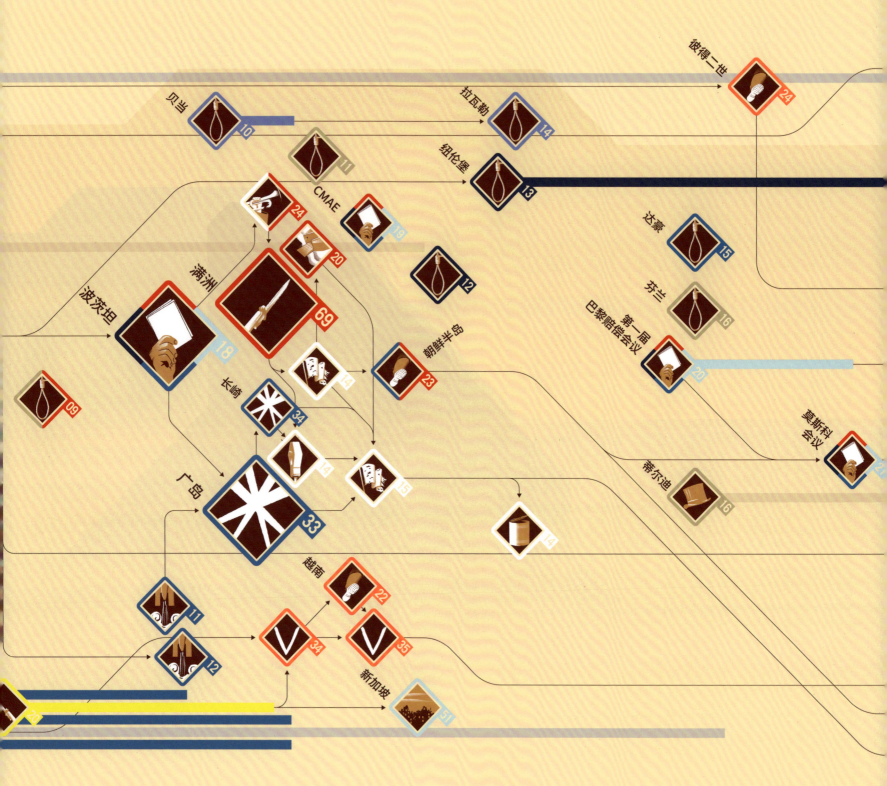

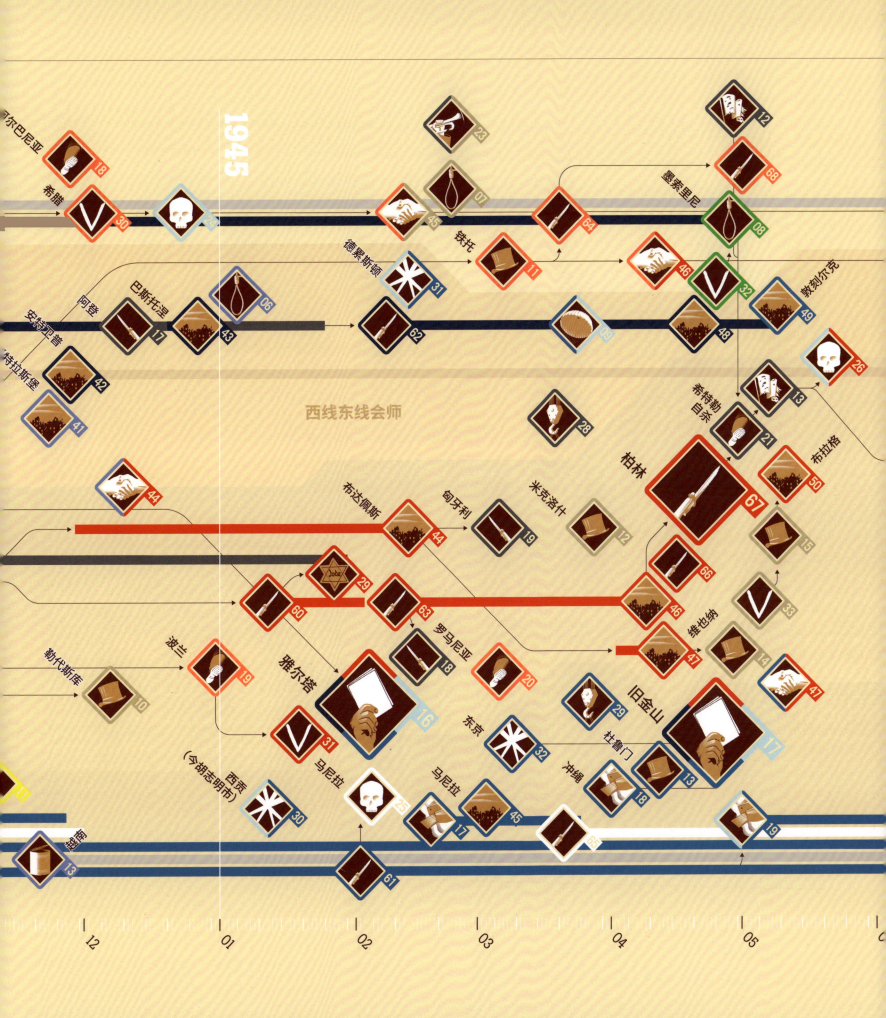

1945

阿尔巴尼亚

希腊

德累斯顿

铁托

墨索里尼

敦刻尔克

安特卫普

阿登

巴斯托涅

斯特拉斯堡

西线东线会师

希特勒自杀

柏林

布拉格

布达佩斯

匈牙利

米克洛什

维也纳

勒代斯库

波兰

雅尔塔

罗马尼亚

旧金山

东京

杜鲁门

冲绳

西贡
(今胡志明市)

马尼拉

马尼拉

越南

12 01 02 03 04 05

14- 1942年2月19日：达尔文。

15- 1942年2月23日：埃尔伍德。

16- 1942年3月28日—29日：吕贝克。

17- 1942年4月18日：第一次轰炸日本。

18- 1942年4月23日—6月6日："贝德克尔行动"，突袭英国。

19- 1942年4月30日：科隆。

20- 1942年8月23日：斯大林格勒。

21- 1942年9月23日：仰光。

22- 1943年7月：汉堡。

23- 1943年8月17日：在英国投下第一枚V1火箭弹。

24- 1943年11月18日：柏林空战爆发。

25- 1944年1月—5月：针对英国的"斯坦博克行动"。

26- 1944年2月—3月：轰炸柏林。

27- 1944年4月16日：贝尔格莱德。

28- 1944年6月13日：伦敦上空的V1火箭弹。

29- 1944年9月8日：第一枚V2火箭弹在英国投放。

30- 1945年1月12日：西贡（今胡志明市）。

31- 1945年2月13日—15日：德累斯顿。

32- 1945年3月9日—10日：东京。

33- 1945年8月6日：在广岛投下第一颗原子弹。

34- 1945年8月9日：在长崎投下第二颗原子弹。

投降/停战

01- 1939年3月15日：捷克斯洛伐克投降。

02- 1939年10月6日：波兰战役结束，该国尚未正式投降。

03- 1940年4月9日：丹麦投降。

04- 1940年5月14日：荷兰投降。

05- 1940年5月28日：比利时投降。

06- 1940年6月10日：挪威投降。

07- 1940年6月22日：法国和德国签署停战协议。

08- 1941年4月20日：希腊投降。

09- 1943年2月2日：保卢斯在斯大林格勒前投降。

10- 1943年5月13日：非洲军团投降。

11- 1944年8月23日：罗马尼亚投降。

12- 1945年4月29日：意大利境内的德国军队投降。

13- 1945年5月7日：德国投降。

14- 1945年8月20日：关东军投降。

15- 1945年9月2日：日本投降。

抵抗

01- 1939年11月13日：波兰组建武装斗争联盟（ZWZ）。

02- 1940年1月：捷克斯洛伐克组建国内抵抗中央委员会（UVOD）。

03- 1941年2月25日：挪威的罢工运动。

04- 1941年5月11日：南斯拉夫组建"切特尼克"。

05- 1941年5月19日：越共成立。

06- 1941年8月21日：法国在巴尔贝斯车站的第一次反抗攻击。

07- 1941年10月：法国成立自由射手和法国游击队。

08- 1941年12月31日：立陶宛政府呼吁犹太人进行抵抗。

09- 1942年2月：希腊成立人民解放军（ELAS）。

10- 1942年2月14日：波兰建立家乡军（AK）。

11- 1942年2月24日：挪威路德会解体。

12- 1942年4月：荷兰的罢工运动。

13- 1942年5月27日：海德里希遇刺。

14- 1942年9月：法国建立秘密军队。

15- 1942年10月：乌克兰建立民族主义组织（OUN）和乌克兰叛乱军（UPA）。

16- 1942年11月1日：成立南斯拉夫民族解放军。

17- 1942年11月24日：摧毁萨洛尼卡 - 雅典铁路。

18- 1943年2月27日：摧毁挪威的维莫克工厂。

19- 1943年4月19日—5月16日：华沙犹太区起义。

20- 1943年5月27日：全国抵抗委员会（CNR）的第一次会议。

21- 1943年6月3日：组建法国民族解放委员会（CFLN）。

22- 1943年8月：丹麦起义。

23- 1943年9月：立陶宛起义。

24- 1944年1月：比利时成立爱国军。

25- 1944年2月1日：成立法国内地军（FFI）。

26- 1944年7月23日：利沃夫AK起义。

27- 1944年8月1日：华沙起义。

28- 1944年8月29日：捷克斯洛伐克起义。

29- 1944年9月5日：保加利亚起义。

30- 1944年12月3日：希腊人民解放军（ELAS）与英军冲突。

31- 1945年1月19日：解散AK。

32- 1945年4月25日：意大利叛乱。

33- 1945年5月5日：布拉格起义。

34- 1945年8月13日：越共总起义。

35- 1945年9月2日：成立越南民主共和国。

36- 1946年9月19日：河内起义。

演讲／宣传

01- 1937年10月5日：罗斯福反对日本入侵中国。

02- 1938年9月12日：希特勒在纽伦堡演讲。

03- 1938年11月3日：第二次"近卫声明"，提出"建设东亚新秩序"。

04- 1940年5月13日：丘吉尔"血与泪"。

05- 1940年6月4日：丘吉尔"敦刻尔克精神"。

06- 1940年6月17日：贝当呼吁停战。

07- 1940年6月18日：戴高乐将军发表《告法国人民书》。

08- 1940年7月6日：希特勒返回柏林。

09- 1940年12月17日：罗斯福支持英国。

10- 1941年7月3日：德军突袭后，斯大林讲话。

11- 1942年6月13日：美国成立战时信息办公室（OWI）。

12- 1942年7月24日：伊利亚·爱伦堡发表文章《杀死德国人！》。

13- 1943年2月18日：戈培尔呼吁发动全面战争。

14- 1945年8月15日：裕仁天皇宣读《终战诏书》。

15- 1946年3月5日：丘吉尔发表"铁幕"演说。

16- 1947年3月12日：杜鲁门发表以遏制苏联为指导思想的杜鲁门主义。

17- 1947年6月5日：马歇尔在哈佛大学演讲。

18- 1947年9月22日：日丹诺夫关于苏联理论的讲话。

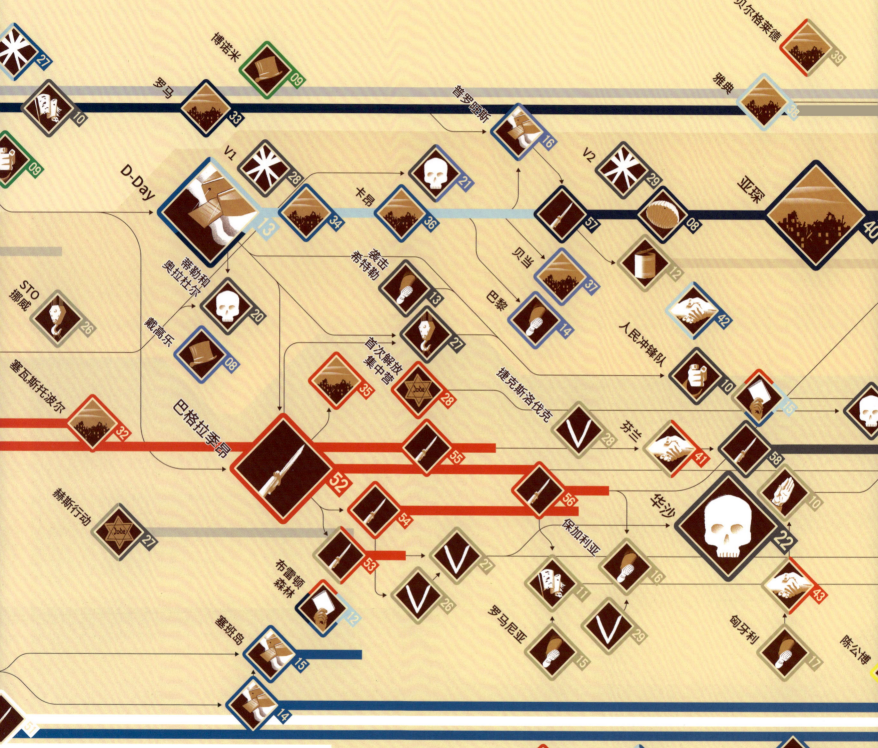

贝尔格莱德 39

博诺米 09

罗马 33

普罗瓦斯 16

雅典

米 27

米 10

米 09

V1

D-Day

米 28 13

卡昂 34 36

米 21

V2

米 29 08 12

亚琛 40

42

STO 挪威 26

蒂勒和 奥拉杜尔 20

戴高乐 08

塞击 希特勒 13 21

贝当 37

巴黎 14

人民冲锋队 10 15

塞瓦斯托波尔 32

巴格拉季昂

首次解放 集中营 35

Jude 28

55

捷克斯洛伐克

V 28

芬兰 41 58

华沙 22 10

52

赫斯行动 Jude 21

56

54

53

保加利亚 16

罗马尼亚 15

匈牙利 17

陈公博

布雷顿 森林 12

21

V 26

V 29

43

塞班岛 15

14

18 14 59

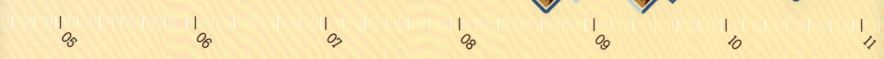

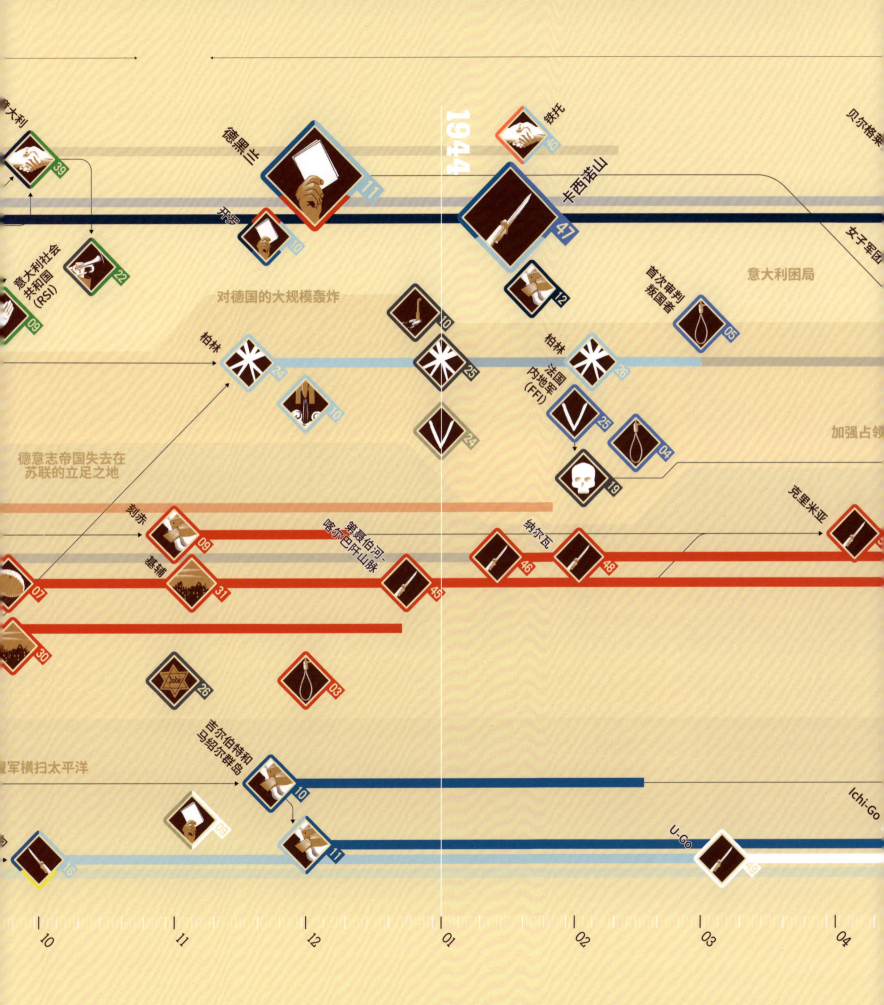

审判

01- 1936 年 8 月 11 日：苏联，大审判的开端。

02- 1942 年 2 月 19 日：法国，里永审判。

03- 1943 年 12 月：苏联，哈尔科夫，首次公开审判德国士兵。

04- 1944 年 1 月 20 日：法国，军事法庭开始审判反抗运动。

05- 1944 年 3 月：法国，首次审判叛国者。

06- 1945 年 1 月：审判法国知识分子莫拉斯和布拉西亚。

07- 1945 年 2 月 21 日—5 月 31 日：希腊，审判叛国者。

08- 1945 年 4 月 28 日：墨索里尼被秘密枪杀。

09- 1945 年 6 月 18 日—21 日：苏联，在莫斯科审判 16 名波兰地下抵抗组织领导人。

10- 1945 年 7 月 23 日—8 月 15 日：法国，审判贝当。

11- 1945 年 8 月 20 日：挪威，审判叛国者维德孔·吉斯林。

12- 1945 年 9 月 17 日—11 月 17 日：贝尔森审判。

13- 1945 年 10 月—1946 年 10 月：纽伦堡审判。

14- 1945 年 10 月 5 日—9 日：法国，拉瓦勒审判。

15- 1945 年 11 月 15 日—12 月 13 日：德国，美国军队进行的达豪审判。

16- 1945 年 11 月 15 日—1946 年 2 月 21 日：芬兰，审判通敌政府。

17- 1946 年 5 月 3 日—1948 年 11 月 12 日：东京审判。

18- 1946 年 5 月 17 日：罗马尼亚，审判叛国者扬·安东内斯库。

19- 1946 年 8 月 1 日：苏联，审判弗拉索夫和俄罗斯解放军（ROA）内的叛国军官。

20- 1946 年 12 月 2 日—1947 年 4 月 15 日：捷克斯洛伐克，审判叛国者约瑟夫·蒂索。

21- 1947 年 11 月 21 日—12 月 22 日：奥斯维辛审判。

海上封锁

01- 1939 年 6 月 13 日：日本封锁英法在华租借界。

02- 1939 年 9 月 4 日：法国和英国对德国实施海上封锁。

03- 1940 年 6 月 10 日—1943 年 6 月 17 日：马耳他被围。

04- 1940 年 6 月 17 日：德国全面封锁英国。

05- 1940 年 7 月 4 日：英国封锁法国殖民地。

06- 1942 年 1 月—8 月：德国潜艇攻击高潮。

07- 1942 年 8 月 1 日：德国潜艇袭击美国西海岸。

08- 1942 年 11 月 27 日：法国舰队覆没。

09- 1943 年 5 月 15 日—17 日："黑色五月"，德军潜艇被攻击的高峰期。

10- 1943 年 12 月 26 日：北角海战，德国在大西洋行动的结束。

动员

01- 1935年3月16日：德国，成立国防军。

02- 1937年12月：日本。

03- 1939年1月：苏联。

04- 1939年9月2日：法国。

05- 1940年5月：英国，成立国民自卫军。

06- 1940年9月16日：美国，实行征兵制。

07- 1941年6月22日：苏联，总动员。

08- 1941年12月2日：英国，实行妇女征兵制。

09- 1944年4月18日：意大利，成立女子军团。

10- 1944年9月25日：德国，组建人民冲锋队。

宣战

01- 1935年10月2日：意大利入侵埃塞俄比亚。

02- 1936年7月17日：西班牙内战。

03- 1937年7月7日：日本全面侵略中国。

04- 1939年1月5日：阿道夫·希特勒向波兰外交部部长约瑟夫·贝克提出对但泽的领土要求。

05- 1939年3月15日：德国入侵捷克斯洛伐克。

06- 1939年4月7日：意大利入侵阿尔巴尼亚。

07- 1939年8月30日：德国向波兰发出最后通牒。

08- 1939年9月3日：英国、澳大利亚、新西兰和法国向德国宣战。

09- 1939年11月30日：苏联入侵芬兰。

10- 1940年6月：意大利向法国和英国宣战。

11- 1940年6月28日：苏联入侵罗马尼亚。

12- 1941年1月12日：德国向保加利亚宣战。

13- 1941年4月6日：德国入侵希腊和南斯拉夫。

14- 1941年4月24日：保加利亚向希腊和南斯拉夫宣战。

15- 1941年6月22日：德国入侵苏联。

16- 1941年6月25日—27日：芬兰、匈牙利和罗马尼亚向苏联宣战。

17- 1941年12月8日：美国、英国向日本宣战。

18- 1941年12月11日：德国和意大利对美国宣战。

19- 1942年1月25日：泰国向中国、美国和英国宣战。

20- 1942年5月22日：墨西哥向轴心国宣战。

21- 1942年8月22日：巴西向轴心国宣战。

22- 1943年10月13日：意大利向德国宣战。

23- 1945年2月23日：土耳其向德国宣战。

24- 1945年8月8日：苏联向日本宣战。

胜负难分

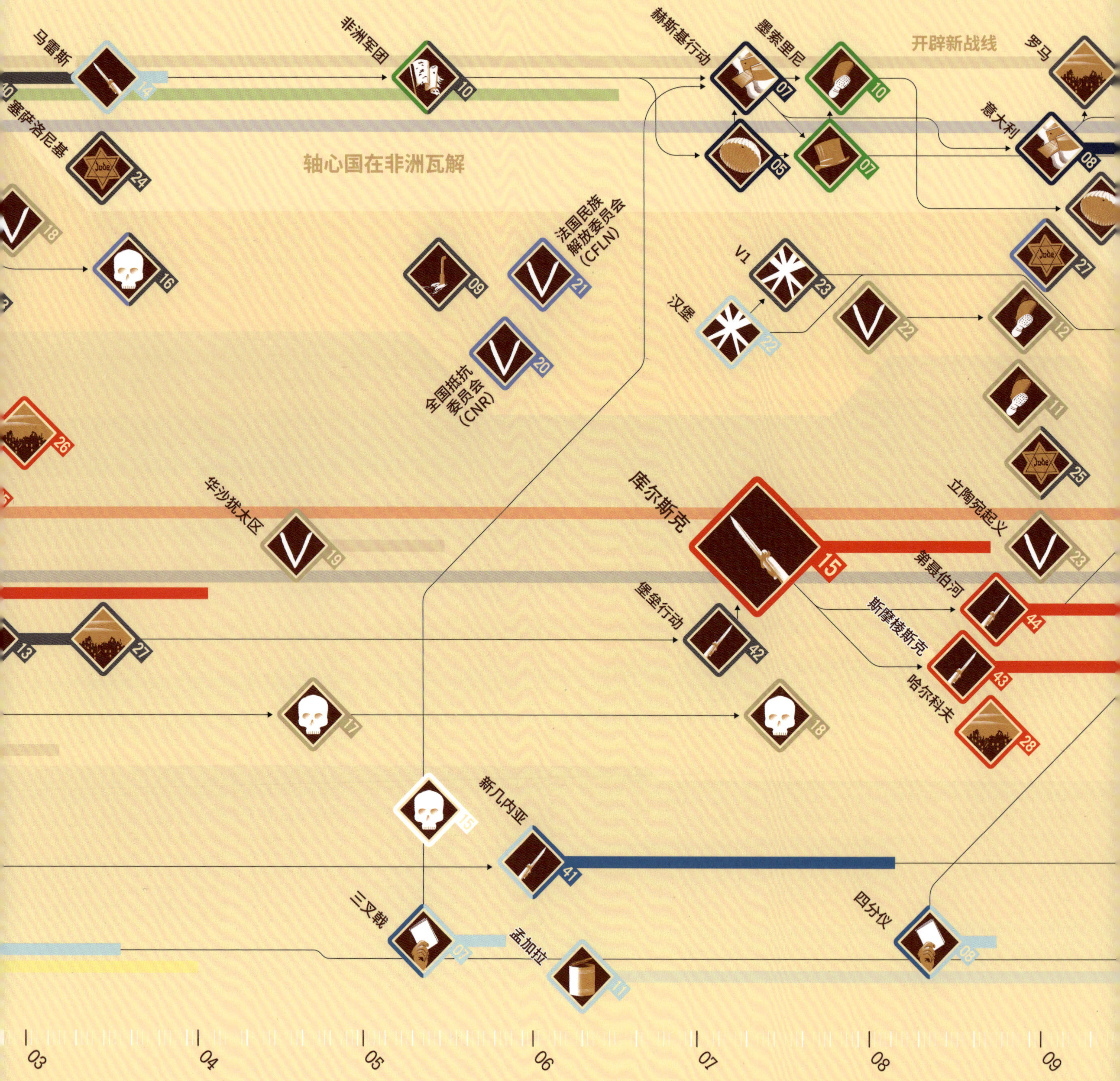

马雷斯
14

非洲军团
10

赫斯基行动

墨索里尼
07

10

开辟新战线

罗马

塞萨洛尼基
24

05

07

意大利
08

18

16

法国民族
解放委员会
（CFLN）
09

21

v1
23

汉堡
22

22

12

27

11

全国抵抗
委员会
（CNR）
20

25

26

华沙犹太区
19

库尔斯克
15

立陶宛起义

第聂伯河
44

13

27

堡垒行动
42

斯摩棱斯克

哈尔科夫
43

28

23

17

18

新几内亚

三叉戟
07

四分仪
08

孟加拉
41

03　　04　　05　　06　　07　　08　　09

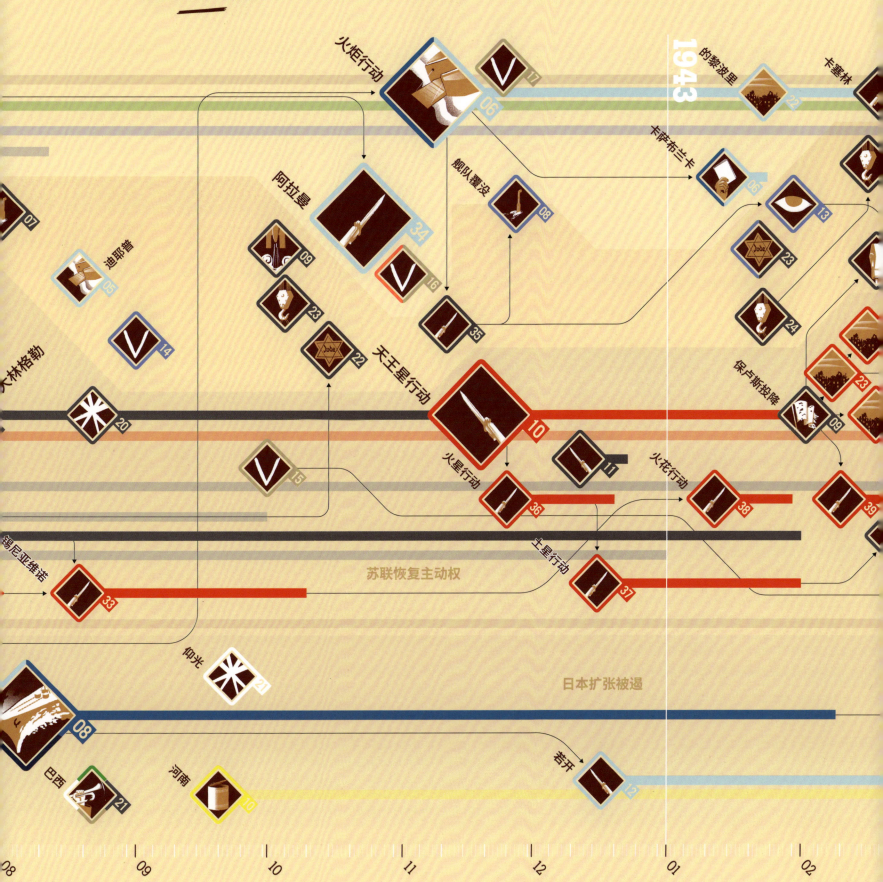

火炬行动

阿拉曼

舰队覆没

迪耶普

天王星行动

斯大林格勒

火星行动

火花行动

土星行动

苏联恢复主动权

锡尼亚维诺

仰光

日本扩张被遏

巴西

河南

若开

1943

的黎波里

卡萨布兰卡

卡塞林

保卢斯投降

进攻

01- 1937年7月7日：卢沟桥事变。

02- 1937年9月1日—11月9日：太原会战。

03- 1938年3月24日—4月7日：台儿庄战役。

04- 1938年6月11日—10月26日：武汉会战。

05- 1938年7月29日—8月11日：哈桑湖战役。

06- 1939年3月23日：匈牙利吞并喀尔巴阡鲁塞尼亚，与捷克斯洛伐克开战。

07- 1939年4月7日—12日：意大利在阿尔巴尼亚的战役。

08- 1939年5月11日—9月16日：诺门坎战役。

09- 1939年9月1日—10月6日：德国入侵波兰。

10- 1939年9月17日—29日：苏联入侵波兰。

11- 1939年11月30日—1940年3月12日：芬兰和苏联之间的冬季战争。

12- 1940年4月9日：德国入侵丹麦和挪威。

13- 1940年5月1日—6月18日：枣宜会战。

14- 1940年5月10日：德国入侵比利时、荷兰和法国。

15- 1940年5月13日：色当战役。

16- 1940年7月10日—10月31日：不列颠空战。

17- 1940年9月9日：意大利入侵埃及。

18- 1940年9月22日—26日：日本入侵印度支那。

19- 1940年10月28日：意大利入侵希腊。

20- 1941年4月6日—6月1日：巴尔干战役。

21- 1941年4月18日：英国入侵伊拉克。

22- 1941年6月8日：英国入侵叙利亚。

23- 1941年6月22日—12月5日："巴巴罗萨行动"。

24- 1941年6月29日：芬兰的"北极狐"行动和"白金狐"行动。

25- 1941年8月25日—9月17日：苏联和英国入侵伊朗。

26- 1941年10月2日："台风行动"，德军进攻莫斯科。

27- 1942年1月21日：北非的非洲军团。

28- 1942年5月8日—7月4日：克里米亚战役。

29- 1942年6月5日：南斯拉夫的科扎拉之战。

30- 1942年6月28日—1943年2月：蓝色行动，对苏联的新攻势。

31- 1942年7月1日—27日：第一次阿拉曼战役。

32- 1942年7月17日—1943年2月2日：斯大林格勒战役。

33- 1942年8月19日—10月10日：锡尼亚维诺攻势。

34- 1942年10月23日—11月4日：第二次阿拉曼战役。

35- 1942年11月11日：法国，占领自由区。

36- 1942年11月25日—12月20日："火星行动"。

37- 1942年12月16日—1943年2月："土星行动"。

38- 1943年1月12日—30日：突破列宁格勒的"火花行动"。

39- 1943年2月10日—4月1日：解放列宁格勒的"北极星行动"。

40- 1943年2月19日—25日：卡塞林山口战役。

41- 1943年6月—1944年8月：新几内亚战役。

42- 1943年7月5日：库尔斯克突出部，"堡垒行动"。

43- 1943年8月7日—10月2日：第二次斯摩棱斯克战役。

44- 1943年8月24日—12月23日：第聂伯河会战。

45- 1943年12月24日—1944年4月14日：第聂伯河-喀尔巴阡山脉攻势。

46- 1944年1月14日—3月1日：解放列宁格勒攻势。

47- 1944年1月17日—5月18日：卡西诺战役。

48- 1944年2月2日—8月10日：纳尔瓦战役。

49- 1944年3月6日—7月3日：印度和缅甸，英帕尔战役（U-Go）。

50- 1944年4月8日—5月12日：克里米亚攻势。

51- 1944年4月18日—12月：中国，"一号作战"（Ichi-Go）。

52- 1944年6月22日—8月19日：白俄罗斯，巴格拉季昂行动。

53- 1944年7月5日—20日：维尔纽斯行动，夺回城市。

54- 1944年7月13日—8月29日：乌克兰和波兰，利沃夫-桑多梅日攻势。

55- 1944年7月25日—8月10日：坦能堡防线战役。

56- 1944年8月20—29日：罗马尼亚，雅西-基什尼奥夫战役。

57- 1944年8月25日—1945年3月7日：齐格菲防线战役。

58- 1944年10月4日—1945年1月30日："北极光行动"，

德军退守挪威。

59- 1944年10月6日—1945年9月2日：第二次菲律宾战役。

60- 1945年1月12日—2月2日：维斯瓦河-奥得河攻势。

61- 1945年2月3日：美国进攻马尼拉。

62- 1945年2月8日—5月8日：德国战役。

63- 1945年2月10日—4月4日：东波美拉尼亚战役。

64- 1945年3月20日：铁托部队进攻克罗地亚和斯洛文尼亚。

65- 1945年3月21日—6月7日：湘西会战。

66- 1945年4月16—19日：塞洛高地攻防战。

67- 1945年4月21日—5月2日：柏林战役。

68- 1945年5月：铁托占领的里雅斯特和伊斯特拉。

69- 1945年8月9日："八月风暴行动"，满洲战役。

反击

01- 1937年9月25日：平型关伏击战。

02- 1940年8月20日—12月5日：百团大战。

03- 1940年11月22日：希腊成功击退意大利。

04- 1940年12月9日：利比亚战役，英军在利比亚的反攻。

05- 1941年7月13日—9月8日：斯摩棱斯克战役，苏军在斯摩棱斯克的攻势。

06- 1941年12月5日—1942年3月：苏军在莫斯科周围进行的一系列反攻。

07- 1942年1月8日—5月5日：为疏通列宁格勒而发动的霍尔姆和德米扬斯克反攻。

08- 1942年1月8日—31日：巴尔文科沃战役，苏军在巴尔文科沃地区的反攻。

09- 1942年5月12日—28日：第二次哈尔科夫战役。

10- 1942年11月19日—23日：斯大林格勒，"天王星"行动。

11- 1942年12月12日："冬季风暴行动"。

12- 1942年12月17日—1943年3月18日：若开战役，英军在若开地区的反攻。

13- 1943年2月22日—3月15日：第三次哈尔科夫战役。

14- 1943年3月20日：马雷斯防线战役，英法联军在突尼斯马雷斯对非洲军团发动进攻。

15- 1943年7月12日—8月23日：库尔斯克会战。

16- 1943年10月：缅北反攻，中英在缅甸的反攻。

17- 1944年12月16日—1945年1月25日：阿登战役，德军在阿登地区的反攻。

18- 1945年2月15日—19日："没落行动"。

19- 1945年3月6日—16日：德军在匈牙利的最后反攻。

20- 1945年6月7日—8月10日：第二次广西战役。

海空行动

01- 1939年12月13日：拉普拉塔河口海战。

02- 1940年7月3日：米尔斯克比尔战役，英国海军摧毁法国舰队。

03- 1940年11月11日：塔兰托战役。

04- 1941年7月30日：在希尔克内斯和贝柴摩的"EF行动"。

05- 1941年12月7日：日本偷袭珍珠港。

06- 1942年5月4日—8日：珊瑚海海战。

07- 1942年6月4日—7日：中途岛海战。

08- 1942年8月7日—1943年2月9日：瓜达尔卡纳尔岛战役。

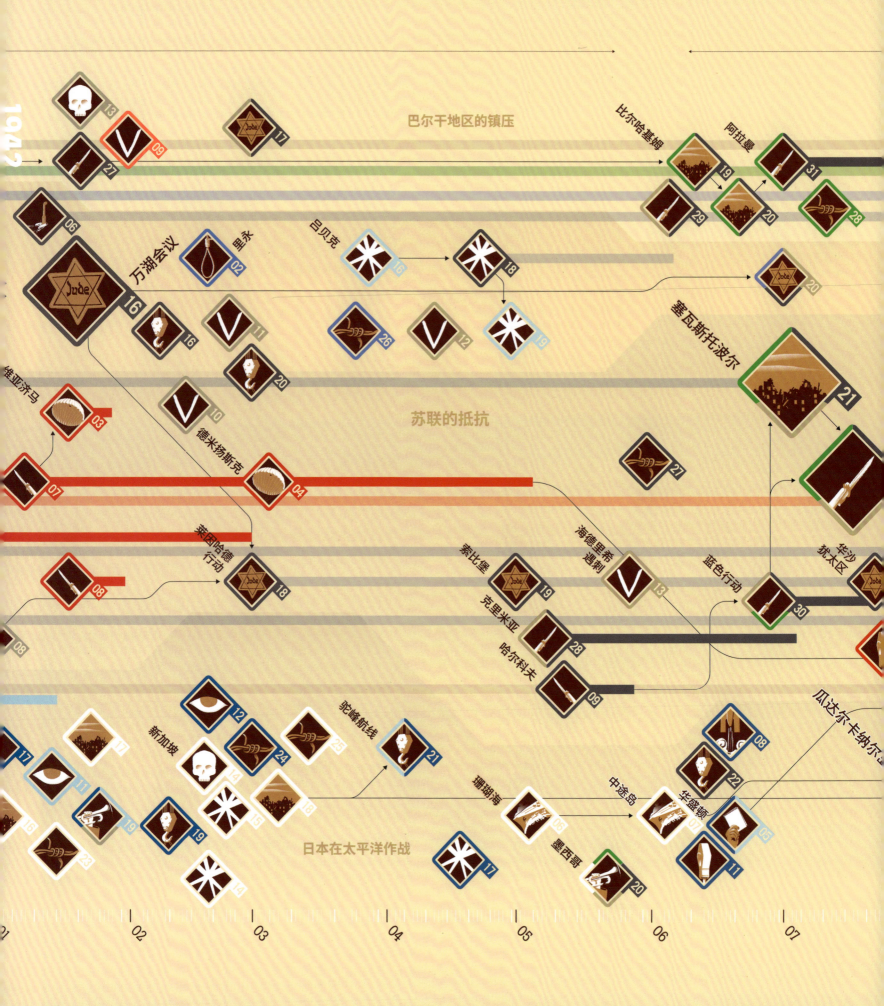

1942

巴尔干地区的镇压

比尔哈基姆　阿拉曼

万湖会议　里永　吕贝克

塞瓦斯托波尔

维亚济马

苏联的抵抗

德米扬斯克

莱因哈德行动

海德里希遇刺　蓝色行动　华沙犹太区

索比堡　克里米亚　哈尔科夫

瓜达尔卡纳尔

新加坡　驼峰航线

珊瑚海　中途岛　华盛顿

日本在太平洋作战

墨西哥

战争全球化

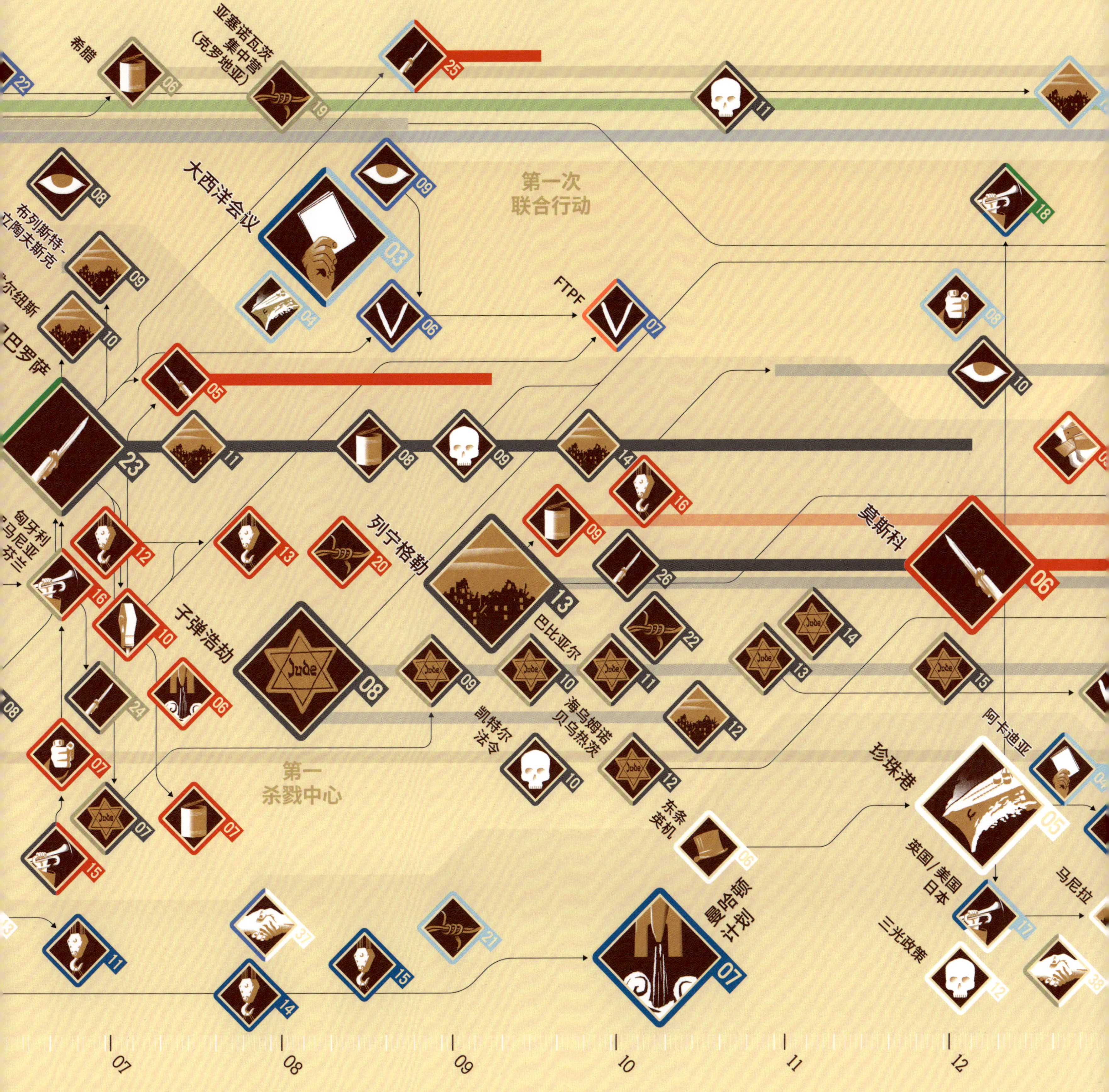

希腊

亚塞诺反苏普
集中营
（克罗地亚）

大西洋会议

第一次
联合行动

布列斯特-
立陶夫斯克

FTPF

尔纽斯

巴罗萨

莫斯科

匈牙利
马尼亚
芬兰

列宁格勒

子弹浩劫

第一
杀戮中心

巴比亚尔

阿卡迪亚

珍珠港

海乌姆诺
贝乌热茨

凯特尔
法令

东条英机

曼哈顿计划

英国/美国
日本

马尼拉

三光政策

07	08	09	10	11	12

科技

01- 1935年4月12日：英国，雷达获专利。

02- 1937年4月12日：英国，由惠特尔研制的第一台涡轮喷气发动机首次试车。

03- 1938年12月：德国，发现核裂变。

04- 1939年8月27日：德国，第一架喷气式飞机首次试飞。

05- 1939年10月19日：美国，成立铀顾问委员会。

06- 1941年7月14日：苏联，第一次发射喀秋莎火箭炮。

07- 1941年10月9日：美国，启动"曼哈顿计划"，研制原子弹。

08- 1942年6月24日：美国，第一个M1火箭筒。

09- 1942年10月3日：德国，首次发射V2导弹。

10- 1943年12月：英国，在布莱切利园研制出第一台巨人"马克一号"计算机。

11- 1945年7月16日：美国，第一颗原子弹爆炸。

12- 1945年7月20日：美国，启动"回形针计划"，吸收德国科学家。

13- 1946年10月22日：苏联，"奥萨瓦根计划"，招募德国科学家。

14- 1947年：苏联，制造AK-47突击步枪。

监视

01- 1939年8月5日：英国，迁进布莱切利园，英国政府的秘密解码基地。

02- 1939年9月2日：德国，实行宵禁，犹太人出入减少。

03- 1939年9月29日：英国，引入身份证制度。

04- 1940年4月6日：法国，禁止"流浪汉"活动。

05- 1940年9月3日：法国，允许通过行政拘留相关法律。

06- 1940年9月11日：日本，成立邻里会。

07- 1940年10月3日：法国，颁布《犹太人地位法》。

08- 1941年6月22日：西奥德里奇行动。

09- 1941年8月20日：法国，反共突袭。

10- 1941年12月7日：夜雾命令。

11- 1942年1月14日：加拿大，禁止日裔公民进入某些地区。

12- 1942年2月19日：美国，禁止日裔公民进入某些地区。

13- 1943年1月30日：法国，成立民兵组织。

配给制/饥荒

01- 1939年9月：德国实行肉类配给制。

02- 1940年1月8日：英国首次实行配给制。

03- 1940年2月29日：法国引入配给卡。

04- 1940年—1948年夏：摩洛哥饥荒。

05- 1940年10月—1943年6月：华沙犹太区饥荒。

06- 1941年夏—1944年：希腊饥荒。

07- 1941年7月16日：苏联各城市实行配给制。

08- 1941年夏：德国，有组织地饿死苏联战俘。

09- 1941年9月—1944年1月：列宁格勒饥荒。

10- 1942年秋—1943年：中国河南饥荒。

11- 1943年夏—1944年：孟加拉饥荒。

12- 1944年秋—1945年冬：荷兰饥荒。

13- 1944年10月—1945年5月：越南饥荒。

14- 1945年秋：日本饥荒。

驱逐/拘留

01- 1936年7月：德国，建成萨克森豪森集中营和马尔察恩集中营。

02- 1937年7月：德国，建成布痕瓦尔德集中营。

03- 1938年8月8日：奥地利，建成毛特豪森集中营。

04- 1938年10月：比利时，在梅克斯普拉斯集中营和马纳夫集中营关押德国犹太难民。

05- 1938年11月12日：法国，颁布允许拘留外国人的法律。

06- 1938年11月25日：德国，建成拉文斯布吕克集中营。

07- 1939年4月：法国，建成古尔斯集中营，关押西班牙难民。

08- 1939年9月：法国，建成米勒集中营，关押德国侨民。

09- 1939年10月：荷兰，建成韦斯特博克集中营，关押德国犹太难民。

10- 1940年3月：瑞典，建成第一个集中营，关押难民和共产主义者。

11- 1940年5月：意大利，有计划地拘留敌国侨民。

12- 1940年5月15日：法国，拘留德国人和意大利人。

13- 1940年5月15日：法国，围捕不受欢迎的妇女。

14- 1940年5月20日：波兰，建立奥斯维辛一号集中营，关押波兰和苏联战俘及政治反对派人士。

15- 1940年5月23日：英国，在马恩岛关押德国和意大利侨民。

16- 1940年6月15日：意大利，有计划地拘留外国犹太人。

17- 1940年9月20日：比利时，建成布伦东克集中营。

18- 1941年3月：法属阿尔及利亚，建成杰勒法集中营，关押囚犯和外国人。

19- 1941年8月：克罗地亚，建成亚塞诺瓦茨集中营。

20- 1941年8月12日：苏联，赦免并释放劳动营和监狱中的345 000名波兰人。

21- 1941年9月：英属印度，建成德拉敦集中营，关押轴心国侨民。

22- 1941年10月：波兰，奥斯维辛-比克瑙集中营，关押苏联战俘。

23- 1942年1月：菲律宾，建成圣托马斯集中营，关押盟军战俘。

24- 1942年3月：美国，建成第一批集中营，关押日裔美国公民。

25- 1942年3月：婆罗洲，建成峇都林唐集中营，关押盟军战俘。

26- 1942年3月25日：法国，建成萨利耶集中营，关押吉卜赛人。

27- 1942年5月31日：波兰，建成奥斯维辛三号集中营。

28- 1942年7月：克罗地亚，意大利人建立拉布集中营和莫拉特集中营。

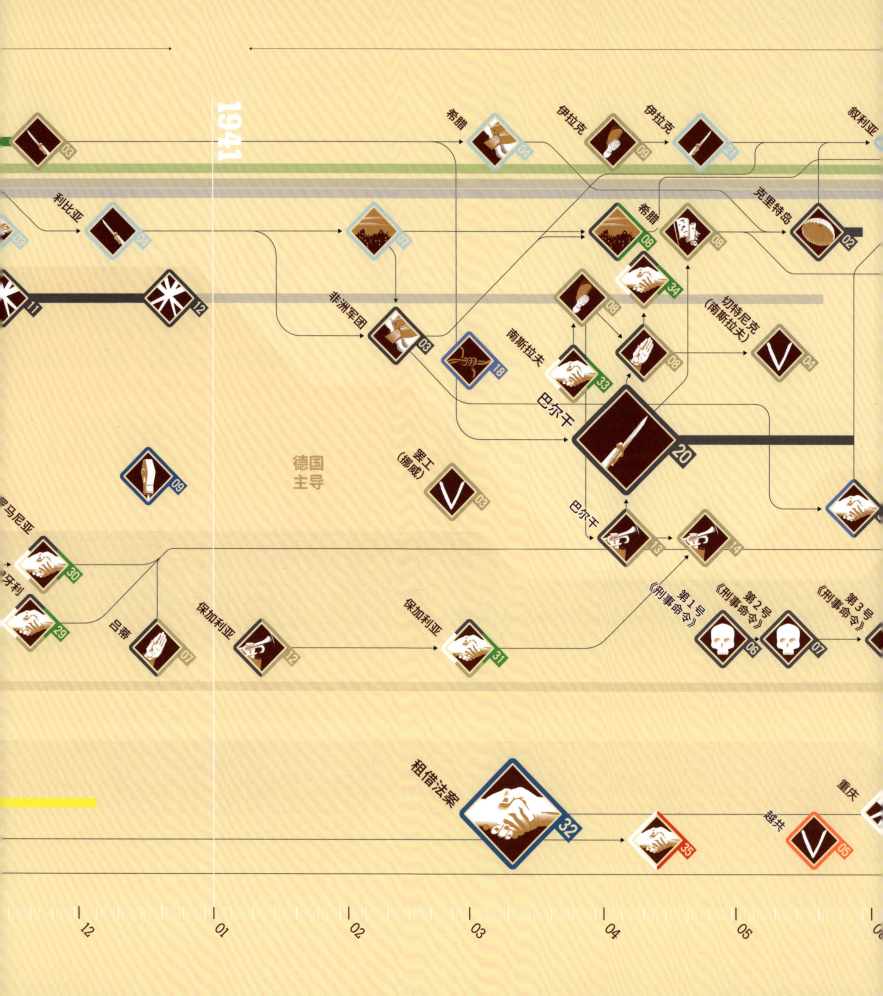

希腊
伊拉克
伊拉克
叙利亚

1941

利比亚

克里特岛
希腊

非洲军团

切特尼克
（南斯拉夫）

南斯拉夫
巴尔干

德国
主导

罢工
（挪威）

巴尔干

第1号
《刑事命令》
第2号
《刑事命令》
第3号
《刑事命令》

罗马尼亚

牙利

吕蒂

保加利亚
保加利亚

租借法案
重庆

越共

12
01
02
03
04
05

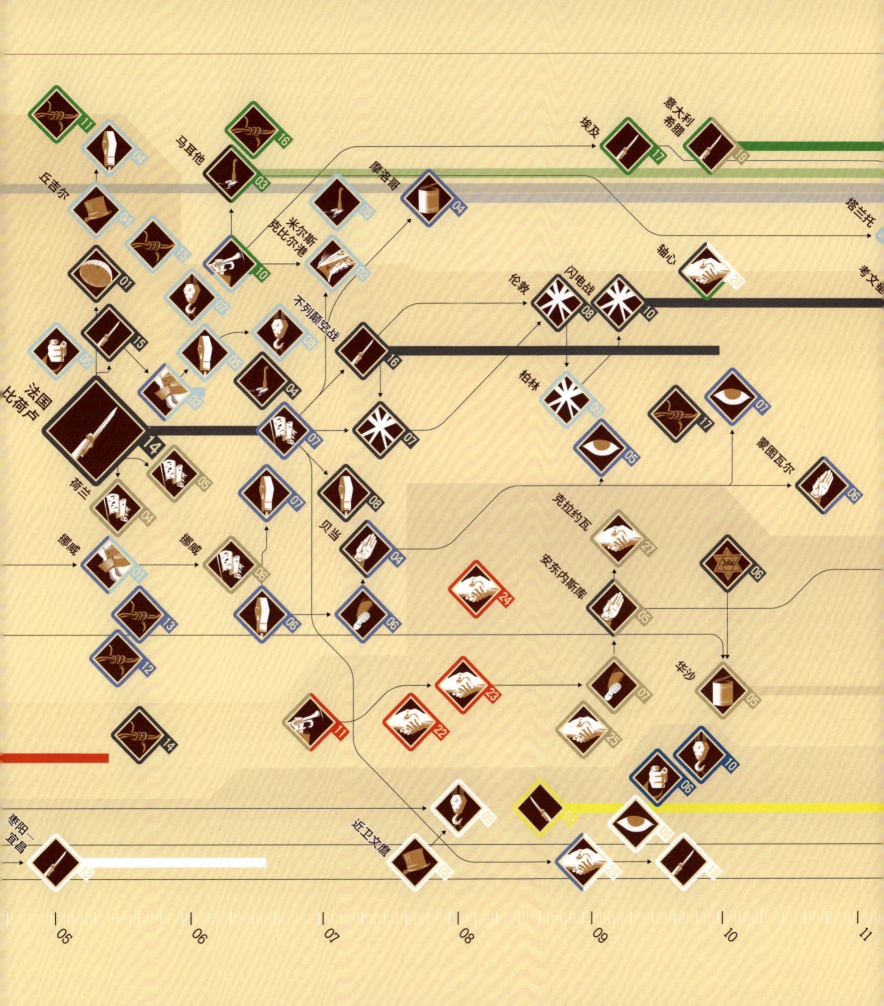

屠杀/镇压

01- 1937年2月：埃塞俄比亚，意大利军队在亚的斯亚贝巴屠杀平民。

02- 1937年9月：苏联，大规模"肃反"。

03- 1937年12月13日—1938年2月：日本侵略军在南京大规模屠杀中国人民，南京大屠杀。

04- 1939年9月：德国，T4行动，杀害成年残疾人。

05- 1940年4月3日—5月13日：波兰，苏联内务部队（NKVD）在卡廷屠杀波兰战俘。

06- 1941年4月28日：德国，第1号《刑事命令》。

07- 1941年5月13日：德国，第2号《刑事命令》，计划歼灭行动。

08- 1941年6月6日：德国，第3号《刑事命令》，处理苏联（红军）政委。

09- 1941年9月3日：德国，在苏联囚犯身上首次试验齐克隆B。

10- 1941年9月16日：德国，凯特尔法令。

11- 1941年10月21日：塞尔维亚，德国军队和叛国者在克拉古耶瓦茨屠杀塞尔维亚人和吉卜赛人。

12- 1941年12月3日：日本侵占地，"三光"政策。

13- 1942年1月21日—28日：诺维萨德，匈牙利军队屠杀塞尔维亚平民。

14- 1942年2月18日：新加坡，日军实施大屠杀。

15- 1943年5月9日—12日：中国，日军在厂窖屠杀平民。

16- 1943年3月20日—26日：法国，法兰西民兵和德国军队镇压格利耶尔地区的游击队。

17- 1943年4月22日：乌克兰，乌克兰叛乱军（UPA）在沃里尼亚第一次屠杀波兰人。

18- 1943年7月11日—16日：乌克兰，乌克兰叛乱军第二次屠杀波兰人。

19- 1944年2月3日：被占领的法国，施佩勒下令加强针对抵抗战士的措施。

20- 1944年6月9日—10日：法国，德国党卫军在蒂勒和格拉讷河畔奥拉杜尔实施大屠杀。

21- 1944年7月27日：法国，德军和法兰西民兵在里昂贝勒库尔广场处决抵抗战士。

22- 1944年10月2日：波兰，镇压华沙起义。

23- 1944年冬：德国开始大规模死亡行军。

24- 1944年12月—1945年2月：希腊，英国镇压共产党。

25- 1945年2月—3月：菲律宾，马尼拉大屠杀。

26- 1945年5月13日—15日：奥地利，英国军队向苏联移交叛国者。

犹太人大屠杀

01- 1935年9月15日：纽伦堡法案。

02- 1938年4月26日：关于掠夺德国犹太人物品的法令。

03- 1938年11月9日—10日："水晶之夜"。

04- 1939年10月：实施尼斯科计划，将欧洲犹太人驱逐到波兰。

05- 1939年10月8日：在波兰彼得库夫建立第一个犹太区。

06- 1940年10月2日：下令将犹太人迁往华沙犹太区。

07- 1941年6月30日：利沃夫的第一次大屠杀。

08- 1941年夏季："子弹浩劫"。

09- 1941年8月：立陶宛，考纳斯和波纳里，第一批杀戮中心。

10- 1941年9月15日：别尔季切夫大屠杀。

11- 1941年9月29日—30日：娘子谷大屠杀。

12- 1941年10月：建立马伊达内克、海乌姆诺和贝乌热茨灭绝营。

13- 1941年10月28日：清理考纳斯犹太区。

14- 1941年11月6日—7日：罗夫诺大屠杀。

15- 1941年11月30日：里加大屠杀。

16- 1942年1月20日：万湖会议。

17- 1942年3月：屠杀塞尔维亚犹太人。

18- 1942年3月—1943年10月：莱因哈德行动，屠杀波兰犹太人。

19- 1942年5月：建成索比堡灭绝营。

20- 1942年7月：法国、比利时、荷兰，驱逐犹太人浪潮。

21- 1942年7月22日：清理华沙犹太区。

22- 1942年10月15日：德国犹太人被驱逐到波兰集中营和犹太区。

23- 1943年1月22日—24日：在马赛围捕。

24- 1943年3月：驱逐塞萨洛尼基的犹太人。

25- 1943年9月：清理维尔纽斯犹太区。

26- 1943年11月：奥斯维辛-比克瑙集中营成为杀戮中心。

27- 1944年5月15日—7月8日：赫斯行动，消灭匈牙利犹太人。

28- 1944年7月24日：苏联红军首次解放集中营。

29- 1945年1月27日：苏联红军解放奥斯维辛集中营。

政权更迭

01- 1937年1月30日：国会授予希特勒四年全权。

02- 1939年8月：日本内阁辞职。

03- 1939年10月1日：波兰流亡政府成立。

04- 1940年5月10日：英国，丘吉尔。

05- 1940年7月22日：日本，近卫文麿。

06- 1941年10月18日：日本，东条英机。

07- 1943年7月25日：意大利，巴多格里奥。

08- 1944年6月3日：法国，戴高乐将军。

09- 1944年6月18日：意大利，博诺米。

10- 1944年12月7日：罗马尼亚，勒代斯库。

11- 1945年3月7日：南斯拉夫，铁托。

12- 1945年3月28日：匈牙利，米克洛什。

13- 1945年4月12日：美国，杜鲁门。

14- 1945年4月29日：奥地利，伦纳。

15- 1945年5月9日：捷克斯洛伐克，贝奈斯。

16- 1945年11月15日：匈牙利，蒂尔迪。

17- 1946年2月1日：匈牙利，新共和国，费伦茨·纳吉担任政府首脑。

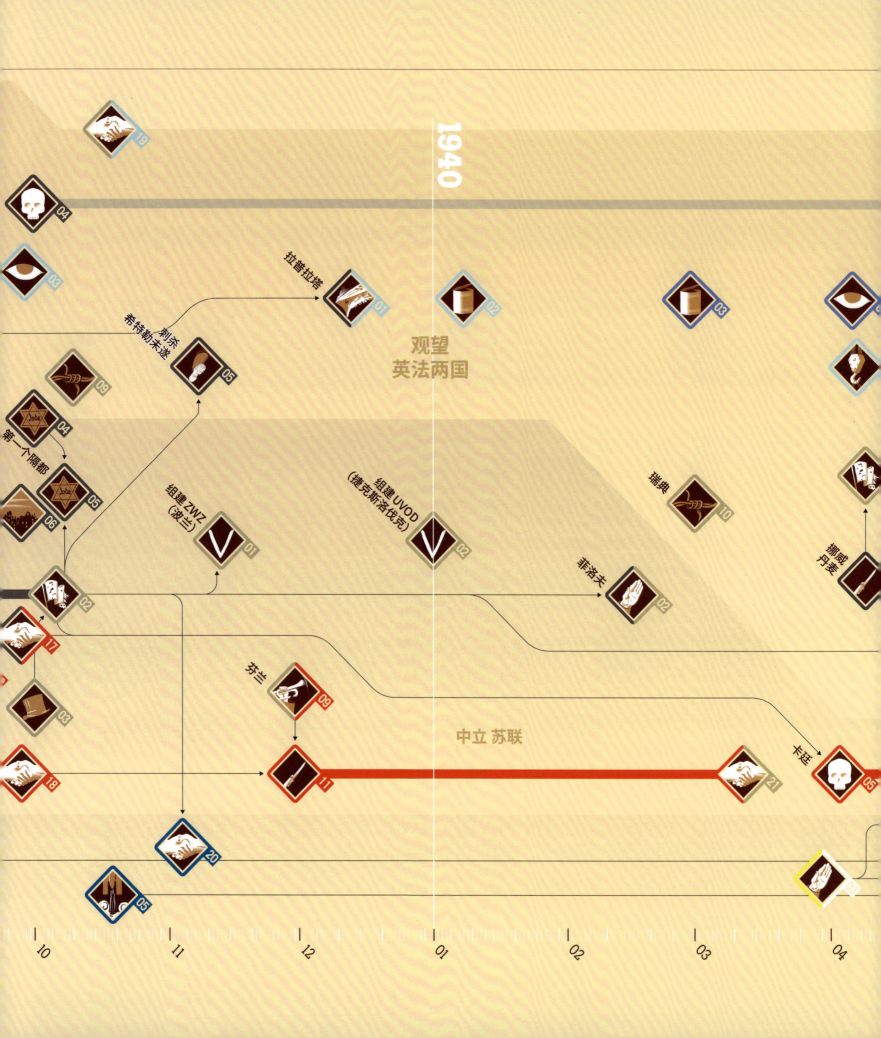

1940

拉普拉塔

刺杀
希特勒未遂

第一个隔都

组建ZWZ
（波兰）

观望
英法两国

组建UVOD
（捷克斯洛伐克）

瑞典

挪威
丹麦

菲洛夫

芬兰

中立 苏联

卡廷

10　　　11　　　12　　　01　　　02　　　03　　　04

战时设施

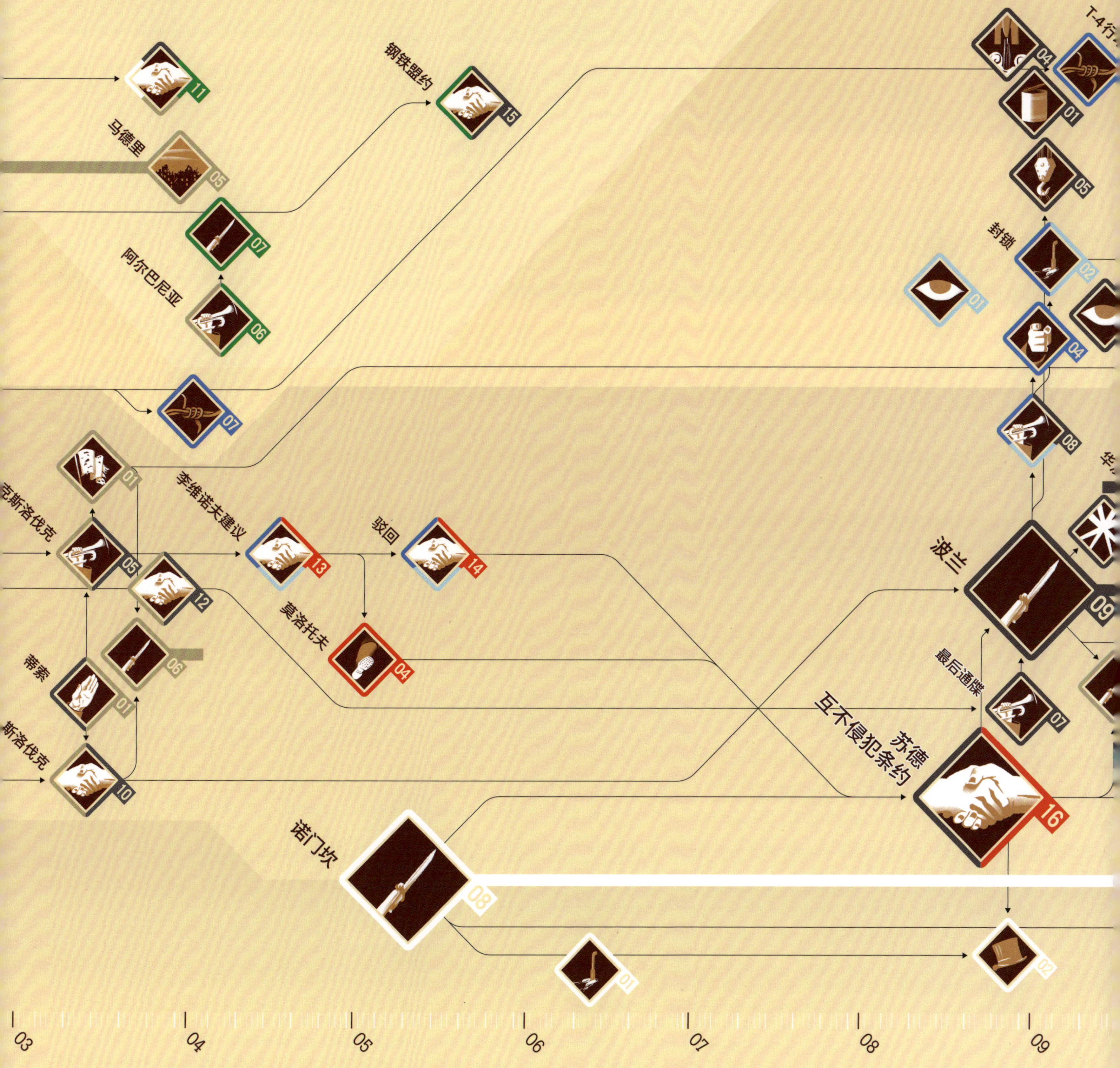

马德里 05

阿尔巴尼亚 06

07

钢铁盟约 15

11

07

T-4行 04

01

05

封锁 01

02

04

08

克斯洛伐克 01

05

李维诺夫建议 12

06

蒂索 07

斯洛伐克 10

莫洛托夫 13

驳回 14

04

波兰 09

最后通牒

互不侵犯条约

苏德

华

07

诺门坎 08

01

16

02

03   04   05   06   07   08   09

政变（起义）/夺权

01- 1936年7月17日：西班牙，军事政变。

02- 1938年1月30日：西班牙，佛朗哥掌权。

03- 1938年2月4日：阿道夫·希特勒指挥德国国防军，成立德国国防军司令部。

04- 1939年5月3日：莫洛托夫取代利特维诺夫。

05- 1939年11月8日：阿道夫·希特勒在慕尼黑贝格勃劳凯勒啤酒馆遭暗杀。

06- 1940年7月10日：议会赋予贝当全权起草新宪法。

07- 1940年9月6日：罗马尼亚，安东内斯库发动政变。

08- 1941年3月27日：南斯拉夫，军事政变。

09- 1941年4月3日：伊拉克，吉拉尼发动民族主义政变。

10- 1943年7月25日：意大利，墨索里尼被推翻。

11- 1943年8月28日：保加利亚，国王鲍里斯三世去世。

12- 1943年8月29日：丹麦，德军解散政府。

13- 1944年7月20日：谋杀希特勒失败。

14- 1944年8月19日：贝当及其政府出逃。

15- 1944年8月23日：罗马尼亚，安东内斯库下台。

16- 1944年9月9日：保加利亚，菲洛夫被推翻。

17- 1944年10月15日：匈牙利，霍尔蒂被德军推翻。

18- 1944年11月28日：阿尔巴尼亚，共产党接管。

19- 1944年12月31日：波兰，卢布林委员会夺取政权。

20- 1945年3月6日：罗马尼亚，共产党起义。

21- 1945年4月30日：希特勒自杀。

22- 1945年8月28日：越南，胡志明掌权。

23- 1945年9月8日：朝鲜半岛以北纬38度线为界分裂为南、北两部分。

24- 1945年11月29日：南斯拉夫，国王彼得二世被废黜。

25- 1946年11月18日：罗马尼亚，共产党掌权。

26- 1947年5月：法国，共产党被赶出政府。

27- 1947年5月31日：匈牙利，纳吉被苏联推翻。

28- 1947年12月30日：罗马尼亚国王米哈伊一世退位。

29- 1948年2月25日：捷克斯洛伐克，布拉格起义，共产党掌权。

30- 1948年8月3日：匈牙利，萨卡希奇成为共和国总统。

31- 1948年8月15日：在美国扶植下成立大韩民国。

32- 1948年9月9日：成立朝鲜民主主义人民共和国。

叛国

01- 1939年3月14日：捷克斯洛伐克，蒂索为政府首脑。

02- 1940年2月16日：保加利亚，菲洛夫任政府首脑。

03- 1940年3月30日：中国，汪精卫主持傀儡政府。

04- 1940年7月11日：法国，贝当任国家元首。

05- 1940年9月6日：罗马尼亚，安东内斯库为政府首脑。

06- 1940年10月24日：贝当与希特勒在蒙托瓦举行会谈。

07- 1940年12月19日：芬兰，吕蒂任共和国总统。

08- 1941年4月10日：克罗地亚，帕维利奇任国家元首。

09- 1943年9月23日：墨索里尼成为意大利社会共和国（RSI）元首。

10- 1944年10月15日：匈牙利，萨拉希成政府首脑。

11- 1944年11月10日：中国，陈公博任伪国民政府代主席。

条约/协议

01- 1935年1月7日：法意条约。

02- 1935年5月2日：法苏条约。

03- 1936年9月26日：苏联援助西班牙共和军。

04- 1936年11月1日：西班牙派遣秃鹰军团。

05- 1936年11月25日：德国与日本签订反共产国际条约。

06- 1936年12月24日：抗日民族统一阵线。

07- 1937年11月6日：意大利加入反共产国际条约。

08- 1938年3月12日：合并奥地利。

09- 1938年9月30日：吞并苏台德地区。

10- 1939年3月14日：捷克斯洛伐克与德国达成协议。

11- 1939年3月27日：西班牙加入反共产国际条约，但宣布中立。

12- 1939年3月28日：德国和波兰试图就但泽问题达成协议，但失败。

13- 1939年4月17日：利特维诺夫提议苏联与西方结盟。

14- 1939年5月8日：西方拒绝苏德互不侵犯条约。

15- 1939年5月22日：德国和意大利签订钢铁条约。

16- 1939年8月23日：苏德互不侵犯条约。

17- 1939年9月28日：波兰分治。

18- 1939年9月28日：苏联占领爱沙尼亚、拉脱维亚和立陶宛。

19- 1939年10月：英国与土耳其签订条约。

20- 1939年11月4日：美国的中立法案扩大了在和平时期出售武器的可能性。

21- 1940年3月12日：芬兰与苏联签订停战和平协定。

22- 1940年7月21日：苏联吞并立陶宛和拉脱维亚。

23- 1940年8月2日：苏联吞并比萨拉比亚和北布科维纳。

24- 1940年8月5日：苏联吞并爱沙尼亚。

25- 1940年8月30日：维也纳仲裁将特兰西瓦尼亚划归匈牙利。

26- 1940年8月30日：维希法国和日本关于法属印度支那的协定。

27- 1940年9月7日：罗马尼亚和保加利亚之间的克拉约瓦条约。

28- 1940年9月27日：罗马-柏林-东京轴心。

29- 1940年11月20日：匈牙利加入轴心国。

30- 1940年11月23日：罗马尼亚加入轴心国。

31- 1941年3月1日：保加利亚加入轴心国。

32- 1941年3月11日：美国通过《租借法案》。

33- 1941年3月25日：南斯拉夫加入轴心国。

34- 1941年4月10日：克罗地亚加入轴心国。

35- 1941年4月13日：日苏条约。

36- 1941年5月28日：维希法国和德国签订巴黎议定书，促进对地中海的干预。

37- 1941年7月29日：维希法国和日本之间的协定。

38- 1941年12月21日：泰国和日本之间的协定。

39- 1943年9月29日：意大利停战。

40- 1944年1月20日：英国使者访问南斯拉夫的铁托。

41- 1944年9月19日：苏联和英国与芬兰签署《莫斯科停战协定》。

42- 1944年9月19日：关于原子弹的海德公园备忘录。

43- 1944年10月16日：匈牙利停战失败。

44- 1944年12月10日：法苏协定。

45- 1945年2月12日：《瓦尔基扎条约》，希腊内战休战。

46- 1945年4月11日：南斯拉夫和苏联之间的协议。

47- 1945年5月11日：美国暂停对苏联的《租借法案》。

48- 1946年2月—3月：伊朗-苏联危机，库尔德人和阿塞拜疆人的分裂企图。

49- 1946年9月27日：希腊，国王乔治二世回国。

50- 1947年12月10日：签署和平条约，大同盟结束。

51- 1948年3月17日：欧洲五国签订布鲁塞尔条约。

52- 1948年6月3日：三国分区占领柏林。

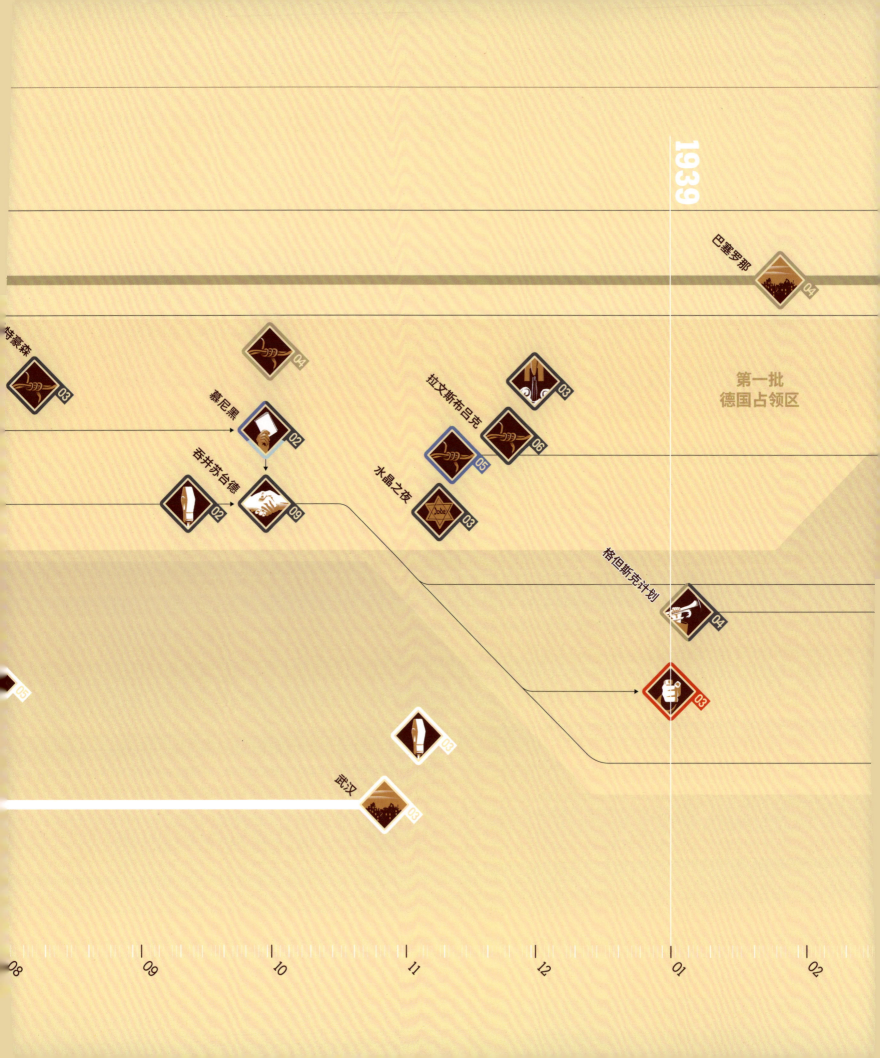

1939

巴塞罗那

特豪森

第一批
德国占领区

拉文斯布吕克

慕尼黑

吞并苏台德

水晶之夜

格但斯克计划

武汉

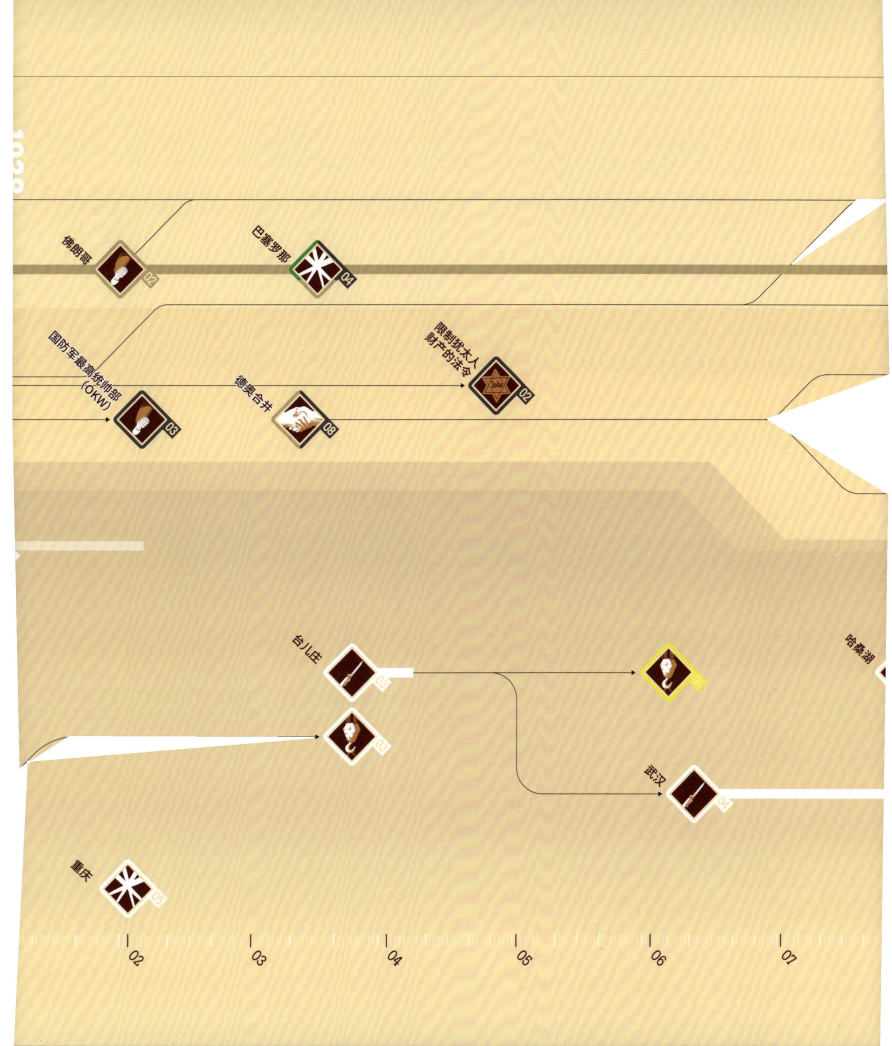

佛朗哥

02

巴塞罗那

04

国防军最高统帅部
(OKW)

03

德奥合并

08

限制犹太人
财产的法令

02

台儿庄

03

03

04

武汉

04

哈桑湖

重庆

05

02 03 04 05 06 07

会议

01- 1935 年 4 月 11 日：意大利加入反德共同阵线。

02- 1938 年 9 月 30 日：慕尼黑，苏台德地区问题。

03- 1941 年 8 月 9 日—12 日：纽芬兰，第一次盟国间会议。

04- 1941 年 12 月 22 日—1942 年 1 月 14 日：华盛顿，阿卡迪亚，实施"德国优先"战略。

05- 1942 年 6 月 20 日—25 日：华盛顿，准备登陆北非。

06- 1943 年 1 月 14 日—24 日：卡萨布兰卡。

07- 1943 年 5 月 12 日—27 日：华盛顿，"三叉戟"会议，准备意大利战役。

08- 1943 年 8 月 12 日—24 日：魁北克，"四分仪"会议，优先考虑地中海前线和轰炸德国。

09- 1943 年 11 月 5 日："大东亚会议"。

10- 1943 年 11 月 23 日—26 日：开罗，"六分仪"会议，关于亚洲和日本的命运。

11- 1943 年 11 月 28 日—12 月 1 日：德黑兰，斯大林出席会议并放弃地中海战线。

12- 1944 年 7 月 1 日—22 日：布雷顿森林，国际货币基金组织和世界银行成立。

13- 1944 年 8 月 21 日—10 月 7 日：敦巴顿橡树园，为联合国奠定基础。

14- 1944 年 9 月 12 日—16 日：魁北克，"八角形"，德国第一次分治计划。

15- 1944 年 10 月 9 日—19 日：莫斯科，第一个在东欧和巴尔干地区分享影响力的计划。

16- 1945 年 2 月 4 日—11 日：雅尔塔，关于欧洲的命运。

17- 1945 年 4 月 25 日—6 月 26 日：旧金山，联合国成立。

18- 1945 年 7 月 17 日—8 月 2 日：波茨坦，关于战后德国和亚洲的命运。

19- 1945 年 9 月：第一届四国外长会议（CMAE）。

20- 1945 年 11 月 9 日—12 月 21 日：巴黎，第一届巴黎赔偿会议。

21- 1945 年 12 月 27 日：莫斯科，关于欧洲和朝鲜。

22- 1946 年 4 月 25 日—7 月 12 日：第二次巴黎会议。

23- 1946 年 7 月 29 日-10 月 15 日：第三次巴黎 21 国会议。

24- 1947 年 3 月 10 日—4 月 25 日：莫斯科，关于德国问题的艰难妥协。

工业 / 物流

01- 1935 年 10 月：德国，四年备战计划。

02- 1936 年 3 月 7 日：莱茵地区的再军事化。

03- 1938 年 3 月 24 日：日本，经济全面动员。

04- 1938 年 6 月 9 日：中国，破坏黄河堤坝。

05- 1939 年 9 月 3 日：德国，战时经济。

06- 1940 年 4 月 7 日：英国，战争预算表决。

07- 1940 年 6 月：英国，限制非国防工业。

08- 1940 年 6 月 21 日：加拿大，《国家资源动员法》。

09- 1940 年 8 月 1 日：日本宣称建立"大东亚共荣圈"。

10- 1940 年 9 月 26 日：美国，对日本出口禁运。

11- 1941 年 6 月 25 日：美国向黑人开放国防工业。

12- 1941 年 6 月 30 日：苏联，劳动分配委员会。

13- 1941 年 7 月 26 日：苏联将弃职定为刑事犯罪。

14- 1941 年 7 月 26 日：美国，对日石油产品禁运。

15- 1941 年 8 月 16 日：第一艘"自由号"下水。

16- 1941 年 6 月—10 月：苏联，工厂从西部迁往乌拉尔地区。

17- 1942 年 1 月：美国，成立战争生产委员会。

18- 1942 年 2 月 8 日：德国，施佩尔负责德国的经济计划。

19- 1942 年 2 月 10 日：美国，最后一辆汽车离开福特工厂。

20- 1942 年 3 月：德国，纳粹集中营在帝国经济管理部（WVHA）的领导下，进行经济大剥削。

21- 1942 年 4 月—1945 年 11 月 12 日："驼峰航线"，通往中国的空中补给线。

22- 1942 年 6 月 13 日：帕斯托里乌斯，德国在美国的破坏行动。

23- 1942 年 10 月：比利时，实施义务劳动服务（STO）。

24- 1943 年 1 月 23 日：德国，强制劳动动员。

25- 1943 年 2 月 16 日：法国，实施 STO。

26- 1944 年 5 月：挪威，实施 STO。

27- 1944 年 7 月 25 日：德国，戈培尔被任命为全面战争全权代表。

28- 1945 年 3 月 19 日：德国，希特勒签署《尼禄法令》，下令摧毁德国基础设施。

29- 1945 年 3 月 27 日：饥饿行动，旨在摧毁日本港口。

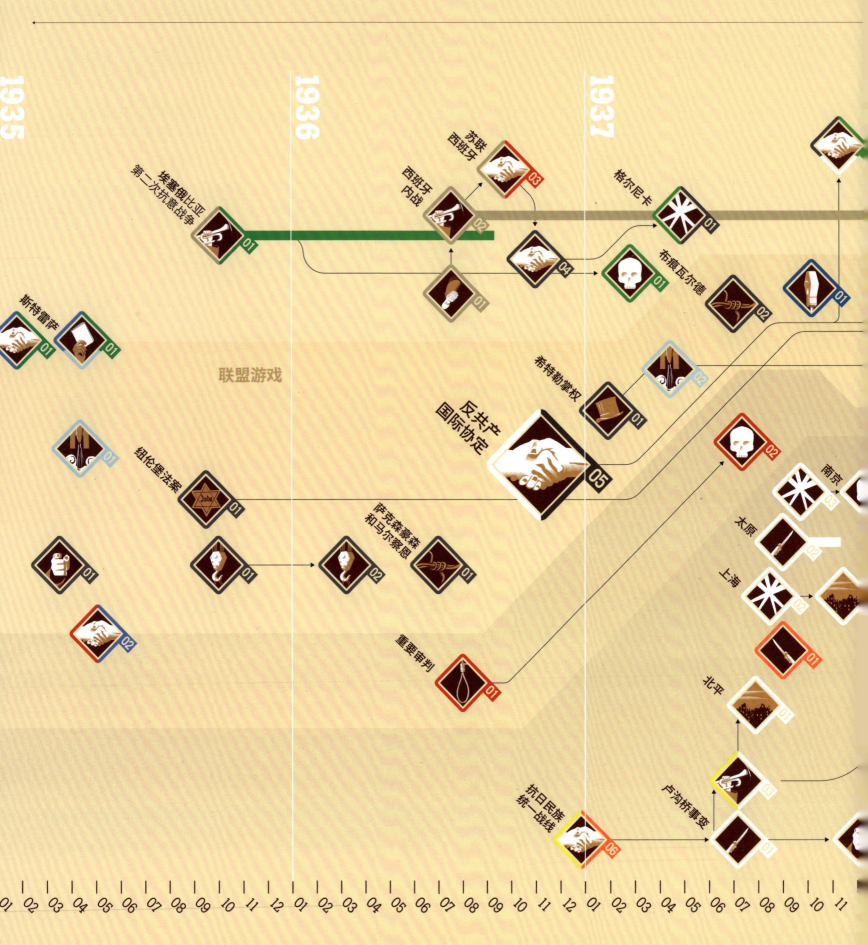

1935　　1936　　1937

联盟游戏

埃塞俄比亚
第二次抗意战争

斯特雷萨

纽伦堡法案

萨克森豪森
和马尔察恩

重要审判

西班牙
内战

苏联
西班牙

反共产
国际协定

抗日民族
统一战线

格尔尼卡

布痕瓦尔德

希特勒掌权

卢沟桥事变

南京

太原

上海

北平

01 02 03 04 05 06 07 08 09 10 11 12 01 02 03 04 05 06 07 08 09 10 11 12 01 02 03 04 05 06 07 08 09 10 11